불과 어제
ONLY YESTERDAY

광란의 1920년대 미국

프레드릭 루이스 앨런 지음 | 김석중 옮김

이 책의 저작권은 서커스출판상회에 있습니다.
복사나 스캔 등의 방법으로 출판사의 허락 없이 복제하거나
무단으로 전재하는 행위 등은 저작권법에 위반되므로 주의하시기 바랍니다.

차례

서문 07

1장 서곡: 1919년 5월 11
2장 정상성으로의 복귀 29
3장 빨갱이 공포 67
4장 회복하는 미국 107
5장 풍속과 도덕의 혁명 123
6장 하딩과 스캔들 167
7장 쿨리지 번영 211
8장 밸리후 시대 247
9장 지식인들의 반란 299
10장 알코올과 알 카포네 325
11장 즐거운 플로리다의 집 357
12장 대강세장 381
13장 '폭락!' 417
14장 여파: 1930-31 439

참고 문헌 462
옮긴이의 말 469

불과 어제

일러두기

1 이 책은 Fredrick Lewis Allen, *Only Yesterday*(1931)를 완역한 것이다.
2 본문의 [ ] 안에 담긴 내용은 해당 용어나 내용에 대한 독자들의 이해를 돕기 위해 역자가 부연한 것이고, 설명이 길거나 책을 전반적으로 이해하는 데 도움이 된다고 여겨진 내용은 해당 페이지의 아래에 각주로 정리했다.
3 사이시옷은 발음과 표기법이 관용적으로 굳어져 있는 경우를 제외하고는 가급적 사용하지 않았다.

서문

 이 책은 미래에 하나의 독립된 시대라고 여겨질지도 모를 미국 역사 속 11년의 이야기를 서술하고, 어느 정도 해석하려는 시도이다. 이 11년은 독일과의 전쟁이 끝난 1918년 11월 11일부터 1929년 11월 13일 주식시장 공황에 이르기까지의 기간이며, 이 공황은 이른바 '쿨리지(와 후버)의 번영'으로 알려진 시대의 붕괴를 가속화하고 극적으로 부각시킨 사건이었다.

 이처럼 사건이 일어난 지 얼마 되지 않은 시점에서 역사를 집필하는 일은 필연적으로 새로운 영역을 개척해야 하는 작업이 되었다. 프레스턴 윌리엄 슬로슨 교수는 『대십자군과 그 이후*The Great Crusade and After*』에서 거의 이 시기의 끝자락까지 다루고 있지만, 그의 책의 구성은 내가 취한 방식과는 전혀 다르다. 그리고 이 시기의 특정 측면을 다룬 책들이 많이 있긴 하지만, 나는 이 11년 동안의 많은 사건이 아직까지도 온전히 기록된 적이 없다는 사실에 다소 놀랐다. 예를 들어, 하딩 행정부의 스캔들에 대한 이야기는 (현재 알려진 바에 한해서) 단편적으로밖에 다뤄지지 않았고, 대호황 속 주식시장에 대한 분석과 논의는 수없이 많았지만, 그것이 하나의 서사적 형태로 완전하게 제시된 적은 없었다. 이 사건은 경제적·사회적으로 매우 특별한 현상이었기 때문이다.

향후 연구가 진행됨에 따라 이 책에서 오류와 부족한 점이 드러날 것이며, 시간이 흐르면 내가 내린 판단과 해석이 얼마나 근시안적이었는지도 밝혀질 것이다. 동시대의 역사는 본질적으로 결정적일 수 없는 법이다. 하지만 이 책을 쓰는 즐거움의 절반은, 아직 어떤 역사학자도 손대지 않은 방대한 자료를 논리적이고 일관된 형태로 정리하는 데 있었다. 그리고 혹시 이 책을 읽는 독자들 중에는, 불과 어제 일어난 일처럼 생생하게 기억하는 사건과 상황들이 하나의 역사적 서사로 엮이는 모습을 보며 흥미를 느끼고, 어쩌면 즐거움을 느낄 수도 있겠다는 생각이 들었다. 이 책이 여느 역사책과 다른 점이 있다면, 그것은 이 책을 읽을 정도의 나이를 가진 거의 모든 사람이 이 시기를 직접 기억하고 있다는 점이다.

나는 공공의 인식이 변화하는 과정과 사람들이 몰두했던 사소한 사건들에 대한 서술에 특히 중점을 두었다. 이는 의도적인 선택이었다. 가까운 과거를 다루는 사람에게는, 대중의 기억이 아직 생생한 만큼, 시대적 유행과 사회적 풍조, 대중이 흥분하고 열광했던 사건들을 기록할 특별한 기회가 있다고 생각했기 때문이다. 수백만 명의 사람들이 화제 삼고 이야기하며 삶 속에서 직접 경험한 것들을 기록하는 것이, 먼 훗날 그 영향을 제대로 평가할 수 있는 사건이나 정책— 특히 외교 분야의 정책들 —을 다루는 것보다 더 적절하다고 보았다. (이와 같은 동시대 역사 서술 방식은 『우리 시대Our Own Times』 여러 권을 통해 이를 발전시킨 마크 설리번 씨에게 빚지고 있다.) 물론, 나는 1920년대 미국의 국가적 삶과 사상의 근본적인 흐름을 드러내기 위해 수많은 이야기의 실타래들을 엮어내고자 노력했다.

각주를 생략하면서도 다양한 자료에서 진 빚을 명시하기 위해, 주요 출처를 정리한 부록을 추가했다.

F. L. A.

서곡: 1919년 5월

PRELUDE: MAY, 1919

 만약 시간이 갑자기 거꾸로 돌아가 전후 10년대의 가장 이른 시점으로 되돌아간다면, 그리고 당신이 주변을 둘러본다면, 무엇이 낯설게 느껴질까? 1919년 이후 미국인의 삶은 변화했다. 그렇다, 그러나 정확히 어떻게 변했을까?

 기억을 되살려보자. 우리는 클리블랜드, 보스턴, 시애틀, 혹은 볼티모어— 어디라도 상관없다 —에 사는 중산층 이상의 젊은 부부를 따라가 보려 한다. 그들이 1919년 5월 어느 평범한 하루를 어떻게 보내는지 살펴보는 것이다. (1918년 종전 이후 6개월이 지난 이 시점을 선택하는 이유는, 미국이 전쟁에서 평화로 돌아가는 과정에서 대부분의 전환을 마친 시기이면서도, 전후 10년대가 가져올 심대한 변화는 아직 본격적으로 시작되지 않은 때이기 때문이다.) 단 몇 년의 세월이 당신과 나, 그리고 우리가 사는 환경을 어떻게 바꾸었는지를 보여주기에 이보다 더 좋은 방법은 없다.

1919년 5월 아침, 스미스 씨가 아침 식탁에 나타난 모습을 보고서 당신은 그가 1930년대 사람이 아니라는 사실을 쉽게 알아차리지는 못할 것이다. (다만 바지의 폭이 좁다는 점에 약간 놀랄 수는 있을 것이다.) 남성 패션의 변화는 빙하처럼 더디게 움직인다. 하지만 스미스 부인은 다르다.

그녀는 한 벌의 정장을 입고 아침 식탁으로 온다. 아래쪽 부분이 다소 타이트한 치마의 길이는 바닥에서 정확히 6인치 떨어져 있다. 그녀는 《보그Vogue》에서 치마 길이가 더 짧아질지도 모른다는 경악스러운 소식을 접했다. "부르봉 왕조 이후 패션계 여성들의 다리가 이렇게까지 드러난 적은 없다"고 했다. 그러나 지금까지 정해진 공식적인 길이는 여전히 6인치다. 이제 봄이 찾아왔기에 그녀는 낮은 구두를 신었지만, 지난겨울 내내 그녀는 발목을 보호하기 위해 스패츠를 신거나 끈을 묶는 하이 부츠, 혹은 버클 장식이 된 에나멜 가죽 슈즈를 신었다. 스타킹은 검은색이거나, 혹은 구두 색에 맞춰 황갈색일 수도 있다. 살구색 스타킹이라는 개념은 그녀에게 충격적일 것이다. 몇 분 전, 그녀는 포개어 여미는 슬립형 속옷envelope chemise과 페티코트를 걸쳤다. 그녀의 속옷에는 두툼한 주름 장식이 달려 있어, 그녀가 자연스러운 몸매를 억지로 소년처럼 보이게 하려는 의도가 전혀 없음을 알 수 있다.

스미스 부인은 파우더를 사용할 수도 있지만, 아마도 짙은 화장paint은 피할 것이다. 1919년이 되면서 화장품 사용이 더 이상 타락한 삶의 명백한prima facie 증거로 간주되지는 않으며, 세련된 젊은 여성들 사이에서는 어느 정도 대담하게 화장을 하는 이들도 있지만, 대부분의 교양 있는 여성들은 여전히 볼연지를 바르는 것에 대해 곱지 않은 시선을 보낸다. 미용실 산업은 이제 막 태동하는 단계이다. 미용실보다 머리 손질을 전문으로 하는 가게가 열 배는 더 많으며, 스미스 부인은 '페이스 리프팅' 같은 흑마술이 존재한다는 사실조차 들어본 적이 없다. 장을 보러 나갈 때 그녀는 반드시 베일을 착용할 것이다. 이 베일은 머리 뒤쪽에서 단정하게 핀으로 고정된다. 가게에 들른 그녀는 여름철을 대비해 수영복을 구매할 수도 있다. 그 수영복은 실크나 크레톤cretonne 소재의 겉옷 튜닉과 그 아래 착용하는 몸에 달라붙는 니트 소재의 이너웨어로 구성되어 있으며, 당연히 긴 스타킹과 함께 입어야 한다.

그녀의 머리는 길며, 여성이 이발소를 찾는다는 생각은 그녀에게 상상조차 할 수 없는 일이다. 당시 일반 대중이 짧은 머리에 대해 어떻게 생각했는지 기억이 가물가물하다면, 1918년 11월 어느 밤, 뉴욕 팜 가든Palm Garden의 지배인이 기자들에게 한 말을 들어보자. 당시 이곳에서는 볼셰비키 지지 집회가 열렸고, 이로 인해 폭동이 발생했다. 기자들이 그에게 왜 강당을 대여해 주었느냐고 묻자, 그는 이렇게 대답했다. "잘 차려입은 여성이 고급 자동차를 타고 와서 강당 대여 계약을 했습니다. 그런데 우리가 그때는 눈치채지 못했던 걸 이제야 알게 됐죠. 그녀가 숏 커트를 하고 있다는 걸 미리 알았더라면, 대관을 거절했을 겁니다." 스미스 부인의 머릿속에서도, 팜 가든의 지배인처럼, 숏 커트를 한 여성과 긴 머리를 한 남성은 급진주의자이거나, 아니면 적어도 자유연애 사상과 연관된 이들이다.

스미스 부부가 마주한 아침 식사는 칼로리를 고려해 준비되었을 수도 있다. 칼로리에 대해 알고 싶다면, 차일즈Childs*에서 배울 수도 있다. 하지만 두 사람 모두 비타민이라는 개념은 들어본 적이 없을 것이다.

스미스 씨는 신문을 펼친다. 그의 신문이 타블로이드일 가능성은 거의 없다. 아무리 그가 가벼운 뉴스만을 선호한다 하더라도 말이다. 허스트Hearst가 소형의 사진 신문을 실험해본 적은 있지만, 첫 번째로 확실한 성공을 거둔 타블로이드는 아직 탄생하지 않았다. 1919년 6월 26일이 되어서야 《뉴욕 데일리 뉴스New York Daily News》가 처음으로 가판대에 등장하게 되며, 1년 만에 25만 부, 5년 만에 80만 부 이상, 그리고 10년 후에는 무려 130만 부 이상의 발행 부수를 기록할 터이다.

스미스 씨의 신문 1면에는 미국 해군의 수상 비행기 NC-4가 아조레스 제도를 경유해 대서양을 횡단하는 소식이 대문짝만하게 실려 있다. 이것이 1919년 5월 가장 센세이셔널한 뉴스이다. (앨콕과 브라운이 한 번에 대서양을 건너는 비행은 아직 이루어지지 않았다. 그들은 몇 주 후에야 이를 해낼 것이며, 린드버그보다 무려 8년 앞서게 된다.) 하지만 그 외에도 뉴스는 많다. 파리 평화 회의 소식이 있고, 조약이 마무리 단계에 접어들었다는 기사도 있다. '승리 공채Victory Loan'가 성공적으로 초과 모집되

---

* 중산층과 노동계급에게 외식 문화를 열어준 대중 레스토랑 체인. 차일즈는 메뉴에 칼로리를 표기하거나, 건강식 같은 개념을 도입하면서 과학적 식사를 제공하는 진보적 레스토랑으로 인식되기도 했다. 오늘날 패스트푸드점이 영양성분을 표기하는 것과 비슷한 선구자적 행보였다.

었다는 소식도 나온다. ("그래, 끝까지 해내자!" 캠페인 포스터가 외쳤다.) 해외에서 병사들을 태운 수송선이 또 한 척 도착했다는 소식, 새로운 파업의 위협, 시애틀 시장 올 핸슨Ole Hanson이 시대의 재앙으로 여겨지는 세계산업노동자연맹(IWW)을 규탄하는 연설, 그리고 여성 참정권 수정안이 통과될 가능성이 크다는 소식도 있다. 신문은 이를 두고 "여성들이 국가 생활에서 더 고귀한 위치를 차지할 수 있을 것"이라고 전망한다. 또한 헨리 포드가 《시카고 트리뷴》을 상대로 제기한 명예훼손 소송 기사도 실렸다. 그는 법정에서 베네딕트 아널드를 '작가'라 칭하고, "이 나라에서 혁명이 있었습니까?"라는 질문에 "그렇다, 1812년에 있었다"라고 대답할 것이다.*

만약 스미스 씨가 스포츠 뉴스를 유심히 본다면, 보스턴 레드삭스에서 투수 겸 외야수로 뛰고 있는 루스라는 젊은 선수의 이름을 간신히 발견할 수도 있을 것이다. 그러나 그는 결코 '베이브'라는 이름을 헤드라인에서 보지는 못할 것이다. (1919년 4월, 루스는 단 한 개의 홈런을 쳤고, 5월에는 두 개를 기록했다. 그러나 시즌이 한참 진행된 뒤에야 스포츠 기자들은 그가 새로운 홈런 기록을 세워가고 있다는 사실에 주목하기 시작했다. 그는 그해 29개의 홈런을 쳤으며, 시즌이 끝난 후 뉴욕 양키스는 새로운

---

* 20세기 초 가장 성공한 사업가 중 한 명인 헨리 포드의 무지를 조롱하고 있다. 베네딕트 아널드는 아메리카 혁명 당시(1775~1783) 배신자로 유명한 인물이다. 1812년의 미영전쟁은 독립 혁명과는 별개의 전쟁이다. 헨리 포드는 당시 유명했던 작가 아널드 베넷을 베네딕트 아널드와 혼동한 게 아닐까 싶다.

가능성을 보고 그를 12만 5천 달러에 영입했다. 그리고 1920년 여름이 되어서야, 한 남성이 루스가 공을 외야석으로 날려 보내는 것을 보고 흥분한 나머지 숨을 거두었으며, 군중이 새로운 우상을 찾았음이 분명해졌다. 1919년, 아메리칸 리그의 타율 선두는 루스가 아니라 베테랑 타이 콥이었다.)

 스포츠면에는 리카드가 헤비급 챔피언 제스 윌라드와 장차 군중의 새로운 우상이 될 잭 뎀프시의 시합 장소로 톨레도를 선택했다는 소식도 실려 있다. (두 사람은 1919년 7월 4일에 맞붙었고, 19,650명의 사람들이 땡볕 아래에서 경기를 지켜봤다는 사실에 건전한 시민들은 경악했다. 뎀프시는 3라운드 만에 키가 6피트 6인치에 달하는 챔피언을 쓰러뜨렸다. 만약 이들 시민들이 8년 후 뎀프시와 터니의 대결이 톨레도 경기의 5배가 넘는 입장 수익을 기록하리라는 것을 알았다면, 그들은 어떤 반응을 보였을까?) 스포츠 기사에서는 또한 17세의 남부 골프 챔피언 바비 존스나 여기저기서 테니스 대회를 휩쓸고 있는 윌리엄 T. 틸든 주니어의 소식이 전해질지도 모른다. 하지만 이들 중 누구도 아직은 전국적인 영웅은 아니다. 그리고 설령 존스가 올해 우승하더라도 대중적인 영웅이 되지는 않을 것이다. 골프가 점점 더 인기를 얻고 있기는 하지만, 아직 미국 비즈니스맨들의 주간 의례 중 필수적인 요소가 되지는 않았기 때문이다. 스미스 씨는 여전히 "어른들이 땅바닥에 조그마한 흰 공을 굴리며 시간 낭비하는 것"을 비웃고 있을 가능성이 높다. 그는 플러스 포스plus fours[무릎 아래까지 내려오는 골프 바지]라는 말을 들어본 적도 없을 것이며, 설령 골프를 친다고 해도 시내에서 니커보커 바지를 입고 다닌다면 아이들이 "이봐요, 남자 바지 좀 입어요!"라고 소리칠 것이 뻔하다.

내가 1919년 5월이 되면 전쟁이 과거의 일이 되었다고 말했던가? 스미스 씨의 신문 속에는 여전히 전쟁의 흔적이 남아 있다. 평화 회담 소식뿐만 아니라, 앨빈 요크 상사*가 귀국 중이라는 기사도 있다. 하지만 가장 끔찍한 흔적은 여전히 남아 있는 일간 전사자 명단이다.

스미스 부부는 뜨거운 화제인 '생계비 상승' 문제를 두고 이야기를 나눈다. 스미스 씨는 월급 인상을 기대하고 있지만, 그동안 가정 수입은 줄어드는 것처럼 보이고 물가는 계속 오르고 있다. 식료품, 집세, 의류, 세금 — 모든 것이 상승하고 있다. 사람들은 이제 이렇게 말하곤 한다. "돈 한 푼 없는 사람도 예전보다는 50센트 더 부자야." "7센트짜리 동전을 만들어 전차 요금을 내라고 해도, 1년 뒤에는 그걸 없애고 14센트짜리 동전을 만들어야 할걸." 스미스 씨가 생활비를 아껴야 한다고 잔소리를 하자, 그의 아내는 1914년 이후 우유 값이 쿼트당 9센트에서 15센트로, 스테이크용 등심이 파운드당 27센트에서 42센트로, 버터가 32센트에서 61센트로, 그리고 신선한 달걀이 34센트에서 62센트로 올랐다고 지적한다. 고정 급여를 받는 사람들의 고통은 이만

---

* 앨빈 C. 요크. 테네시 출신의 미국 농부로 매우 독실한 기독교 신자였으며 전쟁에 반대하는 평화주의자였다. 그러나 군에 징집되어 1차 대전의 뫼즈-아르곤 전투에서 단 7명의 병력과 함께 독일군 기관총 진지를 돌파하고, 기습과 저격을 통해 132명을 포로로 잡아들이는 전설적인 전공을 세웠다. 1941년 영화로도 만들어져 주연을 맡은 게리 쿠퍼가 아카데미 남우주연상을 수상했다.

저만이 아니고, 대학들은 리버티 채권 모금 운동에서 배운 방법을 활용해 대학 기금을 마련하는 방안을 고민하고 있다. 그런데 물가보다 더 심각한 것은 집세 문제다. 종전 이후 주택과 아파트 부족 현상이 심화되었고, 폭리를 취하는 집주인은 이제 폭리를 취하는 중간 도매상과 함께 대중의 분노를 사는 존재가 되었다. 스미스 씨는 아내에게 "이 탐욕스러운 자들은 IWW(세계산업노동자연맹) 녀석들만큼이나 나쁜 놈들이야"라고 말한다. 스미스 씨가 그보다 더 강한 분노의 표현을 찾기는 어려울 것이다.

아침 식사를 마친 후, 스미스 씨는 자동차를 타고 사무실로 향한다. 그의 차는 렉싱턴, 맥스웰, 브리스코, 템플러일 수도 있고, 닷지, 뷰익, 셰보레, 캐딜락, 허드슨일 수도 있지만, 크라이슬러는 아닐 것이다. (크라이슬러 씨는 이제 막 제너럴 모터스의 부사장으로 선출된 참이다.) 어떤 브랜드이든 간에, 그의 자동차는 1930년대 모델들보다 차체가 높아서 탑승객들은 주변을 내려다보며 이동할 수 있다. 또한 그의 차는 거의 확실히 오픈카일 것이다. (1919년 생산된 자동차 중 10.3퍼센트만이 폐쇄형 차량이었다.) 세단은 이제 막 유행하기 시작했다. 대중의 인식 속에서 폐쇄형 자동차는 여전히 부유층의 전유물이며, 신문 카툰에서 증오받는 '폭리 취득자'는 언제나 리무진을 탄다.

만약 스미스 씨의 차가 그 시대의 높고 보기 흉하지만 효율적인 포드의 모델 T라면, 그가 출발하는 모습을 지켜보자. 그는 조수석 쪽 문으로 들어간다. (운전석 쪽에는 문이 없다.) 그는 핸들 너머로 몸을 숙여 점화 레버와 스로틀 레버를 시계의 10시 50분 위치로 맞춘다. 그리고, 별도로 비용을 지불하고 자동 시동 장치를 장착하지 않았다면, 그는 차에서 내려 크랭크를 돌려야 한다. 그는 오른손으로 크랭크를 단단히 잡는다. (그의 친구는 예전에 크랭크를 돌리다 팔이 부러진 적이 있다.) 왼손 검지를 철사 고리에 걸어 초크를 조절하며, 힘껏 크랭크를 돌린다. 마침내 엔진이 으르렁거리며 시동이 걸리면, 그는 잽싸게 흔들리는 발판에 올라타 몸을 기울이고, 점화 레버와 스로틀 레버를 1시 35분 위치로 조정한다. 어쩌면 그가 레버를 조정하기 전에 엔진이 멈출 수도 있다. 특히 추운 아침이라면 다시 크랭크를 돌려야 한다. 그는 아내가 나와 운전석에 앉아 점화 레버를 내려주었으면 좋을 텐데 하고 생각한다.

마침내, 엔진이 제대로 돌아가자 그는 손으로 주차 브레이크를 풀고, 왼발로 저속 기어 페달을 밟아 차를 출발시킨다. 그런 다음 왼발을 떼어 고속 기어로 전환하고 본격적으로 출발한다. 이제 그가 신경 써야 할 것은 집 앞의 가파른 내리막길이다. 어제 브레이크가 타버렸으므로 오늘 아침 그는 반드시 후진 페달이나 저속 페달, 또는 두 개를 번갈아 사용해 제동해야 한다. (셋 중 아무 페달이나 밟으면 차는 감속한다.)

스미스 씨는 탁 트인 도로 위에 있다 — 적어도 10년 후에 비하면 훨씬 더 탁 트인 도로다. 그는 출근길에 1929년에 비해 3분의 1 정도밖에 되지 않는 자동차를 지나친다. 1919년 미국에서 등록된 승용차는 700만 대도 되지 않지만, 불과 10년 후에는 2,300만 대를 넘어설 것이다. 그는 주변에서 콘크리트 도로를 거의 찾아볼 수 없다. 그리고 그러한 도로 부족은 속도 제한 규정에도 그대로 반영되어 있다. 1919년 당시 캘리포니아와 뉴욕 같은 몇몇 주에서는 시속 30마일을 허용하지만, 평균 속도 제한은 20마일이다. (반면 1931년에는 35~40마일로 증가한다.) 1919년 일리노이주의 제한 속도는 당시의 전형적인 사례라 할 수 있다. 도심 주거 지역에서는 시속 15마일, 건물이 밀집한 구역에서는 시속 10마일, 그리고 커브에서는 시속 6마일이 상한선이다. 100마일을 2시간 반 만에 주파하는 일이 — 1930년대에는 보수적인 운전자들에게조차 흔한 일이 되겠지만 — 1919년의 스미스 씨에게는 위험천만하게 느껴질 것이다. 그리고 1919년의 도로 사정을 고려하면, 그의 판단은 옳다.

사무실에서 하루를 보내는 동안 스미스 씨는 경기 상황에 대해 논의한다. 경제는 좋아지고 있는 듯하다. 종전 직후 대규모 정부 계약이 취소되고, 전쟁 물자를 생산하느라 밤낮없이 가동되던 공장들이 수천 명의 노동자들을 해고하면서 주식 가격이 하락하고 불확실성이 커졌던 시기가 있었다. 하지만 이후로는 상황이 나아졌다. 모두가 국제 무역과 미국 해운업의 밝은 전망에 대해 이야기하고 있다. 조선소들은 풀가동 중이다. 물론 파업이 지나치게 많다. 노동자들이 끊임없이 임금 인상을 요구하는 것처럼 보이며, 물가가 매주 오르는 현실을 고려하면 그들을 탓할 수도 없다. 그러나 경제 활동이 워낙 활발하다 보니, 군대에서 전역하고 일자리를 찾는 남성들이 생각보다 훨씬 빠르게 흡수되고 있다. 지난겨울과 초봄까지만 해도 실직한 참전 군인들이 거리를 떠돈다는 이야기가 많았다. 그때 《라이프》지는 엉클 샘[미국 정부를 의인화한 캐릭터]이 병사에게 "너에게는 무엇이든 아깝지 않다! 무엇을 원하는가?"라고 묻자, 병사가 "일자리요"라고 대답하는 풍자 만화를 실었다. 그러나 이제 이들이 천천히 그러나 확실하게 노동 시장에 자리 잡고 있으며, 사업 환경을 어둡게 만드는 요소는 파업과 볼셰비즘, 그리고 주식시장에서 벌어지는 위험한 투기 열풍뿐이다.

"강세장bull market 세금들이 브로커들의 신경을 곤두서게 한다"는 기사가 금융면에 대서특필되었으며, '사무 직원들의 장시간 근무'에 대한 기사도 실려 있다. 이 표현이 낯익게 보이는가? 1928~1929년 대공황 직전의 대황소장Big Bull Market을 떠올릴 때, 1919년 5월 31일에 주식 거래소가 하루 동안 문을 닫기로 결정한 것이 "뉴욕 증권 시장에서 주식과 채권 매매를 담당하는 고도로 전문화된 기계가 극도로 지쳐 휴식이 필요하다"는 신문 논평을 불러일으켰다는 점이 자연스럽게 느껴지는가? 그렇다면 들어보라. 1919년 5월 당시, 하루 거래량이 150만 주를 기록하는 날들이 지속되면서 금융업자들은 걱정하기 시작했고, 연방준비제도 이사회Federal Reserve Board는 투기에 대한 경고를 고려하고 있었다. 그해에는 거래량이 200만 주를 넘긴 날이 총 여섯 번 있었고, 100만 주 이상의 거래가 이루어진 날은 145일뿐이었다. 만약 스미스 씨와 그의 동료들이 11년 후에 하루 거래량이 1,600만 주에 이를 것이라는 사실을 알게 된다면 어떤 반응을 보였을까? 또 300만 주 거래일이 "사실상 불황" 또는 "전문가들만이 거래하는 나른한 장세, 대중은 관심을 보이지 않음"이라는 평가를 받게 될 것이라는 사실을 들으면 말이다. 1919년 당시 뉴욕 증권 거래소(NYSE) 회원권* 가격은 6만 달러에서 최고 11만 달러에 거래되었다. 하지만 불과 10년 후 회원권 가격이 50만 달러에 이를 것이라는 말을 들으면 그는 믿을 수 있었을까?

1919년 5월의 신문에서 주식 거래 내역은 기껏해야 한 칼럼column을 차지할 뿐이다. 당시 '커브 마켓Curb Market'이라는 말은 실제 거리에서 이루어지는 거래를 의미했다. 뉴욕 브로드 스트리트Broad Street에서는 건물 위층 창문에서 머리에 전화기를 단 소년들이 거리에 모여 있는 중개인들에게 손짓과 표정으로 신호를 보내며 매매를 진행했다. 한편, 장을 보러 나가는 스미스 부인은 주식 가격을 전혀 염두에 두지 않았을 것이다. 하지만 1919년의 "전례 없는 강세장"은 투자자들에게 짭짤한 수익을 안겨주었다. 2월 15일부터 5월 14일까지 볼드윈 기관차Baldwin Locomotive는 72달러에서 93달러으로, 제너럴 모터스는 130달러에서 191달러로, 유에스 스틸United States Steel은 90달러에서 104.5달러로, 그리고 국제해운공사International Mercantile Marine 보통주는 23달

---

* 단순히 증권 거래소에 출입할 수 있는 권리를 넘어, 거래소 내에서 직접 주식을 사고팔 수 있는 자격을 의미한다. 이를 '좌석Seat'이라고도 불렀다. 20세기 초까지 뉴욕 증권 거래소는 오늘날과 같은 전자 거래 시스템이 아니었고 주식 거래는 거래소 내부의 '거래장trading floor'에서 직접 이루어졌다. 일반 투자자나 비회원 증권사는 직접 거래소에서 주식을 사고팔 수 없었으며, '회원권'을 소유한 사람(또는 회사)만이 뉴욕 증권 거래소의 거래장에 직접 들어가서 주식을 거래할 수 있는 법적 권한을 가졌다. NYSE의 회원권 수는 1,100개로 엄격하게 제한되어 있었다. 이처럼 한정된 수량 때문에 회원권은 매우 희소한 자산이었고, 시장의 활황과 함께 그 가치, 즉 '자리세'가 크게 오르내렸다. 회원권은 부동산처럼 사고팔 수 있는 자산이어서 시장 상황에 따라 투자 대상이 되기도 했다. 1920년대 대공황 직전의 투기적 분위기 속에서 회원권 가격이 급등한 것은 이러한 자산 가치 상승의 단적인 예이다. NYSE 회원권은 단순한 사업 허가를 넘어, 금융 엘리트 그룹의 일원이라는 명예와 신뢰의 상징이기도 했다.

러에서 47,625달러로 급등했다. 투자자들은 해운업의 무한한 가능성에 매료되었다.

점심식사를 하러 나선 스미스 씨는 그의 클럽으로 가는 길을 돌아가야 한다. 유럽에서 막 귀국한 한 연대의 병사들이 퍼레이드를 하고 있어 도시 중심가가 인파로 가득 차 있기 때문이다. 1919년 봄은 퍼레이드의 계절이다. 브레스트에서 출발한 수송선이 뉴욕 항에 입항할 때, 갑판에 빼곡히 자리한 병사들을 하일런Hylan 시장의 환영 위원회가 맞이할 것이다. 이 위원회를 대표하는 인물 중에는 뉴욕 시장의 젊고 말쑥한 비서인 그로버 훼일런Grover Whalen도 있다. 후일 그는 공식 환영 행사를 과학적으로 체계화하고 예술의 경지로 끌어올리게 된다.

뉴욕 시는 귀환 병사들을 기리기 위해 5번가 매디슨 스퀘어에 거대한 석고 아치를 세웠다. 이 아치의 디자인에는 40명의 예술가가 참여했다고 한다. 하지만 《뉴욕 트리뷴》은 실망스럽게도 "결과물을 보면 40명이 아니라 400명이 관여한 듯하다. 세계 어느 아치에서든 볼 수 있는 장식을 모두 끌어모았고, 브란덴부르크 문 위에 있는 말까지 빼놓지 않았다"고 평했다. 뉴욕 공공 도서관 앞에는 '영웅 전사자들의 광장Court of the Heroic Dead'이라는 기념물이 세워졌으며, 이에 대해 《뉴욕 트리뷴》은 간결하게 "죽음의 위험을 더한다"고 논평했다.

5번가 곳곳에는 별로 장식된 흰색 기둥 사이로 보석처럼 빛나는 아치가 걸려 있다. 밤이 되면 이 아치에 다채로운 서치라이트가 비쳐 장관을 이룬다. 5번가 전체가 깃발로 장식되었으며, 제27사단이 아치 아래를 행진할 때는 허공에서 색종이와 티커 테이프가 흩날리고, 거리 양쪽은 환호하는 인파로 가득 찬다. 뉴욕만이 아니다. 모든 도시가 귀환 병사들을 위한 승전 퍼레이드를 열고 있다. 하지만 병사들은 이 모든 소란이 끝나기를, 그리고 민간 복장으로 갈아입고 늦잠을 자며 자유롭게 지내기를 바랄 뿐이다. 그리고 모든 것을 잊기를.

스미스 부부는 한 지역 호텔에서 열리는 티 댄스에 초대받았으며, 스미스 씨는 사무실에서 서둘러 이 흥겨운 자리로 향한다. 최신 유행을 따르는 호텔이라면 전통적인 무도회 오케스트라 대신 재즈 밴드를 두고 있을 테지만, 아직 색소폰 연주자가 무대 중앙에서 기묘한 몸짓으로 악기를 울리며 "끝없이 슬프지만 끝없이 감상적이지 않으며, 과거도 기억도 미래도 희망도 없는" 소리를 내지는 않는다. 윌리엄 볼리소는 이것을 전후 시대의 시대정신Zeitgeist이라 불렀다. 재즈 밴드는 《I'm Always Chasing Rainbows》를 연주한다. 이 곡은 해리슨 피셔가 쇼팽의 즉흥 환상곡Fantasie Impromptu이 좋은 래그타임 곡이 될 수 있음을 해리 캐롤에게 설득한 뒤, 전쟁 중에 만들어진 곡이다. 밴드는 또한 《Smiles》, 《Dardanella》, 《Hindustan》, 《Japanese Sandman》, 《I Love You Sunday》를 연주하며, 이 시기의 가장 집요하고 지겨운 유행어를 탄생시킬 노래 《I'll Say She Does》도 연주한다. 폭스트롯을 추는 무도회장에는 아직도 많은 군복 차림의 인물들이 눈에 띈다. 푸른 제복을 입은 프랑스 장교도 한 명 있다. 아직까지 외국 군복은 전시의 낭만을 더해주는 요소로 작용하는 시기다. 어둑한 야자수 장식의 홀에서는 젊은이들의 애정 행각이 벌어지고 있을지도 모르지만, 스미스 부부는 아마도 이를 전혀 눈치채지 못할 것이다. 아직 F. 스콧 피츠제럴드가 경악한 공화국 앞에 '젊은 세대의 문제Problem of the Younger Generation'를 들이대지 않았을 때다.

몇 곡에 춤을 춘 뒤, 스미스 씨는 (이곳이 금주법이 시행되지 않는 주dry state라면) 바bar로 간다. 그곳에는 브롱크스 칵테일과 스카치 하이볼을 마시는 남자들이 모여, 다가오는 금주법을 두고 우려 섞인 대화를 나누고 있다. 오는 7월 1일부터 이른바 '전시 금주법Wartime Prohibition Law'이 발효될 예정이다. 이 법은 전시 조치로 제정되었지만, 정작 대통령이 서명한 것은 종전 이후였다. 게다가 이미 수정헌법 18조가 비준되어 금주법이 영구화될 것이 확실해졌다. 지금도 이미 알코올 증류 및 양조가 금지된 상태이다. 이 때문에 주류 가격은 치솟았고, 심야 카바레를 드나드는 이들은 큰 비용을 치르며 이를 실감하고 있다. 그러나 여기 바는 여전히 합법적으로 영업 중이다. 물론 바 안에는 여성의 모습이 전혀 보이지 않는다. 1919년에 여성 음주는 드문 일이었고, 바에서 마시는 것은 철저히 남성들의 특권이었다. 이날 저녁, 스미스 부부를 초대한 주최 측에서 식사 전에 칵테일을 제공할 수도 있겠지만, '칵테일 파티'라는 개념이 '티 파티'의 대체물로 등장한 적은 없다.

스미스 씨는 황동 난간에 한쪽 발을 걸친 채, 금주법 도입에 대한 사람들의 반응을 듣는다. 분개하는 이들도 있지만, 의견이 완전히 일치하는 것은 아니다. 한 남자는 브롱크스 칵테일을 한 잔 들이켜며, "처음엔 술이 아쉽겠지만, 그래도 우리 애들이 술 없는 세상에서 사는 게 나을 것"이라고 말한다. 그러자 두세 명이 이에 동의한다. 금주법은 미국 전역에서 압도적인 지지를 받고 있다. 전쟁 시기의 금욕주의적 열정이 아직 식지 않은 것이다. 그리고 이 남성들이 수정헌법 18조가 시행되면 술이 완전히 사라질 것이라고 당연하게 믿고 있다는 점에도 아이러니는 없다. 그들은 앞으로 '건조[금주] 시대'가 무한히 펼쳐질 것이라 막연히 기대하고 있다.

그날 저녁, 스미스 부부가 참석한 만찬 자리에서는 일부 젊은 여성들이 담배를 피우는 모습이 보일 수도 있다. 그러나 그녀들은 여전히 어색하고 도전적인 태도로 담배를 문다. (1919년 미국의 담배 소비량은 대형 시가를 제외하고도 1930년대의 절반에도 미치지 못한다.)

저녁 식사 후, 일행은 영화관으로 향할 수도 있다. 찰리 채플린의 《어깨 총Shoulder Arms》, 더글러스 페어뱅크스의 《니커보커 카우보이The Knickerbocker Buckaroo》, 메리 픽포드의 《키다리 아저씨Daddy Long Legs》, 테다 바라, 펄 화이트, 혹은 D. W. 그리피스의 화제작 《흩어진 꽃잎Broken Blossoms》을 감상할 수도 있다. 혹은 옥션 브리지를 할 수도 있다. (당연히 콘트랙트 브리지*는 아니다.) 마작은 몇 년 후에는 거의 필수적인 게임이 될 테지만, 지금은 아직 등장하지 않았다. 그들은 『묵시록의 네 기사The Four Horsemen of the Apocalypse』, 부스 타킹턴의 『위대한 앰버슨 가The Magnificent Ambersons』, 조지프 콘래드의 『황금의 화살The Arrow of

---

* 서양 근대 문학 작품에 종종 등장하는 휘스트Whist는 현재의 카드 게임 '브리지'의 조상격이다. 옥션 브리지는 1900년대 초반에 유행한 카드 게임이고, 콘트랙트 브리지는 1920년대 중반 이후 등장한, 현재 '브리지'라고 부르는 형태의 카드 게임이다.

Gold』, 브랜드 휘트록의 『벨기에Belgium』, 혹은 H. G. 웰스의 『꺼지지 않는 불The Undying Fire』 같은 당대의 베스트셀러에 대해 토론할 수도 있다. (『세계사 개요The Outline of History』는 아직 집필되지 않았다.) 그들은 연극을 보러 갈 수도 있다. 1919년 5월 뉴욕의 흥행작 중에는 《우호적인 적들Friendly Enemies》, 《동쪽에서 온 세 얼굴Three Faces East》, 《더 나은 올The Better Ole》 등이 있다. 이들 작품은 전시 중부터 계속 공연되며 여전히 인기를 끌고 있다. 또한 《잘 들어, 레스터Listen, Lester》, 윌리엄 질렛이 출연하는 《디어 브루터스Dear Brutus》, 프랜시스 스타가 출연하는 《타이거! 타이거!Tiger! Tiger!》 등이 무대에 올려지고 있다. 한편, 점점 더 인기를 끌고 있는 침실 코미디bedroom farce 장르는 《메이블의 방에서Up in Mabel's Room》 같은 작품으로 대중을 사로잡고 있다. 프린스턴 대학 졸업반 학생들은 최근 '가장 좋아하는 연극'을 선정하며 『맥베스』와 『햄릿』에 예상대로 투표한 뒤, 《라이트닝Lightnin'》을 최우선으로 꼽았다. 그들이 뽑은 최고 인기 여배우는 노마 탈마지, 엘시 퍼거슨, 마거릿 클락, 콘스탄스 탈마지, 매지 케네디 순이었다.

한 가지 분명한 점은, 스미스 부부가 오늘 저녁 어떤 일을 하든 라디오를 듣지는 않을 것이라는 사실이다.

왜냐하면 라디오 방송이란 아직 존재하지 않기 때문이다. 가끔 기계에 흥미를 가진 소년들이 무선 수신기를 가지고 놀면서, 모스 부호를 해독할 줄 안다면 선박이나 육상의 송신소에서 보내오는 메시지를 들을 수 있을 뿐이다. 라디오폰 기술이 발전하여 맨해튼 상공을 비행 중인 조종사가 지상의 사무실에 있는 사람과 대화를 나눈 적도 있다. 그러나 연설이나 음악을 방송으로 내보내는 일은 — 글쎄, 디포레스트DeForest가 수년 전에 시도한 적은 있었지만 "아무 성과도 없었다."

1920년 봄이 되어서야 비로소, 이스트 피츠버그에 있는 웨스팅하우스 사의 프랭크 콘래드가 여가시간에 헛간을 연구소 삼아 설치한 장비로 축음기 음악과 야구 점수를 송출하기 시작하면서 상황이 달라진다. 그의 방송을 듣는 아마추어 무선 애호가들이 점점 늘어나자, 피츠버그의 한 신문사는 재치 있게 "콘래드 박사의 프로그램을 듣는 분들을 위한" 라디오 장비를 광고하기에 이른다. 그리고 바로 이 광고가 나간 뒤에야 웨스팅하우스 경영진은 역사상 최초의 방송국을 열어 자사 제품의 판매를 촉진하기로 결정한다.

이제 스미스 부부에 대해 한마디만 덧붙이고 그들을 떠나보내자. 그들은 단순히 라디오 방송을 들어본 적이 없는 것이 아니다. 그들은 쿠에Coué, 데이턴 재판, 크로스워드 퍼즐, 미녀 선발대회bathing-beauty contest, 존 J. 래스콥, 갈취업자racketeer, 티팟 돔 Teapot Dome 스캔들, 코럴 게이블스Coral Gables, 《아메리칸 머큐리American Mercury》, 사코와 반제티 사건, 동반자적 결혼, 주식 중개 대출 통계, 마이클 알렌, 월 스트리트 폭탄 사건, 고백 잡지들, 홀-밀스 사건, RCA 주식, 불법주점speakeasy, 알 카포네, 자동 신호등, 찰스 A. 린드버그 — 이 모든 것에 대해 전혀 들어본 적이 없다.

2 정상성으로의 복귀

BACK TO NORMALCY

1918년 11월 11일 이른 아침, 우드로 윌슨 대통령은 백악관의 평범한 편지지 위에 연필로 미국 국민에게 보내는 메시지를 썼다.

> 친애하는 국민 여러분, 오늘 아침 종전 협정이 체결되었습니다. 미국이 싸운 모든 목적이 이루어졌습니다. 이제 우리는 세계 곳곳에서 정의로운 민주주의를 수립하는 데 있어 모범을 보이고, 신중하고 우호적인 조언을 하며, 물질적 지원을 제공하는 행운을 누리게 되었습니다.

이보다 더 윌슨다운 문서는 없을 것이다. 이 세 문장 속에는 위대한 감정의 순간에도 냉정을 잃지 않는 청교도적 교사의 면모가 담겨 있다. 하루의 교훈을 차분히 제시하는 사람, 화해의 평화를 꿈꾸며 증오의 평화를 원치 않는 도덕적 이상주의자, 그리고 평생 믿어온 민주주의 제도가 모든 나라에 보편적으로 최선의 선택일 것이라 확신하는 독단적 예언자가 여기 있다. 그러나 이 메시지의 정신은 또 다른 전쟁 시기의 대통령을 떠올리게 한다. 이것은 마치 에이브러햄 링컨이 썼을 법한 문서다.

하지만 윌슨 대통령이 이 문장을 쓰면서 링컨을 떠올렸다면 — 분명히 그랬을 것이다 — 어쩌면 간과한 것이 있었을지도 모른다. 평화가 찾아오면 이상주의적 조언은 무력해지는 경우가 있다. 링컨은 전후 10년 동안 "신중하고 우호적인 조언"이 어떻게 무력화되는지를 보지 못한 채, 승리의 순간에 세상을 떠났다.

그러나 우드로 윌슨은 그 정도로 운이 좋지는 않았다.

2

1918년 11월 11일, 그날은 실로 특별한 날이었다! 새벽 세 시가 되기도 전에, 국무부는 졸린 기자들에게 종전 협정이 마침내 체결되었다는 소식을 전했다. 불과 나흘 전, 잘못된 종전 소식이 전해졌을 때도 미국 전역이 기쁨에 도취되었다. 사람들은 사무실과 가게에서 쏟아져 나와 거리에서 행진하며 노래를 부르고 환성을 올렸다. 종을 울리고, 양철 나팔을 불고, 서로의 모자를 짓이기며 환호했고, 군복을 입은 병사들을 향해 연신 박수를 보냈다. 미국 국기를 온몸에 두른 사람들도 있었고, 신문사 게시판 앞에 빽빽이 모여 환희의 축제를 벌였다. 뉴욕에서는 5번가가 차량 통행을 금지해 인파로 가득 찼으며, 도시 곳곳의 창문에서는 155톤에 달하는 티커 테이프와 잘게 찢은 종이들이 눈처럼 흩날렸다. 그토록 폭발적인 환희가 다시 반복될 수 있을까 싶었지만,

그날 다시금 재현되었다.

11일 새벽 4시 30분경, 사이렌과 경적, 종소리가 미국의 수십 개 도시에서 잠든 사람들을 깨웠다. 신문 배달 소년들은 어둠 속 거리를 뛰어다니며 큰 소리로 신문을 팔았다. 처음에는 사람들도 쉽게 믿지 않았다. 한 번 속았던 터라 이번에는 조심스러웠다. 워싱턴의 한 거리에서, 한 신문 배달 소년이 또박또박 발음을 강조하며 외쳤다. "전쟁이 끝났습니다! 공식 정부 발표로 확인된 뉴스입니다!" 그는 보통 신문팔이들이 웅얼거리듯 말하지 않았다. 그는 확신을 주어야 한다는 걸 알고 있었다. 그의 말은 믿기 어려울 만큼 큰 안도감을 주었다. 이제 새로운 평화와 희망의 시대가 시작되려 하고 있었다. 아니, 이미 시작되었다.

그리하여 이 소식은 미국 전역으로 퍼져 나갔다. 어느 도시에서나 오전부터 사무실은 텅 비어 있었고, 상점 문에는 '카이저의 장례식 때문에 영업 중지'라는 팻말이 붙었다. 사람들은 또다시 거리로 쏟아져 나와 나흘 전처럼 행진을 했다. 예쁜 아가씨들은 길에서 마주치는 모든 병사들에게 입을 맞췄고, 자동차들은 군중들 사이를 천천히 기어가며 일부러 엔진을 폭발시켜 소음을 더했다. 뉴욕의 모닝사이드 하이츠에서는 800명의 버나드 칼리지 여학생들이 뱀처럼 늘어서서 춤을 췄고, 이른 아침 타임 스퀘어에서는 한 소녀가 전쟁 지원 운동을 위해 세워진 '자유의 전당'이라는 건물의 연단에 올라서서 침묵하는 군중 앞에서 영광의 찬가Doxology를 불렀다.

그러나 "신중하고 우호적인 조언"을 강조한 윌슨의 메시지를 조롱하기라도 하듯, 축하 분위기 한편에서는 증오에 가득 찬 장면도 연출되었다. 사람들은 카이저의 허수아비를 만들어 불태웠다. 뉴욕 월 스트리트에서는 카이저의 허수아비가 소방 호스로 쓸려 내려갔고, 5번가에서는 사람들이 비누 상자로 만든 관을 들고 다니며 "카이저가 이 안에서 조각조각 나 쉬고 있다resting in pieces"고 외쳤다. 브로드웨이와 70번가에서는 한 소년이 카이저의 초상을 인도에 반복해서 그려놓았고, 군중들은 이를 신나게 짓밟았다.

그렇게 새로운 평화의 시대가 시작되었다.

그러나 윌리엄 제닝스 브라이언의 말을 빌리자면, 백만 명의 병사가 하룻밤 사이에 무장 해제될 수는 없는 법이다. 당시 350만 명이 넘는 미국인들이 여전히 군 복무 중이었고, 그중 200만 명 이상이 유럽에 있었다. 거리에는 여전히 군복을 입은 이들이 넘쳐났다. 11월 11일의 환성이 사라진 후에도 원정군은 여전히 참호 속에 있었으며, 독일로 조심스레 전진할 준비를 하고 있었다. 민간인들은 여전히 설탕을 절약하고, 거무스름한 생소한 빵을 먹으며, 석탄을 아껴야 했다. 종전 후 열흘이 지나서야 연료관리국Fuel Administration의 "불 꺼진 밤" 조치가 해제되었고, 브로드웨이와 그 외 여러 도시의 번화가들이 다시 화려한 불빛을 밝혔다.

철도는 여전히 정부의 통제 아래 운영되고 있었고, 기차표를 사려면 미국 철도 관리국 통합 발권 사무소에서 구매해야 했다. 독일 병사에 의한 것보다 더 많은 미국인의 목숨을 앗아간 독감 유행은 이제야 서서히 잦아들기 시작했으며, 수천 명의 사람들이 두려움 때문에 얼굴에 하얀 마스크를 쓰고 거리를 다녔다.

신문은 온통 유럽 전선 소식, 독일 혁명, 윌슨 대통령의 평화 준비, 그리고 통합전쟁지원운동United War Work Campaign 기사들로 가득 차 있었다. 다른 뉴스는 거의 실리지 않았다. 그리고 매일, 매주, 매달, 사망자 명단은 끝없이 이어졌다. 메인주에서 오리건주까지, 사람들은 매일 신문을 펼칠 때 가슴 졸이며 전사자 명단을 확인했다.

보통 11월이면 미식축구 시즌이 절정을 이루었겠지만, 지금은 대부분 학생군사훈련단Students' Army Training Corps 복장을 입고 있던 젊은이들로 구성된 대학팀들이 전쟁기금 마련을 위한 자선 경기를 치르고 있다. 이들의 기부 의지를 더욱 북돋기 위해, 하버드의 찰리 브리클리는 월 스트리트 너머로 미식축구공을 드롭킥하여 뉴욕 증권거래소 발코니에 있던 예일대의 잭 게이츠의 품으로 보냈다.

신문의 기사뿐만 아니라 광고에서도 여전히 전시의 정서가 강하게 드러난다. '훈족Huns을 증오할 권리'라는 제목의 사설이나, 카이저에 대한 적절한 처벌이 그를 '불량 외국인'으로 지정하여 여러 나라를 떠돌게 하는 것이어야 한다는 내용을 담은 독자 투고 옆에는, 연합전쟁기금United War Work Fund의 거대한 광고가 자리하고 있다. 광고는 독자를 향해 "기부하라! 기부하라! 기부하라!"고 강력히 호소하고 있다. 또 다른 면에서는 '미국, 세계의 재건을 준비하다'라는 제목 아래, "이제 자유가 승리하고, 정의의 힘이 인류의 도덕성을 재건하기 시작한 지금, 세계는 그에 상응하는 물질적 과업을 앞두고 있다"라는 애국적 문구가 펼쳐진다. 하지만 몇 문장에 걸친 웅장한 수사를 끝까지 읽어야만, 그 '물질적 과업'이 결국 블랭크 사社의 강철 창문을 사용하는 것이라는 사실을 깨닫게 된다.

한편, 본격적인 병력 감축이 시작되고, 병사들이 군대에서 귀향하며, 검열이 해제되고, 다시 밤에 불을 환히 밝힐 수 있게 되고, 여성들이 더 이상 죄책감 없이 설탕을 구입하게 되는 등 평화의 기운이 점점 현실로 다가오고 있다. 그러나 이처럼 찬란한 평화가 단순한 꿈이 아니라 현실로 다가오는 순간에도, 국가는 여전히 전쟁 중인 듯한 사고방식을 유지하고 있다. 지난 19개월 동안 사람들은 자신들이 증오하는 것을 무조건 타격하는 법을 배웠다 — 논쟁하거나 망설이는 것이 아니라, 즉각 공격하는 것이었다. 독일은 쓰러뜨렸지만, 이제 또 다른 위협이 등장한 듯 보였다. 러시아에서 시작된 볼셰비즘이 유럽으로 퍼지고 있었고, 그것이 미국까지 확산될지도 모른다. 그래서 그들은 그것을 타격했다 — 혹은 자신들이 그것이라 생각한 대상을.

종전이 선포된 지 불과 일주일 만에, 뉴욕 시장 하일런은 거리에서 붉은 깃발을 게양하는 것을 금지하고 경찰에 "모든 불법 집회를 해산하라"는 명령을 내렸다. 며칠 후, 매디슨 스퀘어 가든에서 사회주의자들이 대중 집회를 열고 있을 때, 주변 거리에서 모여든 500명의 병사와 선원들이 문을 부수려 했다. 말을 탄 경찰 22명이 출동해서야 아수라장 속에서 군중을 해산시키고 질서를 회복할 수 있었다. 그다음 날 밤, 시내 북쪽의 팜 가든에서도 유사한 소요가 발생했다. 국제여성연맹Women's International League의 주최로 혁명 러시아를 지지하는 집회가 열리자, 병사와 선원들이 58번가를 가득 메우고 "러시아 만세"를 외치며 문을 부수려

했다. 이 과정에서 여섯 명이 심하게 구타당했다. 피해자 중 한 명은 보수적인 증권 중개인이었다. 그는 한 여인과 함께 렉싱턴 애비뉴를 걷다가 소란스러운 군중을 보고 무슨 일이냐고 물었을 뿐이었다. 그러자 한 선원이 "이봐, 친구들! 여기 또 한 명의 볼셰비키가 있군!"이라고 외쳤고, 순식간에 수십 명이 달려들어 그의 넥타이를 찢고 거의 의식을 잃을 정도로 폭행했다. 이 시위들은 전후 반反빨갱이 폭동의 시작에 불과했다.

전시의 습관이 된 '즉각적인 행동' 방식은 쉽게 사라지지 않았다. 다만 상황과 사용할 수 있는 수단이 달라졌을 뿐이다. 전쟁 기간 동안, 정부는 노동자들의 불만이 터져 나오는 것을 막기 위해 높은 임금 인상을 장려했다. 하지만 이제 전쟁이 끝났고, 이에 불만을 품고 있던 고용주들은 반격의 기회를 잡았다고 생각했다. "독일은 무너졌으니, 이제 노동자들에게 본때를 보여줄 차례다." 그들에게 노동 운동가들은 볼셰비키 무리와 다를 바 없었다. 그들은 이제 그들의 사업에서 다시 적절한 수익을 낼 수 있어야 한다고 믿었다. 반면 노동자들은 급등하는 생계비 속에서 더 이상 애국심을 이유로 임금 인상을 포기할 필요가 없었다. 그들은 이제 '비단 조끼를 입은' 탐욕스러운 고용주들에게 자신들도 한 수 가르쳐 주겠다고 결심했다. 결과는 일련의 쓰디쓴 파업과 직장 폐쇄였다.

주류 문제에 대해서도 즉각적인 조치가 취해졌다. 전쟁 중 알코올은 국가의 전투 효율성을 위협하는 명백한 적이었다. 이미 많은 주州에서 금주법이 시행되고 있었고, 국민들은 이제 술집을 완전히 없애기로 결심했다. 전쟁 기간 동안 점진적인 절충안은 존재하지 않았다. 전시 금주법War-time Prohibition Act은 이미 법제화되어 1919년 7월 1일부터 시행될 예정이었다. 하지만 이것만으로는 충분하지 않았다. 1917년 말, 의회는 금주법을 영구화할 제18차 수정헌법을 통과시켰고, 많은 주들이 전쟁이 끝나기도 전에 이를 비준했다. 1919년 1월, 주 의회가 개회하자 비준 운동은 급물살을 탔다. 《뉴욕 트리뷴》은 이를 "바람 없는 바다를 항해하던 범선이 보이지 않는 힘에 의해 갑자기 가속화되는 것처럼"이라고 표현했다. 《뉴욕 타임스》는 "마치 한때 술을 마시는 것이 유행이었듯이, 이제 금주가 새로운 유행이 된 것 같다"고 논평했다. 종전이 선포된 지 불과 9주 만인 1월 16일, 36개 주가 비준을 마쳤다. 며칠 후에는 뉴욕주마저 동참했다. 위스키와 '주류 카르텔'은 볼셰비키들만큼이나 증오의 대상이 되었다. 물론 불안감이 전혀 없었던 것은 아니다. 누군가는 "군복을 입고 있던 300만 명의 병사들이 이 새로운 질서를 달가워하지 않을 것"이라고 경고했다. 하지만 국가는 재고할 기분이 아니었다. 금주법은 "타협 없는" 전쟁 정신 속에서 관철되었다.

그러나 전시의 열광적인 분위기가 종전 이후에도 지속되었음에도 불구하고, 한 가지 중요한 변화가 일어났다. 전쟁 중 국민들은 자신들의 임무를 숭고한 사명으로 여겼다. 상사上士들은 "좋은 독일인은 죽은 독일인뿐"이라 말하고, 4분 연설자들은 카이저를 끓는 기름에 넣어야 한다고 외쳤지만, 수많은 미국인들은 자신들이 압제받는 민족의 권리를 위해, 영원한 전쟁 종식을 위해, 그리고 워싱턴의 '교사'[전직 교수였던 월슨 대통령을 가리킨다]가 웅변적으로 설파했던 그 모든 이상을 위해 싸우고 있다고 굳게 믿고 있었다. 타임 스퀘어에서 한 소녀가 '영광의 찬가Doxology'를 부른 것은, 카이저의 형상을 불태우는 것만큼이나 이들의 진실한 감정을 반영하는 장면이었다. 그러나 종전 협정이 체결된 순간부터, 미묘한 변화가 시작되었다.

이제 윌슨을 좋아하지 않았던 사람들이 — 그가 전쟁에 너무 오래 머뭇거렸다고 생각했던 사람들, 그의 핏줄에는 피가 아니라 맹물과 우유가 흐른다고 믿었던 사람들, [시어도어] 루즈벨트와 [레너드] 우드를 대했던 그의 태도를 용서할 수 없었던 사람들, 그가 본래 위험한 급진주의자이며 자본주의 체제에 위협이 된다고 보았던 사람들, 그가 민주당이 의회를 장악하도록 국민에게 직접 호소한 것을 실책이라 여겼던 사람들, 그리고 그가 평화 회담을 위해 직접 파리에 가겠다고 한 것이 순전한 자기도취의 발로라고 생각했던 사람들 — 이제는 거리낌 없이 목소리를 내기 시작했다.

또한, 프랑스를 칭송하는 데 지친 이들, 영국과 아일랜드 문제에 대해 나름의 견해를 가진 이들, "우리의 고귀한 동맹국들"이라는 표현을 듣는 것에 진절머리 난 사람들, 우리가 정말로 우리의 생존을 지키기 위해 전쟁에 참전했을 뿐이며, 윌슨이 말하는 "세계 민주주의의 안전" 운운은 위험하고 위선적인 헛소리에 불과하다고 믿는 이들 또한 목소리를 높였다. 이제 사람들은 거리낌 없이 말할 수 있었다. "우리는 독일 놈들을 박살냈고, 이제는 이 빌어먹을 볼셰비키 놈들도 박살낼 거야. 그리고 슬슬 윌슨과 그 평화주의자 패거리들도 손봐줄 때가 됐어."

전쟁의 긴장이 서서히 풀리면서, 이상주의의 거품도 터지고 있었다. 평화의 첫 몇 주가 지나면서, 미국이 과연 우드로 윌슨이 생각했던 것처럼 "세계 곳곳에서 정의로운 민주주의를 수립하는 일을 돕기 위해" 준비된 상태인지 점점 더 의심스러워지기 시작했다.

3

그러나 전쟁은 윌슨의 사고방식에도 깊은 영향을 미쳤다. 1917년 4월 이후, 그의 의지는 그 누구도 막을 수 없었다. 미국 내에서 그의 지도력에 대한 공개적인 반대는 사실상 봉쇄되었다. 대통령의 의견에 반대하는 것은 애국심이 없는 행동으로 여겨졌다. 그의 연설과 메시지는 미국이 전쟁을 수행하는 목표와 궁극적인 평화 조건에 대한 대중의 사고방식을 형성했다. 유럽에서도 그의 웅변은 강력한 영향을 미쳐, 유럽 정치인들은 어쩔 수 없이 그의 뜻을 따랐으며, 결국 종전 협정도 그가 내세운 조건에 따라 체결되었다. 전 세계적으로 수백만 명의 남녀가 그의 말을 마치 메시아의 입에서 나온 것처럼 여겼다. 이제 그가 '국제연맹'을 기반으로 한 새로운 세계 질서를 구상하게 되었을 때, 그가 직접 파리에 가서 이 엄청난 영향력을 발휘하여 자신의 이상을 현실로 만드는 것은 필연적인 일처럼 보였다.

이 장대한 꿈은 윌슨의 온 정신을 사로잡았다. 상원의원 헨리 캐벗 로지 같은 비판자들이나 국무장관 로버트 랜싱 같은 동료들이, 그가 협상을 부하들에게 맡겨야 한다거나, 우선 독일과 평화를 체결한 뒤에 국제연맹 문제를 논의하여 혼란스러운 세계를 신속히 안정시켜야 한다고 주장했지만, 그는 전쟁 중에도 반대파를 잠재웠고, 이제 또다시 잠재울 수 있다고 확신했다. 1918년 12월 4일 — 종전 협정이 체결된 지 채 한 달도 지나지 않은 시점에 — 윌슨 대통령은 조지 워싱턴 호를 타고 뉴욕을 떠났다. 항구를 따라 늘어선 군중들이 환호하며 그에게 경의를 표했고, 정박한 배들은 일제히 기적을 울렸으며, 대포는 대통령의 출항을 알리는 예포를 쏘아 올렸다. 배의 갑판에서 동쪽을 향해 출항하는 그 순간, 우드로 윌슨은 운명의 여신이 자신의 편에 서 있다고 느꼈을 것이다.

그 후 몇 주 동안의 사건들은 그의 이러한 믿음을 더욱 굳건하게 만들었다. 그는 프랑스, 영국, 이탈리아를 순회하며 경이로운 환영을 받았다. 영국 땅에서 외국인이 이토록 열렬한 환영을 받은 적은 없었다. 런던에서 그의 행렬은 마치 대관식 행렬과도 같았다. 이탈리아에서는 수많은 인파가 그를 환영하러 거리에 몰려들어 도시 전체가 검게 물들었다. "이토록 환호를 받은 사람은 없었다." 윌리엄 볼리소는 이렇게 썼다. "나는 파리 거리에서 들었던 그 함성을 평생 잊을 수 없다. 포슈 원수가 지나가고, 클레망소가 지나가고, 로이드 조지와 장군들이 지나가고, 개선군이 지나가고, 깃발이 휘날렸지만, 윌슨이 탄 마차가 지나갈 때 들린 것은 전혀 다른 것이었다. 인간의 것이 아닌 — 아니, 초인적인 무엇이었다." 그토록 거대한 군중을 직접 보고, 열광적인 함성을 들으며, 우드로 윌슨은 자신의 불패를 확신할 수밖에 없었다. 만약 평화 회담이 열렸을 때 그가 그들에게 말할 수만 있다면, 구시대적 외교관들이 그를 막을 수 없으리라 믿었다. 운명은 그를,

그리고 전 세계를 찬란한 미래로 이끌고 있는 듯했다.

그러나, 흔히 그렇듯이, 운명은 다른 계획을 품고 있었다. 미국뿐만 아니라 유럽에서도 이상주의는 퇴조하고 있었다. 대중의 여론을 누구보다 민감하게 감지하는 [영국의] 로이드 조지는 총선에서 "카이저를 교수형에 처하라"라는 구호를 내걸고 선거운동을 벌이고 있었다. 군중들은 윌슨과 정의를 위해 환호성을 질렀지만, 투표에서는 로이드 조지와 복수를 선택했다. 독일이 패배한 지금, 수십 명의 유럽 정치인들은 파리에서의 협상에서 각자 자국의 이익과 개인적 영광을 위해 무엇을 챙길 수 있을지 궁리하고 있었다. 그들은 전리품을 가지고 돌아가길 원했다. 군중들이 윌슨을 향해 환호하는 소리를 들었지만, 그들은 대중이 변덕스럽다는 것도 알고 있었다. 대중은 영토 합병과 가혹한 배상금에도 똑같이 열렬히 환호할 것이다. 그들은 각자의 전리품을 챙길 평화를 만들겠다는 결심을 하고 파리로 향했다.

그와 동시에, 워싱턴의 상원에서는 윌슨의 국제연맹 구상과 그의 '14개 조항'에 대한 반대가 점점 더 거세졌다. 1918년 12월 21일, 공화당 상원의 지적인 지도자 헨리 캐벗 로지는 상원이 대통령과 동등한 조약 체결 권한을 가지고 있으며, 협상 전에 미리 상원의 입장을 명확히 밝혀야 한다고 선언했다. 그는 파리에서 국제연맹 문제를 거론하기에는 할 일이 너무 많다고 주장했다. 그리고 윌슨 대통령과는 전혀 다른 평화 조약의 청사진을 제시했다. 로지와 그의 동료들은 독일을 철저히 무장 해제시키고, 막대한 배상금을 부과하고, 가능하다면 독일을 분할하고 싶어 했다. 그들은 연합국에 광범위한 영토의 할양을 할 준비가 되어 있었다. 무엇보다, 그들은 미국이 유럽 문제에 개입할 수밖에 없는 어떠한 조항도 평화 조약에 포함되는 것을 원치 않았다. 그들은 국제연맹 구상이 '복잡하게 얽힌 동맹entangling alliances'*을 포함하고 있는지를 철저히 검토하고, 만약 그렇다면 이를 저지할 태세를 갖추고 있었다. 그리하여 유럽 외교관들의 반대에 더해, 이제 미국 상원과 여론의 반대가 윌슨을 압박하고 있었다. 그는 아직 이 위협을 실감하지 못했을지 모르지만, 반대의 불길은 서서히 번지고 있었다.

윌슨이 이를 인식하고 있었든 아니든, 시대의 흐름은 그에게 불리하게 돌아가고 있었다. 인류의 본성은 역사의 모든 전쟁이 끝난 순간마다 새로운 모습을 드러내는 법이다. 단결해야 한다는 강요는 사라졌고, 그 자리를 분열이 대신했다. 이상주의를 강요하던 분위기도 사라졌고, 현실주의가 그 자리를 차지했다.

그러나 운명은 유럽Old World의 외교관들이나 미국New World의 애국적 상원의원들을 통해서만 작용한 것이 아니었다. 그것은 우드로 윌슨 자신의 정신적·성격적 한계 또한 통해서 작용했다. 그를 위대한 예언자로 만들었던 바로 그 단일한 목적 의식과 비타협적인 성격은, 그로 하여금 파리에서 감당할 수 없는 협상의 짐을 혼자 짊어지게 만들었다. 그는 10인위원회Council of Ten나 4인위원회Council of Four에서 이루어지는 협상에서 자신이 진

---

* 'entangling alliances'는 조지 워싱턴이 1796년 퇴임 연설에서 경고한 표현으로 미국이 유럽과의 정치적 동맹으로 유럽 문제에 깊이 휘말리게 되는 것을 경계했다. 이 표현은 미국의 고립주의 또는 비개입주의의 고전적 근거로 자주 인용된다.

행하는 내용을 동료들에게 충분히 공유하지 못했고, 그들의 조언과 반론을 충분히 반영하지 못했다. 그는 파리에 있던 미국 언론인들과 신뢰를 쌓지 못했으며, 이를 통해 본국에서 필요한 지지를 얻는 데도 실패했다. 결국 그는 '외로운 플레이어'가 되어버렸다. 또한, 그의 지적 능력은 구술적oral이라기보다 시각적visual이었다. 레이 스태너드 베이커가 지적했듯이, 윌슨은 "사람이 아니라 책, 문서, 편지 — 즉, 글을 통해 정보를 얻는 데 익숙했다." 그렇기 때문에 그는 "인간적인 접촉이 지닌 가치를 과소평가했다." 문서 협상에서 그는 타의 추종을 불허했지만, 소규모 협상 테이블에서 진행되는 즉석 논의에서는 불리한 입장이었다. 클레망소, 로이드 조지, 오를란도가 그를 4인위원회로 끌어들여 문을 걸어 잠그고 조약 협상을 일종의 4인 카드 게임처럼 진행할 때, 그들은 이미 절반쯤 승리한 것이나 다름없었다. 초인적인 인물이었더라면 파리에 가서 완전한 승리를 거두고 돌아올 수도 있었겠지만, 우드로 윌슨은 그가 가진 특성과 동시에 승리를 거둘 수 있는 인물이 아니었다.

여기에서 파리에서 벌어진 대통령의 이상 실현을 위한 치열한 투쟁의 전모를 서술할 필요는 없을 것이다. 다만, 그는 고집스럽고도 창의적인 방식으로 싸웠으며, 조약의 조건을 어느 정도 완화시키는 데 성공했다는 점만 언급하면 충분할 것이다. 유럽 외교관들은 영토 및 군사적 조정이 이루어진 다음에 국제연맹 문제를 논의하길 원했지만, 그는 국제연맹 문제를 우선적으로 다루도록 강제했다. 국제연맹 규약을 초안하기 위한 위원회의 의장으로서 그는 국내에서 태프트, 루트Root, 로지와 같은 인사들이 제기한 주요 반대 의견을 수렴한 예비 초안을 제시했다. 파리에서 그는 독일 영토의 광범위한 합병과 독일 식민지 전면 합병에 대한 사실상 만장일치의 분위기를 마주해야 했다. 심지어 영국령 자치령들British Dominions*조차 그들의 총리를 통해 적극적으로 합병을 주장하며 서로를 지지했다. 그러나 그는 연맹 위임통치mandate 원칙을 받아들이도록 협상을 이끌었다. 그는 클레망소의 독일 영토에 대한 요구를 완화시켰는데, 이를 위해 파리를 떠나겠다고 위협해야만 했다. 그는 이탈리아가 원하는 영토를 줄이도록 강요했으며, 이를 위해 전 세계의 양심에 공개적으로 호소해야 했다. 여러 차례, 오직 그 혼자만이 정복국들의 승전국 분할을 주민들의 의사와 무관하게 진행하는 것을 막을 수 있었다. 당시 회의의 진행 과정을 세세히 살펴보면, 만약 우드로 윌슨이 공정한 합의를 위해 싸우지 않았다면, 이 협정은 훨씬 더 미래의 평화를 위협하는 결과를 낳았을 것이라는 점을 깨닫게 된다. 그러나 결국 이 조약은 타협의 산물이었다. 조약은 전쟁 중 비밀 협정의 내용을 지나치게 많이 따랐으며, 윌슨이 어렵게 조약에 포함시킨 국제연맹 규약조차 미국 국민들에게는 지나치게 엄격하고, 또 너무 많은 군사적 의무를 포함한 것으로 보였다. 전쟁에 지친 미국인들은 유럽 문제에서 완전히 손을 떼기를 원하고 있었다.

---

* 19세기 후반~20세기 초반의 영국 제국 내에서 캐나다, 오스트레일리아, 뉴질랜드, 남아프리카 연방 같은 자치 정부를 가진 '백인 이주 식민지들white settler colonies'을 가리킨다. 이들은 내정에서는 자치를 누렸고, 외교나 군사 문제에서는 본국인 영국과 보조를 맞췄다.

1919년 6월 말, 프랑스를 떠난 지 6개월이 넘은 시점에서, 윌슨 대통령은 베르사유 조약이 가진 심각한 결함을 충분히 인식하고 있었을 것이다. 그는 자신의 모든 노력이 무색하게도, 파리 회담에 참석한 지도자들이 고귀한 이상보다 두려움, 증오, 탐욕, 그리고 편협한 민족주의에 더 크게 휩쓸렸음을 깨달았을 것이다. 분별 있는 사람이었다면, 세계가 점점 더 깊은 환멸 속으로 빠져들고 있다는 것과, 워싱턴 상원에서 매일같이 제기되는 조약에 대한 비판 중 상당수가 합리적이라는 점을 모를 리 없었다. 하지만 그렇다면 윌슨이 할 수 있는 일은 무엇이었을까?

그가 미국 상원과 국민들 앞에서 이렇게 말할 수 있었을까? "이 조약은 일부 조항에서 상당히 문제가 있다. 나는 산동山東 조항, 이탈리아 국경 조항, 독일 배상금의 확정 실패, 그리고 프랑스 및 기타 국가들의 독일 영토 강탈을 원치 않았지만 어쩔 수 없는 상황에서 우리가 할 수 있는 최선이었고, 국제연맹이 이러한 문제를 보완할 것이라고 생각한다." 그렇게 말할 수는 없었다. 그는 조약의 모든 조항을 수용한 상태였고, 이미 서명했으며, 따라서 이를 변호해야만 했다. 그가 파리 협상에 참여한 지도자들이 사심 없는 태도로 행동할 것이라 공언했지만, 그들이 실제로는 그렇지 않았음을 인정할 수 있었을까? 그렇게 한다면, 그것은 자신의 실패를 인정하는 것이며, 자신의 권위를 스스로 무너뜨리는 것이었다. 협상 전에 "이 협정은 정의로울 것"이라고 선언했고, 협상 과정에서도 "이 협정은 정의롭다"라고 주장한 마당에, 이제 와서 그것이 정의롭지 못했다고 인정할 수는 없었다.

결국 시대의 흐름은 그를 궁지로 몰아넣었고, 그에게 남은 유일한 출구는 하나뿐이었다. 그는 귀국하여, "회의는 완전한 화합의 장이었다. 모든 중요한 결정은 14개 조항Fourteen Points에 따라 이루어졌다. 클레망소, 오를란도, 로이드 조지 그리고 다른 협상자들은 인류에 대한 뜨거운 사랑으로 움직였다. 이 조약은 새로운 이상적 세계 질서를 위한 헌장이며, 세계의 구원은 이를 완전히 받아들이는 것에 달려 있다"고 주장하는 길밖에 없었다.

이것이 그가 결국 한 것이었다. 그리고 조약에 대해 그가 한 말들이 사실이 아니었으며, 적어도 때때로 그 자신도 그것이 사실이 아님을 알았을 것이기에, 이 시점부터 우드로 윌슨의 이야기는 순전한 비극이 된다. 그는 모든 이상주의자들이 빠질 수밖에 없는 함정에 빠졌다. 자신의 이상을 현실로 구현하는 데 실패하자, 그는 현실을 왜곡했다. 그는 세상을 있는 그대로가 아니라, 자신이 바라던 모습대로 그렸다. 낙관주의자는 감상주의자가 되었다. 그가 미국으로 돌아와 국민에게 들려준 평화 회담의 이야기는, 오직 인류의 복지를 위해 사리사욕을 버리고 헌신하는 선한 사람들이 만들어낸 감동적인 동화와도 같았다. 그는 말했다. 미국이 파리에서 이루어진 모든 합의를 승인하지 않는다면, 세계의 가슴이 산산이 부서질 것이라고. 그러나 부서진 것은 오직 그의 가슴이었다.

4

헨리 캐벗 로지는 신사였고, 학자였으며, 미국 상원의 세련되고 설득력 있는 인물이었다. 상원 회의장을 거닐 때 ― 홀쭉한 몸매에 우아한 걸음걸이, 회색 머리와 회색 수염을 지닌, 귀족의 전형 같은 품격을 갖춘 모습으로 ― 그의 존재는 대중 앞의 윌리엄 질레트*만큼이나 사람들의 시선을 사로잡았다. 그는 목소리를 높일 필요도 없었다. 그저 잠시 걸음을 멈추고 동료 상원의원의 과장된 연설을 몇 문장 들은 뒤 아무렇지도 않게 다시 걸어가기만 해도, 방청석에 있는 사람은 그 연설이 전혀 주목할 가치가 없는 것임을 깨닫게 되었다. 바로 그 로지를 중심으로 윌슨에 반대하는 세력이 모여들었다.

그는 '아메리카니즘'을 신봉했다. 그는 미국 외교 정책의 본질이 해외 문제에 휘말리지 않는 것에 있다고 믿었다. 다만 국가의 명예가 걸려 있다면 단호하게 싸워야 했고, 싸움이 끝나면 다시 빠져나와 거리를 유지하고 본래의 길을 가야 한다고 생각했다. (로지에게 국가의 명예란 미국의 특권이 위협받을 때 손상되는 것이었다. 반면, 윌슨에게 국가의 명예란 도덕적인 문제였으며, 한 국가가 이를 잃는 것은 수치스러운 행동을 했을 때뿐이었다.) 상원 외교위원회 위원장으로서, 로지는 미국이 전통적인 외교 원칙을 훼손할 위험이 있는 국제 조약에 휘말리지 않도록 하는 것이 자신의 의무라고 생각했다. 그는 세계 각국이 앞으로 수십 년 동안 소년단처럼 순수한 태도로 행동할 것이라 믿지 않았

---

* William Gillette. 19세기 후반~20세기 초 미국의 연극배우이자 극작가이다. 그는 무엇보다 셜록 홈즈를 무대 위에서 구현한 인물로 가장 유명하다. 아서 코난 도일과 협력해 1899년부터 셜록 홈즈 연극을 공연하며 홈즈의 이미지(특히 사냥모자와 구부러진 파이프 등)를 오늘날 우리가 아는 모습으로 정착시키는 데 결정적인 역할을 했다. 질레트는 무대 위에서 조용하지만 카리스마 넘치는 존재감으로 관객의 시선을 사로잡았던 것으로 유명했다.

다. 그는 조약이 좋은 시기뿐만 아니라 상황이 악화된 시기에도 실질적으로 기능할 수 있어야 한다고 보았으며, 현재의 조약에는 골치 아픈 문제를 야기할 조항이 다수 포함되어 있음을 간파했다.

로지는 정치가이기도 했다. 그는 매사추세츠주의 유권자들 중 수십만 명이 아일랜드계라는 사실을 알고 있었기에, 파리 평화 회담에서 과로에 지친 대표단을 압박하여, 프랭크 P. 월시, 에드워드 F. 던, 마이클 J. 라이언 등으로 구성된 '아일랜드 독립을 위한 미국 위원회' 대표들의 발언 기회를 보장해줄 것을 요구했다. 아일랜드 독립이 조약과 무슨 관련이 있는지 설명할 수 있는 사람은 아일랜드인밖에 없었지만, 그것은 중요하지 않았다. 또한, 이탈리아계 유권자의 수를 의식한 로지는, 평화 회담 중 이탈리아 문제로 위기가 고조되었을 때, 보스턴의 이탈리아계 주민들 앞에서 "이탈리아는 반드시 피우메Fiume를 차지해야 하며, 아드리아해를 통제해야 한다"고 연설하여 윌슨을 난처하게 만들었다.

결정적으로, 로지는 본래부터 윌슨을 좋아하지 않았다. 윌슨이 미국 여론을 대표할 권리가 있다고 자처하는 것은 무책임하고 불합리한 행동이라 생각했으며, 이에 대한 반감이 너무 컸던 나머지, 그는 미국 평화 대표단에 유일하게 포함된 공화당원인 헨리 화이트가 유럽으로 떠날 때 자신의 '반反 윌슨적' 평화 조건을 담은 비밀 각서를 화이트에게 건네며, 이를 극비리에 밸포어, 클레망소, 니티Nitti에게 보여줄 것을 제안했다. 그는 덧붙였다. "이 정보는 특정한 상황에서 그들의 입장을 강화하는 데 매우 중요한 역할을 할 수도 있다." 고상한 인물이 이러한 제안을 할 수 있는 것은 단 한 가지 경우, 대통령의 계획을 무산시키는 것이 국가의 이익을 위해 필수적이라고 확신할 때였다.

조약에 대해 회의적인 입장을 가진 이는 로지만이 아니었고, 그를 중심으로 다양한 배경을 가진 정치인들과 세력들이 하나 둘씩 모여들었다. 여기에는 강경 보수파인 브랜디지Brandegee 같은 인사도 있었고, 외국 외교관들과의 협상을 마치 촌놈이 도시 사기꾼을 경계하듯 불신하는 서부의 이상주의자 보라Borah 같은 이들도 있었다. 습관적 반항아인 라 폴레트La Follette와 짐 리드Jim Reed도 가세했다. 민주당 출신 대통령이 곤경에 처하는 것을 반길 공화당원들도 많았다. 특히 윌슨이 전시 중 민주당 주도의 의회를 만들기 위해 직접 국민에게 호소했던 일이 못마땅했던 자들이었다.

상원에는 또 다른 정치적 이해관계도 있었다. 조약 체결에는 상원의 '권고와 동의advice and consent'가 필수적이라는 점을 명확히 보여주고 싶어 하는 의원들이 있었다. 그리고 무엇보다, 윌슨의 웅변적인 수사를 혐오하는 사람들이 다수 존재했다. 상원 밖에서도 조약에 대한 반대는 거센 흐름을 이루고 있었다. 아일랜드계 미국인들은 국제연맹이 "영국에 6개의 의석을 준다"는 사실에 쉽게 분노했다. 이탈리아계 미국인들은 피우메를 이탈리아에 넘기지 않겠다고 한 윌슨을 강하게 비난했다. 전쟁 중 미국에 충성했던 독일계 미국인들조차 독일 공화국의 무력화를 강요하고, 독일이 국제연맹에서 의석을 가질 수 없도록 한 조약에 냉담한 반응을 보였다. 또한, 미국이 이번 협상에서 얻은 것이 너무 적다고 생각하는 사람들도 있었다. 그리고 무엇보다, 국제연맹 규약

(특히 제10조)에 포함된 의무 사항들이 미국을 지나치게 구속한다고 느끼는 광범위한 대중이 존재했다.

그러나 그 모든 정치적 논쟁과 별개로, 더욱 거대한 감정의 흐름이 미국을 뒤덮고 있었다. 수백만 명의 미국인들은 점점 전쟁과 관련된 모든 것에 대한 무관심과 환멸을 느끼고 있었다. 그들은 유럽의 혼란스러운 사태에 더 이상 관심을 두고 싶지 않았다. 그들은 이 모든 문제에서 손을 떼고 싶었다. 그들은 또다시 새로운 희생을 요구받고 싶지 않았다. 이미 충분한 희생을 치렀다고 느꼈기 때문이다. 타임 스퀘어에서 한 소녀가 '영광의 찬가'를 부르며 전쟁 승리를 기념하던 그날의 감격은 이제 완전히 사라졌다. 이제 사람들의 관심을 끄는 것은 윌슨의 국제연맹이 아니라, 윌러드-뎀프시의 권투 시합과 영국 비행선 R-34의 롱아일랜드 착륙 소식이었다.

1919년 7월 10일, 워싱턴으로 돌아온 윌슨 대통령은 베르사유 조약을 상원에 제출하며, 미국 협상단이 불가피하다고 판단한 타협들이 "어떠한 원칙의 핵심도 훼손하지 않았다"고 주장했다. 그가 상원을 향해 연설한 순간, 불과 몇 달 전 전 세계를 사로잡았던 그의 웅변은 다시금 힘을 발휘했다. "무대는 준비되었고, 운명은 드러났다. 이는 우리가 기획한 계획이 아니라, 우리를 이 길로 인도한 하느님의 손에 의해 이루어진 것이다. 우리는 되돌아갈 수 없다. 우리는 고개를 들고, 새로운 기운을 얻어, 이 비전을 따라 앞으로 나아갈 수밖에 없다. 그것이 우리가 탄생할 때 꿈꿨던 것이다. 이제야말로 미국이 진정한 길을 보여줄 것이다. 우리의 앞길에는 빛이 가득하며, 다른 곳에는 없다."

그러나 이 웅장한 연설도 조약의 즉각적인 비준을 요구하는 대중적 열광을 불러일으키지는 못했다. 국민들은 더 이상 저 높은 곳을 쳐다보며 전진하는 데 지쳐 있었고, 윌슨 특유의 문체도 이제 너무 익숙해져 사람들의 마음을 새롭게 움직일 수 없었다. 소설 한 권 분량에 달하는 조약 문서는 로지 상원의원의 외교위원회로 넘겨졌고, 위원회는 이를 찬찬히 검토하기 시작했다. 한 달 후, 로지는 상원에서 연설을 통해 국가의 독립과 안보를 최우선으로 강조하며, 국제연맹 규약 제10조와 제11조가 "미국 병력과 함선을 세계 어느 곳으로든 동원할 권리를 타국에 부여한다"고 주장했다. 그는 윌슨의 연설에 맞서 이렇게 말했다. "우리는 외국의 분쟁으로 인해 우리 정치가 혼란에 빠지고 격화되는 것을 원치 않는다. 우리는 사소한 문제든 중대한 문제든, 세계의 모든 분쟁에 끊임없이 개입하며 우리 국가의 활력을 소진시키고 도덕적 힘을 약화시키는 것을 원치 않는다." 그리고 불과 2주 후, 로지의 위원회는 조약을 개정하기 위한 투표를 시작했다. 각 조항마다 근소한 차이로 진행된 이 투표에서 위원회는 조약을 수정하기로 결정했다. 산동 반도를 중국에 반환하고, 미국이 국제 위원회의 회원국으로 자동 포함되는 조항을 삭제하며, 국제연맹 내에서 미국이 영국과 동등한 투표권을 갖도록 하고, 영국령 자치령들이 영국 제국과 관련된 사안에 대해 개별적으로 투표하는 것을 금지하는 등의 개정안이 논의되었다. 이대로 가다가는 개정과 유보reservation 절차들이 끝없이 이어질 듯했다. 이에 윌슨은 마지막 승부수를 던지기로 결심했다. 그는 직접 국민에게 호소하기로 했다. 서부 지역을 순회하며 연설을 통해 국민을 자신의 편으로 끌어들이려 한 것이다.

그의 주치의들은 이에 반대했는데, 대통령의 건강이 이미 한계에 도달해 있었기 때문이다. 원래 건강이 약했던 그는 몇 달간 엄청난 스트레스를 받고 있었다. 평화 회담이 한창이던 때, 레이 스태너드 베이커는 그가 긴 하루를 협상으로 보낸 후 "완전히 지쳐버린 모습이었다. 얼굴은 초췌했고, 한쪽 얼굴 근육이 떨리며 고통스러워 보였다"고 기록했다. 어느 시점에서는 극심한 독감에 걸려 103°F[39.4°C]의 고열과 심한 기침 발작으로 쓰러지기도 했다. 그러나 며칠 만에 다시 회복하여 협상에 복귀했다. 그리고 1919년 9월, 계속된 과로와 자신의 모든 노력이 수포로 돌아갈지도 모른다는 생각에 시달리며, 그는 마치 강박에 사로잡힌 사람처럼 변해 있었다. 그는 오직 평화 조약과 국제연맹만을 생각했다. 그것을 관철시키는 것 외에는 아무것도 중요하지 않았다. 주변 인사들이 만류했음에도 불구하고, 그는 9월 3일 워싱턴을 떠나 더욱 가혹한 일정 속으로 뛰어들었다. 매일 한 번, 심지어는 두 번씩 거대한 실내 체육관에서 (확성기도 없는 상황에서) 연설을 해야 했고, 도시마다 자동차 행렬을 이끌며 차 위에 서서 계속해서 군중에게 모자를 흔들어야 했다. 기자들의 취재 공세, 무수한 악수, 조명을 향한 노출, 그리고 밤마다 흔들리는 기차에서 숙면을 취하지 못하는 생활이 이어졌다.

그 긴 여정 속에서, 거듭해서 윌슨은 조약과 국제연맹이 자신이 꿈꿔온 이상적 모습으로 존재한다고 강력히 주장했다. 그러나 그의 마음속에 있는 그림은 점점 현실과 동떨어진 것이 되어갔다. 그는 파리 협상에서 "고결하고, 대승적이며, 국가적 이익을 넘어선 위대한 협력이 이루어졌다"고 강조했다. 그는 "클레망소, 로이드 조지, 오를란도 같은 지도자들이 세계 시민들과 한마음으로 움직였다"고 말하며, 그들이 만들어낸 조약 속에는 인류의 정신이 깃들어 있다고 주장했다. 그는 미국뿐만 아니라 전 세계가 새로운 이상에 감격하고 있다고 확신하며 말했다. "지금 온 세상에는 뜨거운 눈물이 흐르고 있습니다. 이 눈물은 슬픔의 눈물이기도 하지만, 희망의 눈물이기도 합니다." 그는 청중들에게 조약이 비준되지 않으면 세계 질서가 무너질 것이라고 경고하며, "이 위대한 국가가 장엄한 행진을 이끌고, 정의의 순수한 빛이 비추는 정상에 도달할 것"이라고 호소했다.

그가 연설한 40개의 연설문은 모두 각각 다른 내용이었으며, 하나하나가 정교하게 구성되고, 아름다운 문장으로 가득하며, 강렬한 열정을 담고 있었다. 지적인 성취로서 이는 놀라운 업적이었다. 그러나 그는 점점 꿈속의 세계와 꿈속의 조약을 그려내고 있었고, 국민들은 본능적으로 그것이 현실과 괴리가 있음을 감지했다. (아마도 밤늦게 침대에서 잠을 이루지 못하는 순간, 윌슨 자신도 그것이 진실과 얼마나 멀리 떨어져 있는지 깨달았을지도 모른다.) 그가 기대했던 대중적 지지는 일어나지 않았다. 상원은 계속 조약의 개정과 유보를 논의했다. 그리고 9월 24일, 상원에서 첫 번째 표결이 진행되었고, 대통령에게 불리한 결과가 나왔다. 찬성 40표, 반대 43표였다.

다음 날 밤, 윌슨은 마침내 완전히 무너졌다. 그는 이미 오랫동안 소화불량과 불면증에 시달리고 있었다. 9월 25일 저녁, 푸에블로에서 긴 연설을 마친 후, 그는 밤새 단 한숨도 잘 수 없었다.

기차가 정차하자, 그는 부인과 함께 한적한 시골길을 걸었다. 그가 기차로 돌아왔을 때, 그는 고열에 시달리고 있었고, "그가 마취제에 취해 잠든 동안, 입에서 침이 흘러내렸다. 그의 몸은 심각한 붕괴가 임박했음을 여러 방식으로 신호하고 있었다." 다음 날 아침, 그는 침대에서 일어나려 했지만, 제대로 서 있지도 못했다. 기차는 급히 워싱턴으로 향했고, 이후 모든 연설 일정은 취소되었다. 병든 대통령은 백악관으로 돌아왔다. 며칠 후, 뇌혈전이 발생하여 그의 왼쪽 신체가 부분적으로 마비되었다. 또 하나의 비극적인 장면이 막을 내렸다. 그는 자신의 모든 것을 이 목표에 바쳤지만, 그것만으로는 충분하지 않았다.

5

그 후 미국 대통령직 역사상 가장 기이한 시기 중 하나가 이어졌다. 몇 주 동안 우드로 윌슨은 심각한 상태로 병상에 누워 있었고, 때로는 자신의 서명이 필요한 문서조차 서명할 수 없는 상태였다. 그는 한 달 넘게 의자에 앉을 수도 없었고, 백악관의 자동차를 타고 외출할 수 있을 만큼 회복되기까지는 다섯 달이 걸렸다. 이후 1921년 3월 4일까지, 즉 건강이 무너진 후 17개월 동안 그는 계속해서 쇠약하고 불안정한 건강 상태에 놓였다. 왼쪽 다리와 왼쪽 팔이 부분적으로 마비된 그는 침대에 누워 있거나 환자용 의자에 앉아 있었고, 사실상 백악관은 병원이 된 것이나 다름없었다. 그는 거의 아무도 만나지 않았고, 대통령직의 가장 긴급한 업무만을 처리했다. 그와 연락을 주고받을 수 있는 유일한 방법은 서신이었으나, 대부분의 편지는 영부인인 [이디스] 윌슨이나 그의 주치의 그레이슨 해군 제독, 또는 측근들의 손을 거쳐야 했다. 대다수의 편지가 회신되지 않았기 때문에, 어떤 제안이나 요청이 무시된 것이 대통령 본인의 의도인지, 혹은 주변 인물들의 결정 때문인지 알 방법조차 없었다. 심지어 백악관의 중요한 결정들이 실질적으로 이디스 윌슨에 의해 내려지고 있으며, 사실상 국가가 섭정攝政 체제에 놓여 있다는 의혹마저 제기되었다.

대통령이 거의 기능할 수 없는 상태가 되면서, 행정부 전체의 운영도 거의 마비되었다. 물론 일상적인 행정 업무는 지속될 수 있었고, 법무장관 파머처럼 적극적인 각료는 대통령의 전폭적인 지지를 받는 것처럼 급진주의자들을 체포하고, 추방하고, 파업을 저지하는 명령을 내리는 등의 활동을 이어갔다. 그러나 대부분의 정책 결정은 백악관의 지시를 기다려야 했고, 시간이 지나면서 더 이상 대통령으로부터 어떠한 지도력도 기대할 수 없다는 것이 명확해졌다.

그 사이, 행정부는 긴급한 문제들에 직면하고 있었다. 계속 치솟는 물가, 경기 침체와 실업률 증가, 자본과 노동 간의 극심한 갈등 — 이는 결국 대규모 철강·석탄 파업으로 이어졌다. 또한, 전시 체제에서 평시 체제로 정부 부처를 재편하는 문제, 조약이나 국제연맹과 무관한 수많은 외교적 현안들이 산적해 있었다. 그러나 이러한 주요 현안들에 대해 병상에 누운 대통령은 어떠한 지도력도 발휘하지 못했다. 그의 국제연맹을 위한 '희생'이 오히려 그의 정치적 영향력을 감소시키는 결과를 초래했다. 의회와 국민들은 더 이상 그에게 아무런 기대를 걸지 않았다.

이 기묘한 상황이 워싱턴 정치에 미친 영향은, 몇 년 후 에드워드 G. 라우리의 『워싱턴 클로즈업*Washington Close-ups*』에 잘 묘사되어 있다.

"오랜 기간 동안 워싱턴의 사회·정치적 분위기는 엄격하고 냉담한 금욕주의로 가득 차 있었으며, 병든 대통령에 대한 증오가 인간관계를 좀먹고 모든 것을 황폐하게 만들었다. 백악관은 철저히 고립되어 있었고, 의회나 지역 사회, 정부 기관과도 단절되어 있었다. 그 거대한 철문은 닫히고 사슬로 묶여 잠겨 있었다. 경찰이 백악관으로 가는 길목을 지키고 있었다. 백악관은 마치 텅 빈 공간에 떠 있는 듯했다⋯⋯ 이러한 상황은 냉혹함과 쓰라림, 그리고 전반적인 좌절감과 불행감을 불러왔다."

그러나 윌슨의 정신은 여전히 또렷했다. 그가 대통령직을 수행할 수 없으며, 따라서 헌법에 따라 부통령이 직무를 대행해야 한다는 소문이 돌기 시작했을 때 (이러한 소문은 당시 자주 있었다) 상원의 폴 의원과 히치콕 의원이 대통령의 건강 상태를 확인하기 위해 백악관을 방문했다. 그들은 대통령이 자신들의 난처한 방문을 재치 있게 받아들이는 모습을 목격했다. 윌슨은 농담을 주고받으며 그들과 함께 웃었고, 논의된 사안들에 대해 완전히 이해하고 있음을 보여주었다. 그러나 무언가 본질적인 것이 그에게서 사라진 듯했다. 그의 공식 메시지는 생기를 잃었고, 새로운 아이디어가 떠오르지 않았다. 새로운 상황을 새로운 방식으로 해결하지 못했다. 그의 연설문을 읽어 보면, 그의 사고는 여전히 과거의 개념과 문장을 되풀이하고 있었고, 그는 국제연맹을 둘러싼 투쟁의 나날 동안 자신이 만들어낸 꿈속에서 여전히 살아가고 있는 듯했다.

그는 평생 외로운 사람이었으며, 이제는 마치 어떤 악마에게 쫓기듯, 그를 돕고자 했던 사람들과 차례로 관계를 끊어버렸다. 오랫동안 그의 가장 가까운 조언자이자 신뢰받는 친구였던 하우스 대령*과도 결별했다. 평화 회담 후반부에 윌슨이 하우스를 다소 냉담하게 대하는 것이 눈에 띄기 시작했다. 하우스는 윌슨이 파리에 없는 동안 협상에서 지나치게 유화적인 태도를 보였고, 윌슨은 (사실이든 아니든) 하우스가 교활한 클레망소의 손에 놀아났다고 느꼈다. 그럼에도 불구하고, 하우스는 미국으로 돌아온 후, 대통령과 반항적인 상원의원들 사이의 화해를 주선할 수 있으리라 기대했다. 그는 윌슨에게 조약의 일부 조항을 수정하여 수용할 것을 제안하는 편지를 보냈다. 답장은 오지 않았다. 다시 편지를 보냈다. 답장은 없었다. 어떠한 설명도 없었다. 그렇게 대통령에게 오랜 세월 동안 정책에서 막대한 영향력을 행사했던 이 우정과 정치적 관계는 끝이 났다. 그것이 말할 수 있는 전부였다.

---

* Edward Mandell House. 윌슨 외교 정책의 막후 설계자이자 실행자로 평가받는다. 윌슨 대통령과 막역한 사이로 1차 대전 중, 하우스는 비공식 외교관으로 여러 차례 유럽에 파견되어 영국, 프랑스, 독일의 지도자들과 중재와 평화안에 대해 협의했다. 그는 특히 14개조 평화 원칙과 이후의 파리 강화 회의 준비에서 중요한 역할을 했다. 윌슨의 이상주의를 현실화하는 데 중추적인 역할을 했다는 평가와 때로는 너무 독단적이고 은밀하게 권력을 휘둘렀다는 비판이 공존한다. '대령'이란 칭호는 명예 직함으로 군인 출신은 아니었다.

로버트 랜싱은 평화 회담 전후로 여러 사안에서 대통령과 의견이 엇갈렸으나, 여전히 국무장관직을 유지하며 자신이 윌슨과 좋은 관계를 유지하고 있다고 믿고 있었다. 그러나 윌슨이 병으로 쓰러진 동안, 그는 정부 운영이 계속될 수 있도록 해야 한다고 판단하여 백악관의 각료 회의실에서 내각 회의를 소집했다. 이에 대한 윌슨의 반응은 단호한 해임이었다. 마지막까지 자리를 지킨 인물은 오랜 동료 조 터멀티였다. 그는 트렌턴에서의 뉴저지 주지사 시절부터 워싱턴에서의 8년 동안, 험난한 시기와 순탄한 시기를 함께해온 윌슨의 개인 비서였다. 비록 터멀티와의 결별은 윌슨이 백악관을 떠난 후에 발생했지만, 그 양상이 다른 측근들과의 관계 단절과 유사한 만큼 여기에서 언급할 가치가 있다. 그것은 무엇보다도 병든 윌슨의 마음속에서 어떤 독毒이 자라고 있었는지를 보여준다.

1922년 4월, 뉴욕에서 민주당 만찬이 열릴 예정이었다. 만찬 전 터멀티는 윌슨을 방문했고, 윌슨은 구두로 다음과 같은 취지의 발언을 했다고 그는 믿었다. "나는 미국의 구원을 위해 헌신할 사람이라면 누구든지 지지할 것이다. 그리고 미국의 구원이란 모든 계층에게 정의를 실현하는 것이다." 터멀티는 이 메시지가 무해한 것이라고 여겼고, 10년간 윌슨과 함께 일한 경험상 대통령의 말을 공적으로 인용해도 되는지를 충분히 판단할 수 있다고 확신했다. 그러나 문제는 민주당 만찬에서 콕스 주지사가 연설을 했고, 터멀티가 전달한 메시지가 콕스를 지지하는 발언으로 해석되었다는 점이었다. 이에 윌슨은 《뉴욕 타임스》에 단호한 서한을 보내 "나는 누구에게도 내 메시지를 전할 권한을 부여한 적이 없다"고 부인했다. 이에 터멀티는 즉시 윌슨에게 해명하는 편지를 보내 자신이 선의에서 행동했음을 설명하며, 대통령을 곤란하게 만든 것에 대해 진심으로 사과했다. 그러나 답장은 윌슨이 아닌 그의 아내로부터 정중한 형식으로 돌아왔다. 윌슨은 한마디의 말도 더하지 않았다. 터멀티는 다시 한 번 충성스럽게 편지를 보내 "나는 언제나 윌슨을 애정 어린 시선으로 바라볼 것이며, 필요할 때 언제든지 가까운 곳에서 기다리고 있을 것이다"라고 전했지만, 그마저도 답변을 받지 못했다.

평화 조약과 국제연맹 문제에서 윌슨은 끝까지 단호했다. 그것을 흔들림 없는 원칙에 대한 충성이라고 부르든, 완고한 고집이라고 부르든 간에, 그는 단 한 가지의 양보도 받아들이지 않았다. (결국 너무 늦은 시점에, 히치콕 상원의원이 마련한 몇 가지 무해한 '유보적reservational' 조항만을 수용했지만, 그것조차 부결되었다.) 대통령이 위독한 상태에 놓여 있던 동안에도 상원은 계속 조약의 조항들을 수정하며 유보안을 추가하려 했다. 그리고 1919년 11월 19일, 상원은 결국 조약을 부결시켰다. 당시 조약에 대해 완전히 반대하는 상원의원은 소수에 불과했지만, 그들만으로도 결과를 뒤집기에는 충분했다. 이들은 두 가지 방식으로 조약을 무산시켰다. 먼저, 원안 그대로의 조약을 지지하는 윌슨파 민주당 의원들과 결합하여 로지 위원회가 제안한 개정 조항들을 저지했다. 그런 다음, 이번에는 로지 및 개정 지지파와 손잡고, 수정되지 않은 조약 자체를 부결시켰다. 결과는 아이러니했지만, 그 결정은 변하지 않았다. 몇 개월 후, 조약 문제는 다시 논의되었지만, 또다시 부결되었다. 결국, 의회는 독일과 개별 평화 조약을 체결하기 위한 결의안을 통과시켰다. 그러나 윌슨은 이를 "미국의 용기와 명예에 지울 수 없는 오점을 남길 행위"라며 거부권을 행사했다. (결국 같은 결의안이 훗날 하딩 대통령에 의해 승인되었다.)

윌슨의 마지막 희망은 1920년 대선이 '위대하고 엄숙한 국민투표'가 되어, 국민들이 자신과 조약을 옹호하는 입장을 지지해줄 것이라는 기대였다. 그는 줄곧 국민 대중이 자신의 편에 서 있다고 믿었고, 이번 선거에서 그것이 입증될 것이라 확신했다. 그러나 국민들은 그를 변호하는 후보를 외면했고, 친국제연맹 후보는 무려 700만 표 차이로 패배했다.

백악관의 병상에 누워 있던 윌슨이 계속해서 쌓이는 패배와 자신이 치른 거대한 희생이 조롱당하는 모습을 보며 어떤 생각을 했을지 상상하는 것은 고통스러운 일이다. 그가 얼마나 빨리 모든 것이 끝났다는 현실을 깨달았는지는 알 수 없다. 그가 쓰러진 직후 백악관에서 요양하던 시절에도, 그는 여전히 희망을 품고 있었을 가능성이 크다. 외부 세계의 모든 소식은 주변인들을 통해 여과되어 전달됐고, 그의 생명이 위태로운 상황에서, 참모들이 그를 충격으로부터 보호하고자 했을 가능성이 크다. 그들은 그에게 "의회가 좋은 방향으로 움직이고 있다", "국민들의 지지는 여전히 변함없다"는 등의 희망적인 메시지를 전달했을지도 모른다. 하우스 대령과의 결별도 이런 맥락에서 설명될 수 있을 것이다. 아마도 윌슨은 로지 세력과 타협하자는 어떤 제안이든 승리를 눈앞에 두고 백기를 드는 겁쟁이들의 제안으로 여겼을 것이다. 그러나 어떤 이유에서든, 결국 그에게는 현실을 받아들일 순간이 찾아왔다. 상원에서 계속되는 반대표가 쏟아지는 동안, 그는 결국 모든 희망이 사라졌음을 깨달았을 것이다. 윌슨이 가장 신뢰했던 조 터멀티마저 냉정하게 내쳤던 것은, 인간에 대한 신뢰를 잃어버린 사람의 행동이었다.

6

1919년 봄, 윌슨이 아직 파리에 머물던 시기, 정치 전문가 새뮤얼 G. 블라이스는 《세터데이 이브닝 포스트》에 공화당 지도부의 태도를 분석하며 다음과 같이 적었다.

"구체제의 수호자들Old Guard에게 새로운 방식을 가르칠 수는 없다…… 그들은 때때로 항복하지만, 결코 사라지지 않는다. 지금 이 순간에도, 자신들이 공화당의 운명을 좌우한다고 믿는 ― 그렇다고 믿고 있다! ― 낡고 시대착오적인 공화당의 원로들은 1896년의 방식으로 정치를 운영하고 있다. 전쟁은 그들에게 아무런 영향을 미치지 못했다…… 그들은 오직 과거만을 바라볼 뿐이다."

그의 분석은 정확했다. 공화당 원로들은 변하지 않았다. 그리고 그들은 결국 승리했다. 비록 그들이 정치가로서 비판받을 여지가 많았을지라도, 적어도 정치 감각만큼은 탁월했다. 그들은 정치가가 귀 기울여야 할 곳, 즉 민심의 흐름을 놓치지 않았고, 그들이 들은 것은 윌슨과 그가 대표하는 모든 것에 대한 불만의 웅성거림이었다.

1920년 대선이 다가오면서, 그들은 공화당 후보로 윌슨과 완전히 대비되는 인물을 선택하기로 결심했다. 공화당 전당대회가 가까워질수록 후보군을 검토해 나갔다. 가장 유력한 후보는 레너드 우드 장군이었다. 그는 거침없는 군인이었고, 신을 두려워하며 무장을 게을리하지 말라는 시어도어 루즈벨트의 신념을 이어받았다. 그 점에서 그는 윌슨과 좋은 대조를 이루었지만, 동시에 지나치게 독립적이라 다루기 어려운 인물이 될 가능성이 높았다. 일리노이 주지사 [프랭크] 로든도 있었지만, 그 또한 이상적인 후보는 아니었다. 벨기에 기아 구제 활동과 전시 식량 행정을 맡았던 허버트 후버는* 매우 아마추어적인 방식으로 후보 지명을 시도하고 있었고, 공화당 지도부는 그를 비웃으며 배제했다. "아니, 이 사람은 선거운동이 시작될 때까지 자신이 공화당원인지 민주당원인지도 몰랐던 인물 아닌가!" 히람 존슨도 상원의원이라는 이점을 가지고 있어 후보군에 있었지만, 그는 지나치게 완고할 가능성이 높았다. 공화당 보스들의 영감을 자극한 후

---

* 후버가 1차 세계대전 중에 수행한 벨기에 구호 활동은 그의 명성을 결정지은 중요한 사건이었다. 그는 민간인 자격으로 벨기에구호위원회Commission for Relief in Belgium를 조직해서, 독일 점령 하의 벨기에와 북부 프랑스에 식량을 공급했다. 1차 대전이 발발하자 독일이 벨기에를 점령했고 그 때문에 벨기에 민간인들은 극심한 식량난에 시달리게 되었다. 당시 미국은 아직 참전하지 않은 상태였고 후버는 중립국 미국의 시민으로서 구호 활동을 주도했다. 그는 거대한 국제 구호 네트워크를 구축해 미국에서 식량을 조달해, 독일과 영국 양측의 양해하에 중립적인 루트를 통해 벨기에로 수송했다. 이 구호 활동은 거의 전례가 없는 규모의 작전이었고, 수백만 명의 벨기에인들이 그 덕분에 생존할 수 있었다. 벨기에 구호 활동의 성공으로 그는 '인도주의적 관료'의 상징적 인물이 되었고, 이것이 후에 전시 미국 식량청Food Administration의 수장으로 발탁되는 계기가 되었다. 그래서 사람들이 그를 '위대한 인도주의자'라고 부르기도 했다.

보는 이들 중 누구도 아니었다. 그들이 선택한 인물은 오하이오 출신의 평범하고 소박한 상원의원, 워런 가멜리얼 하딩이었다.

하딩은 공화당 지도부가 원했던 모든 조건을 완벽하게 충족하는 인물이었다. 윌슨은 이상주의자로서 "진보적 인물들"과 자신을 동일시하길 원했지만, 하딩은 에드워드 G. 라우리의 표현대로 "안전면도기가 등장하기 전 시대의 꽃"과 같은, 그야말로 옛날식 정치인이었다. 그는 정치의 정점이 매킨리와 포레이커* 시대에 있었다고 믿었다. 윌슨은 차가운 성격이었지만, 하딩은 소도시 출신의 친근한 사람이었고, "토요일 밤 내내 함께 포커를 치기에 더없이 좋은 친구"라는 평을 들을 정도였다. 윌슨은 접근하기 어려운 사람이었지만, 하딩은 누구나 쉽게 만날 수 있는 인물이었다. 윌슨은 노동자들에게 호의적이었고, 기업가들을 의심하며 '산업 민주주의'를 이야기했다. 반면, 하딩은 규제를 받지 않고 두툼한 관세 장벽의 보호를 받으며 기업가들이 정부의 간섭 없이 사업을 운영한 '좋았던 옛날'을 그리워했다. 윌슨은 의회, 특히 상원과 끊임없이 충돌했지만, 하딩은 상원의원이었으며, 그 누구보다도 순응적인 의원이었다. 윌슨은 적을 만드는 데 능숙했지만, 하딩은 적이 거의 없었다. 그는 진정으로 붙임성이 좋았다. "그에게는 날카로운 모서리가 없었다. 그는 어디에서나 같은 크기와 부드러움을 유지했다"라고 찰스 윌리스 톰슨은 평가했다. 윌슨은 세계 전체를 생각했지만, 하딩은 '미국 우선America First'

---

* 매킨리는 25대(1897~1901) 미국 대통령이고 포레이커는 상원의원이었다. 이들은 친기업, 관세를 통한 국내 산업 보호, 외교적 팽창주의, 질서와 안정 중시 등의 정책으로 공화당 보수주의의 입장을 대변했다.

을 내세웠다. 그리고 무엇보다, 윌슨은 미국이 고귀한 역할을 수행해야 한다고 믿었지만, 하딩은 국민에게 안식을 주고자 했다. 전당대회를 몇 주 앞두고 보스턴에서 그는 이렇게 말했다. "미국에 지금 필요한 것은 영웅적 행동이 아니라 치유이다. 기적의 약이 아니라 정상성이다. 혁명이 아니라 회복이다…… 외과적 수술이 아니라 평온이다." 그는 도덕적 의무와 세계 평화를 이야기하는 것에 지친 미국 국민이 쉽게 받아들일 수 있는 인물이었다.

전당대회가 열리기 네 달 전인 1920년 2월, 공화당 지도부가 하딩을 후보로 결정했다는 믿을 만한 보고가 있었다. 그러나 전당대회에서 첫 네 차례 투표가 진행될 때까지 하딩은 5위에 머물렀고, 1위는 우드, 2위는 로든이었다. 그날 밤, 지친 대의원들이 숙소로 돌아가자, 지도부는 마침내 하딩을 밀기로 결심했다. 하딩의 선거 캠페인 책임자인 오하이오 출신의 정치 보스 해리 M. 도허티는 전당대회가 교착 상태에 빠질 것이며, 후보 지명은 "새벽 2시, 담배 연기로 가득 찬 방에서 열두세 명의 사람들에 의해 결정될 것"이라고 예측했다. 그리고 그의 말은 정확히 들어맞았다. 그 '담배 연기로 가득 찬 방'은 호텔 블랙스톤에서 조지 하비 대령이 사용하던 방이었다. 필라델피아에서 병상에 누워 있던 보이스 펜로즈는 비공개 전신電信을 통해 존 T. 애덤스에게 지시를 내렸다.* 메시지는 지도부 사이에 퍼져나갔고, 이튿날 오후 하딩이 공화당 후보로 공식 지명되었다.

민주당은 윌슨이 건강 문제로 출마할 수 없게 되자 안도하며, 마찬가지로 평범한 오하이오 출신 정치인, 주지사 제임스 M. 콕스를 후보로 지명했다. 콕스는 국제연맹을 지지할 수밖에 없는 입장이었고, 그는 이를 받아들였다. 그는 열정적으로 선거 유세를 다녔고, 목소리가 쉴 때까지 연설을 이어갔다. 그러나 그에게는 승산이 없었다. 하딩은 자신의 고향 매리언에서 선거운동을 펼쳤다. 그는 매킨리 시대를 떠올리게 하는 방식으로 집 앞에서 연설하는 '현관 캠페인front-porch campaign'**을 진행했고, 공화당 고문들과 함께 뒤뜰에서 말굽 던지기 놀이를 하며 유권자들에게 '평범한 소도시 남자'의 이미지를 부각시켰다. 그는 "국제연맹과 유사한 국가연합association of nations"을 고려해볼 수 있다고 발언하여 국제연맹 지지 성향의 공화당원들도 부담 없이 그에게 투표할 수 있도록 했다. 동시에, 그는 윌슨의 국제연맹에 대해 비판적인 태도를 보이며, 자신이 대통령이 된다면 미국이 고통받는 체코슬로바키아를 돕기 위해 행군하는 일 같은 것은 없을 것임을 분명히 했다. 그리하여 1920년 11월 3일 아침, 미국 국민은 자신들이 워런 하딩을 대통령으로 선출했다는 사실을 깨달았다. 그의 승리는 압도적이었다. 그는 1,600만 표를 얻었고, 콕스는 900만 표에 그쳤다. 희생양이 된 콕스는 곧 역사 속으로 사라

---

* 조지 하비와 보이스 펜로즈는 둘 다 정치 보스로 공화당 내의 막후 실력자들이었다. '담배 연기로 가득한 뒷방'에서의 비밀 담합으로 대선 후보를 지명하는 비공개 '코커스'를 주도한 상징적 인물들이다.

** 후보자가 전국을 돌아다니지 않고 자기 집 앞 '현관'에 앉아서 유권자들을 맞이하고 연설하는 방식의 선거운동을 말한다. 가장 유명한 예가 1896년 윌리엄 매킨리의 방식인데, 그는 오하이오주의 자택에서 떠나지 않고 언론과 유권자들이 찾아오게 만들었고, 그 자리에서 간단한 연설을 하는 식으로 선거운동을 했다. 이는 안정감, 점잖음, 소시민적 품격을 강조하는 전술이었고, 대조적으로 상대 후보 윌리엄 제닝스 브라이언은 광범위한 전국 순회 연설을 펼쳤다.

졌다.

　미국은 이제 "우리의 모범과 신중하고 우호적인 조언, 그리고 물질적 지원을 통해 세계 곳곳에서 정의로운 민주주의를 수립할 책임"을 지겠다는 윌슨의 이상에 대해 최종적인 판단을 내렸다. 미국은 '정상성normalcy'을 선택했다.

7

　우드로 윌슨은 백악관을 떠난 후에도 워싱턴에 머물렀다. 그는 S 스트리트에 위치한 크고 편안한 저택에서 마지막 3년을 보냈다. 그를 찾아온 방문객들은, 벽난로가 있는 남향의 햇빛 가득한 방에서 큰 의자에 몸을 웅크린 채 앉아 있는 그를 보았다. 그의 손은 무릎 위에 놓여 있었고, 머리는 약간 기울어져 있었다. 그의 얼굴과 몸은 권력을 쥐고 있던 시절보다 무거워졌으며, 이제 완전히 백발이 된 머리는 거의 대머리가 된 두피 위로 빗어 넘겨져 있었다. 그는 말을 할 때 머리를 움직이지 않았고, 오직 눈으로만 방문객을 따라갔다. 한편, 그의 오른팔은 앞뒤로 흔들렸으며, 말을 강조할 때는 의자의 팔걸이를 가끔 쳤다. 그의 태도는 여전히 예의 바르고 품위 있었다. "일어나지 못하는 걸 용서해 주시오. 나는 정말 다리가 몹시 불편하다오." 그러나 미국의 외교 정책과 자신의 정적들에 대해 이야기할 때, 그의 말투에는 증오가 가득했다. 그는 "지금은 장미수를 뿌릴 때가 아니라, 싸워야 할 때"라고 말했다. 정당의 투쟁이 "당파적 정신에서가 아니라, 당의 노선에 따라" 이뤄져야 할 때가 되었다고 말했다. 그는 여전히 마지막 희망을 붙들고 있었고, 자신의 정당이 빛을 따라가길 바라고 있었다. 그리고 그의 위대한 구상을 좌절시킨 자들에 대해서는 가차 없는 표현을 썼다. "나는 반드시 건강을 되찾아야 하네. 그런 뒤에 나가서 몇 놈의 가죽을 벗겨야겠어." 그렇게 그는 깊은 원한을 품고 지냈다. 무력하고, 쓰라린 감정을 간직한 채로 늙어갔다.

전승 기념일Armistice Day 5주년 때, 한때 전쟁을 승리로 이끌며 영광을 누렸던 그는 자신의 집 계단 위에 섰다. 그는 쓰러지지 않도록 부축을 받으며, 자신을 기리러 모인 군중에게 연설했다. "나는 내가 옹호했던 원칙들이 끝내 승리하리라는 점에 대해 조금도 걱정하지 않습니다. 나는 예전에 어리석은 자들이 신의 섭리에 저항하는 것을 보았고, 그들이 파멸하는 것을 보았습니다. 이번에도 그들에게는 완전한 파멸과 경멸이 닥칠 것입니다. 우리가 승리하리란 것은 신이 세상을 다스리고 계신 것만큼이나 확실합니다."

세 달 뒤, 그는 세상을 떠났다.

3 빨갱이 공포

THE BIG RED SCARE

전후 10년의 초기에 미국 국민들이 윌슨의 국제연맹 가입 호소를 외면한 이유는 단순히 그들이 외국 문제와 숭고한 대의에 지쳐 있었기 때문만은 아니었다. 그들은 다른 것에 귀를 기울이고 있었다. 그들은 미국 정부와 체제를 전복하려는 거대한 급진적 음모에 대한 소문을 듣고 있었다. 그들의 귀는 폭탄이 터지는 소리와 볼셰비키 군대의 행진 소리를 경계하는 데 쏠려 있었다. 미국인들은 ― 혹은 적어도 수백만 명의 합리적인 시민들은 ― 진지하게 믿고 있었다. 미국에서도 다음 달이나 다음 주에 '공산주의 혁명Red Revolution'이 일어날지도 모른다. 그들은 민주주의를 위한 세계 안전 보장보다 자신들이 사는 미국을 안전하게 지키는 일에 더 관심을 두고 있었다.

그 시절, 신문 1면을 장식한 기사들은 연일 파업과 반反 볼셰비키 폭동 소식으로 가득했다. 워싱턴주 센트랄리아에서는 급진주의자들이 전승 기념일 행진 중이던 시민들을 총으로 쐈고, 이에 대한 보복으로 애국적 시민들이 감옥에 갇혀 있던 IWW(세계산업노동자협회) 회원을 끌어내어 목에 밧줄을 묶고 다리에서 내던져 교수형에 처했다. (여담이지만, 이 희생자는 백인 미국인이었다.) 뉴욕주에서는, 뉴욕주 의회의 정식 선거를 통해 당선된 사회당 의원들이 단지 그들이 사회당 소속이라는 이유만으로 의회에서 축출되었으며, 이에 따라 그 지역 유권자들은 참정권을 박탈당했다. 인디애나주에서는, 한 남성이 외국인을 총으로 쏴 죽였지만, 배심원단은 단 2분 만에 무죄 판결을 내렸다. 왜냐하면 희생자가 "빌어먹을 미국To hell with the United States"이라고 외쳤다는 것이 이유였다. 심지어 미국 부통령조차도 여성 대학에서 벌어진 급진적 움직임의 예로 래드클리프 대학 토론팀을 지목했다. 그 이유는? 이들이 "노동조합 인정이 단체 교섭의 성공에 필수적이다"라는 주장을 펼쳤기 때문이다. 그것은 법과 질서를 지킨다는 명목 아래 무법과 무질서가 판치던 시대였고, 헌법을 수호한다는 미명 아래 헌법이 유린되던 시대였다. 불신과 내분이 만연했고 — 말 그대로, 공포 정치reign of terror의 시대였다.

이러한 전국적인 공포 분위기에는 일정 부분 근거도 있었다. 전쟁 기간 동안, 노동운동은 꾸준히 성장하며 세력을 넓혀왔다. 노동자들은 생활비 상승에 맞서 수백 건의 파업을 벌였다. 임금 인상 요구뿐만 아니라, 자신들의 힘을 자각한 노동자들은 더욱 적극적으로 권리를 주장했다. 정부는 생산량을 유지하고 산업 평화를 보장하기 위해 단체 교섭을 장려했으며, 새뮤얼 곰퍼스를 워싱턴 전쟁위원회에서 강력한 발언권을 가진 인물로 올려놓았다. 이로 인해 노동자들은 전쟁이 끝나면 정부가 자신들에게 더 많은 혜택을 제공할 것이라는 희망을 갖게 되었다.

평화가 찾아오자, 그 희망은 무너졌다. 물가는 계속 올랐고, 고용주들은 이제 단결하여 임금 인상 요구를 거부하고, 장시간 노동을 강요하기 시작했다. 윌슨 대통령은 세계 평화를 위해 유럽으로 떠났고, 미국 노동자들을 완전히 잊어버렸다. 절망에 빠진 노동자들은 자신들이 가진 유일한 무기 — 파업을 선택했다. 미국 전역에서 노동자들이 파업을 벌였다. 건설업, 부두 노동자, 육가공 노동자, 조선업, 지하철, 신발 제조업, 목수, 전화 교환원······ 모든 산업에서 파업이 일어났다. 1919년 11월까지, 앨빈 존슨의 추산에 따르면, 산업 주州에서만 최소 100만 명이 파업에 동참했다. 비非산업 주까지 포함하면, 실질적으로 파업에 참여하지 않았으나 노동을 거부한 사람들까지 합쳐 총 200만 명에 이르는 노동자가 파업을 벌였다.

단순히 노동조합의 인정을 요구하거나 임금 인상, 노동 시간 단축을 주장하는 전통적인 이유 때문에 파업에 나선 노동자들만 있었던 것이 아니었다. 일부 노동자들은 새로운 산업 체제를 요구했다. 즉, 산업에 대한 자본주의적 통제— 적어도 자신들이 종사하는 산업에서만큼은 —를 정부 통제로 대체하자는 것이었다. 요컨대, 사회주의 체제에 가까운 무엇인가를 원한 것이었다.

그동안 보수적이었던 철도 노동자들은 플럼 계획Plumb Plan을 지지하며 정부가 계속해서 철도를 운영하고 노동자들이 경영에 참여할 수 있도록 요구했다. 1919년 9월, 전미광산노동자연맹 United Mine Workers이 파업을 결의했을 때, 그들은 과감하게 광산 국유화를 주장했다. 한 대의원이 노동자들로 가득 찬 대회장에

3 빨갱이 공포 **69**

서 "국유화는 불가능하다"라는 말로 연설을 시작하자, "석탄 사업 주다! 쫓아내!"라는 야유와 고함에 파묻혔다.

미국 북서부에서는 세계산업노동자연맹이 '하나의 거대한 노동조합One Big Union'을 결성하여 자본을 압박하려 했다. 노스다코타와 그 인근의 곡물 생산지에서는 20만 명의 농부들이 타운리[Arthur C. Townley]가 주도하는 비당파연맹Non-Partisan League에 가입했다. 이에 대해 반대파들은 이를 '농민 소비에트'라고 불렀다. (참고로, 타운리가 1916년 미네소타 주지사 후보로 내세웠던 인물은 찰스 A. 린드버그라는 스웨덴계 미국인이었는데, 후일 그의 가족이 모건 가문의 일원과 결혼으로 연결될 것이라는 사실을 알았더라면 아마 깜짝 놀랐을 것이다.)

노동자들뿐만 아니라 자유주의 지식인들 사이에서도 사회주의적 사고가 분명히 확산되고 있었다. 사회당Socialist Party은 러시아 혁명의 성공을 지켜보며 무력 봉기를 고민하고 있었다. 또한 사회주의자였던 사람들이 떨어져 나와 공산주의자나 아나키스트로 변신하는 경우도 있었다. 이들 중 다수는 외국 출신이었고, 상당수가 러시아계였다. 그들은 모스크바에서 직접 사상을 수입해 와서, 미국의 빈민가와 공장 지역에서 적극적으로 이를 전파했다. 때로는 러시아 자금의 지원을 받아 활동하는 것으로 보이기도 했다.

그러나 이러한 공산주의자와 아나키스트들은 급진 세력 내에서도 극히 소수였다. 그들에 대해 유난히 엄청난 소란이 벌어졌다는 걸 고려하면, 그 규모는 터무니없을 정도로 미미했다. 1919년 말, 일리노이 대학의 고든 S. 왓킨스 교수는 《애틀랜틱 먼슬리》에 기고한 글에서, 사회당 당원 수를 3만 9천 명, 공산노동당 Communist Labor Party 당원 수를 1만3만 명, 공산당Communist Party 당원 수를 3만 6만 명으로 추산했다. 즉, 이 추정치에 따르면 공산주의자들의 최대 규모는 미국 성인 인구의 0.1퍼센트에 불과했다. 사회당·공산당·공산노동당 세 당을 합쳐도 미국 성인 인구의 0.2퍼센트를 넘지 못했다. 더욱이 이들 중 상당수는 법적 절차를 통해 사회주의적 목표를 달성하려 했으므로, 대규모 혁명 운동의 핵심이 되기에는 지나치게 미약한 세력이었다.

그러나 미국 기업가들은 이러한 숫자가 얼마나 미미한지 아닌지에 신경 쓰지 않았다. 그들 역시 전쟁을 거치며 투쟁 의지가 충만해 있었다. 이제 그들은 다시 본업으로 돌아가 이익을 누리고 싶었는데, 노동자들이 그것을 가로막고 있었다. 전쟁을 거치면서 미국 기업인들은 강렬한 애국주의를 받아들였고, 언제나 그렇듯 자신의 이익과 이상주의적 동기를 혼합해, '100퍼센트 아메리카니즘'과 '신이 선택한 나라의 번영'과 '건국의 아버지들에 대한 충성'이 곧 노동운동가를 공장에서 몰아내는 권리를 의미한다고 믿게 되었다. 그들은 외국에서 온 모든 것을 의심하게 되었고, 급진주의를 '머리를 길게 기른 슬라브족과 동부 유대인 빈민가에서 온 불결한 이민자들의 소산'으로 보았다. 또한, 전쟁 기간 동안 스파이, 음모, 국제적 공모에 관한 수많은 이야기들을 접하며 성장한 기업가들은 쉽게 음모론을 믿는 경향이 강해졌다. 그들은 독일 동조자들이 산꼭대기에서 신호를 주고받고, 외과용 붕대에 갈아 놓은 유리를 섞으며, 테니스 코트 아래 포대를 숨긴다고 믿었다. 이제 그들은 미국 노동자들이 더 나은 임금을 요구하는 투쟁조차 레닌과 트로츠키가 지휘하는 무장 반란의 시작이라 여겼으며, 사회주의에 대한 균형 잡힌 시각을 가르치는 교수들 뒤에는 언제나 돈 자루를 든 동유럽 출신의 수염 난 사내와 연기를 내뿜는 폭탄이 있을 것이라 생각했다.

2

1919년의 사건들은 이러한 두려움을 더욱 부추겼다. 4월 28일 — 윌슨 대통령이 파리에서 평화 조약 협상을 진행하고 있었고, 귀환 병사들이 승전 아치Victory Arches 아래에서 행진하던 바로 그날 — 시애틀의 올 핸슨 시장 앞으로 배달된 우편물에서 강력한 폭탄이 발견되었다. 이 폭탄은 "카운티-시티 빌딩의 한쪽 면을 완전히 날려버릴 수 있을 만큼 강력한" 것이었다. 핸슨 시장은 전국을 돌며 '빨갱이의 위협Red Menace'에 대한 경각심을 불러일으키려 했던 인물이었다. 그다음 날 오후, 조지아주 애틀랜타에서, 한 흑인 가정부가 상원의원 토머스 R. 하드윅의 집으로 배달된 소포를 열다가 폭탄이 터졌다. 이 폭발로 그녀는 두 손을 잃었다. 하드윅 상원의원은 상원 이민위원회 위원장으로서, 볼셰비즘의 유입을 막기 위해 이민을 제한하는 법안을 추진하던 인물이었다.

이튿날 새벽 두 시, 뉴욕 우체국 소포 우편과에서 근무하는 서기 찰스 캐플란은 근무를 마치고 할렘의 집으로 돌아가던 중 신문에서 하드윅 폭탄 사건에 대한 기사를 읽었다. 기사에는 폭탄이 길이 약 6인치, 너비 약 3인치 크기의 소포로 갈색 종이로 포장되어 있었으며, (핸슨 폭탄과 마찬가지로) 뉴욕의 김벨 브라더스Gimbel Brothers라는 가짜 반송 주소가 적혀 있었다고 설명되어 있었다. 캐플란 씨는 이 설명을 읽고 어딘가 익숙한 느낌을 받았다. 어렴풋이, 비슷한 소포를 본 기억이 나는 듯했다. 그는 머리를 쥐어짜듯 기억을 되살리려 애썼고, 갑자기 모든 것이 떠올랐다. 그는 급히 우체국으로 되돌아갔고, 자신이 우표가 부족하게 붙여져 보류해 두었던 작은 갈색 종이 소포 16개를 선반에서 발견했다.

이 소포들은 법무장관 파머, 우정청장 벌레슨, 시카고의 랜디스 판사, 연방대법관 홈스, 노동장관 윌슨, 이민청장 카미네티, 금융 거물 J. P. 모건과 존 D. 록펠러, 그리고 다수의 정부 고위 관료 및 자본가들에게 발송될 예정이었다.

경찰은 이 소포들을 인근 소방서에서 조사한 끝에 폭탄이 포함되어 있음을 확인했다. 이미 일부 폭탄은 우편을 통해 발송되었으며, 최종적으로 총 36개의 폭탄 소포가 확인되었다. (이후 며칠 동안 고위 관료들은 갈색 종이로 포장된 소포를 풀어보는 것에 대해 극도로 조심스러워했다.) 이들 폭탄의 수취인 목록은 이것이 외국 급진주의자의 소행임을 강력히 시사했다.

그로부터 불과 한 달 뒤, 연쇄 폭탄 테러가 발생했다. 이 가운데 가장 큰 피해를 준 폭발은 워싱턴 D.C.에 있는 법무장관 파머의 자택에서 일어났다. 이 사건은 저녁 시간에 발생했다. 파머 장관은 1층 서재에서 불을 끄고 2층 침실로 올라간 직후였다. 그 순간, 현관문에서 쾅! 하고 무언가 부딪히는 소리가 났고, 뒤이어 엄청난 폭발음이 들렸다. 폭발 현장에는 사체의 일부가 흩어져 있었다. 신문 보도에 따르면, 그 옆에는 급진주의자들의 잡지 《플레인 워즈Plain Words》가 놓여 있었다. 이 끔찍한 폭탄 테러 소식이 대문짝만하게 신문의 헤드라인을 장식하자, 미국 국민들은 격분했다. 그들은 "이 급진주의자들"에게 반드시 보복하겠다고 다짐했다.

이후 몇 주 동안 미국 전역에서 수많은 사건이 발생했다. 그 가운데 두 가지 사례는 당시의 분위기를 단적으로 보여준다. 첫 번째 사건은 1919년 메이데이[5월 1일] 뉴욕에서 발생했다. 이날, 사회당 기관지 《뉴욕 콜New York Call》의 직원과 후원자들이 사무실 개소식을 기념하는 행사를 열고 있었다. 수백 명의 남녀노소가 모여 단순히 친목을 나누고 있었다. 그때, 군인과 선원들로 구성된 폭도들이 난입하여 "볼셰비키Bolshevist" 포스터를 철거하라고 요구했다. 참석자들이 이를 거부하자, 폭도들은 테이블 위의 책자를 찢어버리고, 사무실을 난장판으로 만들었으며, 사람들을 거리로 내몰았다. 그뿐만 아니라, 건물 밖에서 반원형을 이루고 서서, 나오는 사람들을 몽둥이로 무자비하게 구타했다. 이 폭력으로 인해 신문사 직원 7명이 병원으로 실려 갔다.

같은 날, 오하이오주 클리블랜드에서는 사회당원들의 시위 행진이 벌어지고 있었다. 이들은 붉은 깃발Red Flag을 앞세우고 행진하고 있었는데, 한 육군 중위가 깃발을 내리라고 요구했다. 시위대가 이에 응하지 않자, 그는 군인 몇 명과 함께 시위대를 향해 돌진했다. 즉시 난투극이 벌어졌고, 경찰이 출동하여 시위대를 향해 진압 작전을 펼쳤다. 그 순간부터, 도시는 무법천지가 되었고, 폭동이 확산되었다. 이날 수십 명이 부상을 입었고, 1명이 사망했다. 그뿐만 아니라, 미국의 체제를 수호한다는 명목으로 한 무리가 사회당 본부를 공격했다. 이들은 사무실을 완전히 초토화했으며, 타자기와 사무용 가구를 창문 밖으로 내팽개쳤다. 미국은 법과 질서를 지키기 위해 무법과 혼란을 자행하는 시대를 맞이하고 있었다.

1919년 여름이 지나갔다. 상원에서는 평화 조약에 대한 토론이 이어졌다. 하원은 볼스테드 법Volstead Act[금주법]을 통과시켰다. 여성 참정권 수정안이 의회를 통과하여 주 정부로 넘어갔다. 영국에서 출발한 R-34 비행선이 롱아일랜드 미니올라Mineola까지 대서양 횡단 비행을 성공적으로 마치고 무사히 귀환했다. 사람들은 『젊은 방문객들The Young Visiters』을 읽으며 웃었고, 데이지 애슈포드Daisy Ashford가 실제로 제임스 M. 배리James M. Barrie가 아닌지 궁금해했다.* 신문들은 설탕 매점업자와 식료품 가격을 폭등시킨 투기꾼들을 비난했으나, 생계비는 계속 치솟았다. 미국 최초의 비행기 장례식이 열렸다. 목사들은 젊은이들의 도덕적 해이가 점점 심각해지고 있다고 한탄했다. 그러나 유럽 전역에서 혁명이 전염병처럼 번지고 노동조합이 더욱 과감하게 행

---

* 데이지 애슈포드가 9세 때(1890) 쓴 노벨라 『젊은 방문객들』이 훗날인 1919년에 출간되며 영미 양국에서 선풍적인 인기를 끌었다. 썼을 때 그대로 출간되어 철자 오류, 문법, 표현이 엉성했지만 특유의 순수함과 유머로 주목받았다. 제임스 M. 배리는 『피터 팬』의 작가로 당대 영국 문학계의 거장이었는데 『젊은 방문객들』이 너무 독창적이고 풍자적이어서 많은 이들이 이게 진짜 아이가 쓴 게 맞냐고 의심했고 아동의 순수한 세계를 다룬 작품들로 유명한 제임스 배리가 장난삼아 다른 필명으로 쓴 거 아니냐는 소문이 돌았다.

동하며 새로운 파업이 터져 나오는 가운데, 볼셰비즘에 대한 공포와 증오는 여전히 미국인의 정신을 사로잡고 있었다. 그리고 9월, 보스턴에서 경찰의 파업이 발생하자, 그 공포는 배가되었다.

3

보스턴 경찰은 불만을 품고 있었다. 그들의 급여는 최저 연봉 1,100달러를 기준으로 책정되었으며, 이 돈으로는 1919년의 물가를 고려했을 때 경찰복을 구입하기에도 빠듯했다. 그들은 노동조합 결성이라는 전염병에 감염되었고, 결국 경찰 노조를 조직한 뒤 미국노동총연맹(American Federation of Labor, AFL)에 가입했다. 그러나 경찰국장Police Commissioner 커티스는 완고하고 권위적인 인물이었으며, 경찰이 외부 단체와 연합하는 것을 엄격히 금지했다. 그는 즉시 노조 소속 경찰관 19명을 징계위원회에 회부했고, 유죄 판결을 내린 후 정직 처분을 내렸다. 이에 아일랜드계 경찰들의 분노가 치솟았고, 그들은 파업을 경고했다. 시장이 분쟁을 해결하기 위해 위원회를 구성하고 타협안을 제시했으나, 커티스에게는 타협이 곧 항복을 의미했다. 그는 한 발짝도 물러서지 않았다. 결국, 1919년 9월 9일, 저녁 점호 시간에 경찰관 상당수가 근무를 포기하고 거리로 나섰다.

경찰이 사라지자, 보스턴은 무법천지가 되었다. 폭도들은 창문을 깨뜨리고 상점을 약탈했다. 피터스 시장은 주 방위군State Troops을 요청했다. 다음 날, 주지사는 주 방위대State Guard를 소집했고, 자원경찰이 질서를 유지하려 했다. 그러나 이들은 대부분 퇴역군인, 하버드 대학생, 백베이Back Bay 지역의 면화 중개업자들로 구성되어 있었으며, 경찰 업무 경험이 전무했다. 이를 알아챈 폭도들은 거리낌 없이 폭력을 휘둘렀다. 사우스 보스턴에서 방위대원들은 군중의 도발을 견디지 못하고 총을 쏴 두 명이 사망했다. 며칠 동안 보스턴에서는 간헐적인 폭력이 지속되었으며, 특히 엄격한 청교도 전통의 상징인 보스턴 커먼Boston Common*에서 방위대원들이 불법 도박판을 단속하던 장면은 충격을 주었다. 사상자가 늘어나는 가운데, 보스턴 중앙 노동조합Central Labor Union이 경찰을 지지하는 총파업을 논의한다는 소식이 전해지자, 미국 전역은 경악했다. 많은 사람들은 이렇게 생각했다. "혹시 두려워하던 혁명이 지금, 바로 여기서 시작되는 것이 아닐까?

그러나 곧 보스턴뿐만 아니라 전국적으로도 여론이 경찰에 압도적으로 반대하고 있음을 확인할 수 있었다. 결국, 보스턴 중앙 노동조합은 신중한 판단 끝에 총파업을 철회했다. 커티스 국장은 정직되었던 19명의 경찰을 해임했고, 새로운 경찰 인력을 모집하기 시작했다.

상황이 자신들에게 불리하게 돌아가자, 워싱턴에 있던 새뮤얼 곰퍼스가 개입을 시도했다. 그는 매사추세츠 주지사에게 전보를 보내 경찰국장의 행동이 "부당하고 독단적"이라고 비판했다.

---

* 1634년에 설립된 미국에서 가장 오래된 공공 공원으로 'Common'이란 명칭은 공공 목초지라는 것에서 유래했다. 보스턴 커먼은 질서, 도덕성, 시민의식, 특히 청교도적 도덕 질서를 강조해온 보스턴의 정체성을 나타내는 상징적인 공간으로서 의미가 큰 곳이었다.

매사추세츠 주지사는 말수가 적고, 신중한 태도로 정치적 입지를 결코 위험에 빠뜨리지 않는 것으로 유명한 사람이었다. 그리고 이번에도 그는 적절한 대응을 했다. 그는 곰퍼스에게 이렇게 응답했다. "공공의 안전을 위협하는 파업을 할 권리는, 누구에게도, 어느 곳에서도, 언제라도 없다." 그날 밤, 그는 순식간에 미국의 영웅이 되었다. 만약 경찰 파업이 성공할 가능성이 조금이라도 남아 있었다면, 전국 언론이 이 말을 대대적으로 보도하며 캘빈 쿨리지를 치켜세운 순간 완전히 사라졌다. 몇 주 동안 임시 경찰관들은 보스턴 비컨 스트리트 해안가의 집으로 퇴근하며, 교통 정리가 컨트리클럽에서 하루 종일 골프 치는 것보다 훨씬 힘들다고 불평했다. 새로운 경찰 인력을 충원하는 데 시간이 걸렸지만, 결국 보스턴은 다시 안정을 되찾았다.

그러나 조직 노동계는 여전히 파업의 기세를 이어갔다. 며칠 후, 수십만 명의 철강 노동자들이 일제히 공장을 떠났다. 그들은 엘버트 H. 게리 판사가 경찰국장 커티스처럼 완고하게 노동조합과의 협상을 거부한 것에 반발했다.

철강 파업에는 급진주의적 요소가 거의 없었다. 노동자들은 낮은 임금과 긴 노동 시간에 항의하기 위해 파업을 벌였다. 상당수는 하루 12시간씩 일하고 있었고, 그들의 요구는 정당한 것이었다. 그러나 철강 재벌들은 보스턴 경찰 파업에서 교훈을 얻었다. 당시 대중은 극도로 예민한 상태였으며, '볼셰비키'라는 낙인이 찍히는 순간 어떤 주장도 기각될 수 있었다. 철강 재벌들은 이를 활용하여 노동자들에게 쉽게 급진주의자의 딱지를 붙였다. 파업 조직자 중 가장 유능하고 열정적인 인물인 윌리엄 Z. 포스터는 과거 생디칼리스트였으며(비록 당시에는 잘 알려지지 않았지만, 후에 공산주의자가 되었다), 그의 생디칼리스트 팸플릿이 신문사에 유포되었고, 언론은 이를 이용해 그에게 위험한 혁명가라는 이미지를 덧씌웠다. 포스터는 기존의 직능별 노조보다 더 강력한 산업별 노조를 조직하려 했지만, 신문들은 이를 '내부 침투자borer from within'의 활동이라고 규정했고, 파업을 급진주의적 음모의 일부로 몰아갔다. 대중은 불안에 휩싸였고, 하루 12시간 노동에 시달리는 무명의 이민 노동자들보다 내부 침투자를 색출하는 데 더 관심을 가졌다.

철강 파업이 몇 주째 계속되던 중, 대규모 석탄 노동자 파업이 예고되었다. 이번에는 누군가 따로 '볼셰비키의 음모'라고 선전할 필요조차 없었다. 광산 노동자들은 이미 '국유화'를 지지하는 투표를 했고, 공공의 통제 아래 산업을 두는 것이 공산주의와 다를 바 없다고 여긴 언론은 이를 곧바로 볼셰비키 혁명과 동일시했다. 공화국을 위협하는 새로운 위기가 도래했다는 경각심이 퍼졌고, 정부가 반드시 개입해야 한다는 목소리가 높아졌다.

정부는 즉각 대응했다. 법무장관 A. 미첼 파머는 '싸우는 퀘이커'라는 별명을 즐겼고, 이번 사태를 헌법 수호자로서 자신의 역할을 증명할 기회로 삼았다.

4

다소 음산한 유머가 있다면, 그것은 다음 석 달 동안 파머 씨가 행한 일이, 그 자신이 최고 법무 책임자로 있던 행정부가 '새로운 자유New Freedom'를 실현하겠다고 집권한 정권이었다는 사실에 있다. 우드로 윌슨은 백악관에서 병석에 누워 국정과는 단절된 채, 오직 자신의 비운의 국제연맹만을 꿈꾸고 있었다. 그 외에는 달리 설명할 길이 없다.

석탄 파업이 시작되기 하루 전, 파머는 인디애나폴리스의 연방 판사에게서 파업 지도부가 어떠한 방식으로든 파업을 지원하는 행위를 금지하는 명령을 받아냈다. 그는 이를 전시 식량연료통제법Food and Fuel Control Act에 근거하여 추진했는데, 이 법은 전시 중 석탄 생산을 방해하는 행위를 금지하는 내용을 담고 있었다. 문제는 실제로 전쟁이 끝난 지 1년이 다 되어간다는 점이었다. 그러나 법적으로는 아직 전쟁이 끝나지 않은 상태였는데 평화 조약은 상원에서 비준되지 않고 있었다. 이 법이 제정될 당시, 노동장관은 의회에서 이를 파업 금지법으로 해석하지 않을 것이라 공언한 바 있었으나, 파머는 이에 개의치 않았다. 결국 그는 긴급 명령을 받아냈고, 지도부가 무력화된 가운데, 40만 명의 광부들이 파업에 돌입하며 광산을 떠났다.

대중은 이 깨진 서약에 대해 전혀 알지 못했다. 설령 어떤 신문사가 상원의원 허스팅의 발언을 알고 있었다 해도, 그것을 보도할 용기를 낼 수 있는 곳은 아마 없었을 것이다. 당시 《뉴욕 월드New York World》 같은 신문이 "미국에는 볼셰비키의 위협이 존재하지 않으며, IWW(세계산업노동자연맹) 역시 보통 수준의 경찰력이 충분히 대응할 수 있는 세력이다"라고 보도하는 것조차 상당한 용기가 필요한 일이었다. 그러나 언론은 이 법원의 금지명령을 환영했고, 마치 캘빈 쿨리지를 찬양했던 것처럼 파머 법무장관의 조치에도 박수를 보냈다. 이에 자신감을 얻은 '싸우는 퀘이커교도' 파머는 공산주의 지도자들을 체포하여 핀란드를 경유해 러시아로 추방하는 작전을 단행했다. 이들을 태운 부포드Buford 호는 조롱 섞인 별명, '소비에트 방주Soviet Ark'라고 불렸다. 다시금 대중은 열광했으며, 아직 아무런 범죄도 저지르지 않은 사람들을 가족과 강제로 분리시키는 것에 대한 우려는 거의 없었다. 그러자 파머는 더 과감한 조치를 취하기로 결정했고, 미국 역사상 가장 심각한 헌법상 개인 권리 침해 사건으로 기록될 대대적인 검거 작전을 감행했다.

전시의 비상책이었던 반역법Sedition Act에 따르면, 노동장관은 무정부주의자이거나 폭력 혁명을 신봉하거나, 그러한 사상을 옹호하는 단체에 가입한 외국인을 추방할 권한을 가지고 있었다. 이제 파머 법무장관은 노동부와 협력하여 공산당에 속한 외국인들을 대대적으로 검거하여 추방하기로 결정했다. 이미 정부 요원들은 공산당 내부에 깊숙이 침투해 있었고, 심지어 한 요원은 당 내에서 지역 지도자가 되기까지 했다는 소문도 있었다. (이러한 상황은 정부 요원들이 동료들에게 온건한 태도를 권장할 경우, 자신의 직업을 위험에 빠뜨릴 수도 있다는 역설적인 질문을 제기하기도 했다.)

1920년 1월 1일, 미국 전역에서 공산주의자들이 본부에서 신년 모임을 진행하던 바로 그 순간, 파머의 요원들과 경찰, 자경단원들이 일제히 들이닥쳤다. 이들은 실제 공산주의자인지 여부를 가리지 않고, 현장에 있는 모든 사람들을 무차별적으로 체포했다. (어떻게 공산주의자인지 아닌지를 구별할 수 있었겠는가?) 이들은 영장 없이 혹은 형식적인 영장을 들고 사람들을 감옥으로 보냈다. 조사관들은 모든 형태의 증거를 압수했다 — 책자, 회원 명부, 서적, 문서, 벽에 걸린 그림 등 모든 것이 포함되었다. 그날 밤과 이후 며칠 동안, 다른 공산주의자들과 용의자로 의심되는 이들도 가택에서 체포되었다. 결국, 6천 명 이상의 남성이 체포되어 구금되었으며, 이들 중 상당수는 자신이 어떤 혐의로 체포되었는지조차 알지 못했다. 적어도 한 명의, 공산주의자가 아닌, 미국 시민이 아마도 이름이 혼동되어 며칠간 감옥에 갇혔고, 가까스로 추방을 면했다. 디트로이트에서는 100명이 넘는 남성들이 가로 24피트, 세로 30피트 크기의 감금 구역에 몰아넣어진 채 일주일 동안 갇혀 있었고, 그 환경은 도시의 시장조차 "견딜 수 없는 수준"이라 부를 만큼 열악했다. 하트포드에서는, 피의자들이 감옥에 있는 동안 당국이 한층 더 철저한 조치를 취해, 그들을 면회하러 온 모든 방문객을 체포해 함께 구금했다. 단순한 방문조차도 공산당과의 연계를 입증하는 일응一應의 증거 prima facie evidence*로 간주되었다.

결국, 많은 수의 피의자들이 증거 부족으로 풀려났다. 또한, 전국적으로 위험한 무장 혁명가들을 색출하려 했던 대규모 단속 작전에서 발견된 무기는 단 세 정의 권총뿐이었으며, 폭발물은 단 한 개도 발견되지 않았다. 그러나 당시 신문들은 파머 법무장

---

* 법률적으로 특별한 반대 증거가 없다면, 그 자체로 일단 유죄 또는 혐의를 입증하는 데 충분한 증거. 참고로 '일응'은 '일단은'을 뜻하는 일본어 부사이다. 국어사전에 등재되지 않은 단어인데, '일응 유효하다', '일응의 기준', '일응 특정하게 하면' 등 판시와 법률 용어로 널리 사용되고 있다.

관의 사무실에서 나온 "국가 안보를 위협하는 대규모 음모가 밝혀졌다"는 보도로 가득 차 있었다. 이 시점에서 철강 파업과 석탄 파업 모두 실패하고 있었으며, 사회주의 체제가 미국을 장악할 가능성은커녕, 혁명이 일어날 가능성조차 희미해지고 있었다. 그러나 미국 대중들에게 볼셰비즘에 대한 공포는 그 어느 때보다 더 강하게 자리 잡았다.

파머는 기세를 몰아 더욱 강경한 태도를 보였다. 그는 대중들에게 이렇게 경고했다. "리버티 채권Liberty bonds을 가진 2천만 명의 국민과, 땅을 소유한 9백만 명의 농부, 그리고 저축 계좌를 가진 1천1백만 명의 국민 여러분, 공산주의자들은 여러분이 가진 모든 것을 빼앗으려 합니다." 그는 언론에 볼셰비키들의 흉악한 외모가 강조된 삽화가 포함된 선전물을 배포하면서 물었다. "이런 자들이 미국을 지배하도록 두고 보겠습니까?" 정치인들은 가이 엠피Guy Empey의 말을 인용하며 "공산주의자를 다루는 데 적합한 도구는 어떤 철물점에서든 구할 수 있다"고 주장했다. 또 어떤 이는 이렇게 선언했다. "내가 공산주의자들에게 내세울 모토는 'S.O.S.' — 즉, '배에 태워 추방하든가, 아니면 쏴 죽이라ship or shoot'는 것이다. 나는 그들을 돌로 만든 배에 태우고, 납으로 만든 돛을 달아, 첫 번째 정박지가 지옥이 되도록 해야 한다고 믿는다." 대학 졸업생들은 급진주의 성향이 의심되는 교수들의 해고를 요구했다. 학교 교사들은 충성 서약에 서명해야 했다. 정치·경제적 견해가 전통적이지 않은 기업인들은, 자신들의 일자리를 유지하기 위해 입을 닫아야만 했다. 미국 사회의 히스테리가 정점에 달했다.

5

그러나 분위기는 쉽게 가라앉지 않았다. 직업적인 슈퍼애국자super-patriot들(그리고 슈퍼애국자를 자처한 온갖 특수 선전가들)은 이제 막 싸움을 시작했을 뿐이었다. 수많은 애국 단체들이 생겨났으며, 각 단체의 사무국장들은 자신들의 생계를 유지하기 위해 끊임없이 새로운 위협을 만들어내야 했다. 또한, 많은 사람들이 자신이 반대하는 모든 것에 '볼셰비키'라는 낙인을 찍음으로써 무너뜨릴 수 있음을 깨달았다. 대해군주의자big-navy men, 징병제 지지자, 금주법 옹호자, 금연 운동가, 진화론을 반대하는 근본주의자, 도덕 질서의 수호자, 도서 검열가, 유대인 혐오자, 흑인 혐오자, 지주, 제조업자, 공공시설 운영자 등 다양한 부류의 사람들이 성조기와 건국의 아버지들의 망토를 두르고, 자신들의 반대자들을 레닌과 한통속이라고 몰아붙였다. 예를 들어, 오픈숍open shop*은 '미국적 계획American Plan'이라는 이름으로 포장되었다. 몇 년 동안 수많은 연사와 필자들이 '불온하고 전복적인 선동가들'에 대한 경고를 퍼뜨렸다. 호화로운 응접실의 도금된 의자에 앉아 있는 부인들은 사무국장들로부터 정부 요원들이 너무도 극악한 급진주의 음모를 발견했지만, 적절한 시기가 올 때까지 공개할 수 없다는 이야기를 들으며 몸서리를 쳤다. 그들의 남편들은 점심 모임에서 대학이 볼셰비즘으로 가득 차 있다는 경

---

* 노동조합에 가입하지 않은 노동자도 고용하는 사업장이나 기업.

고를 들었다. 사회 전반에 의심의 구름이 드리워졌고, 불관용은 미국적 미덕이 되어갔다.

윌리엄 J. 번스는 미국 내 공산주의자 수를 42만 2천 명으로 추산했고, S. 스탠우드 멘켄은 60만 명으로 발표했다. 이는 전문가들의 추산보다 최소 열 배 이상 부풀려진 수치였다. 드와이트 브라만(애국 단체 연합회Allied Patriotic Societies 회장)은 뉴욕주 스미스 주지사에게 미국 전역에서 매주 1만 건의 급진주의 집회가 열리고 있으며, 지난 6개월 동안 350개의 급진주의 신문이 창간되었다고 주장했다.

그러나 위험한 것은 공산주의자들뿐만이 아니었다. 그들은 더 교묘하게 위장된 동조자들, 혹은 자신도 모르게 급진주의에 동조하는 이들을 두고 있다고 했다. 전미시민연맹National Civic Federation의 랄프 이즐리에 따르면, 러시아기근구호위원회Russian Famine Fund Committee에는 볼셰비키에 동조하는 인물이 60명이나 포함되어 있었다. 전미군축위원회National Council for the Reduction of Armaments의 프레더릭 J. 리비 역시 공산주의자로 몰렸다. 그는 러시아에서 교육을 받고, 볼셰비키 당국의 지시를 받기 위해 다시 러시아를 방문했다고 주장되었지만, 실제로 그는 러시아에 가본 적도 없었고, 러시아와 아무런 관련도 없었으며, 그가 이끄는 조직의 이사진은 모두 미국 시민들이었다.

잡지들 역시 공격을 받았다. 《네이션The Nation》, 《뉴 리퍼블릭The New Republic》, 《프리맨The Freeman》은 미국방위협회American Defense Society의 사무국장에 의해 '혁명적 신문'으로 분류되었다. 《서베이The Survey》조차도 러스크 보고서Lusk Report를 작성한 위원들로부터 "혁명적 단체의 지지를 받고 있다"고 비판받았다. 랄프 이즐리는 여성유권자연맹National League of Women Voters, 연방교회협의회Federal Council of Churches, 외교정책협회Foreign Policy Association까지 위험하다고 주장했다. 당시 미국에서 자유주의적 성향을 가진 거의 모든 시민 단체가 '국가의 수호자들'에 의해 의심의 대상으로 지목되었다. 심지어 뉴욕 자선 단체를 조사하는 국가정보국National Information Bureau조차도 의심을 받았다. 이 조직의 수장이었던 로버트 W. 디포레스트는 뉴욕 상류층에서 존경받는 인물이었음에도 불구하고, 그가 너무 바빠서 자신의 조직 내에서 어떤 일이 벌어지는지 알지 못하고 있다는 주장이 제기되었다. 그의 조직에는 유대인 지도자인 랍비 와이즈, 사회주의자 노먼 토머스, 언론인 오스왈드 빌라드, 사회운동가 제인 애덤스, 경제학자 스콧 니어링, 《서베이》편집장 폴 U. 켈로그 등이 포함되어 있었으며, 이들 대부분은 급진주의 성향이라는 의혹을 받고 있었기 때문이었다.

연극계와 영화계에서도 위험이 도사리고 있었다. 모스크바 예술극장Moscow Art Theater, 쇼브 수리Chauve Souris,[러시아 출신 연출가 니키타 발리예프가 만든 공연 단체. 프랑스어로 '박쥐'라는 뜻] 러시아 출신 오페라 가수 표도르 샬리아핀 등은 소련의 선전 도구로 의심받았다. 미국방위협회의 휘트니 씨에 따르면, 노마 탈마지뿐 아니라, 찰리 채플린과 윌 로저스까지 '공산주의자 파일들'에 등장했다.

책도 예외는 아니었다. 캘리포니아의 애국 단체 더나은미국연맹Better America Federation을 대표한 허민 슈웨이드Hermine Schwed

는 싱클레어 루이스의 소설 『메인 스트리트Main Street』가 '미국식 건전한 삶에 대한 혐오감을 조성한다'는 이유로 판매가 금지되어야 한다고 주장했다. 또한, 그녀는 철학자 존 듀이와 역사학자 제임스 하비 로빈슨을 가리켜 '젊은이들에게 가장 위험한 인물'이라고 비판했다. 그러나 가장 심각한 위협은 학교와 대학에서 벌어지고 있었다. 휘트니에 따르면, 하버드대의 펠릭스 프랑크푸르터Felix Frankfurter*와 재커라이어 채피Zacharia Chafee, 예일대의 프레더릭 웰스 윌리엄스Frederick Wells Williams와 맥스 솔로몬 맨델Max Solomon Mandell은 공산주의를 조장하는 교수들이었다. 그는 이렇게 경고했다. "이들은 자신들의 발언이 공공연히 퍼지고, 심지어 교실에서 사용된다는 사실을 잘 알고 있다. 이를 온화하게 표현하자면, 이들의 발언은 공산주의자들에게 확실한 격려가 된다." 학교는 반드시 바로잡아야 한다. 교과서는 미국 역사 속 영웅들에 대한 존경심을 훼손하는 내용을 철저히 걸러야 하고, 보수적 연사가 아니면 학교나 대학에 발을 들여놓지 못하도록 해야 하며, 헌법에 대한 존경심을 가르치는 수업을 모든 교육

---

* 미국의 저명한 법학자이자 대학교수, 그리고 이후 대법관이 된 인물이다. 1914년부터 1939년까지 하버드 로스쿨 교수로 재직하며 행정법 분야의 권위자가 되었고, 수많은 제자를 양성했다. 프랭클린 D. 루스벨트 대통령의 뉴딜 정책을 설계하고 추진하는 데 중요한 역할을 한 핵심 조언자 그룹인 '브레인 트러스트Brain Trust'의 일원이었다. 1939년 루스벨트 대통령에 의해 미국 연방 대법원 대법관으로 임명되어 1962년 은퇴할 때까지 재직했다. 그는 '사법적 자제judicial restraint'를 강조하며, 법원이 의회의 입법 활동에 지나치게 개입해서는 안 된다는 입장을 견지했다. 사회 개혁적인 입장이 강한 그의 성향은 적색 공포의 광풍이 몰아치던 시대에 기득권층과 보수주의자들로부터 '반체제적' '급진적'으로 비쳐졌다.

기관에서 필수 과목으로 지정해야 한다.

이러한 훈계들은 억압적인 분위기를 조성했다. 급진주의자들에 대한 공포는 점차 급진주의자로 보이는 것에 대한 공포로 이어졌다. 사업에서 성공하고 싶거나, 고퍼 프레리Gopher Prairie[소설『메인 스트리트』의 무대]나 미들타운Middletown의 상류층으로 받아들여지고 싶다면, 반드시 기존 질서에 순응하는 태도를 보여야 했다. 게리 판사나 파머 법무장관의 견해에서 조금이라도 벗어나는 의견을 가지면 의심스러운 눈길을 받았다. 한 자유주의 언론인이 과거에 직설적이었던 인디애나주 출신 인사의 사무실을 방문했을 때, 그 주인은 창문을 닫고 잠그기 전까지 정치 이야기를 나누려 하지 않았다. 그 창문은 폭이 50피트 정도 되는 공기통airshaft을 마주하고 있었으며, 건너편 사무실의 누군가가 이단적인 말을 엿들을 수도 있었다. 오랫동안 중서부 도시를 떠나 있던 한 인사가 돌아와 이렇게 말했다. "이 사람들은 모두 무언가를 두려워하고 있다. 도대체 뭘?" 『미들타운*Middletown: A Study in Contemporary American Culture*』의 저자들은 공적 압력에 의해 순응할 수밖에 없었던 외로운 정치적 반대자가 이렇게 말하는 것을 인용했다. "나는 그냥 모든 것에서 도망쳐 책 속으로 숨었다." 그는 자신의 경제적 견해를 공개적으로 밝힐 수 없었다. 미국재향군인회American Legion나 로터리 클럽Rotary Club의 의견에서 조금이라도 벗어나면 볼셰비키로 낙인찍힐 것이기 때문이었다.

1922년, 《하퍼스 매거진Harper's Magazine》에 캐서린 풀러턴 제롤드Katharine Fullerton Gerould는 다음과 같이 썼다. "미국은 더 이

상, 예전의 의미에서, 자유로운 나라가 아니다. 자유라는 개념은 점점 단순한 수사적 표현이 되어가고 있다…… 감히 말하건대, 어떤 사고력 있는 시민도 자신의 정직한 신념 중 일부 이상을 자유롭게 표현할 수 없다. 나는 물론 범죄적 성격의 신념을 뜻하는 것이 아니다. 하지만 지금 어디에서나, 모든 방향에서, 자유로운 발언이 억압당하고 있다. 미국 시민이 자신의 사회·정치적 문제에 대해 자유롭게 의견을 표현할 수 있는 유일한 방법은, 자신에게 가장 우호적인 군중을 선택하고 그들의 그늘 아래 머무르는 것뿐이다."

이와 같은 견해들은 후대에 자주 그리고 강한 어조로 표현되었지만, 1922년 당시 이를 글로 남기는 것은 상당한 용기가 필요한 일이었다는 사실을 상기하면 놀라운 일이다. 제롤드의 글이 발표되었을 때, 《하퍼스 매거진》 편집부와 그녀의 자택으로 수백 통의 편지가 쇄도했다. 그녀를 체제 전복적 인물이자 볼셰비키라고 비난하는 악담이 가득한 편지도 있었고, 마침내 누군가 진실을 말해주었다며 환영하는 편지도 있었다. 애국주의 광신자들의 선동은 미국 사회를 이러한 지경까지 몰아갔다.

6

그 시기의 불관용intolerance은 다양한 형태로 나타났다. 그중에서도 가장 추악한 형태는 흑인, 유대인, 가톨릭교도들에 대한 적개심의 폭발이었다. 전쟁 동안 커졌던 집단적 충성심과 증오심은 표출할 대상을 잃어버리자, 급진주의자로 몰린 사람들뿐만 아니라, 백인 개신교도들이 보기에 이질적이거나 '비非미국적인' 다른 집단을 향해 왜곡된 형태로 표출되었다.

전쟁 기간 동안 수십만 명의 흑인들이 공장과 제철소의 노동력 부족으로 인해 높은 임금을 찾아 산업화된 북부로 이주했다. 이로 인해 흑인 인구가 증가한 지역에서 그들은 어쩔 수 없이 백인 지역으로 유입될 수밖에 없었고, 전차나 공공장소에서 백인들과 부딪치며 기존의 미묘한 인종 간 균형이 깨지게 되었다. 남부뿐만 아니라 북부에서도 흑인들은 새로운 독립 의식을 갖게 되었다. 그들 역시 백인들과 마찬가지로 징집되어 전쟁에 참여했으며, 민주주의와 억압받는 소수자를 위해 싸웠다고 믿고 있었다. 그러나 전쟁이 끝난 후 다시 기존의 사회적 지위로 돌아가야 한다는 현실을 마주했을 때, 일부 흑인들은 이에 대한 분노를 표출했다. 그리고 이러한 긴장감이 가득한 분위기 속에서, 폭력적인 인종 갈등이 촉발되었다. 백인들은 생각했다. 볼셰비즘도 충분히 위협적이지만, 흑인들이 통제에서 벗어나기 시작하면……

1919년 여름, 무더운 어느 오후, 열일곱 살 흑인 소년이 시카고의 미시간호湖 한 수영 구역bathing-beach에서 수영을 하고 있었다. 백인과 흑인이 각각 이용하는 구역이 암묵적으로 나뉘어 있었는데, 그 소년은 물에 떠 있던 철도 침목을 잡고 있다가 보이지 않는 경계를 넘고 말았다. 그러자 누군가가 그에게 돌을 던졌고, 한 백인 소년이 헤엄쳐 그를 향해 다가갔다. 흑인 소년은 철도 침목을 놓고 몇 번 팔을 저었다가 가라앉았고 결국 익사했다. 그가 돌에 맞았는지는 확실하지 않았지만, 해변의 흑인들은 백인들이 돌을 던져 그를 죽였다고 비난하며 싸움이 벌어졌다.

이 작은 사건이 불씨가 되어 인종 간 증오의 불길이 거세게 타올랐다. 지난 10년 동안 시카고의 흑인 인구는 두 배로 증가했고, 흑인들은 백인 거주 지역으로 몰려들었다. 백인들은 극도로 예민해져 있었고, 그 결과 도시는 거의 내전 상태로 빠져들었다. 흑인들은 백인들에게 집단 폭행을 당했고, 칼에 찔리고, 갱단들의 공격을 받았다. 이에 맞서 흑인들도 총격으로 저항했다. 흑인 주택과 건물들이 무차별적으로 불태워졌으며, 도시는 일주일 동안 극심한 혼란 속에 빠졌다. 질서가 회복되었을 때, 15명의 백인과 23명의 흑인이 사망했고, 537명이 부상을 입었으며, 1,000명이 집을 잃고 거리로 내몰렸다.

불과 1년 뒤, 오클라호마주 털사Tulsa에서도 대규모 인종 폭동이 발생했다. 흑인 인구가 증가하는 곳마다 인종 간 긴장이 고조되었고, 백인 우월주의 이념을 전파하는 연설가와 작가들은 이를 더욱 부추겼다. 로스롭 스토다드Lothrop Stoddard의 『유색인종의 거센 조류The Rising Tide of Color』는 흑인과 기타 유색 인종들이 독일이나 볼셰비키보다 서구 문명에 더 큰 위협이 된다고 주장했다.

유대인들도 순수한 아메리카주의Americanism를 추구하는 다수파의 의심을 피할 수 없었다. 그들은 필연적으로 충성심이 나뉠 수밖에 없는 집단으로 보였으며, 러시아의 볼셰비키들뿐만 아니라 미국 내 급진적 이민자들 사이에서도 두드러진 역할을 하는 인물들이 많다는 사실은 부인할 수 없었다. 헨리 포드는 "국제주의 유대인International Jew"의 위협을 발견했고, 그의 《디어본 인디펜던트Dearborn Independent》는 이 불행한 인종이 전 세계를 정복하려는 음모를 꾸미고 있으며, 덤으로 미국 사회의 거의 모든 문제— 높은 집세, 농장 노동력 부족, 재즈, 도박, 음주, 문란한 도덕, 심지어 짧은 치마까지 —의 원인이라고 비난했다. 포드의 공격은 터무니없는 것이었지만, 이는 당시 널리 퍼진 반유대주의의 과장된 형태일 뿐이었다. 편견은 공기처럼 퍼졌다. 집주인들은 유대인 세입자들에게 집을 임대하는 것을 꺼렸고, 학교들은 유대인 학생들을 입학시키는 것을 주저했다. 아나폴리스 해군사관학교에서는 유대인 생도에 대한 가혹 행위가 공공연한 스캔들로 떠올랐고, 하버드대는 유대인 학생 수를 제한할 것인지에 대해 진지하게 논의했다. 미국 전역에서 유대인들은 자신들과 비유대인들Gentiles 사이에 보이지 않는 장벽이 생겼음을 실감했다.

로마 가톨릭 신자들 역시 소수파로 있는 지역에서는 비난을 피할 수 없었다. 가톨릭 신자들은 외국에 있는 교황의 지시를 따르지 않는가? 교황은 세속적 권력을 주장하지 않는가? 가톨릭 신자들은 공립학교가 아닌 자신들만의 방식으로 아이들을 교육하려 하지 않는가? 이런 모든 요소가 비非미국적이며, 반역적 행위로 여겨졌다.

이러한 분위기 속에서 쿠 클럭스 클랜Ku Klux Klan이 세력을 확장하며 권력을 쥐게 되었다. '클랜'은 1915년 조지아 출신의 윌리엄 조지프 시먼스 대령에 의해 창설되었지만, 초기 5년 동안은 그다지 성장하지 못했다. 1920년이 되었을 때, 시먼스 대령이 이끄는 이 형제애적이고 애국적인 친목 조직은 몇백 명의 회원을 보유한 소규모 단체에 불과했다. 클랜은 남부 재건Reconstruction 시대의 쿠 클럭스 클랜에서 영감을 받았으며,* 백인 우월주의와 남부의 감상적 이상주의를 지향하는 단체였다. 하지만 1920년, 시먼스는 조직 운영을 남부홍보협회Southern Publicity Association 소속의 에드워드 Y. 클라크에게 맡겼다. 클라크는 이전에 루즈벨트기념협회Roosevelt Memorial Association와 근동구호단체Near East Relief 같은 비교적 무해한 활동을 하면서도 비범한 영업 능력을 보여준 인물이었다. 그는 클랜이 성장할 적기가 도래했음을 정확히 간파했다. 클랜은 흑인에 맞선 백인의 수호자, 유대인에 맞선 비유대인의 방어자, 가톨릭 신자에 맞선 개신교도의 옹호자로 자신들을 포장하며, 당시 불안과 공포에 휩싸인 미국 소도시 주민들의 심리를 교묘히 이용할 수 있었다. 또한, 흰색 로브와 복면, 불타는 십자가, 비밀스러운 의식, 우스꽝스러운 의례적 용어는 지루한 일상을 살아가는 성인들에게 마치 비밀결사의 일원이 된 듯한 환상을 제공했다. 이것은 소규모 마을의 편협한 사람들이 '보이지 않는 제국Knights of the Invisible Empire'의 기사Knight가 될 기회였다. 공식적인 명분과 함께, 경제적 이익도 고려해야 할 또 하나의 요소였다. 잘 조직된 클랜은 거대한 수익을 창출할 수

---

* 1차 KKK는 남북전쟁 직후 남부의 백인 우월주의자들이 만든 테러 단체로 주로 흑인 해방과 남부 재건 정책에 반대했다. 영화《바람과 함께 사라지다》에서 묘사된, 애슐리 윌크스가 가담한 흑인을 상대로 한 '야간 습격' 사건이 바로 역사적으로 1차 KKK의 활동을 모델로 한 것이다. 소설과 영화는 이를 남부 백인들의 '명예로운 저항'으로 낭만화했지만, 그 기원은 KKK의 야간 습격, 복면, 사적 응징 같은 실재했던 폭력 활동이었다. 바로 그 지점이 작가 마거릿 미첼이 노예제와 인종 테러를 정당화했다는 혐의로 후세에 강하게 비판받는 핵심적인 이유이다. 20세기 초의 2차 KKK는 흑인뿐 아니라 유대인, 가톨릭, 이민자, 공산주의자 등을 공격 대상으로 삼았고 훨씬 더 조직적으로 전국으로 확대되었다.

있는 사업이 될 수 있었다.

회원 모집을 담당한 영업 사원들에게는 '클리글Kleagle'이라는 매력적인 직함이 주어졌고, 국가를 '영지Realms'로 나누어 그 책임자는 '킹 클리글King Kleagle'이라 불렸다. 영지는 다시 '도메인Domains'으로 세분되었으며, 그 책임자는 '그랜드 고블린Grand Goblin'이었다. 클라크 자신은 최고 조직자로서 '제국 클리글Imperial Kleagle'이 되었고, 조직 명칭의 절정은 시먼스 대령에게 부여된 '제국 마법사Imperial Wizard'라는 칭호였다. 회원 가입비는 10달러였으며, 그중 4달러는 모집을 담당한 클리글의 수입으로 돌아갔다. 덕분에 부지런한 클리글은 생계를 걱정할 필요가 없었다. '클리글링Kleagling'은 1920년대 가장 수익성 높은 산업 중 하나가 되었다. '킹 클리글'과 '그랜드 고블린'도 회원비 중 일부를 가져갔으며, 남은 금액은 애틀랜타에 위치한 클랜 본부의 제국 재물고Imperial Treasury로 흘러 들어갔다.

1921년, 클랜의 타르칠과 깃털형tarrings and featherings, 구타 및 린치 사건들이 속출하며 미국 의회에서 클랜에 대한 조사가 시작되었다. 특히, 《뉴욕 월드》가 클랜의 많은 비밀을 폭로한 것이 결정적 계기가 되었다. 이 조사로 인해 '제국 클리글' 클라크가 축출되었으며, 이후 시먼스 대령은 텍사스 출신 치과의사 히람 웨슬리 에반스에게 '제국 마법사' 직위를 넘겨주었다. 에반스는 스스로를 "미국에서 가장 평균적인 남자"라고 칭했다. 그러나 클라크가 구축한 강력한 회원 모집 조직은 여전히 건재했고, 클랜은 계속 성장했다. 클랜의 성장은 폭발적이었다. 1924년 초, 스탠리 프로스트의 신중한 추산에 따르면, 클랜의 회원 수는 무려

450만 명에 달했다.

　클랜은 정치적 영향력도 막강해져, 한때 오리건, 오클라호마, 텍사스, 아칸소, 인디애나, 오하이오, 캘리포니아 등 7개 주를 장악했다. 클랜의 주요 거점은 새로운 남부New South, 중서부, 태평양 연안이었는데, 미국 전역으로 세력을 확장했다. 심지어 유대인과 가톨릭 신자가 많고, 지적 분위기가 강한 뉴욕시의 문턱까지 도달했다. 클라크의 조직적 재능과 당시 미국 사회의 분위기가 클랜을 이처럼 강력한 세력으로 키운 것이다.

　이 단체의 헌장에 명시된 목적은 다음과 같았다. "미국 출생의 백인 남성 개신교 시민들을 단결시키며, 이들은 어떠한 외국 정부, 국가, 기관, 종파, 지도자, 개인, 혹은 민족에게도 충성을 바치지 않는 자들이다. 이들은 도덕적으로 훌륭하며, 명성이 뛰어나고 모범적인 직업을 가지고 있다…… 우리 시민 정부에 대한 애국심을 함양하고 촉진하며, 서로 간에 명예로운 클랜 정신Klanishness을 실천하고, 실질적인 자선 활동을 수행하며, 가정의 신성함과 여성의 순결을 보호하고, 백인 우월주의를 영원히 유지하며, 고양된 의식儀式을 통해 고결한 영적 철학을 확립하고, 순수한 아메리카주의의 독특한 제도, 권리, 특권, 원칙, 전통, 그리고 이상을 보존, 보호, 유지하는 것에 실질적으로 헌신하는 것이다."

　이것이 이론이었다. 그러나 실제로 '순수한 미국주의'의 개념은 지역마다 달랐다. 처음에 남부에서는 백인 우월주의가 클랜의 주요 목표였으나, 시간이 지나면서 조직이 성장하고 확산되자, 유대인에 대한 반감, 그리고 무엇보다도 가톨릭에 대한 반대가 대부분의 지역에서 클리글들이 가장 효과적으로 내세울 수 있는 선전 도구가 되었다. 그리고 지역 클랜 조직들의 활동 방식은 결코 '고결한 영적 철학'을 추구하는 것처럼 보이지 않았다. 이들 지역 조직은 애틀랜타 본부의 통제를 거의 받지 않는 독립적인 조직이었다. 대체로 이 조직들은 백인 개신교 사회에서도 교육 수준이 낮고 훈련되지 않은 계층에서 주로 모집되었다. 한 인디애나주 시민은 솔직하게 이렇게 말했다. "당신은 영향력 있는 사람들이 이곳에 가입했다고 생각하는가? 행진할 때 그들의 신발을 보면 답이 나온다. 복면이 신발까지 덮어주지는 않으니까."

비록 '제국 마법사' 에반스가 폭력을 단속하려 했지만, 지역의 클랜 조직원들은 단순히 가톨릭 학교를 반대하는 투표를 하거나, 가톨릭 후보를 낙선시키는 것, 혹은 마을 뒷산에서 십자가를 불태우며 흑인들에게 백인들의 의지를 과시하는 것만으로 만족하지 않았다. 클랜의 비밀주의는 더욱 직접적인 행동을 유발하는 계기가 되었다.

백인 소녀가 흑인 남성이 자신에게 부적절한 접근을 했다고 주장하면 — 그 주장이 신경과민에서 비롯된 것이든, 증거가 전혀 없든 상관없이 — 흰 두건을 쓴 무리가 흑인을 납치하여 숲으로 끌고 가 타르와 깃털로 '교훈을 주거나', 채찍질을 했다. 백인 남성이 인종 갈등에서 흑인을 두둔하면, 그 역시 납치되어 구타당할 수 있었다. 흑인 여성이 자신이 소유한 토지를 클랜 조직원이 원하는 가격에 팔지 않으면, KKK의 최후통첩을 받게 되었다 — "팔거나, 강제로 쫓겨나거나."

클랜 회원들은 유대인 상인들을 보이콧하고, 가톨릭 소년들을 고용하지 않으며, 자신이 소유한 집을 가톨릭 신자들에게 임대하지 않았다. 루이지애나에서는 다섯 명이 납치된 후 철사로 묶인 채 호수에서 익사한 사건이 발생했는데, 이는 클랜 회원들의 소행으로 추정되었다. 《커런트 히스토리Current History》에 기고한 R. A. 패튼은 앨라배마에서 벌어진 잔혹 행위를 다음과 같이 기록했다.

"어린 소년이 채찍질당해 등의 살점이 갈기갈기 찢겼고, 흑인 여성이 구타당한 후 방치되어 저체온증으로 폐렴에 걸려 사망했고, 백인 여성이 이혼했다는 이유로 집에서 무자비하게 폭행당했고, 미국 여성과 결혼했다는 이유만으로 귀화 외국인이 등이 피투성이가 될 때까지 매질당했고, 어느 흑인은 백인 남성에게 터무니없이 낮은 가격에 토지를 팔 때까지 채찍으로 맞았다."

이처럼 직접적인 폭력 사건이 없던 지역에서도 폭력의 위협은 존재했다. 백의白衣를 입은 군중이 행진하고, 계곡을 가로질러 불타는 십자가가 빛나면, 사람들은 어둠 속에서 속삭이며 "이번에는 누구 차례일까?"를 궁금해했다. 공포와 의심은 집집마다 퍼져 나갔다. 더욱이, 범죄자들과 깡패들은 KKK의 존재를 교묘하게 이용하는 법을 터득했다. 그들은 누군가의 헛간에 불을 지르거나, 철길 너머 빈민가를 습격하고 싶을 때 이제 마음껏 실행할 수 있었다 — 어차피 사람들은 KKK의 소행으로 생각할 것이기 때문이었다. 누군가 울타리에 KKK라는 낙서를 해놓기만 하면 보안관조차 신중하게 행동할 수밖에 없었다. 결국, '빨갱이 히스테리'와 마찬가지로, 공포 속에서 탄생한 운동은 공포를 지속시키며, 온갖 잔혹 행위와 범죄를 초래했다.

세월이 지나고 전시의 분위기가 점차 사라지면서 클랜의 세력은 서서히 약화되었고, 일부 지역에서는 완전히 사라졌으며, 다른 지역에서는 단순한 정치적 이익을 추구하는 부패한 정파로 전락했다. 그러나 그때까지, 클랜은 수백만 명의 사람들에게 공포의 대상으로 군림했다.

7

1920년 초 파머의 검거 작전이 끝난 후에도 급진주의자들에 대한 사냥은 계속되었다. 4월, 뉴욕주 하원에서 사회당 소속 의원 5명이 제명되었다. 뉴욕주 하원 법사위원회의 보고서에 따르면, 이들은 "영원한 반역자들로만 구성된 불충성 단체의 일원"이라는 이유로 축출되었다. 소小 시어도어 루즈벨트가 이 제명 조치에 반대하는 연설을 하자, 스위트sweet 의장은 단상에 올라 그의 아버지, 즉 대大 시어도어 루즈벨트의 글을 소리 내어 읽어, 아버지의 애국심과 아들의 '비非미국적' 태도를 대비시키려 했다. 쿠빌리어 의원은 연설 도중 사회당 소속 의원 두 명이 자신들의 의석에 앉아 있는 것을 보고 소리쳤다. "저기 앉아 있는 저 두 사람은 러시아 소비에트 정부를 대표하는 자들이나 마찬가지입니다! 레닌과 트로츠키 그 자체예요! 저들은 우리 사회 안에 숨어 있는 작은 레닌, 작은 트로츠키들입니다!" 결국, 이 '작은 레닌과 작은 트로츠키들'은 압도적인 표 차이로 축출되었다. 다음 날, 《뉴욕 타임스》는 그것을 이렇게 평가했다. "이것은 전적으로 미국적인 투표였으며, 애국적이고 보수적인 투표였다. 대다수의 미국 국민이 하원의 결정을 지지하고 승인할 것이다." 신중한 논조로 유명한 《뉴욕 타임스》조차 이렇게 썼다는 사실은, 당시 시대 분위기를 가늠하게 해준다.

그렇지만 이제 곧 분위기가 반전되려는 조짐이 보이기 시작했다. 찰스 에반스 휴즈는 뉴욕주 의회의 조치에 반대 의사를 표명했는데, 이로 인해 유니언 리그 클럽Union League Club의 점잖은 동료 회원들 중 일부는 거의 졸도할 뻔했다. 그들은 훌륭한 공화당원이었던 휴즈가 '응접실 공산주의자parlor pink'가 되어가는 것이 아닌가 의심했다. 1920년 메이데이가 도래했다. 파머 법무장관은 사전에 급진주의자들이 이날을 총파업과 암살을 위한 날로 정했다고 세계에 경고했다. 하지만 아무 일도 일어나지 않았다. 경찰은 완전 무장하고 혁명적 공격을 대비했지만, 아무런 공격도 없었다.

정당 전당대회가 열렸고, 캘빈 쿨리지는 보스턴 경찰 파업을 진압한 공로로 공화당 부통령 후보로 지명되었지만, '싸우는 퀘이커Fighting Quaker'였던 파머는 민주당 전당대회에서 아무런 지지를 받지 못했다. 오히려 그의 반대자들은 그를 '벌벌 떠는 싸움꾼quaking fighter', '위선적인 싸움꾼faking fighter', '겁먹고 도망친 자quaking quitter'라고 조롱했다. 이제 미국은 점차 유머 감각을 되찾아가고 있는 듯했다.

급진주의자들에 대한 파업, 폭동, 입법 조치, 사법 판결은 계속되었지만, 1920년 여름이 오면서 국민들의 관심을 빼앗아가는 다른 사건들이 등장했다. 대통령 선거전이 본격화되었다. 온화한 하딩은 자택 앞에서 장황한 연설을 늘어놓고 있었고, 절박한 콕스는 전국을 돌아다니며 우드로 윌슨의 몰락한 정책을 되살리려 안간힘을 쓰고 있었다. 경제 상황도 불안했다. 국민들은 오랫동안 물가 폭등에 반발했고, 작업복 시위overall parades가 열렸다. 필라델피아의 조지 M. 엘스브리 목사는 설교를 작업복을 입고 진행했으며, 뉴욕에서는 작업복 결혼식overall wedding까지 열렸다. 신랑, 신부, 그리고 주례 목사까지 모두 작업복을 입은 채 신문의 사진 화보란rotogravure section에 실렸고, 백화점들은 가격 인하를 단행할 수밖에 없었으며, 파업과 급진주의자들의 존재 여부와 상관없이 경제는 침체의 길을 걷고 있었다.

여기에 더해 보스턴의 찰스 폰지가 벌인 일확천금 사기 사건이 폭로되며 전국적으로 아우성이 일었다.* 1920년 8월 18일, 수정헌법이 비준되면서 여성들은 마침내 투표권을 가지게 되었다. 금주법Prohibition도 시행되면서 저녁 식탁에서 사람들이 몰두하는 대화 주제가 생겼다. 사람들은 "누가 집에서 좋은 진gin을 만드는 방법을 알아냈다", "건포도를 활용한 최상의 밀주 제조법은 무엇인가", "밀주업자들은 어떻게 캐나다에서 술을 들여오는가" 등의 이야기를 들으며 숨죽였다. 그것은 새로운 시대의 흥미로운 화제였다. 1920년 여름이 끝날 무렵, '공산주의에 대한 두려움'은 눈에 띄게 수그러들고 있었다. 그 증거는 실제 테러 사건이 발생했음에도 불구하고 미국 사회가 놀라울 정도로 침착하게 반

---

* 폰지 사기Ponzi Scheme란 용어는 "후속 투자자의 돈으로 기존 투자자에게 이익을 지급하는 금융 사기"를 가리키는 일반명사로 현재 사용된다. 찰스 폰지는 1920년 보스턴에서 '국제 우편환 차익'을 이용하겠다며 투자자를 끌어모았지만, 실제로는 후속 투자자의 돈으로 앞선 투자자에게 수익을 지급하는 다단계 금융 사기였고, 그의 이름은 곧 그러한 사기 수법의 유형을 상징하게 되었다.

응했다는 점이었다. 1920년 9월 16일, 미국 역사상 가장 중요한 금융 중심지에서 무정부주의자들의 소행으로 보이는 폭탄이 터졌다.

미국에서 경제의 심장부라 할 만한 장소는 뉴욕의 브로드 스트리트와 월 스트리트의 교차점이었다. 월 스트리트 북쪽에는 연방 금고 건물Sub-Treasury Building[과거 미 재무부 산하의 금 보관소 역할을 하던 곳]과 귀금속 감정국Assay Office[금·은 등의 순도를 분석하고 인증하던 연방 기관]이 있었고, 그 맞은편 동남쪽 모퉁이에는 세계에서 가장 강력한 금융 네트워크를 가진 J. P. 모건 & 컴퍼니 본사가 자리 잡고 있었다. 남서쪽 모퉁이에는 뉴욕 증권거래소의 부속 건물이 세워질 예정이었으며, 그 옆 브로드 스트리트 쪽으로는 코린트식 기둥이 우뚝 솟은 증권거래소 본관이 있었다. 이곳은 정부 재정, 민간 금융, 그리고 산업 자본이 손을 맞잡은 요새와 같았다. 이 모든 것을 급진주의자들은 '자본주의의 요새'라 부르며 강하게 비판해왔다.

바로 그 장소에서, 9월 16일 정오 직전, 사무실 직원들이 점심을 위해 밖으로 나서려던 순간, 눈부신 청백색 섬광과 함께 엄청난 폭발음이 울려 퍼졌다. 곧이어 수많은 창문이 깨지는 소리와 남녀의 비명이 터져 나왔다. 미국 조폐소 앞이자 모건 사옥 바로 맞은편 거리에서 거대한 폭탄이 터진 것이다. 폭발의 위력은 30명을 즉사시키고 수백 명에게 부상을 입혔다. 모건 사무실 내부는 초토화되었고, 폭발 충격은 몇 블록 떨어진 건물의 창문까지 산산조각냈다. 금융가 클럽Bankers' Club이 있는 에퀴터블 빌딩 34층 창문에도 쇳조각이 날아와 박혔다.

거대한 황록색 연기 기둥이 마천루 사이로 천천히 피어올랐다. 그 아래로는 모건 사옥과 인근 건물의 파편들이 쏟아져 내렸고, 포탄이 튄 석고 벽에서 나온 먼지가 허공을 가득 메웠다. 그리고 길거리는 사망자와 부상자들의 피로 붉게 물들었다. 폭발에서 기적적으로 살아남은 사람들은 비명을 지르며 달아났고, 머리 위에서는 유리와 돌 조각이 계속 쏟아졌다. 그러나 이내 사람들은 다시 현장으로 몰려들었다. 도움을 주려는 이들, 공포에 휩싸인 이들, 서로 부딪히고 소리치는 군중이 혼돈 속에서 몸부림쳤다. 곧이어 소방차와 구급차가 도착했고, 경찰과 의료진이 인파를 헤치며 질서를 되찾기 시작했다.

모건 사옥에서는 수석 서기가 사망했고, 십여 명이 부상당했으며, 17명이 병원으로 후송되었다. 그러나 모건 사의 경영진은, 날아온 유리에 손을 벤 한 명을 제외하고는, 무사했다. 그들은 폭발이 일어난 반대편 건물에 있거나 아예 도시를 떠나 있었고, J. P. 모건 본인은 유럽에 머물고 있었다. 폭탄은 정작 목표로 했던 금융 권력층이 아니라, 은행 직원, 증권 중개인, 월 스트리트 사환, 속기사 같은 평범한 사람들을 희생시켰다.

불과 200피트 떨어진 곳에 있던 주식거래소에서는 당시로서는 "괜찮은 거래량"으로 간주되던 하루 약 50만 주 규모의 거래가 진행되고 있었다. 주가는 상승세였다. 리딩Reading 주식은 2 1/8달러 올라 93 3/4달러를 기록했고, 볼드윈 기관차Baldwin Locomotive는 110 3/4달러로 강세를 보였다. 미들 스테이츠 오일Middle States Oil도 활발히 거래되었으며, 유에스 스틸 주식은 89 3/8달러에서 견고한 흐름을 유지하고 있었다. 그런 상황에서 폭발이 일어났다. 건물이 흔들리고, 거대한 창문이 와르르 무너져 유리 조각이 쏟아졌다. 브로드 스트리트 쪽 창문들은 두꺼운 실크 커튼이 쳐져 있었기에 다행히도 수십 명의 부상자가 발생하는 사태는 면할 수 있었다. 순간적으로 브로커들은 무슨 일이 일어났는지 알지 못한 채, 본능적으로 몸을 피할 곳을 찾았다. 거래소 중앙, 특히 가장 많은 인파가 몰려 있던 리딩 주식 거래 장소 주변에 있던 사람들은 돔 지붕이 무너질까 두려워 가장자리로 달려갔다. 그러나 뉴욕 증권거래소 회장 윌리엄 H. 레믹은 침착했다. 그는 옆에 있던 동료에게 이렇게 말했다. "이제 종을 울릴 때가 된 것 같군요." 그리고 단상으로 올라가 종을 울렸고, 즉시 그날의 모든 거래를 종료시켰다. (이튿날, 마치 아무 일도 없었던 것처럼 주가는 계속 상승했다.)

월 스트리트 한복판에는 폭발 충격으로 산산조각난 말馬 한 마리의 살점이 널려 있었고, 그 주변에는 강철, 목재, 천 조각이 흩어져 있었다. 말발굽과 마구馬具가 함께 발견된 것을 토대로 경찰은 TNT 폭탄이 말이 끄는 마차 안에서 폭발했으며, 운전자는 폭발 직전에 탈출했을 가능성이 크다고 결론 내렸다. 그 후 몇 개월, 아니 몇 년 동안 경찰과 연방 요원들은 단서를 추적했다. 뉴욕시 내의 모든 마차, 특히 화약 운반 마차의 동선을 파악했다. 건물 곳곳에 박혀 있던 금속 파편을 분석한 결과, 그것들은 절반으로 잘린 창틀 무게추sash-weights였다는 것이 밝혀졌으나, 추가 조사는 그 이상 아무것도 밝혀내지 못했다. 폭발이 의도적인 범죄라는 사실만 분명해질 뿐이었다. 말굽의 제조업자를 추적해 신원을 확인했고, 말굽을 신긴 사람이 그 말을 몰았던 마부를 시칠리아 출신으로 묘사했지만, 그 단서는 더 이상 나아가지 못했다. 주변에서 발견된 철 조각과 주석 조각들도 제조업체를 조사하고 판매 기록을 추적했지만 성과가 없었다. 어느 조각은 금고의 손잡이로 밝혀졌고, 금고의 제조 이력까지 추적한 결과 1차 대전 중 미군과 함께 프랑스로 보내졌다가 전후에 호보컨Hoboken으로 돌아왔다는 사실이 밝혀졌지만, 그 이후의 행적은 오리무중이었다.

목격자의 증언이 하나하나 검토되었고, 사업가들이 사전에 받은 경고 메시지들도 조사되었지만 가치 있는 정보는 아무것도 나오지 않았다. 급진주의자로 의심되는 인물들이 무더기로 체포되었지만, 의미 있는 단서는 발견되지 않았다. 그러나 한 가지 증거가 남아 있었다. 폭발이 일어나던 바로 그 순간, 사건 현장에서 두세 블록 떨어진 우체통에서 우편배달부가 다섯 장의 편지를 발견했다. 해당 우체통은 폭발 30분 전에 이미 한 차례 수거된 상태였다. 편지에는 잘못된 철자로 다음과 같이 적혀 있었다.

기억하라
우리는 더 이상
참지 않을 것이다
정치범들을 석방하라
그렇지 않으면
너희 모두에게 확실한 죽음이 닥칠 것이다
미국의 아나키스트
전사들

폭발 당시 J. P. 모건 & 컴퍼니 사무실에 앉아 있던 유명한 석탄 사업가는 즉시 이렇게 선언했다. "이건 의심할 여지 없이 볼셰비스트들의 소행이다!" 그러나 수년간의 조사가 허사로 돌아간 후에도, 사건을 조사한 이들은 여전히 확신을 가지지 못했다. 다만, '볼셰비스트'라는 표현을 느슨한 의미로 쓴다면, 그 석탄 사업가의 주장은 아마도 옳았을 것이다.

사건 초기, 미국 사회는 이 미스터리한 폭발 사건에 깊은 관심을 보였다. 그러나 이후 반反볼셰비키 폭동이 특별히 증가하지는 않았다. 만약 이 사건이 몇 달만 더 일찍 발생했다면, 실제 피해 이상의 정치적 후폭풍을 초래했을지도 모른다. 그러나 이 시점에서 미국인들은 서서히 이성을 되찾고 있었고, 이러한 비이성적이고 끔찍한 음모가 극소수 광신자들 외에 대중적인 지지를 받을 가능성이 없다는 사실을 깨닫기 시작했다.

4 회복하는 미국

AMERICA CONVALESCENT

미국을 뒤흔들었던 '적색 공포'는 천천히 — 아주 천천히 — 사라지고 있었다.

무엇이 이 공포를 없앴을까?

우선, 미국이 겪었던 대혼란이 사실상 아무런 정당한 이유도 없는 광란이었다는 깨달음이 퍼졌다. 또한, 공산주의가 유럽 내로 국한되었다는 현실도 큰 영향을 미쳤다. 독일과 여러 유럽 국가들이 볼셰비즘의 물결에 휩쓸리지 않자, 그것이 대서양을 넘어 미국까지 불가항력적으로 확산될 것이라는 주장은 점점 설득력을 잃었다. 미국 내 급진주의가 눈에 띄게 약해진 점도 중요한 요인이었다. '싸우는 퀘이커' 파머의 종교재판관식 검거 방식이 윤리적으로 어떠했든 간에, 그것이 급진주의자들의 기세를 꺾는 실질적 효과를 거두었다는 것은 부인할 수 없었다. 1921년까지 미국노동총연맹(AFL)의 지도부는 너무도 보수적인 모습을 보이려 애쓴 나머지, 거의 게리 판사만큼이나 보수적인 태도를 취했다. 대학의 교수들은 진보적인 잡지의 구독을 취소하기 시작했는데, 그런 문서를 책상 위에 올려두는 것 자체가 위험할 수 있다는 이유에서였다. 불과 1~2년 전만 해도 사회 개혁을 외치던 이들조차, 점점 희망 없는 싸움에 지쳐가고 있었다. 한편, 연방정부의 단속을 경계하기 시작한 '금주법 반대파wets'의 증가도 영향을 미쳤다. 이들은 개인의 자유를 침해하는 정부 권력에 대한 우려를 가지기 시작했고, 점점 연방 감시원들을 불신하게 되었다. 그러나, 아마도, 이러한 것들보다도 더 중요했을 이유는 따로 있었다. 전쟁 직후의 긴장감이 점차 풀리면서, 미국 사회도 점점 평화로운 분위기로 전환되고 있었다. 마치 장기간 혹사당한 사업가가 휴가를 떠나 처음에는 불안해하다가, 결국 점차 긴장을 풀며 여유를 즐기는 것과 같은 과정이 진행되고 있었던 것이다.

환멸은 여전히 남아 있었다. 마치 휴가를 맞아 자유로워졌지만 기대만큼 즐겁지 않은 여행객처럼, 미국인들은 '삶을 더 즐겨야 하는 것이 아닌가' 하는 생각을 하면서도, 모든 것이 덧없고 별 의미가 없는 것처럼 느꼈다. 그러나 그동안은 차라리, 대중을 따라가고, 새롭게 유행하는 장난감과 놀이에 열중하고, 새로운 유행들fads에 휩쓸리고, 세상을 떠들썩하게 하는 스캔들과 삶의 소소한 것들을 즐기는 편이 나을 것이다. 1921년이 되자, 새로운 장난감과 유행, 그리고 스캔들이 등장하기 시작했고, 미국은 이 모든 것에 열광적으로 빠져들었다.

2

무엇보다도 먼저, 라디오가 등장했다. 이것은 결국 1920년대에 등장한 그 어떤 발명보다도 미국인의 일상을 근본적으로 변화시킬 운명이었다.

최초의 라디오 방송국은 1920년 11월 2일, 이스트 피츠버그에서 개국했다. 언젠가 학교 아이들이 외워야 할지도 모를 이 날짜는 하딩과 콕스의 대선 개표 결과를 중계하기 위한 것이었다. 이 방송국의 호출부호는 KDKA, 운영사는 웨스팅하우스 사Westing-house Company였다. 하지만 초창기에는 이 새로운 통신·오락 혁명이 빠르게 확산되지 못했다. 청취자는 드물었고, 아마추어 무선 운영자들은 웨스팅하우스 방송국에서 흘러나오는 음악— 대부분 축음기 음반 —이 자신들의 중요한 통신 작업에 방해가 된다며 불만을 제기했다. 이 문제를 해결하기 위해 축음기 대신 실제 오케스트라 연주를 도입했으나, 연주실의 음향 반향 문제로 효과가 좋지 않았다. 이에 따라 오케스트라는 건물 옥상의 텐트 안에서 연주하게 되었지만, 텐트가 바람에 날아가 버리는 사태가 발생했다. 결국 옥내의 큰 방 안에 텐트를 설치하는 방법을 선택했고, 방송 스튜디오에서 천으로 된 차음막을 사용해야 한다는 표준 방식이 자리 잡게 되었다.

그러나 실험은 계속되었다. 다른 라디오 방송국들이 개국했고, 시장 동향이 전파를 타고 방송되었으며, 피츠버그의 밴 에튼 목사는 캘버리 교회의 예배를 라디오로 송출하도록 허용했다. 위스콘신 대학은 라디오 콘서트를 개최했고, 정치인들은 이상한 기기 앞에서 연설을 하며 누군가 듣기는 하는 것인지 궁금해했다. 그렇지만 1921년 7월, 잭 뎀프시와 조르주 카르팡티에의 권투 시합이 중계되었을 때, 이를 전하는 세 명의 방송원이 전화 송신기를 통해 전국 80개 지역에 실황을 전달했을 때,《뉴욕 타임스》는 이를 지면 한구석에서 '무선 전화wireless telephony' 기술의 성과로 언급했다. 그해 11월, 알링턴 국립묘지에서 무명용사 Unknown Soldier의 장례식이 열렸을 때, 뉴욕의 매디슨 스퀘어 가든과 샌프란시스코 오디토리움에 모인 군중은 거대한 확성기를 통해 장례 연설을 들었다. 그러나 그때까지만 해도, 사람들은 머지않아 자신의 거실 안에서 편안하게 원하는 모든 연설을 들을 수 있으리라는 사실을 예상하지 못했다. 라디오가 대중의 일상에 자리 잡을 '대각성 great awakening'*은 아직 오지 않았다.

하지만 1921~22년 겨울이 되면서 라디오 열풍은 급격히 확산되었다. 이제 '무선 전화'라는 용어는 사라지고, 모두가 '라디오Radio'에 대해 이야기하기 시작했다. 샌프란시스코의 한 신문은 수백만 명이 새롭게 경험한 '라디오의 마법'을 이렇게 묘사했다. "라디오는 매일 밤, 어디서나 울려 퍼지고 있다. 누구나 집에서 수신기를 통해 들을 수 있으며, 아무리 기계에 서툰 사람이라도 한 시간 만에 라디오 수신기를 조립할 수 있다."

1922년 2월, 워런 G. 하딩 대통령은 백악관 집무실에 라디오 장비를 설치했다. 딕스무어Dixmoor 골프 클럽은 골퍼들이 라디오를 통해 교회 예배를 들을 수 있도록 '전화'를 설치하겠다고 발표했다. 4월, 라카와나 철도Lackawanna Railroad의 승객들은 열

---

* 대각성 운동Great Awakening은 원래 18세기 아메리카 식민지 시절 일어났던 대규모 기독교 부흥 운동을 말한다. 조너선 에드워즈, 조지 휫필드 등 설교자들이 주도해 회개와 체험적 신앙을 강조해 큰 반향을 일으켰다.

차 안에서 라디오 음악을 감상했으며, 메이나드 중위Lieutenant Maynard는 비행기에서 부활절 설교를 방송하면서 기독교 현대화에서 모든 기록을 깨버렸다. 신문들은 라디오 섹션을 신설했고, 기계에 전혀 관심이 없던 수많은 사람들이 '재생 회로regenerative circuits', '소디온관sodion tubes', '그라임스 리플렉스 회로Grimes reflex circuits', '결정 검파기crystal detectors', '뉴트로다인neutrodyne' 같은 기술적 용어들을 궁금해하기 시작했다.

1922년 지그펠드 폴리스Ziegfeld Follies에서는 《My Rambler Rose》와 더불어, 연인이 '라디오를 통해' 사랑의 메시지를 듣길 바라는 남자에 대한 노래가 인기를 끌었다. 거리에서 마주치는 모든 사람들이 어젯밤 2시까지 깨어 있으면서, 이어폰을 끼고 "아바나Havana에서 나오는 방송을 들었다!"고 흥분하며 자랑했다. 이처럼, '어떻게 하면 더 나은 안테나loop aerial를 만들 수 있을까?' 같은 질문이 중요해진 시대에, 더 이상 '빨갱이의 위협' 같은 문제를 신경 쓸 여유는 없었다.

당시 출판된 『정기간행물 색인Readers' Guide to Periodical Literature』을 보면, 1919~1921년 동안 '급진주의Radicals & Radicalism' 관련 기사 목록은 두 개의 칼럼을 차지했지만, '라디오' 관련 기사는 1/4 칼럼에 불과했다. 그러나 1922~1924년이 되자, '급진주의' 관련 기사는 1/2 칼럼으로 줄어든 반면, '라디오' 관련 기사는 무려 19개 칼럼으로 늘어났다. 이 변화는 단순히 정기간행물 색인의 변화를 넘어, 미국 사회 전체의 변화를 보여주는 중요한 지표였다.

3

 스포츠 역시 미국인들의 광적인 집착의 대상이 되었다. 1921년, 잭 컨스가 텍스 리카드를 설득해 뉴저지 시티의 보일스 서티 에이커스Boyle's Thirty Acres에서 잭 뎀프시와 기량이 쇠퇴했지만 여전히 매력적인 조르주 카르팡티에의 경기를 성사시키자, 미국 대중은 역사상 그 어느 때보다도 열광적인 반응을 보였다. 7만 5천 명에 가까운 사람들이 이 경기를 보기 위해 무려 150만 달러 이상의 입장료를 지불했는데, 이는 불과 2년 전 있었던 뎀프시와 윌라드 시합의 3배가 넘는 금액이었다. 결국, 이 우아한 프랑스인은 4라운드 만에 처참하게 쓰러졌다. 뉴욕의 신문들은 스포츠 섹션 몇 개의 칼럼으로는 만족하지 못하고, 이 경기의 모든 세부사항을 다음 날 수십 페이지에 걸쳐 보도했다. 이 경기는 1920년대에 등장한 첫 번째 '백만 달러 경기'였다.

 그해, 베이브 루스는 홈런 기록을 59개로 끌어올렸고, 1921년 월드시리즈는 관중 수와 수익 면에서 새로운 기록을 세웠다. 대학 입학시험을 한 번도 볼 생각조차 하지 않았던 대중들도 대학 미식축구 경기에 몰려들어 예일대의 주장 맬컴 올드리치와 하버드대의 조지 오언의 경기를 지켜보았으며, 펜실베이니아 주립대, 피츠버그대, 아이오와대, 그리고 '기도하는 대령들Praying Colonels'이라는 별명을 가진 센터 칼리지 등 대학 팀들에 대한 수백 개의 스포츠 칼럼을 탐독했다. 경마 또한 부활했는데, 이는 1920년 맨오워Man o' War의 유례없는 성공 덕분이었다. 테니스 클럽이 급속히 증가했으며, 수십만 명의 사업가들이 "4타짜리 홀"이 가장 좋은 회의 장소라는 사실을 깨달아 가고 있었다. 식품 유행 또한 스포츠 열풍과 함께 확산되었다. 예를 들어, 에스키모 파이 Eskimo Pie가 갑작스럽고 압도적인 인기를 끌면서, 뉴욕 시장에서 코코아콩 가격이 단 3개월 만에 50퍼센트나 상승하는 현상이 벌어졌다.

1921년 여름, 미국의 새로운 대중문화 아이콘이 등장했다 — 미인 대회 참가자bathing beauty였다. 7월 초, 워싱턴 D.C.의 포토맥 강변에서 미인 선발 대회Costume and Beauty Show가 열렸다. 당시 수상자들은 맥 세넷Mack Sennett의 영화 속 수영복 미녀들의 영향을 거의 받지 않은 듯했다. 이들은 튜닉 스타일의 수영복을 입었고, 긴 머리카락 위로 모자를 썼으며, 긴 스타킹을 신었다. (단, 한 명만이 과감하게 스타킹을 무릎 아래로 내려 신었다.)

9월 초, 애틀랜틱 시티에서 첫 번째 미인 대회Beauty Pageant가 열렸다. 기본적인 형식은 비슷했지만, 결정적인 차이점이 있었다. "최초로, 무릎을 드러내거나 몸에 딱 붙는 수영복을 금지하는 검열 규정이 일시적으로 해제되었다." 놀란 기자는 이렇게 덧붙였다. "수천 명의 관객이 여성들을 향해 환호하며 박수를 치면서도 숨을 죽이며 경악했다." 이 대회에서 '미스 워싱턴'이 미국 도시들 중에서 가장 아름다운 여성으로 선정되었고, 곧바로 원피스 수영복이 미인 대회 공식 의상으로 자리 잡았다. (다만, 실제 바다에서 수영하는 사람들은 여전히 태피터taffeta나 새틴sateen 소재의 수영복을 더 선호했다.) 해변 리조트의 기획자들은 새로운 미인 대회를 계획하기 시작했고, 신문사의 화보란rotogravure 및 타블로이드 섹션은 밝은 미래를 기대할 수 있었다.

타블로이드 신문은 엄청난 성공을 거두고 있었으며, 그 영향력도 만만치 않았다. 급진주의의 쇠퇴와 타블로이드 신문의 부상이 우연의 일치라고 볼 수는 없었다. 이들 신문은 미국 사회를 정치·경제적 투쟁의 장으로 묘사하는 것이 아니라, 스포츠, 범죄, 그리고 성性이 뒤섞인 3개의 서커스 무대처럼 묘사했다. 기존의 신문들도 경쟁의 압박 속에서 점점 타블로이드의 방식을 따라가게 되었다. 그 결과, 노동자 계급은 계급의식을 잊고, 보드워크Boardwalk의 스크랜턴 양Miss Scranton 사진에 열광하며, 스틸먼Stillman 사건, 아버클Arbuckle 사건에 몰두했고, 경마 도박 정보Morvich에 집중했다.

  지적 수준이 다소 높은 독자들도 당대의 사건에서 벗어날 수 있는 자신들만의 오락거리를 찾고 있었다. 그들은 여전히 『헨리 애덤스의 교육The Education of Henry Adams』에 정신이 쏠려 있었지만, 동시에 『세계사 개요Outline of History』 속 고생물학paleontology을 파헤쳤다. (대부분은 칭기즈 칸쯤에서 수렁에 빠져 주저앉았다.) 이들은 서로에게 물었다. 미국은 정말로 싱클레어 루이스의 『메인 스트리트』에서처럼 추악한 곳인가? 타히티는 정말로 프레드릭 오브라이언이 『남태평양의 백색 그림자White Shadows of the South Seas』에서 묘사한 것처럼 황홀한 곳인가? 이들은 『시크The Sheik』에서 뜨거운 지역에서의 뜨거운 사랑을 배웠고, 애스퀴스 부인의 영국 상류층 가십을 탐독했으며, 『겨울이 오면If Winter Comes』을 읽으며 오랜만에 실컷 눈물을 쏟았다.

  또 다른 오락거리도 곧 다가오고 있었다. 라디오 열풍이 전국을 휩쓴 이후, 미국인들이 이런 오락을 말 그대로 한마음으로 즐기게 되었다는 점에 혹시라도 의심이 남아 있었다면, 1922년과 1923년에 일어난 사건들이 그 의심을 말끔히 지워주었다. 1922년 9월 16일, 그 10년을 통틀어 최고의 살인 사건이 일어났다. 에드워드 휠러 홀 목사와 그의 교회 성가대장이었던 제임스 밀스 부인이 뉴저지 뉴브런즈윅 근처의 외딴 농장에서 총에 맞아 살해된 채 발견된 것이었다. 이른바 '홀-밀스 사건'은 선정적인 것을 까다롭게 고르는 대중의 취향조차 충족시키기에 충분한 모든 요소를 갖추고 있었다. 그것은 1920년 6월의 엘웰Elwell 사건보다도 훨씬 더 강렬했다. 끔찍했고, 극적이었고(두 시신은 마치 부정한 결합을 강조하듯 나란히 놓여 있었다), 부富와 존경받는 사회적 지위를 포함했고, 적절할 만큼의 성적 요소도 들어 있었으며, 게다가 사건이 일어난 곳이 미국 언론의 메트로폴리스 신경중추, 뉴욕과 가까웠다. 이후 얼마 지나지 않아 데루시 레인DeRussey's Lane, 야생 사과나무, 돼지 여인pig woman*과 그녀의 노새, 윌리 스티븐스의 정확한 정신 상태, 그리고 성가대원들의 뒷말**을 알지 못하는 사람은 문맹文盲이나 다름없게 되었다.

---

* 증언자로 등장했던 제인 깁슨이라는 여성을 가리키는, 당시 언론이 붙인 별명이다. 제인 깁슨은 농장에서 돼지를 키우던 여성이었고, 범행이 일어난 들판 근처에 살았다. 사건 당일 자신의 말을 타고 있었고, 그때 총소리와 비명을 들었으며, 현장을 목격했다고 주장했다. 그녀는 교육 수준이 낮고 외모나 말투도 세련되지 않아, 언론은 그녀를 비하적으로 '돼지 여인'이라고 불렀다. 병상에 누운 채 법정에서 증언하는 극적인 장면은 당시 대중의 관심을 사로잡았고, 언론은 그녀를 희화화하면서도 사건의 주요 인물로 부각시켰다.
** 데루시 레인, 야생 사과나무, 돼지 여인과 노새, 윌리 스티븐스, 성가대의 뒷말 ― 이 다섯 가지는 1922년 '홀-밀스 살인 사건'의 핵심적 구성 요소였다.

4 회복하는 미국

4

이 무렵, 새로운 게임이 미국 전역을 휩쓸기 시작했다. 1차 대전 직후 1~2년 동안, 스탠다드 오일Standard Oil의 소주蘇州 대표였던 조지프 P. 바브콕은 중국의 마작에 관심을 가지게 되었다. 그는 미국인들이 쉽게 이해할 수 있도록 규칙을 체계화하고 단순화했다. 화이트White 형제가 이를 상해의 영어권 클럽에 소개했고, 마작은 곧 인기 있는 오락이 되었다. 이 게임은 미국으로 들어와 즉각적인 성공을 거두었으며, 이에 힘입어 샌프란시스코의 목재 상인 W. A. 해먼드는 대규모로 마작 세트를 수입하기로 결정했다. 1922년 9월까지 그는 이미 5만 달러어치의 마작 세트를 들여왔다. 대대적인 광고 캠페인과 무료 강습 및 시연 행사가 이어졌고, 1년이 채 지나기도 전에 마작 열풍은 전국으로 퍼졌다. 이로 인해 중국 제조업자들은 폭발적인 수요를 감당하지 못할 정도였으며, 결국 미국 내에서도 마작 생산이 본격화되었다. 1923년이 되자, 미국인들은 이제 라디오를 당연한 일상 도구로 여기게 되었으며, 마작을 할 때도 그냥 라디오를 켜둔 채 "벽을 깨고", "퐁!", "차우!"라고 외치며, 명공明槓[이미 바닥에 누군가 버린 패를 가져와서 3장 패에 더해 4장을 만드는 경우]을 다루고, 대나무, 꽃, 사계절seasons, 남풍South Wind, 홍룡Red Dragon[마작 패의 이름들]에 대해 전문적인 대화를 나누었다. 부유층은 500달러짜리 고급 마작 세트를 구입했고, 수십 개의 제조업체들이 앞다투어 마작 시장에 뛰어들었으며, '미국 마작 연맹'이 창설되었다. 그 과정에서 어떤 규칙을 사용할 것인가, 어떤 점수 계산법을 적용할 것인가, '상한선 족보limit hand*'란 무엇인가를 두고 격렬한 논쟁이 벌어졌다. 그리고 당시의 완벽한 저녁 파티는 결국 모두가 초록색 펠트 테이블에 상아와 대나무로 만든 타일을 세우며 마작을 즐기는 것으로 마무리되었다.

그러나 마작 열풍이 절정에 이르기도 전에, 에밀 쿠에Emil Coué가 미국에 도착했다. 그는 철저한 홍보 선전에 앞서 먼저 이름을 알렸고, 1923년 초가 되자 미국 전역에서 가장 화제가 된 인물이 되었다. 미국 곳곳에 쿠에 연구소Coué Institutes가 설립되었고, 수많은 사람들이 그의 강연을 듣기 위해 몰려들었다. 그가 직접 이미 미국인들 사이에서 유행하고 있던 주문呪文—"날마다, 모든 면에서, 나는 점점 더 나아지고 있다"—을 반복하면, 청중들은 숙연한 침묵 속에서 경이로움을 느꼈다.

몇 주 뒤, 미국 사회를 뒤흔든 또 다른 충격적인 뉴스가 전해졌다. 이집트에서 발굴된 투탕카멘 왕의 무덤이 그것이었다. 이 소식은 급진주의자들의 재판과 쿠 클럭스 클랜 스캔들보다 더 큰 관심을 끌었다. 뉴욕의 의상 제작자들은 이집트 스타일이 유행할 새로운 시즌을 준비하기 시작했다. 그러나 곧 미국인들은 또 다른 '새로운 열광의 대상'을 발견했다. 그것은 한 곡의 노래였다. 이 노래는 원래 이탈리아 과일장수가 쓰던 문구에서 따온 말이었으며, 만화가 태드 도건Tad Dorgan이 한동안 유머 대사gag-line로 사용했던 표현이었다. 이것이 가사로 만들어지고, 《Hal-

---

* 마작에서 최고 점수 보상이 부여되는 특수한 고득점 핸드, 즉 게임 점수 체계의 '상한선'을 채우거나 넘는 족보들을 말한다. 중국에서도 지역마다 상한선 족보가 다르고, 일본도 중국과는 다소 다르다.

lelujah Chorus》,《I Dreamt That I Dwelt in Marble Halls》,《Aunt Dinah's Quilting Party》에서 자유롭게 차용한 선율을 붙여 노래가 만들어졌다. 처음에는 롱아일랜드의 한 주점에서 실험적으로 불렸고, 곧 뉴욕으로 전해졌다. 이 노래는 순식간에 그동안 미국 대중에게 사랑받던《Mr. Gallagher and Mr. Shean》을 능가하는 인기를 끌었다. 그리고 얼마 지나지 않아,《Yes, We Have No Bananas》는 미국에서 가장 외딴 농가까지도 울려 퍼졌다.

여전히 슈퍼애국자들은 격렬하게 분노했고, 연방 요원들은 기민한 빨갱이들을 추적했으며, 자칭 사회주의자는 여전히 문둥병 환자 취급을 받았다. 쿠 클럭스 클랜도 여전히 세력을 확장하고 있었지만, '빨갱이 공포'— 급진주의에 대한 공포 —는 점점 사그라들고 있었다. 그보다도 생각해야 할 것이 너무나 많아졌다.

그러나 '빨갱이 공포'가 사라진 데에는 또 다른 이유가 있었다. 미국 사회를 또 다른 '위협'이 뒤흔들고 있었기 때문이었다. 이 새로운 위협은 모스크바의 음모가 아니었다. 이제 살펴볼 젊은 세대The Younger Generation가 사회를 뒤흔들고 있었다.

5

전후戰後 10년 동안, 1919~1920년 당시처럼 미국 사회 전체를 진보와 보수로 나누었던 사건은 단 하나뿐이었다.

'빨갱이 공포'가 절정에 달했던 1920년 4월, 매사추세츠주 사우스 브레인트리에서 너무나 사소한 범죄 사건 하나가 발생했다. 이 사건은 너무도 중요하지 않아,《뉴욕 타임스》에 단 하루도 보도되지 않았다. 이듬해에도 마찬가지였다. 당시 미국 전역에서 흔히 일어나던 강도 사건 중 하나에 불과했다. 한 신발 공장의 경리와 그의 경비원이 급여 상자가 든 두 개의 상자를 들고 가던 중, 두 명의 권총 강도에게 사살당했다. 범인들은 곧바로 대기 중이던 자동차에 올라타 철길을 넘어 도주했다. 2주 후, 이탈리아 출신의 급진주의자 두 명이 살인 용의자로 체포되었다. 그리고 1년 후인 1921년 — 당시 워싱턴 미인 대회 참가자들이 사진 촬영을 위해 긴 스타킹을 정리하고 있었고, 데이비드 사르노프가 '무선 전화wireless telephone'를 통해 뎀프시-카르팡티에 권투 경기를 중계하던 시점 — 이탈리아인 두 명은 웹스터 세이어 판사의 법정에서 배심원단의 유죄 판결을 받았다. 이 재판은 약간의 관심을 끌었지만, 그리 대단한 주목을 받지는 못했다. 그러나 몇 달 후, 미국 전역에서 이 사코-반제티 사건Sacco-Vanzetti case이 도대체 무엇인지 궁금해하기 시작했다. 그 이유는 아주 특별한 일이 벌어졌기 때문이었다.

보스턴의 한 허름한 사무실에서, 스페인 출신의 목수, 뉴욕에서 온 유대인 청년, 그리고 이탈리아 신문 기자 — 이 세 사람이 프랑스, 이탈리아, 스페인 및 중남미의 급진주의자들과 급진주의 언론에 사코와 반제티 사건을 적극적으로 알리고 있었다. 그 결과, 폭발적인 반응이 일어났다. 파리 주재 미국 대사 헤릭의 저택에서 폭탄이 터졌고, 또 다른 폭탄이 파리에서 터지면서 시위대 20명이 사망했다. 로마에서는 미국 대사관을 향한 군중의 위협이 있었으며, 리스본 주재 미국 총영사 관저 폭파 시도가 있었다. 우루과이의 몬테비데오에서는 미국 상품에 대한 불매운동과 총

파업이 벌어졌다. 이 사건은 알제리, 푸에르토리코, 멕시코의 급진주의 신문에도 보도되었다. 이러한 상황 속에서 이 사건은 미국 내에서도 '세기의 재판cause célèbre'이 될 수밖에 없었다.

그러나 폭탄 테러나 불매운동만으로는 사코와 반제티에 대한 미국 내 동정 여론을 형성할 수 없었다. 이 사건이 장기화되면서 사람들의 관심을 끈 진짜 이유는 그들의 태도였다. 특히 반제티는 비범한 인물이었다. 그는 고결한 성품을 지닌 지식인이었으며, 철학적 아나키스트였다. 그런 사람이 월급 운반 강도 살인 같은 범죄를 저질렀다는 것이 사람들에게는 쉽게 믿기지 않았다. 새로운 증거가 나오면서 그들의 유죄 판결에 대한 의문도 커졌다. 그리고 1927년 ― 무려 7년이 지난 후 ― 세이어 판사는 마지막 항소마저 기각하고 사형을 선고했다. 거센 여론에 떠밀려, 매사추세츠 주지사 풀러는 사건을 다시 검토하고 사면을 고려했다. 그는 하버드대 총장 로웰, MIT 총장 스트래튼, 판사 로버트 그랜트 등 존경받는 인사들로 구성된 특별 조사위원회를 소집했다. 몇 주 후, 조사위원회는 사코와 반제티가 유죄라고 결론 내렸다. 사면은 없었다. 1927년 8월 22일 밤, 전 세계 수백만 명이 희망과 분노 속에 지켜보는 가운데, 사코와 반제티는 전기의자에서 처형되었다.

이들이 실제로 유죄였는지 여부는 아마도 영원히 확실하게 밝혀지지 않을 것이다. 그러나 법정에서의 연설과 편지를 읽어 보면, 과연 정의가 실현되었는지 의심하지 않을 수 없다. 이 사건의 기록은 방대하고 복잡한 법률적 기술 사항들로 가득 차 있었으며, 양측 모두 열렬한 선전가들이 편파적으로 다루었고, 공적

여론의 분열은 급진주의자들을 원칙적으로 교수형에 처해야 한다고 믿는 사람들과 문명의 척도는 소수자의 권리를 얼마나 철저하게 보호하느냐에 달려 있다고 믿는 사람들 사이의 대립이기도 했다. 1920년대 초의 격렬한 감정들이 다시 불타올랐다. 보스턴 주 의회 앞에서는 사코와 반제티의 석방을 요구하는 시위대가 행진했고, 보스턴 경찰은 이들을 체포하여 구금했다. (아이러니하게도, 불과 8년 전 보스턴 경찰의 파업 덕분에 정치적 명성을 얻은 캘빈 쿨리지는 이제 백악관에 입성한 상태였다.)

이때, 주식시장은 최고조의 강세장bull market을 구가하고 있었고, 노동 운동은 약화되고 있었으며, 경제적 번영은 급진주의에 사실상 마지막 일격coup de grâce을 가한 듯 보였다. 그러나 이 단순한 두 이탈리아 이민자의 운명은, 한순간 미첼 파머의 빨갱이 검거Red Raids와 과거의 공포를 되살려냈다. 보수주의자와 자유주의자의 구분이 흐려졌던 사람들도 사코의 모자가 증거로 적절했는지, 혹은 프록터 대위의 탄환 분석이 타당했는지를 놓고 다시금 격렬한 논쟁을 벌였다. 그리고 수많은 우정이 이 문제로 인해 단절되었다. 그러나 이 관심도 오래가지는 못했다. 신문의 헤드라인이 '사코와 반제티의 처형'을 외쳤고, 사람들은 소름이 돋는 것을 느끼며 그 기사를 읽었다. 그러면서도 이 일이 과연 범죄에 대한 정당한 응징이었는지, 아니면 끔찍한 실수였는지 궁금해했다. 그러고는 곧 다른 페이지로 시선을 돌려, 오늘 린드버그는 어디를 비행하고 있는지 확인했다. 그리고 재빨리 금융면을 펼쳤다······ "제너럴 모터스의 주가는 어떻게 되고 있지?"

5 풍속과 도덕의 혁명

THE REVOLUTION IN MANNERS AND MORALS

1920년대 초반, 미국 사회의 기존 질서를 정면으로 거부하는 '1급 반란'이 분명히 일어나고 있었다. 그러나 이 반란은 니콜라이 레닌과는 아무런 관련이 없었다. 그 선봉대Shock Troops는 외국 출신의 급진주의적 선동가들이 아니라, 부유한 미국 가정의 아들딸들이었다. 그들은 볼셰비즘에 대해 아는 것이 거의 없었고, 그에 대해 관심조차 없었다. 그리고 그들의 반항은 급진적 출판물이나 거리의 연설에서 표출된 것이 아니라, 가정의 아침 식탁에서 보수적인 부모들의 귀에 대고 똑똑히 선언하는 방식으로 이루어졌다. 사람들은 여전히 '빨갱이들의 위협'에 몸서리를 치고 있었지만, 곧 그것 못지않게 충격적인 '젊은 세대의 문제'를 깨닫게 되었다. 비록 미국 헌법이 위협받고 있지는 않을지 몰라도, 국가의 도덕률은 분명히 무너지고 있었다.

당시 젊은이들에게 적용되던 도덕률을 대략 다음과 같이 요약할 수 있다. 여성은 도덕성의 수호자였으며, 남성보다 더 고상한 본질로 이루어졌다고 여겨졌고, 이에 걸맞게 행동할 것으로 기대되었다. 어린 소녀들은 순결한 상태에서 (어쩌면 약간의 생리학적 교육을 덧붙일 수도 있겠지만) 로맨틱한 사랑을 기대하며 이를 결혼식과 '영원히 행복하게 사는 삶'으로 이어지게 해야 한다고 여겨졌다. 그리고 '올바른 남자'가 나타날 때까지는 어떤 남자에게도 키스를 허용해서는 안 되었다.

일부 남성들이 성性의 유혹에 굴복하는 것은 용인되었지만, 그것은 법의 외곽에 있는, 사회적으로 배제된 특별한 계급 여성들과의 관계에서만 허용되었다. 반면, 존경받는 가문의 소녀들은 그러한 유혹을 전혀 느끼지 않는 것으로 간주되었다. 소년과 소녀들은 점점 더 감소하는, 거의 명목적인 수준의 보호 아래에서 함께 일하고 놀 자유를 허용받았으나, 이는 전반적으로 그 규범이 잘 작동하여 일종의 명예 체계honor system가 어른들의 감독을 대신하고 있었기 때문이었다. 잘 교육받은 아이들이라면 이 자유를 남용하지 않을 것이라는 믿음이 당연하게 받아들여졌다. 여성의 흡연과 음주에 대한 태도는 사회의 다른 계층이나 지역에 따라 크게 달랐지만, 대다수의 의견은 여성이 흡연하는 것은 도덕적으로 잘못된 일이며, 여성이 술에 취해 있는 모습을 상상조차 할 수 없다는 것이었다.

그러나 전쟁이 끝난 지 얼마 지나지 않아, 부모, 교사, 도덕 교육자들의 경고와 절규가 공공장소에서 터져 나오기 시작했다. 왜냐하면, 청소년들이 이 모든 도덕률을 완전히 산산조각 내고 있었기 때문이었다.

젊은 여성들이 입고 다니는 옷은 — 아니, 그 문제에서는 대부분의 나이 든 여성들조차도 — 충격적이었다. 1920년 7월, 《뉴욕 타임스》의 한 패션 전문 기자는 이렇게 썼다. "미국 여성들은……이미 치마를 모든 품위의 한계 이상으로 올려버렸다." 이는 당시 치마 길이가 땅에서 9인치 이상 올라갔다는 사실을 우회적으로 표현한 말이었다. 일부 전문가들은 1920~21년 겨울이 오면 다시 내려갈 것이라고 예측했지만, 그러기는커녕 치마 길이는 더 선정적으로 짧아졌다. 신여성flapper들은 얇은 원단으로 된 짧은 드레스를 입었고, 소매가 짧아지더니, 어떤 경우에는 — 특히 야간 파티에서 — 소매가 아예 사라졌다. 심지어 일부 과감한 젊은 여성들은 스타킹을 무릎 아래로 내려 신었다. 덕분에 '도덕적인 눈'을 가진 이들은 정강이뼈와 무릎이 드러나는 장면을 보고 경악했다. 게다가 많은 여성들이 화장을 하기 시작했다. 도로시 스피어는 『어둠 속의 무희 Dancers in the Dark』에서 이렇게 말했다. "루즈의 도취감은 너무도 교묘한 유혹이다. 남자들은 감히 상상조차 할 수 없을 정도로 많은 여자들이 그것을 사용하고 있다." 부모들이 필사적으로 품위 있는 여성은 이런 짓을 하지 않는다고 말려 보았지만, 딸들은 품위 있는 여성들의 딸들은 이미 하고 있다고 응수했다. 그리고 공공장소에서 화장을 고치는 것도 서슴지 않았다. 게다가 코르셋을 아예 포기하는 여성들도 등장했다. "남자들이 춤출 때 코르셋을 입은 여성을 싫어한다"는 게 그녀들의 논리였다.

당시의 춤 유행은 사회에 또 한 번의 충격을 안겨주었다. 이제 더 이상 낭만적인 바이올린 소리가 아니라 야성적인 색소폰 소리가 오케스트라를 지배했다. 색소폰의 열정적인 신음과 흐느낌에 맞춰 폭스트롯fox-trot을 추는 젊은이들은, 《호바트 칼리지 헤럴드Hobart College Herald》의 편집장이 혐오스럽게 '싱코페이션된 포옹syncopated embrace'이라 부른 방식으로 움직였다. 그들은 더 이상 한 치의 거리도 두지 않았다. 몸을 밀착한 채, 볼을 맞대고 춤을 추었다. 이에 대해, 《신시내티 가톨릭 텔레그래프Catholic Telegraph of Cincinnati》는 의분에 찬 논조로 이렇게 외쳤다. "이 음악은 관능적이며, 파트너를 껴안는 행위— 특히 여성들은 옷을 반은 벗은 상태에서 —는 완전히 외설적이다. 그리고 그들의 동작은 가정에서 보는 신문의 지면에서 예의를 지키며 묘사하는 것이 불가능할 정도다. 이런 춤을 출 만한 특정한 장소가 있긴 하다. 하지만 그 장소들은 이미 법에 의해 폐쇄되지 않았던가."

이제 '멋진' 여자들마저도 공공연하게, 도전적으로 담배를 피웠다. 물론 어색하고도 자의식 강한 태도로 피우는 경우가 많았지만 말이다. 여자들은 술도 마셨다. 덜 공개적으로 행해졌지만, 그 효과는 때때로 너무나 분명했다. 모범적인 가정에서 자란 딸들이 허리춤에 숨긴 플라스크 속 금주법 시대의 밀주를 마시고 완전히 취해 새벽 4시에 남자들과 함께 자동차를 타고 질주한다는 소문이 떠돌았다. 그보다 더 충격적인 것은, 잘 관리되는 무도회에서조차 젊은이들이 어느 순간 갑자기 사라진다는 것이었다. 어머니들의 매서운 눈초리도 따라갈 수 없는 어둠 속에서, 혹은 주차된 자동차 안에서, 그들은 '페팅petting'과 '네킹necking'이라는, 감히 입 밖에 낼 수도 없는 행위를 저지르고 있었다.

그러나 이 충격적인 실상을 부모들이 제대로 인식하게 된 것은 F. 스콧 피츠제럴드가 1920년 4월에 『낙원의 이쪽This Side of

Paradise』을 발표한 이후였다. 당시 프린스턴을 갓 졸업한 피츠제럴드는 자신의 세대가 무엇을 하고 있는지 너무나 잘 알고 있었다. 그의 소설이 출간되자, 부모들은 자녀들이 어떤 생활을 하고 있는지 전혀 몰랐다는 사실을 깨닫고 경악했다. 소설에서 피츠제럴드는 '페팅 파티'가 이미 1916년부터 있었으며, 이제는 일상적인 실내 스포츠처럼 퍼졌다고 폭로했다. "빅토리아 시대의 어머니들은 — 그리고 대부분의 어머니들은 빅토리아 시대의 사람들이었다 — 자신의 딸들이 얼마나 쉽게 키스를 허용하는지 전혀 알지 못했다." 피츠제럴드는 주인공 에이모리를 통해 당시 젊은이들의 실태를 이렇게 묘사했다. "에이모리는 자기 기억 속에서도 상상할 수 없었던 일들을 소녀들이 하고 있는 모습을 보았다. 예를 들어, 춤이 끝난 후 새벽 세 시에 음침한 카페에서 식사를 하면서 삶의 모든 측면에 대해 반은 진지하게, 반은 조롱하듯 이야기하는 모습이었다. 그러나 그들의 태도 속에는 에이모리가 도덕적 타락을 의미한다고 여겼던 일종의 은밀한 흥분이 담겨 있었다. 하지만 에이모리는 뉴욕과 시카고 사이의 도시들을 거치면서 그 모든 것이 그저 예외가 아니라, 하나의 젊은이들의 거대한 음모라는 사실을 깨닫게 되었다."

이 책이 출간되자, 미국 사회 전체가 전율했다. 피츠제럴드는 잘 자란 여주인공 중 한 명이 뻔뻔하게 고백하는 장면을 썼다. "나는 수십 명의 남자와 키스를 해봤어요. 아마 앞으로도 수십 명과 더 하겠죠." 또 다른 여주인공은 한 젊은 남성에게 (젊은 남성에게!) 이렇게 말했다. "솔직히, 사람들 중 단 50명 중 한 명만이 성性이 무엇인지 조금이라도 알고 있어요. 나는 프로이트에 완전히 빠져 있지만, 세상의 모든 진정한 사랑이 99퍼센트는 열정이고, 거기에 질투 한 꼬집이 들어간 게 다라는 건 좀 끔찍하다고 생각해요."

믿을 수 없는 일이었다. 너무도 혐오스러운 것이었다. 이 모든 게 뭘 의미하는 거지? 도덕의 기준이 송두리째 무너지고 있는 걸까? 부모들은 이 주홍 글씨들을 읽으며, "그들의 딸이 얼마나 자주 키스를 하는지 정말 모르고 있었던 것인지" 스스로 묻기 시작했다. 결코 그럴 리 없다. 이런 타락상은 일부 극단적인 집단에 한정된 것일 뿐이다. 점잖은 여자들이 이런 행동을 할 리가 없고 공공연히 열정을 이야기하는 것은 있을 수 없는 일이었다. 하지만 『어둠 속의 무희』, 『플라스틱 시대*The Plastic Age*』, 『불타는 청춘*Flaming Youth*』 같은 책들이 연이어 출간되면서, 피츠제럴드의 주장들이 사실임을 뒷받침했다. 잡지와 신문들은 잇달아 젊은이들의 방탕한 생활을 보도했다. 물론, 여전히 보수적인 지역 사회에서는 '점잖은' 여자들이 이런 행동을 하지 않았고, 대도시에서도 이런 생활을 멀리하는 여성들이 많았다. 그렇지만 이 모든 폭로가 과장에 불과하다고 치부하기에는, 실제로 이런 일은 너무 많이 벌어지고 있었다. '젊은 세대의 문제'는 미국 전역에서 심각한 사회적 문제로 떠올랐다.

도덕을 지키려는 세력들은 반격에 나섰다. 그리스도실천청년회Christian Endeavor Society의 창립자이자 회장인 프랜시스 E. 클라크 목사는 "현대의 외설적인 춤은 여성의 순결을 해치는 행위이며, 가족과 시민 생활의 근간을 위협하는 범죄"라고 맹렬히 비판했다. 종교 잡지들은 현대의 춤을 "더럽고, 부패하고, 영성을 파괴하는" 행위로 규정하면서 어머니, 자매, 그리고 교회 구성원들에게 젊은이들을 훈계하고 올바른 길로 인도하라고 촉구했다. 플로리다 대학 머피 총장은 더욱 강력한 발언을 했다. "낮게 파인 드레스, 내려 신은 스타킹, 짧은 치마는 악마와 그의 하수인들이 만들어낸 것이다. 이것들은 현재와 미래 세대를 혼돈과 파멸로 이끌고 있다!" 뉴욕의 성공회 여성 단체 한 그룹이, 부와 사회적 지위를 바탕으로 한 영향력을 내세우며 행동에 나섰다. 이들은 J. 피어폰트 모건의 부인, 보든 해리먼의 부인, 헨리 핍스의 부인, 제임스 루즈벨트의 부인, E. H. 해리먼의 부인 등 사회적 저명인사들을 포함하고 있었다. 이들은 '과도한 노출'과 '부적절한 춤'을 막기 위한 조직을 만들 것을 제안했다.

YWCA는 고등학생 소녀들 사이에서 유행하는 노출 의상에 반대하는 전국 캠페인을 진행했다. 이들은 신문에 다음과 같은 제목이 달린 기사를 배포하며 대중을 설득하려 했다. '여성 노동자들, 단정한 옷차림 호소에 공감' '프랑스에서도 하이힐의 인기가 시들어가고 있다.' 필라델피아에서는 저명한 시민들로 구성된 복장개혁위원회Dress Reform Committee가 1,000명이 넘는 성직자들에게 '적절한 복장의 기준'에 대해 묻는 설문지를 보냈다. 하지만 성직자들의 의견이 너무나 제각각이었기 때문에, 위원회는 결국 '도덕적 의상'을 직접 디자인하기로 했다. 이 도덕적 드레스는 15개 종파의 목회자들로부터 공식적인 지지를 받았다. 그 주요 특징은 [몸매를 드러내지 않는] 아주 헐렁한 디자인, 소매는 팔꿈치 바로 아래까지 내려오고, 치맛단은 바닥에서 7.5인치(약 19센티미터)까지 내려올 것 등이었다.

단순한 본보기와 꾸지람만으로는 만족하지 못한 몇몇 주州의 의원들은 여성복을 한 번에 개혁하겠다며 법안을 발의했다. 1921년 《뉴욕 아메리칸》은, 유타주 의회에서 "발목 위 3인치보다 더 높은 치마"를 입고 거리를 다니는 사람에게 벌금과 징역형을 부과하는 법안이 계류 중이라고 보도했다. 버지니아주에서는 "여성이 목을 3인치 이상 드러내는 블라우스나 이브닝드레스를 착용하는 것"을 금지하는 법안이 제출되었다. 오하이오주에서는 데콜테décolletage[노출된 목·가슴 부분]의 허용 한도를 2인치로 제한하는 법안이 발의되었으며, 이 법안은 "여성의 신체선을 지나치게 드러내거나 강조하는 모든 의류의 판매를 금지하고," "14세 이상 여성은 발등까지 내려오는 치마를 입어야 한다"는 내용을 포함하고 있었다.

한편, 수많은 가정에서는 담배, 진gin, 밤새도록 자동차를 타고 다니는 행위를 둘러싸고 끊임없는 갈등이 벌어졌다. 부모들은 자녀들이 완전히 타락한 것은 아닌가 하는 걱정에 밤잠을 설쳤고, 아들딸들은 부모의 질문을 피해 거짓말을 하거나, 불편한 심정으로 침묵을 지키거나, 혹은 적어도 자신들이 더러운 마음의 위선자는 아니고 자신들이 하는 일에는 아무런 해가 없으며 앞으로도 계속할 거라고 노골적으로 화를 내며 무례하게 대꾸했다. 모든 새로운 것에 발맞추고 있다고 자부하던 진보적인 성직자와 교사들로부터는 안심시키는 합창이 들려왔다. 젊은이들이 적어도 어른들보다 더 솔직하고 정직하다는 것이다. 그들은 스스로 실험을 하고 있기 때문에, 머지않아 어떤 기준은 시대에 뒤떨어졌고, 어떤 기준은 인류의 축적된 도덕적 지혜를 대표하는

지 곧 스스로 깨닫게 되리라는 것이었다. 이러한 희망적인 말을 듣고 많은 선량한 사람들이 다시 용기를 얻었다. 아마도 이 젊은 이들의 격정적인 반항도 결국은 일시적인 돌발 현상일지 모른다. 어쩌면 일 년이나 이 년만 지나면 이 아이들도 제정신을 차리고 모든 것이 다시 정상으로 돌아올 것이라고.

그러나 그들은 잘못 생각하고 있었다. 젊은 세대의 반항은 단지 예고에 불과했을 뿐이었다. 젊은 세대의 반항은 단순한 일시적 현상이 아니라, 이미 미국 전역의 모든 연령층을 변화시키고 있는 '풍속과 도덕의 혁명'의 서막에 불과했다.

2

이러한 혁명은 여러 요인들이 맞물려 필연적으로 발생한 결과였다.

우선, 전쟁과 그 이후의 상황이 사람들의 정신적 태도를 완전히 바꿔놓았다. 내일이면 죽을지도 모르니, 오늘을 즐기라는 사고방식이 훈련소와 전선으로 떠나는 병사들 사이에서 널리 퍼졌고, 그 결과, 갑작스러운 전쟁 결혼뿐만 아니라 더 비전통적인 관계까지 급증했다. 불결함과 죽음의 공포가 가득한 참호 속에서 생활하는 프랑스로 파병된 200만 명의 미국 병사들은 미국의 도덕률과 그 수호자들로부터 멀리 떨어져 있었다. 전선에서는 부대를 따라 매춘부들이 이동했고, 아르망티에르의 친절한 마드무아젤들은 차고 넘쳤다.* 또한, 간호사와 전쟁 구호 요원으로 파견된 미국 여성들은 유럽식 예절과 가치관의 영향을 받았지만, 유럽 상류층 여성들에게 주어진 엄격한 보호에는 종속되지 않았다. 그 결과, 전통적인 금기와 절제, 조신함이 광범위하게 그리고 자연스럽게 무너졌다. 이러한 경험을 한 세대가 전쟁이 끝났다고 해서 단숨에 예전으로 돌아갈 수는 없었다. 전쟁 중 형성된 새로운 도덕률을 받아들이게 된 이들도 있었고, 수백만 명이 전쟁 기간 동안 극도로 고조된 감정 상태에서 벗어나기 어려워했다. 그들의 지친 신경은 속도, 흥분, 정열이라는 새로운 진정제를 끊임없이 갈망했다.

전쟁이 끝나자, 이들은 마치 아무 일도 없었던 것처럼 미국의 지루한 일상에 적응하기를 요구받았다. 그리고 여전히 '폴리아나 Pollyanna'[긍정적인 사고방식을 강조하는 1913년 동명 소설 주인공의 이름]의 낙천적 세계관에 머물러 있는 기성세대의 도덕률을 받아들이라는 압력을 받았다. 그러나 그들은 그렇게 할 수 없었고, 아주 불손하게 그것을 분명히 밝혔다.

1920년 9월호 《애틀랜틱 먼슬리》에서 존 F. 카터는 당시 젊은 세대의 심정을 이렇게 대변했다. "기성세대는 이 세상을 완전히

---

* 아르망티에르Armentières는 벨기에와의 국경 근처에 있는 프랑스 북부의 작은 도시로 1차 대전 동안 서부 전선 근처에 있었기 때문에 군인들이 자주 오가는 장소였고, 병참 기지로 사용되기도 했다. 특히 영국군과 미국군이 이 지역에 많이 주둔하면서 매춘업이 성행했던 곳으로 알려져 있다. '아르망티에르의 아가씨들mademoiselles from Armentières'이라는 표현은 군인들 사이에서 매춘부들을 의미하는 흔히 사용되던 표현이었다. 더 나아가, 영국과 미국 군인들 사이에서는 《Mademoiselle from Armentières》라는 노래가 유행하기도 했는데 프랑스 민요에 군인들이 장난스럽게 가사를 바꾼 것이었다.

엉망으로 만들어 놓은 뒤, 우리에게 넘겨주었다. 세상은 산산조각 나고, 구멍이 뚫리고, 뜨겁게 타오르고 있으며, 언제 폭발할지도 모르는 상태다. 그런데도 그들은 우리가 이것을 마치 1880년대처럼 '기쁜 마음으로 예의 바르게 받아들일 것'이라고 기대한다."

중년 세대는 전쟁으로 인한 신경증에 즉각적으로 영향을 받지는 않았다. 그들은 1917년 이전까지 이미 사회적 순응의 습관을 형성할 충분한 시간을 가졌으며, 이런 습관은 쉽게 무너질 수 있는 것이 아니었다. 그러나 1919년, 전쟁이 끝난 후 찾아온 무력감을 겪으며, 그들 또한 불안과 불만을 느끼기 시작했고, 한때 진실하고 가치 있고 존경할 만하다고 믿었던 모든 것에 대해 의문을 품기 시작했다. 그들 역시 자신을 소진시켰으며, 이제는 즐거움을 원했다. 그들은 젊은 세대가 성이라는 금기의 땅의 경계를 탐험하는 모습을 지켜보다가, 이제는 자신들 역시 약간의 실험을 해보려는 생각을 하게 되었다. 우드로 윌슨의 이상을 무너뜨리고, 파업과 폭동을 촉발하고, '빨갱이 공포'를 불러온 바로 그 환멸이, 이제는 '새로운 자유'라는 문화가 싹트고 번성할 수 있는 비옥한 토양이 되었다.

이러한 변화는 또한 미국 여성의 점점 커져가는 독립성에 의해 가속화되었다. 여성들은 1920년 여성 참정권을 획득했다. 그러나 참정권을 얻은 후, 그들은 의외로 이에 대해 크게 흥미를 보이지 않는 듯했다. 그들은 투표를 하긴 했지만, 여성 클럽이나 여성유권자연맹League of Women Voters이 여성의 시민적 책임을 일깨우려는 노력에도 불구하고, 대부분 남성들처럼 기존 정당의 투표 패턴을 따랐다. 여성 정치 후보자는 드물었고, 텍사스 주지사 마 퍼거슨Ma Ferguson과 같은 일부 여성 정치인들은, 많은 이들이 기대했던 '공직을 고결하게 만들 영적인 영향력'과는 거리가 먼 듯 보였다. 젊은 여성들 중 정치에 관심을 가지는 이들은 극히 드물었으며, 대다수는 정치를 '지저분하고 소모적인' 분야로 여겼다. 그들에게 정치는 매력도 없고, 희망도 없는 세계였다. 그러나, 참정권 획득은 여성에게 분명한 변화를 가져왔다. 그것은 여성이 남성과 동등한 사회적 위치를 확립하는 계기가 되었다.

여성의 점점 커져가는 독립성은 특히 가사 노동에서의 해방을 통해 더욱 두드러지게 나타났다. 더 작은 집들이 지어졌고, 관리가 쉬운 주거 형태가 확산되었다. 많은 가정이 아파트로 이사하면서, 주부들은 더 이상 과거처럼 많은 시간을 집안일에 쏟지 않아도 되었다. 여성들은 요리를 간편하게 하는 방법을 배웠고, 통조림 식품의 판매량이 증가했으며, 델리카테슨 상점의 수는 1910~1920년 사이 인구 증가율보다 3배나 더 증가했다. 베이커리의 생산량은 1914~1924년 사이 60퍼센트 증가했다. 한때 집안일의 핵심이었던 많은 일들이 이제 가정 밖에서 이루어지거나, 기계화로 인해 간소화되고 있었다. 예를 들어, 1914~1924년 사이 상업용 세탁소 이용률은 57퍼센트 증가했다. 여전히 집에서 세탁을 하는 가정도 있었지만, 전기세탁기와 전기다리미가 큰 도움을 주었다. 1924년, 전형적인 미국의 작은 도시 '미들타운Middletown'의 한 전력회사 임원은 그 도시의 가정 중 약 90퍼센트가 이미 전기다리미를 사용하고 있다고 추정했다. 주부들은 전화로 쇼핑 주문을 하고, 기성복을 구입해 재봉일의 고단함을 피했으며, 진공청소기를 구매해 잡지 광고 속 '먼지를 우아한 손길로 털어내는 자유로운 여성'처럼 살고자 했다. 여성들은 점차 집안일이라는 일상에서 벗어나, '그들 자신의 삶'을 살아갈 수 있게 되었다.

그렇다면 여성들이 새롭게 살아갈 '자신만의 삶'이란 어떤 것이었을까? 먼저, 그들은 일을 할 수 있었다. 그 전까지 중산층 여성들이 '사회에서 무언가를 하고 싶다'고 하면, 그들의 선택지는 교사, 사회복지사, 간호사, 속기사, 사무직 등에 국한되었다. 그러나 이제, 그들은 졸업 후 다양한 분야로 진출하기 시작했다. 출판사와 광고회사의 문을 두드렸고, 찻집tea room 운영에 뛰어들었으며, 골동품을 판매하고, 부동산을 중개하고, 세련된 작은 가게를 열었으며, 마침내 백화점에도 취업하기 시작했다. 1920년 당시, 대학을 졸업한 여성들에게 백화점은 '가난한 여점원들'이 일하는 다소 부르주아적인 공간으로 여겨졌다. 그러나 10년이 지나자, 그들은 여성 스포츠웨어 부서에서 일자리를 얻기 위해 줄을 섰고, 심지어 카운터에서 직접 물건을 팔면서 언젠가는 구매 담당자나 디자이너가 될 것이라는 희망을 품었다. 과거라면 작은 마을Sauk Center에서 평생을 보냈을 여성들도, 이제는 아버지에게 돈을 빌려 뉴욕이나 시카고로 가서 '자신의 운'을 시험해 보고자 했다. 한편, 기혼 여성들 중 아이를 키우느라 직업을 갖지 못한 이들은, 가정을 꾸리고 아이를 키우는 것이야말로 진정한 '직업profession'이라고 위안 삼았다. 1920년대 미국 전역에서 가장 치열한 점심 식사 때의 논쟁 주제는 '결혼한 여성이 직업을 가져야 하는가?' 그리고 '엄마가 일을 할 권리가 있는가?'였다. 미혼 여성들은 더 이상 직업을 가지는 이유를 설명할 필요가 없었다. 이제는 일하는 것이 아니라, 직업을 가지지 않는 것을 변명해야 하는 시대가 되었다.

여성이 직업을 갖게 되거나, 혹은 언제든 직업을 가질 수 있다는 인식이 퍼지면서, 경제적 독립에 대한 감각이 생겼다. 그리고 경제적 독립의 감각은 남편과 부모의 권위 약화로 이어졌다. 미혼의 고모들과 딸들은 가족의 보호 아래 머물기를 거부하고, 자신만의 작은 간이주방이 딸린 아파트kitchenette apartments에서 살기 시작했다. 도시에서 '가정home'은 더 이상 신성한 공간이 아니라, '잠만 자는 곳dormitory', 레스토랑과 영화관을 거쳐 직장으로 가는 길목에서 단순한 쉬어가는 장소가 되어가고 있었다. 그렇지만 직업을 가지는 것도 이제 기계화된 가정에서 더 이상 만족을 얻을 수 없는 여성들의 모든 욕구를 충족시켜주지는 못했다. 그녀들은 여전히 발산해야 할 에너지와 감정을 가지고 있었고, 이제 '혁명'을 받아들일 준비가 되어 있었다.

모든 혁명이 그러하듯, 이번 혁명도 외국 사상의 영향을 받아 촉진되었다. 그러나 그 사상은 모스크바에서 온 것이 아니라, 빈에서 온 것이었다. 지그문트 프로이트는 19세기 말에 정신분석에 관한 첫 저서를 출판했고, 그와 융은 1909년 미국에서 심리학자들을 대상으로 강연을 했지만, 프로이트의 사상이 미국 일반 대중 사이에서 본격적으로 퍼진 것은 전쟁 이후였다. 전쟁으로 인해 불신을 받지 않은 유일한 지성의 영역이 있다면, 그것은 과학이었다. 비교적 교육을 받은 대중은 점점 더 많은 대중화된 생물학과 인류학 지식을 흡수하면서, 인간이 단지 복잡한 구조를 가진 동물일 뿐이며, 도덕률은 보편적 타당성이 없는 경우가 많고 종종 기묘한 미신에 기반하고 있다는 인상을 받게 되었다. 이처럼 프로이트 이론이 퍼질 비옥한 토양이 이미 조성되어 있었고, 곧이어 '신여성'들의 입에서도 "과학이 성에 대해 새로운 사실을 가르쳐준다"는 말을 들을 수 있게 되었다. 성은 인간을 움직이는 가장 핵심적이고도 보편적인 힘으로 여겨졌다. 거의 모든 인간적 동기가 성에 기인하는 것으로 보였다. 애국심도, 바이올린을 좋아하는 감성도 결국 성적 에너지가 승화된 형태였다. 정신 건강을 위해 가장 중요한 것은 억제되지 않은 성생활을 유지하는 것이었다. 즉, 행복하고 건강하게 살고 싶다면, 반드시 본능을 따라야 한다. 이것이 미국 사회에서 대중적으로 받아들여진 프로이트의 교리였다. 그러나 이 교리는 여러 해석자, 대중화하는 사람들, 순진한 독자들, 그리고 그런 독자들의 이야기를 들은 사람들을 거쳐 여과된 것이었다. 새로운 단어와 개념들— 열등감 콤플렉스, 사디즘, 마조히즘, 오이디푸스 콤플렉스 —이 칵테일 파티와 마작 테이블에서 오르내리기 시작했다. 지적인 여성들은 정신분석 치료를 받기 위해 유럽으로 갔고, 미국에서는 분석가들이 새로운 직업을 개척해 나갔다. 분석가들은 종종 그들의 여성 환자들이 애정을 자신들에게 옮기도록 유도하기도 했다. 한편, 여전히 자제의 미덕을 설교하는 성직자들에게 이제 자제는 시대에 뒤떨어진 위험한 개념이라는 공개적인 반박이 이어졌다.

이 도덕과 예절의 혁명을 촉진한 또 다른 주요 요소들은 철저히 미국적인 것들이었다. 그것은 바로 금주법, 자동차, 고백 잡지 및 성性 잡지, 그리고 영화였다.

5 풍속과 도덕의 혁명

18차 수정헌법이 비준될 당시, 금주법은 미국 전체가 거의 만장일치로 지지하는 것처럼 보였다. 그러나 법이 시행되자마자 즉각적인 법 회피 현상이 나타났고, 특히 북부 및 동부 대도시에서는 강력한 반대 움직임이 확산되었다. 그 결과, 밀주업자, 비밀주점speakeasy, 그리고 의도적인 반항의 분위기가 등장했다. 많은 지역에서 술을 마시는 행위 자체가 "해야 할 일the thing to do"이 되었다. 이와 더불어, 몇 가지 추가적인 변화가 일어났다. 발효주보다 증류주의 인기가 커졌고, 휴대용 술병이 대중화되었으며, 칵테일 파티 문화가 확산되었고, 술 마시는 행위가 남성만의 특권에서 남녀가 함께하는 것으로 변화했다. 구시대의 선술집은 거의 남성 전용 공간이었다. 반면, 스피크이지는 남성과 여성 모두를 수용했다. 엘머 데이비스는 이를 이렇게 표현했다. "예전에는 아버지가 저녁마다 캐시디의 바에서 친구들과 시간을 보냈다. 그 시간은 아마도 영원히 사라진 것으로 보인다. 캐시디의 바는 여전히 예전의 기준으로 영업하고 아버지는 저녁에 그곳으로 가지만 금주법 이후에는 어머니도 함께 간다." 새로운 체제는 단순히 술만 섞는 게 아니라, 술집의 손님도 섞고 있었다.

한편 자동차 보급의 폭발적인 증가, 특히 밀폐형 차량이 확산되면서, 완전히 새로운 형태의 자유가 가능해졌다. (1919년에는 미국에서 생산된 자동차의 단 10퍼센트만이 밀폐형 차량이었으나, 1924년에는 43퍼센트, 1927년에는 82.8퍼센트로 증가했다.) 자동차는 부모와 보호자의 감시에서, 그리고 이웃들의 시선에서 벗어나기 위한 거의 보편적인 수단이 되었다. 당시 젊은이들은 아무런 망설임 없이 차를 몰고 20마일 떨어진 이웃 마을로 가서 무도회에 참석했다. 거기서 그들은 주변의 시선에서 자유로운 익명의 존재가 되었다. 밀폐형 차량은 단순한 이동 수단이 아니었다. 그것은 날씨로부터 보호받을 수 있는 사적인 공간이었으며, 밤낮을 가리지 않고 있을 수 있고, 어두운 골목이나 한적한 시골길로 이동할 수도 있는 장소였다.

헬렌과 로버트 린드 부부는 『미들타운』에서 한 소년 법정 판사의 말을 인용하며 "자동차는 이제 바퀴 달린 사창가house of prostitution on wheels"가 되었다고 선언했다. 그들은 또한, 한 해 동안 성범죄로 기소된 소녀 30명 중, 19명이 자동차 안에서 범죄를 저지른 것으로 기록되었다고 보고했다.

이 도덕적 혁명은 성 잡지, 고백 잡지, 그리고 선정적인 영화라는 새로운 문화 현상을 더욱 가속화했다. '프로이트'나 '리비도'라는 개념을 들어본 적도 없는 수많은 독자와 영화 관객들조차, 이러한 출판물과 영화의 영향을 받기 시작했다. 잡지들은 검열을 피하면서도 독자의 욕망을 자극하는 기술을 익혔다. '결혼 전날 밤 딸에게 말해준 것' '나른한 키스,' '당신의 속옷을 단속하세요Watch Your Step-ins'* 같은 제목들이 넘쳐났다. 고백 잡지의 출판사들은 항상 작가들에게 도덕적인 결말을 제공하고 경건한 감정을 표명하라고 지시하면서도, 그들이 완곡하게 "잘못된 걸음missteps"이라고 부른 것의 묘사에 집중했다. 대부분의 소설은 작

---

* 'Watch your step'이라는 표현은 "조심해라" 또는 "행동을 조심해라"라는 뜻인데, 이를 당시 유행한 속옷step-ins와 결합시킨 일종의 언어유희다. 스텝-인스는 허리까지 올라오고 다리 부분이 짧은반바지처럼 생긴 여성 속옷의 일종이다.

가들에게 주문받아 꾸며진 것이었으며, 예를 들어 어떤 날에는 '코러스 걸의 고백'을, 다음 날에는 또다시 1인칭 시점으로 택시 운전사를 타락의 길로 이끈 유혹을 이야기하는 식이었다. 이 두 종류의 잡지는 놀라울 정도로 수많은 독자층을 확보하고 성공을 거두었다. 버나 맥패든의 《트루 스토리True-Story》는 1919년 창간 이후 급속도로 성장하여, 1923년에는 30만 명 이상의 독자를 가졌고, 1924년에는 84만 8천 명, 1925년에는 150만 명 이상, 1926년에는 거의 200만 명에 이르렀다. 이는 잡지 출판 역사상 아마도 유례를 찾기 어려운 급속한 성장 기록이었다.

성과 고백 잡지들과 함께 신문 가판대를 가득 채운 것은 영화 잡지들이었다. 이들 잡지는 '일곱 개의 영화 속 키스'라는 제목과 함께 다음과 같은 캡션을 실었다. "당신의 작은 친구, 메이 부시Mae Busch를 알아보겠습니까? 그녀는 수많은 키스를 해왔지만, 결코 싫증을 내는 법이 없습니다. 적어도 이번 키스만큼은 즐기는 척하는 연기가 아주 훌륭하다는 것에 당신도 동의할 겁니다." 영화 자체도 매일 밤 수백만 명을 끌어들이며 같은 주제를 반복적으로 활용했다. 한 영화의 제작자는 "뛰어난 남성들, 아름다운 재즈 베이비들jazz babies, 샴페인 목욕, 한밤의 환락, 보랏빛 새벽의 애무 파티들, 그리고 마침내 모두를 숨 막히게 만드는 엄청난 클라이맥스"라고 광고했다. 또 다른 영화의 홍보 문구에는 "애무하는 남녀, 키스하는 남녀, 하얀 키스, 붉은 키스, 쾌락에 미친 딸들, 자극을 원하는 어머니들…… 과감하고 적나라하며 충격적인 진실"이라는 식으로 홍보했다. 실제로 영화들은 광고에서 약속한 만큼 노골적인 것을 제공하는 경우는 드물었지만, 일부 작품들은 충분히 자극적인 장면들을 포함하고 있었다. 앨리스 밀러 미첼이 인용한 한 16세 소녀는 이렇게 증언했다. "저런 뜨거운 사랑 장면이 나오는 영화들은, 같이 앉아 있던 남녀가 일어나서 어딘가로 가고 싶게 만들어요. 나도 한 번은 영화가 끝나기도 전에 남자애랑 나와서 드라이브를 했어요. 내 친구도 영화가 상영되는 동안 내내 자기 남자친구랑 나가 있어야만 했어요."

교회 단체들로부터 쏟아진 비난의 폭풍 속에서, 영화 제작자들은 1920년대 초반, 하딩 대통령의 우정장관Postmaster-General이었던 윌 헤이스Will H. Hays를 도덕과 품위의 조정자로 내세웠다. 헤이스는 로스앤젤레스 상공회의소에서 연설하며, 모든 것이 개선될 것이라고 약속했다. "영화 산업은 어린아이의 순수한 마음, 깨끗한 백지 같은 존재를 대하는 데 있어서 최고의 성직자나 가장 영감을 받은 젊은이들의 교사만큼이나 책임감을 가져야 합니다." 헤이스가 '깨끗한 백지unmarked slate'를 보호하기 위해 내놓은 결과물은 결국 고백 잡지에서 보듯 반드시 도덕적 결말을 넣는 것이었으며, 야한 장면들을 신앙심 깊은 미사여구로 덮어버리는 것이었다. 또한 아주 작은 마을의 전통적인 성 도덕을 진지하게 혹은 지적으로 문제 삼을 수도 있는 훌륭한 소설이나 연극들의 영화화를 금지하는 것이었다.

헤이스는 비범한 수완을 지닌 인물이었다. 검열의 위협이 거세질 때마다, 그는 영화 제작자들이 따라야 할 새로운 도덕적 규율을 발표하며 분위기를 달랬다. 그러나 그가 감독한 기간 동안에도, 앞서 언급된 영화 광고들이 모두 나왔다는 사실만으로도 그의 '감독'이 실제로 어떤 영향을 미쳤는지는 명백했다. 겉으로는 구시대의 도덕 규범을 지지하는 척하면서도, 영화들은 기만적이고도 교묘한 저속함으로 새로운 윤리를 대대적으로 홍보하고 있었다.

이러한 다양한 요인들— 전후의 환멸, 여성의 새로운 지위, 프로이트의 복음, 자동차, 금주법, 성과 고백 잡지, 그리고 영화 — 이 전부 합쳐져서 사회적 혁명을 촉진했다. 각각의 요소는 다른 요소들에 의해 더욱 강화되었으며, 그중 어느 하나만으로는 미국의 생활 방식을 크게 변화시킬 수 없었겠지만, 이들이 결합되었을 때 그 영향력은 무엇으로도 막을 수 없을 정도였다.

3

이 변화의 가장 두드러진 징후는 여성의 의복과 외모에서 찾아볼 수 있었다.

폴 H. 나이스트롬 교수가 저술한 『패션 경제학*Economics of Fashion*』에서는 전후 10년 동안의 치마 길이 변화를 기업 분석가들이 화물 수송량이나 주가 평균의 등락을 계산할 때 즐겨 쓰는 그래프 방식으로 기발하게 보여주고 있다. 이 그래프는 《델리네이터 The Delineator》잡지의 패션 도판을 분석하여, 여성이 착용한 치마의 길이를 측정하고, 그 길이가 인물의 전체 키에서 차지하는 비율을 월별로 계산하여 도표화한 것이었다. 이 특이한 그래프는 1919년 땅에서 치맛단까지의 길이가 여성 키의 약 10퍼센트 — 즉, 대략 6~7인치 정도였음을 보여준다. 1920년에는 이 비율이 10퍼센트에서 약 20퍼센트로 증가했다. 그 후 3년간 점진적으로 하락하여 1923년에는 다시 10퍼센트 수준으로 돌아갔다. 그러나 1924년부터 다시 상승하여 15~20퍼센트에 이르렀고, 1925년에는 20퍼센트를 넘었으며, 1927년에는 25퍼센트를 초과하고, 치마 길이가 무릎까지 올라갔다. 그 후 1929년 후반까지 무릎 길이가 유지되었다.

나이스트롬 교수는 이 그래프가 실제 현실을 완벽하게 반영하는 것은 아니라고 설명했다. 왜냐하면, 이 그래프는 특정 연도나 월에 실제 여성들이 입고 다녔던 치마의 평균 길이를 측정한 것이 아니라, 패션 업계의 리더들이 — 특히 의류 제조업자들의 영향 아래 — 여성들이 입기를 기대하고 권장했던 길이를 반영한 것이기 때문이었다. 실제로 1921~1924년 사이, 그래프상의 치마 길이 하락dip은 미미했다. 파리의 디자이너들이 '긴 치마의 귀환'을 예고했고, 미국의 스타일리스트들과 의류 제조업자들도 이에 동조했으며, 백화점들은 더 긴 치마를 대량 구매하여 판매를 시도했다. 그러나 여성들은 여전히 가능한 한 가장 짧은 치마를 구매하고자 했다. 1923년 가을부터 1924년 봄 사이, 제조업자들은 소매업자들로부터 치마 길이를 더 짧게 만들어야 한다는 항의를 수없이 받았다. 결국 치마 길이는 짧아졌고, 더욱 짧아졌다. 무릎길이 치마knee-length dress는 여성들이 딱 원하는 스타일이었다. 불운한 제조업자들은 유행을 되돌리려 안간힘을 썼다. 그러나 그들의 노력에도 불구하고, 무릎길이 치마는 1920년대가 끝나갈 때까지 표준으로 자리 잡았다.

짧아진 치마와 함께 여성복의 무게, 소재, 그리고 양에서도 놀라운 변화가 일어났다. 소년처럼 날씬한 몸매가 모든 여성들의 목표가 되었고, 코르셋은 점점 사라졌다. 1924년에서 1927년 사이 단 3년 만에 클리블랜드 연방준비은행 지역*의 백화점에서 코르셋과 브래지어의 합산 판매량이 11퍼센트 감소했다. 면 제품을 선호하던 미국 여성들은 실크나 레이온 소재의 스타킹과 속옷을 선택하기 시작했으며, 이는 면직물 제조업자들에게는 재앙이었으나 레이온 제조업자들에게는 축복이었다. 1920년 미국 공장에서 생산된 레이온은 겨우 800만 파운드였으나, 1925년에는 5,300만 파운드에 이르렀다. 살구색 스타킹은 짧은 치마만큼이나 일반적인 것이 되었고, 페티코트는 미국 사회에서 거의 사라졌다. 사실 여성들이 한 겹씩 옷을 덜어내는 경향이 너무나 두드러져 1928년 《상업 저널Journal of Commerce》은 여성이 몸에 걸치는 모든 것 한 벌에 사용되는 원단의 양이 15년 동안 19 1/4 야드에서 7야드로 줄어들었다고 추산했다. 이제 여성들이 입는 것은 단 7야드의 원단─ 오버블라우스(2야드), 스커트(2 1/4야드), 조끼 또는 셔츠(3/4야드), 니커즈(2야드), 그리고 스타킹 ─에 불과했다. 이 모든 것이 실크나 레이온으로 만들어졌다! 물론 이 마지막 진술은 약간의 과장이 있었지만, 1926년 전미의류섬유소매업협회National Retail Dry Goods Association가 전국의 백화점 데이터를 기반으로 발표한 조사 결과에 따르면, 여성 속옷 판매량의 33퍼센트만이 면 소재였으며, 36퍼센트는 레이온, 31퍼센

---

* 미국 연방준비제도를 구성하는 12개 지역 연방준비은행Federal Reserve Bank 중 하나로, 4번 지구Cleveland District를 의미한다. 워싱턴 D.C.에 있는 연방준비제도이사회Federal Reserve Board of Governors가 전체 은행을 감독한다.

트는 실크로 제작된 것이었다. 실크 스타킹은 더 이상 부유층 여성들의 전유물이 아니었다. 『미들타운』의 저자들에게 한 노동자의 아내는 이렇게 말했다. "고등학교에 면 스타킹을 신고 갈 수 있는 여학생은 없어요. 한겨울에도 우리 아이들은 실크 스타킹을 신고, 그 안에 라일lisle[고운 면사綿絲]이나 모조 실크 스타킹을 덧신죠."

짧고 가벼운 옷차림의 자유로도 만족하지 못한 여성들은 짧은 머리의 자유까지 원했다. 1918년, 뉴욕 팜 가든의 운영자가 단발머리를 급진주의의 상징으로 간주했던 것을 기억하는가? 1920년대 초반, 젊은 여성들 사이에서 단발머리가 점점 흔해지기 시작했다. 주된 이유는 편리함이었다. 1922년 5월, 《아메리칸 헤어드레서American Hairdresser》는 "단발머리가 여전히 인기를 끌고 있으며, 아마 이번 여름까진 유행할 것"이라고 예측했다. 그러나 단발머리 유행은 여름을 넘어서 더욱 확산되었고, 1924년이 되자 같은 잡지는 단발 스타일을 주요 기사로 다루며 독자들에게 새로운 헤어스타일 기술을 소개해야 할 정도였다. 이와 동시에 미용사들과 이발사들 사이에 치열한 경쟁이 벌어졌다. 여성 미용사들은 여성들이 이발소에 가는 것을 탐탁지 않게 여겼고, 반면 여러 주의 이발사들은 이발 면허를 소지한 이발사만이 여성의 머리를 자를 수 있다는 법안을 추진했다. 《헤어드레서》는 이 문제를 다음과 같이 설명했다. "여성들이 이발소에서 머리를 자르는 것은 공공의 이익에 반하는 일이다. 이발소에는 자유분방한 분위기가 종종 형성되는데, 이는 미국 여성들의 높은 도덕적 기준에 부합하지 않는다."

그러나 미국 여성들이 원하는 것은 오직 최고의 '싱글컷shingle cut'이었다. 1920년대 후반이 되자 20대 여성들 사이에서는 단발머리bobbed hair가 거의 보편화되었고, 30~40대 여성들 사이에서도 흔해졌으며, 60대 여성들에게도 전혀 드문 일이 아니게 되었다. 한동안 여성들은 단순히 머리를 단발로 자르는 것뿐만 아니라, 남성처럼 머리를 아주 짧게 깎았다. 여성들은 단발머리에 꼭 맞는 작은 클로슈cloche 모자를 착용했으며, 이로 인해 헤어네트, 머리핀, 면직물, 모직물, 코르셋 제조업자들은 모두 불황을 맞이하게 되었다.

반면, 엄청난 이익을 본 산업도 있었다. 화장품 제조업자들과 미용실 운영자들은 불평할 이유가 없었다. 1920년, 부모들이 경악했던 루즈와 립스틱의 유행은 순식간에 가장 외진 마을까지 퍼져나갔다. 1920년에 화장을 비도덕적으로 여겼던 여성들도 이제는 당연한 일처럼 매일 화장을 하면서, 그것을 숨기려는 시도조차 하지 않았다. 미용실이 거리마다 생겨났으며, 얼굴 마사지, 포마드 및 수렴제(아스트린젠트) 도포, 주름과 처진 턱살 제거, 눈썹 정리 및 염색, 등 젊음을 되찾기 위한 다양한 시술이 이루어졌다. 그뿐만 아니라, "페이스 리프팅face-lifting"이라는 기묘한 신종 성형수술이 등장하면서, 미용 산업은 하나의 과학적 응용 분야로 자리 잡았다. 프랜시스 피셔 두벅Frances Fisher Dubuc에 따르면, 1917년에는 미용 산업 종사자 중 소득세를 납부한 사람이 단 두 명뿐이었으나, 1927년이 되자 이 분야에서 세금을 납부하는 기업 및 개인은 18,000명으로 증가했다. '미용사Beautician'라는 직업이 이제 정식으로 등장했다.

1920년대 말까지 미국 여성들이 화장품과 미용 산업에 지출한 총 금액에 대해, 1930년에 폴 H. 나이스트롬 교수가 제시한 수치는 7억 5천만 달러로, 이는 보수적인 추정치로 간주될 수 있다. 실제로 다른 추정치들은 20억 달러에 달하기도 했다. 1929년 크리스틴 프레더릭이 집계한 수치는 더욱 놀라웠다. 당시 미국의 모든 성인 여성을 기준으로 했을 때, 매년 한 사람당 1파운드 이상의 페이스 파우더와 최소 8개의 루즈 콤팩트가 판매되고 있었다. 시장에는 2,500개의 향수 브랜드와 1,500개의 페이스 크림 브랜드가 존재했으며, 한 해 동안 판매된 립스틱을 일렬로 늘어놓으면 뉴욕에서 네바다주 리노까지 닿을 것이라는 계산도 있었다 — 이것이 어떤 이들에게는 꽤나 논리적인 목적지로 보였을지도 모른다.

화장품에 대한 대중의 태도 변화를 가장 쉽게 측정할 수 있는 방법은 보수적인 잡지의 광고를 시대별로 비교하는 것이다. 1919년 6월호 《레이디스 홈 저널Ladies' Home Journal》에는 루즈를 다른 제품들과 함께 언급한 광고가 네 개 있었다. 그중 하나만이 루즈의 존재를 언급하며, "적절하게 바르면 눈에 띄지 않는다"고 설명했다. 당시 《레이디스 홈 저널》을 읽는 여성들은 여전히 화장을 했다는 사실을 숨기고 싶어 했다. (1919년의 탤컴 파우더talc 광고에서는 흔히 어머니가 활기 넘치는 아기를 다정하게 바라보는 장면을 보여주곤 했다.) 반면, 1929년 6월호에서 립스틱 광고는 이렇게 말하고 있었다. "매혹적인 붉은 빛이 몇 시간 동안 지속된다는 사실을 알면 안심이 되죠. (참고로, 이 두 잡지의 비교에서 또 다른 대조를 발견할 수 있다. 1919년의 리스테린 광고는 단순히 "리스테린을 즉시 사용하면 사소한 상처가 큰 감염으로 번지는 것을 막을 수 있습니다"라고 적혀 있었다. 하지만 1929년의 광고는 "봄! 모두에게 찾아왔지만 그녀에게는 아니었다……"라는 비극적인 서사로 시작하고 있었다.)

패션의 이러한 변화 ― 짧아진 치마, 소년 같은 체형, 일자형 긴 허리 드레스, 화장품의 대담한 사용 ―는 미국 여성의 이상이 실제로 변화하고 있음을 보여주는 징후였다. (어쩌면 남성들이 생각하는 이상적인 여성상 또한 변화하고 있었을 것이다.) 여성들은 그 전까지 그녀들을 상대적인 비활동성 속에 묶어두었던 속박에서 벗어나, 일하고 놀 자유를 원했다. 하지만 그녀들이 추구한 자유는 남성과 그의 욕망으로부터 해방되는 것이 아니었다. 과거의 여성 참정권론자들이 딱딱한 밀짚모자와 남성적인 정장, 낮은 굽의 신발을 신었던 것과 같은 종류의 자유는 아니었다.

1920년대의 여성들은 골프장에서도, 사무실에서도 남성을 유혹할 수 있기를 원했다. 짧게 자른 머리에, 다루기 쉬운 작은 모자를 쓰고, 주말에는 니커보커knickerbockers를 입는 신여성flapper들도 실크 스타킹과 하이힐만큼은 결코 포기하지 않았다. 전후 여성상이 지향하는 것은 성숙한 결실이나 깊어진 지혜, 세련된 우아함이 아니었다. 오히려, 날씬한 몸매에 대한 집착, 가슴을 평평하게 보이려는 유행, 짧은 치마의 확산(그 짧은 치마가 어린 소녀 같은 인상을 준다 해도), 길게 떨어지는 허리선이 연출하는 유아적 느낌 ― 이 모든 것은 여성들이 의식적으로든 무의식적으로든 단순한 '젊음'이 아니라, 미숙한 젊음을 숭배하고 있음을 보여주었다.

그녀들은 남성들이 원하는 것이 가족을 부양하는 책임이나 성숙한 지혜의 동반자가 아니라, 가볍고 무책임한 동료라고 생각했으며, 실제로도 그렇게 되기를 원했다. 넓은 엉덩이를 가진 '인류의 어머니'가 아니라, 무책임한 놀이 상대가 되고자 했다. 그들이 모방한 젊음은 순진무구한 소녀가 아니라, 로맨틱한 사랑이 아니라, 성性이라는 관점에서 세상을 바라보는 세상 물정 밝은 10대 청소년이었다. 그리고 자신을 매력적으로 보이게 하는 방식 또한 '예술을 숨기는 것이 예술'이라는 전통적인 기법이 아니라, 노골적이고 직접적인 방식이었다.

결국, 전후 시대의 여성은 남성에게 이렇게 말하고 있었다. "당신은 지치고 환멸을 느끼고 있으며, 가족을 부양하는 부담도, 성숙한 지혜의 동반자도 원하지 않아요. 당신이 원하는 건 짜릿한 놀이이고, 심각함 없이 즐기는 성적 스릴이죠. 좋아요, 내가 그걸 제공해 줄게요." 그리고 그녀들은 스스로에게 이렇게 덧붙였다. "하지만 나는 자유로울 거예요."

4

그녀들의 자유에 대한 맹렬한 추구가 가져온 행동 양식의 변화 중 하나는 담배를 받아들이는 속도가 매우 빨랐다는 것이었다. 불과 몇 년 만에 수백만 명의 미국 여성들이 1920년대 플래퍼들의 뒤를 이어 흡연을 시작했다. 여전히 거리나 사무실에서 여성들이 담배를 피우는 것은 좋지 않은 시선을 불렀고, 복음주의적인 시골 지역에서는 오랜 금기가 쉽게 사라지지 않았다. 그러나 레스토랑, 저녁 파티, 댄스장, 극장 로비 등 수많은 장소에서 여성들은 연기 속에 둘러싸였다.

이 변화는 광고에서도 분명하게 드러났다. 1920년대 초반까지만 해도 광고주들은 흡연하는 여성의 모습을 광고에 담는 것이 자살 행위나 다름없다고 생각했다. 그러나 몇 년 만에 "남성들에게 연기를 불어달라고 애교 있게 조르는 여성"이 등장하는 광고가 나오기 시작했고, 1920년대 말에는 당당하게 담배를 든 세련된 여성들이 광고판을 장식했다. 지방 독자들의 거센 항의에도 불구하고 일부 잡지에서는 대놓고 담배 제조사들이 "이제 여성들도 남편이나 형제들과 함께 친구처럼 담배를 즐길 수 있다"고 홍보했다.

1918년부터 1928년까지 미국 내 담배 생산량은 "두 배 이상" 증가했다. 이 증가분 중 일부는 담배를 남성적이지 않다고 여기는 고정관념이 사라진 것과도 관련이 있었다. 같은 기간, 시가와 파이프 담배 소비는 다소 감소했으며, 다행히도 씹는담배 소비도 줄어들었다. 또한, 담배의 편리함 때문에 남성들이 과거보다 더 많은 양을 소비하게 된 것도 원인 중 하나였다. 그러나 그 어느 것도 여성들의 흡연 문화 정착 없이 이렇게 큰 증가를 설명할 수는 없었다. 이제 여성들은 식탁 위에 재를 흩뜨리고, 연극이 끝날 때마다 담배를 피우며, 남성 전용으로 여겨졌던 클럽 카 car club*를 점령했고, 백화점 여성 구두 코너 사이사이에 재떨이를 놓도록 만들었다. 결국, 남녀를 나누던 강력한 사회적 장벽이 무너지고 있었다. 공식적인 만찬 후 남녀가 따로 흩어지는 관습도 여전히 남아 있기는 했지만, 점점 형식적인 의례에 불과해졌다. 호스트들은 여전히 남성 손님들을 위해 시가를 준비했지만, 그것들이 손도 대지 않은 채 남아 있는 경우가 많았다. 왜냐하면 이제 남성들도 식당에서 여성들과 똑같은 담배를 피우고 있었기 때문이다. 그러나 이보다 훨씬 더 사회적으로 중요한 변화는 남성과 여성이 함께 술을 마시기 시작했다는 점이었다. 상류층 사이에서는 저녁 식사 전에 칵테일을 마시는 것이 거의 의무적인 사회적 관습이 되었다. 남녀가 뒤섞인 무리들이 스피크이지speakeasy의 커튼 친 칸막이로 몰려들었고, 사람들은 신비로운 암호를 외우며 입장했다. 여성들도 남성과 나란히 서서 스피크이지 바bar의 황동 난간에 발을 걸치고 술을 마셨다. 늦은 오후의 칵테일 파티는 새로운 미국의 사교 문화로 자리 잡았다.

호텔에서 열린 댄스 파티에서는, 신뢰할 수 있는 술을 적절히 사적인 공간에서 제공하기 위해 호텔 방을 빌리는 기묘하고 다소 불쾌한 관습이 생겨났다. 남녀 손님들이 침대에 느긋하게 누워 강한 술을 마시며 웃고 떠들었다. 주택과 아파트가 작아지면서, 컨트리클럽은 작은 도시, 교외, 그리고 여름 휴양지의 사회적 중심지가 되었다. 그리고 이곳의 화려한 클럽하우스에는 매주 토요일 밤마다 사람들이 몰려들었는데, 그 전에 누군가의 집에서 칵테일을 즐긴 후였다. 식탁 위에는 화이트 록White Rock과 진저 에일 병들이 놓였고, 남성들의 큼직한 주머니에서는 진 플라스크가 나왔다. (한때 바텐더들에게조차 외면받던 진은 이제 가장 인기 있는 술이 되었다.) 불과 몇 년 전만 해도 술에 취한다는

---

* 기차의 객차 중에서 사교나 휴식을 위한 특별 차량.

생각만으로도 경악했을 여성들이 이제는 남성과 같은 양을 마시며, 취기에 들떠 환호성을 지르는 자신을 발견했다.

다음 날에는 소문이 퍼졌다. 어떤 부인이 칵테일을 너무 많이 마셔서 열한 시쯤 파티에서 사라졌고, 누군가 그녀를 드레싱룸으로 데려가야 했다거나, 누군가 파손된 물건에 대해 클럽으로부터 청구서를 받아야 했다거나, 아무개 부인은 술을 그렇게 마시면 안 되는데 칵테일 세 잔만 마셔도 식탁 위에서 빵을 던지는 버릇이 있기 때문이라는 말들이 오갔다. 또 어떤 댄스 파티에서는 사회적으로 존경받는 기혼 남성들이 웨이터들의 발을 걸어 넘어뜨리는 장난을 치거나, 젊은 남녀가 애무 파티petting party를 위해 골프장으로 몰려가서 18번 홀의 그린 위에 타이어 자국을 남기는 일이 일어나기도 했다.

물론 이러한 사건들은 예외적이었으며, 일부 지역에서는 전혀 발생하지 않았다. 비록 금주법 반대자들은 이를 부인했지만, 금주법이 전국적으로 술 소비량을 감소시켰으며, 특히 산업 지구의 노동자들 사이에서 음주를 확실히 줄였다는 것은 매우 가능성이 높은 사실이었다. 대부분의 경험 많은 대학 행정가들은 ― 이러한 의견이 일부 대학생들에게는 불쾌한 것이었겠지만 ― 남학생들 사이에서 금주법 이전보다 음주가 줄었으며, 여학생들의 음주는 적어도 기숙사 생활을 하는 동안에는 심각한 문제로 보이지 않는다고 입을 모았다. 그러나 여전히 중요한 사실은, 전국적으로 사회적 행동 기준을 정하는 부유층 사이에서는 술이 이전보다 더 자유롭게 흐르고 있었으며, 적어도 예의범절에 있어서는 전례가 없을 정도로 ― 완곡하게 표현하자면 ― 형식에 매이지 않은 사교를 가능하게 만들었다는 점이었다.

이 자유로운 분위기는 남성과 여성 사이의 새로운 직설적인 태도에도 영향을 미쳤다. 과학적 회의주의가 확산되었고, 특히 지그문트 프로이트의 영향으로 인해 보수적인 도덕주의자들의 교리는 힘을 잃어가고 있었으며, 반대로 성의 진실을 직면하는 것이야말로 구원의 길이라는 새로운 교리가 힘을 얻고 있었다. 가치 체계의 격변이 진행 중이었다. 수줍음과 신중함, 기사도 정신은 유행에서 밀려나고 있었고, 여성들은 더 이상 '숙녀답게' 행동하기를 원하지 않았으며, 딸들에게 '건전한 존재'가 되라고 충고할 수도 없었다. 이제는 예전의 숙녀상이 가식적인 것으로 의심받았고, '건전한' 소녀란 단지 불순한 생각을 억누르고 있을 뿐이며 결국에는 나쁜 결말을 맞을 것이라는 인식이 널리 퍼졌다. '빅토리아풍Victorian'과 '청교도적Puritan'이라는 단어는 점점 비난의 의미를 띠게 되었다. 시대에 뒤떨어진 사람들은 빅토리아 시대의 여성들을 부풀린 드레스를 입고 억압된 삶을 사는 노부인으로, 청교도들은 음울하고 훈계만 하는 재미없는 사람들로 여겼다. 시대에 맞추려면, 모두가 바라는 모던하고 세련된 사람이 되어야 했으며, 관습을 깨부수고 솔직함을 무기로 삼아야 했다. 그리고 손에 칵테일 잔을 들고 있으면, 적어도 솔직해지는 것은 쉬웠다.

1927년, 메리 애그너스 해밀턴은 이렇게 썼다. "요즘 대화를 멀리서 들어보면, 첫째로 어휘가 제한적이라는 점이 눈에 띄고, 둘째로 그 어휘 중 상당수가 과거라면 '숙녀라면 절대 사용할 수 없는 단어'로 간주되었을 것이라는 사실을 알게 될 것이다." 강한 술에 대한 선호와 함께, 강한 언어에 대한 선호도 생겨났다. 저녁 식사의 우아한 파트너에게 '훌륭한grand'이나 '멋진swell'의 반대말로 '형편없는lousy'이라는 말이 자연스럽게 나왔다. 뉴욕의 무대에서 뜻밖의 '빌어먹을damn'이나 '제기랄hell' 같은 단어가 터져 나와도 이제는 충격적인 놀람에서 비롯된 날카로운 웃음이 들리지 않았다. 이런 단어들은 이제 일상적인 대화 속에서도 흔한 것이 되었다. 10년 전 술집에서나 듣던 조크는 이제 귀족들의 브리지 테이블에서도 오갔다. 누구도 쉽게 충격받지 않는 사람이 되고 싶어 했고, '다소 충격적인shocking' 사람으로 여겨지는 것은 매력적인 일이었다. 결국, 서로 경쟁하듯 대담한 말을 주고받게 되었고, 그 결과 대화는, 해밀턴의 표현을 빌리자면, 붉은색으로 도배된 방과 같아졌으며, 지나친 강조와 소음만이 가득한 지루한 것이 되어버렸다.

대화 속의 새로운 솔직함과 함께, 책과 연극에서도 새로운 솔직함이 등장했다. 예를 들어, 1920년대 뉴욕에서 상연된 대표적인 희곡들을 살펴보자.《영광의 대가는 얼마인가What Price Glory?》에서는 연애담을 늘어놓는 해병들이 무대에서 이전에는 들어본 적 없는 욕설을 내뱉었으며,《로마로 가는 길The Road to Rome》에서는 한 로마 귀부인이 카르타고인들에게 겁탈당하기를 원하는 설정이 희극적 요소로 작용했다.《이상한 막간극Strange Interlude》에서는 한 여성이 정신병력이 있는 남편과 아이를 가지려 했으나, 대신 매력적인 젊은 의사와 아이를 갖기로 결심하고, 결국 그 의사와 사랑에 빠진다.《철저히 부도덕하게Strictly Dishonorable》에서는 매력적인 젊은 여성이 아무런 거리낌 없이 하룻밤 동안 오페라 가수와의 연애를 받아들였으며, 《포로The Captive》는 수천 명의 순진한 관객들에게 동성애라는 개념이 존재한다는 사실을 알려주었다. 이러한 희곡들은 전쟁 이전의 뉴욕 무대에서는 절대 용인될 수 없는 것이었지만, 1920년대에는 단순히 인기 있는 수준을 넘어, 지적인 관객들에게 진지한 찬사를 받았다. 이 연극들이 대중에게 미친 영향을 보여주는 일화가 있다. 《영광의 대가는 얼마인가?》를 보던 점잖은 노부인이 두 번째 막이 끝난 후, 손자에게 이렇게 말했다고 한다. "빌어먹을God damn it, 자니! 앉아!"

그 시대의 소설도 마찬가지였다. 『위르겐Jurgen』, 『어두운 웃음Dark Laughter』에서부터 마이클 알렌Michael Arlen의 작품을 거쳐 『아메리카의 비극An American Tragedy』, 『태양은 다시 떠오른다The Sun Also Rises』, 『고독의 우물The Well of Loneliness』, 『포인트 카운터 포인트Point Counter Point』까지, 1920년대의 소설들은 성에 대해 전례 없는 솔직함, 냉소주의, 또는 도덕적 판단을 배제한 객관적인 시각을 담아냈다. 청교도적 도덕성을 옹호하는 사람들은 격렬하게 저항했지만, 흐름을 막기에는 역부족이었다. 『위르겐』을 금서로 지정했지만, 이는 오히려 베스트셀러가 되게 만들었고, 저자는 대중적으로 유명해졌다. 메리 웨어 데넷Mary Ware Dennett은 아이들에게 성의 신비를 설명하는 팸플릿을 배포한 혐의로 법정에 섰지만, 자유주의 성향의 판사가 그녀를 옹호했고, 지식인들은 그녀를 지지했다. 보스턴에서는 청교도적 가치와 로마 가톨릭 교회의 연합으로 인해 대량의 서적이 금서로 지정되었으며, 《이상한 막간극》의 공연이 금지되었고, 서점 주인이 『채털리 부인의 연인*Lady Chatterley's Lover*』을 판매했다는 이유로 유죄 판결을 받기도 했다. 그러나 전국의 지식인들은 이들을 조롱했고, 결국 그들이 10년 전이라면 결코 허용하지 않았을 책들도 출판이 허용될 수밖에 없었다. 청교도들이 아무리 저항해도, 시대의 변화 속에서 독자들은 새로운 읽을거리를 원하고 있었다.

그 십 년의 초기에 한 저명한 수필가는 출산의 신체적 과정이 많은 여성들에게 굴욕감을 줄 수 있다는 주장을 담은 글을 썼다. 그녀는 이를 당시 최고급 잡지의 편집자에게 보여주었고, 편집자와 함께 논의한 끝에 독자들이 주제에 혐오감을 느끼고 논지에 충격을 받을 것이라 판단하여 게재하지 않기로 결정했다. 그러나 불과 몇 년 후인 1927년, 편집자는 이 원고를 떠올리며 다시 볼 수 있겠냐고 요청했다. 그는 원고를 검토한 후, 도대체 왜 전에 이를 배제했던 것인지 의아했다. 이제 이러한 솔직한 논의는 지극히 자연스럽고 허용 가능한 것처럼 보였던 것이다. 결국, 그 글은 출판되었고 아주 미약한 반향만을 불러일으켰다.

만약 1918년에 어느 평판 좋은 잡지에서 한 갱단원이 다른 갱단원에게 "제기랄 조. 액셀을 밟아. 어떤 더러운 개자식이 에디를 죽였어"라고 말하는 이야기를 게재했다면, 편집자는 즉시 파란 펜을 꺼내 들고 이를 "제발 조. 액셀을 밟아. 어떤 녀석이 에디를 죽였어"로 순화했을 것이다. 그러나 1929년, 이 문장은 가장 보수적인 평판을 지닌 잡지에 그대로 실렸으며, 아무런 수정도 거치지 않았다. 일부 독자들이 불만을 제기했지만, 그 수는 많지 않았다. 세상은 변하고 있었다. 보수적인 감성을 지닌 대중 잡지들조차 점점 새로운 기준을 따르기 시작했다. 한 단편소설 작가는

1920년대 후반 이렇게 말했다. "과거에는 순수하고 무해한 이야기를 쓸 때 돈을 벌고 싶으면《새터데이 이브닝 포스트》나《픽토리얼 리뷰》같은 잡지에 보냈고, 보다 깊이 있고 솔직한 이야기를 쓸 때는《하퍼스Harper's》나《스크리브너스Scribner's》같은 잡지에 보냈다. 하지만 지금은 솔직한 이야기도 가장 인기 있는 잡지에 팔 수 있다."

5

예의범절의 변화와 함께 도덕적 기준도 변할 수밖에 없었다. 소년과 소녀들은 점점 더 이른 나이에 성에 대해 세련된 태도를 갖게 되었으며, 그 단적인 예가『미들타운』연구에서 나타났다. 연구자들은 고등학생 연령대의 소년 241명과 소녀 315명에게 다음 문장이 사실이라고 생각하는지 아닌지를 물었다. "고등학생 10명 중 9명은 '애무 파티petting party'를 경험한다." 그 결과, 거의 절반이 이 문장이 사실이라고 답했다. 이 연령대의 청소년들 사이에서 실제 성관계가 얼마나 이루어졌는지는 알 수 없지만, 린지 판사가 남긴 생생한 이야기들과 미국 곳곳에서 떠도는 소문들은 1920년대의 분위기를 잘 보여준다. 린지는 소녀들이 화장품 케이스vanity case에 피임 기구를 넣고 다녔으며, 한 소녀는 그에게 "내가 아는 여자아이 58명이 성경험을 했지만, 그중 임신한 아이는 단 한 명도 없어요"라고 말했다고 전했다. 1920년대 동안 매춘의 증가 여부는 확실하지 않지만, 한 가지는 분명했다. 매춘 여성들은 사상 처음으로 강력한 '아마추어' 경쟁자들과 맞닥뜨렸다.

기혼자들 사이에서 실제 불륜이 얼마나 많았는지는 통계로 측정할 수 없는 영역이지만, 이혼율이 꾸준히 증가한 것은 명백했다. 1910년 결혼 100건당 이혼 건수는 8.8건이었고, 1920년에는 13.4건, 1928년에는 16.5건으로 늘어났다. 즉, 결혼 6건당 1건은 이혼으로 끝났다. 또한, 이혼에 따른 사회적 낙인도 점차 약해졌다. 도시 지역에서는 이혼한 남녀도 별다른 논란 없이 받아들여졌으며, 오히려 적당히 '금기'를 깬 듯한 매력이 있어 매력적인 존재로 여겨지기도 했다. 1920년대 말, 뉴욕에 사는 한 젊은 여성은 이렇게 말했다. "헨리와 결혼할까 생각 중이에요. 사실 헨리를 그다지 좋아하진 않아요. 그렇지만 잘 안 맞으면 이혼하면 되잖아요? 늙은 독신녀로 남는 것보다 '이혼녀'가 되는 게 훨씬 재미있지 않겠어요?"

1920년대 초반까지만 해도 '애무 파티'는 십대와 이십대 젊은 이들의 전유물이었지만, 곧 나이 든 남녀들 사이에서도 유행하기 시작했다. 호텔 댄스파티가 열릴 때, 술병이 오가는 호텔 방에서 혹은 골프장 컨트리 클럽에서 토요일 밤 파티가 열리고 음악가들이 색소폰을 멈추는 순간, 성인이 된 자녀를 둔 남녀들조차도 날것 그대로의 성적 경험을 조금 맛보고 있었다. 점점 더 많은 사람들에게서 결혼 전에 남성과 주말을 함께 보내고, 그 모든 것을 결혼할 상대에게 솔직히 털어놓은 젊은 여성들에 대한 이야기를 들을 수 있었다. 이 여성들은 용서받는 것을 넘어서서, 사실 용서받을 일이 없다는 말을 듣기도 했다. 이런 남자들은 오히려 어떤 여성에게든 약간의 '경험'은 좋은 일이라고 생각했다. 그렇게 사람들은 과거보다 훨씬 더 자유로운 '도덕 기준'을 받아들이기 시작했다. 그것은 바로, 한 시대를 풍미했던 '단 하나의 기준이 있을 뿐이며, 그것은 가장 낮은 수준의 기준이다'라는 조크를 현실로 만들어가고 있었다.

이러한 사례들 하나하나에 대해, 반대되는 예시를 들어볼 수도 있다. 여전히 엡워스 리그Epworth League 회장이 바람직하다고 생각할 법한 방식으로 사고하고 행동하는 남녀들이 1920년대 말에도 존재했기 때문이다. 신문에서 연애 상담 칼럼을 운영하는 두 명의 여성은, 자신들의 넘쳐나는 편지 더미를 볼 때 젊은 미국인들이 고민하는 문제는 사생아에 대해 남자친구에게 고백해야 하는지 여부가 아니라, 남자친구가 아직 영화 보러 가자고 청하지 않았는데도 현관으로 초대하는 것이 적절한지, 혹은 파이 판매 행사에서 케이크를 칼로 잘라야 하는지와 같은 것들이라고 증언했다. 내륙 오지에서는 여전히 낭만적인 전통적인 성관념이 널리 퍼져 있었고, 여성 연합 클럽의 슬로건인 "남자는 신의 나무이며, 여자는 신의 꽃이다" 같은 말로 표현되기도 했다. 성적 윤리의 변화에 법으로라도 제동을 걸기 위한 필사적인 노력도 있었다. 그중 가장 기이한 사례는 1925년 아칸소주 노펠트Norphelt에서 실제로 통과된 조례로, 다음과 같은 조항을 포함하고 있었다.

"제1조. 앞으로 남성이든 여성이든, 즉 모든 남녀가 해당 지역 내에서 서로 간에 성관계를 갖는 것은 불법으로 간주된다."

"제3조. 제1조의 조항은 결혼한 부부 간의 관계에는 적용되지 않으며, 다만 그 행위가 심각하게 부도덕하고 문란한 경우는 예외로 한다."

그럼에도 불구하고, 미국의 오래된 성도덕 체계가 빠르게 무너지고, 완전히 새로운 성과 결혼에 대한 철학이 퍼져나가는 추세는 분명했다. 정절과 순결이라는 미덕이 과대평가되었다는 인식이 자리 잡기 시작했고, 버트런드 러셀의 아내인 도라 러셀이 주장한 "남성과 여성 모두가 성적 경험을 자유롭게 향유할 권리"에도 일정 부분 타당성이 있다고 여기는 분위기가 확산되었다. 즉, 결혼 전 여성들이 이러한 자유를 누리는 것이 필연적으로 부정적인 결과를 초래하는 것은 아니며, 심지어 결혼 후에도 남편과 아내가 반드시 서로에게만 충실해야 하는 것은 아니라는 생각이 퍼지기 시작했다. 바로 이러한 시대적 흐름 속에서 1927년 린지 판사는 '동반자적 결혼companionate marriage'을 법적으로 인정할 것을 제안했다. 그는 당시 여전히 불법이었지만 대다수의 결혼한 부부들 — 극히 무지한 계층을 제외하고 — 사이에서 일반적으로 시행되거나 신념으로 받아들여지고 있던 산아 제한을 합법화할 것을 주장했으며, 또한 자녀가 없는 경우에는 부부가 상호 합의에 의해 이혼할 수 있게 하는 법안을 제안했다. 그의 제안은 큰 논란을 불러일으켰고 강하게 비판받았지만, 그러한 논의가 공론화되었다는 사실만으로도 기존 윤리 체계가 얼마나 흔들렸는지를 잘 보여준다. 도덕 혁명은 완전히 진행 중이었다.

6

하지만, 혁명의 시기는 살기에는 불편한 시기이다. 기존의 윤리 체계를 무너뜨리는 것은 상대적으로 쉬운 일이지만, 그 자리를 대체할 새로운 체계를 마련하는 일은 훨씬 더 어려운 일이며, 그 사이에 크고 작은 사회적 마찰과 혼란이 뒤따를 수밖에 없다. 어릴 때부터 여성이 흡연하거나 음주하는 것은 죄악이며, 점심식사 자리에서 성에 대한 대화를 나누는 것은 추잡한 행동이고, 젊은 여성이 남성에게 '완전히 부도덕한 접근'을 허용하는 것은 상상조차 할 수 없는 일이라는 가르침을 받아온 사람들은 한순간에 그런 신념을 버릴 수 없었다. 인간을 완전히 '속속들이 익혀' 바꿔내는 일은 달걀을 삶는 것보다 훨씬 더 오래 걸리는 법이다. 새로운 자유의 사도들 중 일부는 마치 습관적인 사고방식을 하룻밤 사이에 바꿀 수 있다고 착각한 듯 보였다. 그들은 단순히 성性의 비밀을 세상의 빛 아래로 끌어내어 공개하기만 하면, 사회가 곧바로 남태평양의 가장 먼 섬들처럼 야만적이지만 순수한 상태로 돌아갈 것이라고 믿는 듯했다. 그러나 현실은 그렇지 않았다. 성을 둘러싼 금기를 걷어내자마자, 그런 비밀에 목말라 있던 사람들은 우르르 달려들어 자세히 보려고 안간힘을 쓴다. 그러면 한동안 그들은 다른 것은 아무것도 생각할 수 없게 된다. 모두가 하고 싶은 대로 하게 한다면, 그들은 시작부터 남들에게 폐를 끼치기 마련이다. 그리고 얼마 지나지 않아 다른 사람들에게 폐를 끼치는 것이 결국 지속적인 행복의 비결이 아니라는 사실을 깨닫게 될 것이다. 전후의 10년 동안, 기존의 규범이 무너진 결과는 바로 그런 것이었다.

이러한 윤리 혁명의 가장 두드러진 결과 중 하나는, 사회 전반에 걸친 성에 대한 강박적 집착이었다. 당시 미국 젊은이들의 대화를 엿들어 보면, 마치 어떤 소녀의 아버지가 자신의 딸은 어떤 주제든 다 이야기할 수 있다고 말했지만, 실제로는 거의 성 이야기밖에 하지 않는 상황과도 같았다. 사회적 담론 속에서도 이러한 성적 강박관념이 뚜렷이 드러났다. 예를 들어, 1920년대 유행했던 '여자 대학'에 대한 비판 논리는 교육 과정이나 여성 졸업자의 지적 발전과는 거의 관계가 없었다. 오히려 '4년 동안 여학생들끼리만 지내면 성적性的으로 왜곡된 인격이 형성될 가능성이 높다'는 주장이 주를 이루었다.

이런 분위기는 대중이 소비하는 읽을거리에서도 마찬가지였다. 섹스 잡지와 선정적인 타블로이드 신문은 물론, "대디 브라우닝과 피치스" 스캔들* 같은 것이 신문 지면을 가득 채웠다. 특히, 전후戰後 지식인들 사이에서 가장 높은 평가를 받은 소설가들은 검열 기관과 끊임없이 충돌하는 이들이었다. 퓰리처상 심사위원회조차 기존의 수상 기준인 "미국 생활의 건전한 분위기와 높은 윤리 기준"을 만족시키는 작품을 찾기가 어려워지자, 결국 수상 기준을 바꿔 '건전한wholesome'을 간단히 '전체적인whole'이라는 단어로 수정하고 '높은 윤리 기준'이라는 문구는 아예 삭제했다. '건전한 분위기'와 연관될 수 있는 뛰어난 소설은 거의 없었다. 그러한 소설을 찾기 위해서는 미국 상원이 말하듯 '해석적 유

---

* 1926년 뉴욕의 부유한 부동산 개발업자 에드워드 웨스트 '대디' 브라우닝(51세)과 프랜시스 벨 '피치스' 히넌(15세)이 결혼했다. 이들의 연애와 결혼은 언론의 집중적인 관심을 받았으며, 타블로이드 신문들은 두 사람의 일거수일투족을 상세히 보도했다. 결혼 생활은 오래가지 못했고 이혼 소송 또한 언론의 대대적인 보도 대상이 되었다. 이 사건은 당시 미국 사회에서 큰 논란을 일으켰으며, 미성년자와 성인의 결혼, 언론의 사생활 침해 등 여러 사회적 이슈를 부각시켰다.

보interpretive reservations'*를 해야 할 정도였다. 현대적 사고의 소유자를 자처하는 독자들은 그러한 소설을 원하지 않았다. 그들이 원하는 것은 문화적 변화를 반영하는 소설들, 올더스 헉슬리의 철학적 난삽함, 마이클 알렌의 향수 어린 문란함, 어니스트 헤밍웨이의 술 취한 브렛 애슐리의 일시적인 연애들, 애니타 루스Anita Loos의 '신사 친구들'을 둔 두 여성 이야기, 래드클리프 홀Radclyffe Hall의 동성애 탐구 등이었다. 불과 몇 년 전까지만 해도 급진적인 경제·정치 사상을 지지하던 젊은이들이 이제는 새로운 성도덕을 옹호하며 어디서든 그것에 대해 이야기하고, 오로지 그것만을 생각하는 상황이 되어 있었다. 성性은 스포트라이트를 받았고, 구식 도덕주의자들의 자녀들은 그로부터 눈을 돌릴 수 없었다.

혁명의 또 다른 결과는 예절manner이 단순히 달라진 것에 그치지 않고, 한동안 '무예절하게unmannerly' 되었다는 점이다. 1920년대 동안, 호스트들은 파티를 열어도 초대받은 손님들이 도착할 때나 떠날 때조차 인사하는 수고를 하지 않는 상황을 자주 경험했다. 무도회에 초대받지 않고도 당연한 듯 찾아가는 '무단 침

---

* 공식적으로는 찬성하거나 수용하는 입장이지만, 문제가 될 만한 특정 조항이나 해석에 대해서는 '우리의 해석대로 이해하겠다'는 단서 조항이다. 미국 상원은 조약을 비준할 때 이런 방식을 택하는 경우가 많다. '이 조약의 조항 중 일부는 미국의 기존 법과 충돌하므로, 해당 조항은 다음과 같은 해석으로만 수용된다.' 즉, 조약의 본문을 바꾸지는 않지만, 미국이 실제로 그것을 어떻게 해석하고 이행할지는 유보하겠다는 것이다. 이런 해석적 유보는 국내의 정치적 비판을 피하고, 국제 협약에는 참여하는 듯한 모양새를 유지하며, 결국 자국의 입장을 우선시하는 실질적 탈출구를 마련해준다. 즉, 책임을 회피하면서 정치적 유연성을 확보하는 수단이다.

입gatecrashing'이 일반적인 일이 되었고, 수많은 남녀가 진부한 사람으로 보이지 않으려고 일부러 저녁 식사 시간보다 30분 이상 늦게 도착하는 것을 원칙으로 삼았다. 플래퍼들과 폭이 넓은 바지를 입은 젊은 남성들로 이루어진 하우스파티에서는, 마호가니 테이블 위에 타다 남은 담배가 그대로 놓였고, 카펫 위에는 재가 흩뿌려졌으며, 베란다에 있던 쿠션은 배로 가져가 방치되어 빗물에 젖었지만 아무도 사과하지 않았다. 게다가, 교육을 받고 문명화되었다고 자부하는 남녀들이 칵테일 몇 잔을 들이켠 후, 디너 파티를 시끄러운 난장판으로 만들어버리는 경우도 빈번했다. 그들은 한바탕 소란을 피우는 것이 고대 그리스의 '선한 삶good life'으로 돌아가는 길이라고 착각했던 것일까? 오래된 도덕적 장벽은 무너졌고, 새로운 기준은 아직 세워지지 않았다. 그리고 그 틈을 타, 돼지들이 초원을 활보하고 있었다. 훗날, 1920년대는 '무례함의 시대Decade of Bad Manners'로 불릴지도 모른다.

오랜 도덕률을 폐기하고 새로운 기준을 세우는 일은, 그리 간단한 과정이 아니었다. 결혼한 부부가 성적 자유를 누려야 하며, 결혼은 그러한 우발적인 즐거움과는 무관해야 한다는 주장을 내세우는 것은 쉬운 일이었다. 하지만, 어린 시절부터 '낭만적인 결혼'을 이상적인 것으로 배워 온 남녀가 현실에서 배우자의 불륜을 맞닥뜨렸을 때 이를 견디는 것은 전혀 다른 문제였다.

린지 판사는 한 여인의 이야기를 전했다. 그녀는 남편이 다른 사람을 사랑할 수도 있다고 스스로 납득하며, 그런 이유로 남편을 덜 사랑하지 않겠다고 다짐했다. 하지만 정작 남편의 '연인'을 마주했을 때, 그녀는 견딜 수 없는 메스꺼움을 느꼈다. 그녀는 결국 깨달았다. 자신의 이성은 '현대적 사고방식'을 받아들였을지 몰라도, 감정까지 단단해진 것은 아니었다. 이 여인과 같은 경험을 한 사람들이 1920년대에 수없이 많았다. 이혼율 상승이라는 차가운 통계 뒤에는, '새로운 자유'를 실험하다가 돌이킬 수 없는 상처를 입은 부부들의 사연이 숨어 있었다. 부부들은 결국 깨닫게 되었다. 서로에 대한 신뢰와 존경이 사라진다면, 그 어떤 이유로도 결혼을 유지하는 것은 불가능하다는 것을.

새로운 도덕률은 환멸 속에서 탄생했다. 그리고 이 환멸은, 새로운 시대를 맞이했다며 환호하는 혁명가들 속에서도 끊임없이 지속되었다. 만약 1920년대가 무례한 시대였다면, 그것은 불행한 시대이기도 했다. 낡은 가치 체계가 사라졌지만, 그 빈자리를 채울 새로운 가치 체계는 쉽게 찾아지지 않았다. 도덕률이 무너진 자리에는 어떤 새로운 기준이 세워져야 했을까? "명예honor"라고 새로운 시대의 예언자들은 대답했다. "무엇을 하든 솔직하기만 하면 된다." 하지만 이러한 원칙은 너무 모호하고, 너무 금욕적이며, 적용하기에는 지나치게 어려웠다. 낭만적 사랑이 무너진 자리에는 무엇이 남았는가? 섹스? 하지만 조지프 우드 크러치는 이렇게 말했다. "사랑이 더 이상 죄가 되지 않는다면, 그것은 또한 더 이상 최고의 특권도 아니다." 월터 리프먼 역시 『도덕에 대한 서문*A Preface to Morals*』에서 이를 인용하며, "사랑이 그저 순간적인 쾌락이라고 생각한다면, 그 결과가 순간적인 허무함뿐이라는 사실이 놀라운 일인가?"라고 되물었다. 성적인 쾌락만을 좇다 보면 결국 남는 것은 공허와 무의미뿐이었다. 그리고 이 공허감과 무의미 속에서, 브렛 애슐리와 그녀의 친구들은 『해는 또 다시 떠오른다』에서처럼 비극적으로 표류할 수밖에 없었다.

물론, 미국 사회 전체가 브렛 애슐리와 같은 삶을 살았던 것은 아니었다. 그러나 수백만 명이 1920년대 동안, 어느 정도의 환멸과 우울을 경험했다. 그들은 가치 없는 삶을 견딜 수 없었다. 하지만 어린 시절부터 배워 온 가치들은 점점 무너지고 있었다. 모든 것이 무의미하고, 중요하지 않게 느껴졌다. 그러나, 적어도 지금 당장 술 몇 잔을 들이켜고, 순간적인 육체적 욕망을 충족시키며, 세상이 무너져 가는 것을 잊을 수는 있었다. 그래서, 색소폰이 흐느꼈고, 진$_{gin}$ 병이 돌았으며, 댄서들은 반쯤 감긴 눈으로 끝없는 회전 속에서 춤을 췄다. 밖의 세계는 너무나도 잔인하고, 너무나도 광기에 휩싸여 있었으므로, 사람들은 그 문을 닫아버리고 불안한 밤을 보내는 것밖에는 할 수 있는 것이 없었다.

새로운 도덕적 기준을 세우는 데에는 시간이 걸리는 법이다. 그리고 1920년대가 끝나갈 무렵에야, 사람들은 다시금 '자신들의 세계에서 편안함을 찾는 법'을 배우기 시작했다. 그들은 더 이상 성에 집착하지 않게 되었고, 새로운 관습과 기준에 감정적으로 적응하기 시작했다. 그리고, 결국 자유롭고 솔직한 삶을 보다 우아하게 살아가는 법을 익히며, 무너진 낡은 세계 속에서 지속될 만한 새로운 가치를 발견하기 시작했다.

6 하딩과 스캔들

HARDING AND THE SCANDALS

 워런 G. 하딩이 오하이오 주 상원의원이 되기 전, 그리고 상원의원 재임 중, 그리고 이후 사망할 때까지 그의 개인 변호사로 일해왔으며,

― 또한 여러 해 동안, 하딩이 대통령으로 선출되기 전과 사망한 후까지, 그의 부인인 플로렌스 하딩의 변호사로도 일해왔으며,

― 그리고 오하이오주 워싱턴 코트하우스에 있는 미들랜드 내셔널 뱅크Midland National Bank의 변호사였으며, 내 형제인 M. S. 도허티의 변호사이기도 했으며,

― 그리고 워런 G. 하딩 대통령 재임 중 미합중국 법무장관을 지냈으며,

― 그리고 하딩 대통령 사망 후, 한동안 쿨리지 대통령 하에서도 법무장관직을 수행했으며,

― 그리고 이들 모두와, 변호사로서, 개인적인 친구로서, 그리고

법무장관으로서, 가장 긴밀하고도 신뢰하는 관계를 유지해왔던 바,

— 나는 증언을 거부하며 질문에 답변하지 않겠다. 왜냐하면: 내가 답변하거나 증언하는 것이 나 자신을 범죄 혐의에 연루시킬 가능성이 있기 때문이다.

— *1926년 3월 31일, 뉴욕 연방 대배심에서 대처 판사의 정보 제공 요청에 대한 해리 M. 도허티의 서면 답변.*

1921년 3월 4일 아침 — 하늘은 맑았고, 서늘한 공기가 감돌았으며, 바람이 불어 워싱턴의 깃발이 휘날리고 있었다. 병약하고, 구부정하게 몸을 숙이고, 지친 우드로 윌슨은 백악관 문을 나서 자동차로 걸음을 옮겼다. 그의 곁에는 건장한 대통령 당선자가 함께 있었다. 윌슨은 펜실베이니아 애비뉴를 따라 의사당으로 향했다가, 다시 그의 개인 저택이 있는 S 스트리트로 돌아와 쓸쓸한 은둔 생활을 시작했다. 한편, 워런 가멜리얼 하딩은 미합중국 대통령으로 취임 선서를 했다. '정상성normalcy'의 시대가 시작되었다.

1921년 3월 4일: 이 차가운 숫자들이 당신에게 어떤 의미를 갖는가? 잠시 그날로 돌아가 주변을 둘러보자.

전쟁이 끝난 지 2년이 넘었지만, 상원은 베르사유 조약을 거부했고, 우드로 윌슨은 의회 반대파들과 타협하기를 거부했기에, 독일과 미국 사이에는 여전히 공식적으로는 전쟁 상태가 유지되고 있었다. 1920년 중반까지 호황을 누리던 경제는 극심한 불황으로 무너져 내렸고, 이에 따라 생활비 급등 문제가 전국적

인 불만을 불러일으켰다. 적색 공포Red Scare는 점차 사그라들고 있었으나, 슈퍼 애국주의자들은 여전히 맹렬하게 활동하고 있었고, 사코와 반제티 사건은 아직 세이어 판사의 법정에 오르지 않은 상태였다. 쿠 클럭스 클랜은 최초로 수십만 명의 회원을 확보했다. 18차 수정헌법, 즉 금주법이 시행된 지 2년째에 접어들며 주류 밀매업자와 밀주업자들은 점점 대담해지고 있었다. 플래퍼들의 성적 문란함이 전국을 떠들썩하게 만들었고, 바로 이 시기에 필라델피아에서는 '도덕적 드레스'라는 것이 등장했으며,《리터러리 다이제스트Literary Digest》는 "젊은 세대는 위험에 처했는가?"라는 심포지엄을 특집으로 다루었다. 라디오 방송국이 설립된 지 4개월 남짓 되었을 뿐이었고, 라디오 붐은 아직 시작되지 않았다. 여성들의 스커트 길이는 무릎까지 올라갔으나, 다시 내려갈 기미가 보였다. 시카고범죄위원회Chicago Crime Commission가 범죄 증가를 조사 중이었고, 랜디스 판사는 막 야구의 차르czar로 임명되었다.[메이저리그 야구 최초의 커미셔너로 임명되었다는 뜻.] 한편, 잭 뎀프시와 조르주 카르팡티에가 그해 여름 보일스 서티 에이커스에서 맞붙기로 계약을 맺었으며,『메인 스트리트』와『세계사 개요』는 베스트셀러 목록을 차지하고 있었다.

이 시기 미국은 정신적으로 피로했다. 전쟁의 긴장과 적색 공포의 신경질적인 분위기 속에서 지친 대중은 조용함과 치유를 원했다. 윌슨과 그의 '미국의 인류에 대한 사명'이라는 말에 진저리가 난 국민들은 정치적 이상주의에 무감각해졌고, 정부의 개입 없이 개인적인 삶을 조용히 영위하길 바랐다. 사전에는 없는 단어였지만, 그들이 원한 것은 '정상성normalcy'이었다.

워싱턴에서 새 행정부가 출범할 때마다 초반에는 항상 국민적 기대감이 따른다. 하지만 하딩 행정부의 출범 당시 분위기는 유난히 온화하고 따뜻했다. 새 대통령의 미소는 마치 긴 겨울이 지나고 찾아온 봄날의 해방감처럼 국민을 녹였다. 4년 동안 백악관은 굳게 닫혀 있었고, 무장한 경비병들이 출입을 통제했지만, 하딩 대통령의 첫 공식 조치는 백악관 문을 활짝 열어 시민들이 정원으로 들어와 창문을 들여다보고, 대리석 현관 앞에서 기념사진을 찍도록 허용하는 것이었다. 심지어 자동차와 트럭마저도 백악관 드라이브웨이로 올라와 대통령 관저 앞을 지날 수 있도록 했다. 이는 마치 '정부가 국민에게 되돌아왔다'는 상징적인 선언처럼 보였다. 윌슨은 독선적인 지도자로 비난받았으며, 결정을 내릴 때 타인의 조언을 듣지 않았다. 반면, 하딩은 겸손하게 "최고의 인재들best minds"의 조언을 따르겠다고 밝혔다. 그는 취임 선서에서 미가서 6장 8절을 인용했다. "주께서 네게 구하시는 것은 오직 공의를 행하며, 인자를 사랑하며, 겸손히 네 하느님과 함께 행하는 것이 아니냐?" 윌슨은 기업 활동을 감시하며 대기업을 경계했다. 그러나 하딩은 기업들이 '정상적인 발전'을 자유롭게 재개할 수 있도록 하겠다고 약속했다. 그리고 마지막으로, 윌슨이 엄격한 학자적 지도자였다면, 하딩은 국민들에게 친숙한 '평범한 이웃'이었다. 그는 기자들과 방문객을 따뜻하게 맞았고, 애완견 '래디 보이'를 백악관에 들여놓아 미국인의 감성을 자극했다.

"지금 워싱턴의 분위기는 마치 고향 주간Old Home Week이나 대학 동창회 같은 느낌이다." 하딩이 대통령직에 오른 직후 라우리Edward G. Lowry는 이렇게 썼다. "변화는 놀랍다. 사람들은 모두 활짝 웃고 있다." 새로운 선의good will의 시대가 시작되는 듯했다.

워런 하딩에게는 두 가지 강점이 있었으며, 이는 이미 분명히 드러나 있었다. 첫째, 그는 미국 대통령다운 외모를 갖추고 있었다. 그는 대단히 잘생긴 인물이었으며, 그의 얼굴과 태도에는 위싱턴과 같은 고결함과 위엄이 깃들어 있었고, 그의 눈빛은 인자했다. 그는 사진이 잘 받는 사람이었고, 화보rotogravure 섹션에 실린 그의 사진들은 국민들에게 친근함과 존경심을 불러일으켰다. 그리고 그는 백악관에 입성한 역대 대통령 중 가장 다정한 사람이었다. 그는 모든 사람을 좋아하는 것처럼 보였으며, 모든 사람을 도와주고 싶어 했고, 모든 사람을 행복하게 만들어주고 싶어 했다. 그의 친절함은 냉정한 정치인의 가식적인 친절함이 아니라, 투명하고 감동적일 정도로 진실한 것이었다. "이웃이여, 나는 당신을 돕고 싶소." 전쟁 중 허버트 후버를 처음 만났을 때 하딩이 한 말이었다. 그는 그것을 진심으로 믿었고, 이제 대통령이 된 그에게는 매리언에서 온 이웃들, 선거운동 사무소에서 온 이웃들, 그리고 친근한 미국 대중 전체가 그의 도움을 필요로 하는 존재들이었다.

그의 약점들은 처음에는 그다지 눈에 띄지 않았으나, 실로 치명적인 것이었다. 윌리엄 앨런 화이트의 표현을 빌리자면, 하딩은 정치적으로 제한된 경험을 벗어나는 순간 "믿을 수 없을 정도로 무지한" 인물이었다. 그의 사고방식은 모호하고 혼란스러웠다. 그의 연설에서 드러나는 어수선한 문장 구조, 장황하고 서투른 언어 선택(유럽 문제에서의 "비개입noninvolvement", [베르사유] 조약에 대한 "가입adhesion"), 그리고 접미사에서의 반복적인 실수("정상 상태"를 뜻하는 'normality' 대신 'normalcy', "약혼"을 뜻하는 'betrothal' 대신 'betrothment')는 그의 사고의 수준을 여실히 보여주었다. 하지만 그보다 더 분명하게 드러난 것은, 그의 선의만으로 해결할 수 없는 정책적 문제들 앞에서 그가 보인 무력함이었다. 화이트는 하딩이 어느 날 보좌관의 사무실로 들어와 세금 문제에 관한 자문회의에서 벌어진 논쟁을 들은 후 이렇게 외쳤다고 전한다. "존, 난 이 세금 문제에서 도무지 뭘 알아야 할지 모르겠어. 한쪽 말을 들으면 맞는 것 같고, 그러다 보면 — 세상에! — 다른 쪽 말을 들으면 그것도 맞는 것 같아. 결국 나는 처음으로 되돌아오는 거야. 분명 어딘가에 진실을 담은 책이 있겠지만, 문제는 그 책을 내가 읽을 수 없다는 거지. 어딘가에는 진실을 아는 경제학자가 있을 텐데, 문제는 그를 어디서 찾아야 할지도 모르겠고, 찾았다 해도 내가 그를 알아보고 믿을 수 있는 판단력이 없다는 거야. 세상에! 무슨 직업이 이래!" 그는 스스로 문제의 핵심을 파악하고 논리를 정리할 능력이 없었기 때문에, 자신보다 머리가 더 명석한 부하 직원과 친구들에게 절대적으로 의존할 수밖에 없었다.

만약 그가 자신의 친구들과 보좌진을 신중하게 선택했다면, 모든 일이 잘 풀렸을 수도 있다. 하지만 그는 사람을 가려내는 능력이 없었다. 그는 찰스 에반스 휴즈, 허버트 후버, 앤드루 멜런을 내각에 임명하면서 자신의 행정부에 필요한 '국가적 지도력'을 보장받았다는 막연한 인식을 가졌으나, 동시에 도허티, 폴Fall,

포브스를 똑같이 신뢰했다. 그는 특정한 직무에 대한 적임자의 기술적 능력에 대해 거의 개념이 없었다. 그에게 공직이란 일종의 '선물'과도 같았고, 그는 그것을 자애로운 산타클로스처럼 나눠 주었다 — 그 시작은 매리언 출신의 친구들이었다. 그는 자신의 처남을 연방 교도소장으로 임명했으며, 매리언 소여 요양원의 평범한 의사였던 닥터 소여를 백악관 주치의로 임명했을 뿐만 아니라, 공식 발표에서 그에게 '준장 직위brigadier-generalcy'(여기서도 접미사 사용 오류)를 부여했다고 발표했고, 나아가 그에게 정부 보건 기관들의 통합 가능성을 연구하도록 맡겼다. 그리고 통화 감독국장Comptroller of the Currency 자리에는, 매리언의 한 은행에서 몇 개월간 행장으로 일한 것이 전부였던 변호사 D. R. 크리싱어를 임명했다.

더 나아가, 하딩은 정직과 부패를 구별할 줄도 몰랐다. 그는 오하이오주의 실용주의적이고 부패한 정치 세계에서 성장해 왔다. 그는 오랜 세월 동안, 웅장한 도리아식 건축 양식의 외관 뒤에서 로비스트, 청탁업자, 특권을 사고파는 이들이 '사업 제안'을 논하고 '작은 거래들'를 성사시키는 것을 묵인해 온 인물이었다 — 그리고 그들 역시 매리언 출신의 친구들과 함께 워싱턴으로 따라왔다. 이들 중 일부는 정부의 요직을 차지했고, 일부는 자연스럽게 권력을 장악했으며, 하딩은 그들을 너무나 잘 알고 있었기 때문에 — 만약 그가 단 한순간이라도 명확하고 편견 없는 사고를 할 수 있었다면 — 그들이 어떻게 그 권력을 사용할지 분명히 알았을 것이다. 그러나 그는 자신의 오래된 친구들을 너무나 좋아했고, 그들이 자신의 성공을 함께 나누기를 바랐으며, 또한 정신적으로 너무 흐릿한 상태였기에, 이 문제를 직시하지 않은 채 시간을 흘려보냈다. 그는 백악관에서 빠져나와 H 스트리트의 저택으로 가서, 오하이오 갱과 그들의 친구들이 벌이는 술자리에 참여하는 것을 즐겼다. 거기에서는 금주법 따위는 신경 쓰지 않고 자유롭게 술이 오갔으며, 포커 테이블에서 한껏 즐기며 국정의 걱정을 잠시나마 잊을 수 있었다. 그리고 가장 쉬운 해결책은, 친구들이 어떤 일을 벌이고 있는지 깊이 따져보지 않는 것이었고, 혹시나 부정을 저지른다 해도 너무 과하지만 않으면 옛 친구 하딩에게 큰 문제를 일으키지는 않을 거라고 기대하는 것이었다.

하딩이 왜 그런 인물들과 어울렸을까? 진실은, 겉으로는 위엄 있어 보였지만 그가 실상은 그저 평범한 소도시 남자에 불과했기 때문이다. 그는 "평균적인 감각의 남성"으로, 세상에서 가장 좋아하는 일이 토요일 밤마다 조지의 가게에서 옛 친구들과 어울려 조끼 단추를 풀어놓고 시가를 문 채 술병과 얼음을 곁에 두고 시간을 보내는 것이었다. 그의 사생활은 싸구려 성적 일탈로 점철되었다. 대통령이 되기 불과 1년 전에 태어난 사생아를 부양했다는 내연녀의 폭로를 보면, 이 모든 일이 얼마나 치졸한 방식으로 이루어졌는지 알 수 있다. 허름한 호텔에서의 은밀한 만남, 상원 사무실(내연녀인 낸 브리튼이 아이가 그곳에서 잉태되었다고 믿었던 곳), 심지어 백악관 집무실의 코트 보관실에서도 만남이 이루어졌다. (『대통령의 딸*The President's Daughter*』에 담긴 이야기가 일부 의심받기도 하지만, 누가 이렇게까지 치졸하고 창피한 사건을 꾸며낼 수 있겠는가?) 낸 브리튼의 시선을 통해 하딩의 모습을 볼 때, 우리는 그의 근본적인 평범함을 가차 없이 깨닫게 된다. "아, 자기야Gee, dearie", "말해봐, 내 사랑Say, you darling" 같은 그의 진부한 언어, 기차에서 카드 사기꾼에게 100달러를 사기당한 이야기, 뉴욕 브로드웨이 호텔에서 탐정들에게 발각되었을 때 "국민에게 봉사하기 위해 워싱턴으로 가는 도중"인 상원의원은 체포할 수 없다며 순진무구한 확신을 보였던 모습까지 — 그의 어리숙함이 낱낱이 드러난다.

그의 야심 찬 아내는 그를 세련된 외모로 단련시키고 사회적 지위를 쌓게 도왔다. 하지만 그가 진정으로 편안함을 느끼는 곳은 여전히 오하이오 갱과 함께하는 담배 연기 자욱한 방 안이었다. 그는 겉으로는 성공한 정치인으로서 상류층과 어울릴 수 있었지만, 진정으로 편안한 곳은 H 스트리트의 비밀스러운 모임 장소였다.

하딩이 백악관에 도착하자마자, 매킨리–포레이커McKinley-Foraker 시대의 정치 실세들이 다시금 워싱턴에 몰려들었다. 턱에 시가를 문 채 호주머니에는 두툼한 100달러 지폐 뭉치를 넣고 다니는 비루한 인물들이 워싱턴 호텔을 점령하기 시작했다. 이제 정부와 거래를 할 수 있다는 소문이 돌았다 — 단, 적절한 사람을 설득하기만 하면 된다. 석유업자들은 기대감에 입맛을 다시고 있었다. 그들은 시카고 전당대회에서 "자연보호conservation 같은 헛소리를 신경 쓰지 않는" 하딩 같은 인물을 대통령으로 만들기 위해 로비를 벌였다. 그리고 하딩 행정부에서 내무장관이 된 앨버트 B. 폴이라면, 국가 자원을 개발하는 계약을 더욱 "우호적이고 관대한 조건"으로 체결해 줄 것이라는 믿음이 있었다.

오하이오 갱은 기쁨의 웃음을 감추지 못했다. 콜럼버스에서의 부패 기회는 연방 정부를 장악했을 때의 '대어'에 비하면 하찮은 것이었다. 그리고 하딩은 "도움이 되는" 사람이 되고 싶어 했다. 그가 바라는 바는 곧 현실이 될 참이었다.

2

그러나 대중은 대체로 이러한 것들에 대해 별로 알지 못했고, 이면에서 무슨 일이 벌어지고 있는지에 대해서는 더 관심이 없었다. 국민들의 시선— 설령 관심을 가진다 해도 —은 화려한 조명이 비치는 무대 위에서 펼쳐지는 하딩 행정부의 점잖고 단정한 외교적 연극에 집중되었다.

독일과의 평화 조약은 오랜 지연 끝에 마침내 체결되었고, 하딩은 1921년 7월 2일 해당 결의안에 서명했다. 미국 정부는 역사상 처음으로 통합 예산 체제를 도입했는데, 이는 1921년 예산법Budget Act의 통과 덕분이었다. 찰스 G. 도스가 예산국 국장이 되어 그의 독특한 말투, 특유의 파이프 담배, 그리고 빗자루를 휘두르며 업무 효율성을 강조하는 연극 같은 행동들로 대중의 눈길을 사로잡았다. 이민법은 노동자들의 요구에 맞춰 더욱 엄격한 쿼터제로 개편되었고, 이에 따라 "용광로melting pot"의 융합 속도가 느려진다고 우려하던 이들은 한숨을 돌렸다.

공화당이 다수당인 의회는 항상 그랬듯이 관세를 인상했다. 재무장관 앤드루 멜론은 초고소득층의 소득세 최고세율을 낮춰야 한다고 주장하여 금융계를 기쁘게 했다. 그러나 농민들의 강한 반대와 민주당의 저항으로 인해 최고세율은 50퍼센트로 유지되었다. 그럼에도 월 스트리트는 "적어도 행정부의 속마음은 우리 편"이라는 확신을 얻었다. 노조에 반대하는 이들에게도 하딩 행정부는 신뢰를 줬다. 법무장관 해리 도허티는 철도 차량 정비 노동자들의 파업에 대해 미첼 파머 시절을 연상케 하는 강력한 금지 명령injunction을 내렸다. 1923년 1월, 영국의 전쟁 채무에 대한 미국과의 채무 조정 협정이 워싱턴에서 체결되었고, 얼마 지나지 않아 상원의 비준을 받았다. 하지만 하딩 행정부의 가장 큰 업적은 단연 '워싱턴 군축회의'였다 ─ 신문에서는 이를 '군축 회담Arms Parley'이라고 불렀다.

전쟁 이후, 세계 주요 강대국들은 다시금 군비 경쟁에 돌입했다. 영국, 미국, 일본은 앞다투어 함선을 건조하며 치열한 경쟁을 벌였다. 이들 국가 간의 경쟁은 태평양 지역에서의 긴장이 점점 고조되면서 더욱 날카로워졌다. 전쟁 동안 일본은 자신의 상업 제국을 확장할 황금 같은 기회를 붙잡았다. 다른 경쟁국들이 전쟁에 집중하느라 여력이 없는 사이, 일본은 중국을 자국의 특별한 이익권으로 여기기 시작했고, 마치 보호국처럼 취급하며 자국의 상업적 권리가 다른 나라보다 우선되어야 한다고 주장했다. 게다가 일본은 영국과 동맹을 맺어 입지를 더욱 공고히 했다. 그러던 중 찰스 에반스 휴즈가 국무장관이 되어 미국의 전통적인 문호 개방 정책Open Door Policy을 다시 적용하며 동양에서 미국의 권리를 주장하기 시작했다. 이로 인해 상황이 점점 미묘해지는 것이 분명해졌다. 일본은 자국의 의지를 관철시키려 했고, 미국은 이에 강하게 반발했다. 그리고 필리핀은 그 한가운데 위치해 있어, 만약 갈등이 폭발한다면 일본의 영향권 아래 놓일 가능성이 농후했다.

이런 상황에서, 영국, 일본, 미국 모두 태평양 지역에서의 분쟁 요소를 원만히 해결하고, 기존의 영일 동맹을 대체할 삼자 협정을 체결해, 해군력 제한을 위한 조약을 맺는 것이 각국에 유리하리라는 점을 인식하게 되었다. 이에 상원의원 윌리엄 보라가 국제회의를 제안했고, 하딩 대통령과 휴즈 국무장관이 이를 받아들여 회의를 소집했다. 그리고 1921년 11월 12일, 미국의 무명용사Unknown Soldier가 알링턴 국립묘지에 엄숙히 안장된 바로 다음 날, 각국 대표단이 워싱턴에 모였다.

회의 첫날, 하딩 대통령은 정중하면서도 다소 장황한 환영 연설을 했으며, 평소와 마찬가지로 어려운 문제의 해결은 '최고의 인재들'에게 맡기는 방식을 택했다. 그리고 국무장관 휴즈와 그의 협력자들이 실질적인 협상을 진행하도록 했다. 이번 경우에는 하딩의 소극적 접근 방식이 긍정적인 결과를 낳았다. 휴즈는 단순히 뛰어난 두뇌를 가졌을 뿐 아니라, 명확한 계획과 복잡한 사안들을 꿰뚫는 능력을 갖추고 있었다. 하딩 대통령이 미국 독립의 딸들 기념홀Memorial Continental Hall에서 퇴장하자마자, 회의 의장을 맡은 휴즈는 형식적인 환영 연설을 시작했다. 그런데 예상치 못한 일이 벌어졌다. 휴즈가 갑자기 구체적이고 세부적인 계획을 발표한 것이다. 그는 10년간의 전함 건조 중단, 즉 "해군 휴일naval holiday"을 제안하며, 이 기간 동안 어떠한 전함도 건조하지 않을 것을 요구했다. 또한, 이미 계획 중이거나 건조 중인 전함 건조 계획을 전면 폐기하고, 세 나라가 약 200만 톤에 달하는 전함을 폐기할 것을 주장했다. 그리고 대체 건조 제한을 5-5-

3 비율로 설정할 것을 제안했다. 즉, 미국과 영국 해군의 규모를 동일하게 유지하고, 일본 해군의 규모는 그 5분의 3 수준으로 제한하는 것이었다. 휴즈 장관은 숨막히는 정적 속에서 연설을 마무리했다. "이 계획이 수용된다면, 해군 군비 경쟁의 부담이 사라질 것이다. 엄청난 자금이 해방되어 문명의 진보를 돕게 될 것이다. 동시에, 각국의 국방 요구는 충분히 충족될 것이며, 향후 10년 동안 국가들은 미래의 방향을 숙고할 기회를 얻게 될 것이다. 공격적인 해상 전쟁을 위한 준비는 이제 멈춰야 한다."

이러한 직설적이고 구체적인 제안이 준 충격은 엄청났다. 기자석에 앉아 있던 윌리엄 제닝스 브라이언은 휴즈의 제안에 환호성을 내질렀다. 휴즈의 연설이 끝나자, 각국 대표들은 기립하여 뜨거운 박수를 보냈다. 이는 미국 국내뿐만 아니라 세계 언론에도 큰 반향을 일으켰다. 휴즈의 계획이 보여준 과감함과 효과적인 접근 방식에 사람들은 깊이 감명받았으며, 이로 인해 회의의 성공 가능성이 거의 확실시되었다.

3개월에 걸친 협상 끝에, 일본, 영국, 미국 대표단은 휴즈의 기본 구상을 반영한 조약을 체결하는 데 합의했다. 또한, 이들은 프랑스와 함께 서로의 태평양 내 섬 영토를 존중하고, 모든 분쟁을 평화적 협상을 통해 해결할 것을 약속했다. 아울러, 일본이 산동山東과 시베리아에서 철수하기 위한 기반이 마련되었으며, 중국 내 문호 개방 원칙을 존중하기로 했다. 이 조약들은 상원에서 비준되었으며, 이로 인해 태평양 지역에서 즉각적인 갈등 요소들이 제거되었다. 물론 냉소적인 시각을 가진 사람들은 "순양함과 잠수함 경쟁은 거의 줄어들지 않았고, 어차피 전함은 점점 구식이 되어가고 있었다"고 지적할 수도 있었다. 하지만 해군 조약Naval Treaty은 적어도 경쟁 부담을 줄이는 데 기여했고, 휴즈 장관의 예측대로 중요한 선례를 남겼다. 무엇보다 중요한 것은, 군비 경쟁이 이제 국제적인 관심사로 공식 인정되었으며, 이에 대한 제한이 국제적 합의의 대상이 될 수 있다는 사실이 명백히 인정되었다.

해당 시점에서 보면, 겉으로는 워런 하딩의 상황이 순조롭게 흘러가는 듯 보였다. 그는 개인적으로 인기가 높았고, 친기업적인 태도는 보수적인 국민 정서에 부합했다. 그의 재무장관은 금융계와 산업계 인사들이 모이는 자리마다 "알렉산더 해밀턴 이후 최고의 인물"이라 칭송되었으며, 상무장관 허버트 후버는 벨기에 구호 활동을 했을 때처럼 무역 발전에 기여하고 있었다. 이상주의에 실망한 이들조차도 워싱턴 군축회의가 적지 않은 성과였음을 인정하지 않을 수 없었다. 물론 몇몇 정부 부처에서 부패와 낭비, 부실 운영이 있다는 소문이 돌았고, 재향군인국 국장이 불명예스럽게 물러났으며, 의회에서는 도헤니와 싱클레어에게 유전 토지를 임대한 문제를 두고 격렬한 비판이 있었지만, 이 모든 일들은 대중의 큰 관심을 끌지 못했다. 1923년 초여름, 하딩이 알래스카를 방문하기 위해 떠났을 때, 그의 행정부에 심각한 문제가 있다는 사실을 인식한 사람은 거의 없었다. 그가 귀국길에 들른 도시에서 식중독으로 추정되는 병에 걸렸고, 샌프란시스코에 도착했을 때 그의 병세가 폐렴으로 악화되자, 국민들은 신문 헤드라인을 보며 걱정을 쏟아냈다. 그리고 위기를 넘긴 듯 보였던 순간, 1923년 8월 2일, 갑작스럽게 쓰러져 사망했다. 담당 의사들은 이를 뇌졸중으로 판단했으며, 온 국민이 깊고도 진심 어린 슬픔에 빠졌다.

대통령의 시신은 특별 열차에 실려 가능한 한 빠른 속도로 워싱턴으로 운구되었다. 기차가 지나가는 길목마다 수천, 수만 명의 남녀노소가 모여 이를 지켜보았다. 서부의 언덕에서는 카우보이들이 말에서 내려 모자를 벗고 경건하게 서 있었으며, 도심에서는 인파가 너무 밀집한 탓에 기관사가 속도를 줄여야 했고, 그로 인해 기차는 예정 시간보다 몇 시간 늦어졌다. 《뉴욕 타임스》의 한 기자는 이를 두고 "미국 역사상 사망한 인물에 대한 가장 놀라운 애정과 존경, 경의의 표시"라고 썼다. 하딩의 시신이 워싱턴에서 조문객들의 애도를 받은 후, 그의 고향 매리언으로 옮겨지자 후계자는 전국적인 추모일을 선포했다. 상점들이 문을 닫았고, 미국 전역에서 추도식이 열렸으며, 국기는 조기로 게양되었고, 건물들은 검은 천으로 둘러싸였다.

그날 수많은 연설이 이루어졌으나, 이는 단순한 형식적인 발언이 아니었다. 전국에서 수많은 사람들이 국가를 위해 헌신하다 과로로 쓰러진 위대한 지도자를 애도했다. 고인이 된 대통령을 두고 "일관성 있는 신념을 지닌 장엄한 인물"이라 칭송했으며, "그의 비전은 언제나 영적인 것이었다"고 평가했다. 뉴욕의 성 요한 성당에서 열린 추도식에서 비숍 매닝은 "그의 비석에 단 하나의 문장을 새길 수 있다면, '그는 우리에게 형제애의 힘을 가르쳤다'라고 쓰고 싶다. 그것이야말로 인간이 가르칠 수 있는 가장 위대한 교훈이며, 기독교 정신의 핵심이다. 형제애와 친절의 정신으로 우리는 모든 문제를 해결할 수 있다······ 우리가 지금 애도하는 이와 같은 충실하고 지혜로우며 고결한 지도자를 신께서 우리나라에 영원히 허락하시길 바란다"고 말했다.

그러나, 대통령에게는 형제애와 친절만으로 해결할 수 없는 문제도 있었다. 예를 들면, 자신이 지나치게 형제애를 베푼 자들이 행정부를 부패의 늪에 빠뜨리고 있으며, 그 스캔들이 곧 드러날 것이고, 자신의 정치적 유산이 치욕 속에 무너질 것이라는 사실을 깨달았을 때의 문제였다. 그것이 바로 워런 하딩을 죽음으로 몰아넣은 문제였다.

대통령이 독약을 마시고 자살했다는 소문은 새뮤얼 홉킨스 애덤스의 소설 『흥청망청Revelry』이 출판되면서 널리 퍼졌다. 이 소설은 주로 하딩 행정부에서 일어난 일들을 바탕으로 쓰여졌다. 또한, 법무부 소속 수사관이자 도허티 주변의 정치적 파벌의 일원이었던 개스턴 B. 민스는 그의 책 『하딩 대통령의 기이한 죽음 The Strange Death of President Harding』에서, 대통령이 부인과 소여 박사의 공모에 의해 독살되었다는 주장을 암시했다. 민스에 따르면, 그 동기는 두 가지였다. 첫째, 플로렌스 하딩이 남편과 낸 브리튼의 관계를 알고 있었으며, 사생아가 있다는 사실에 격분하여 거의 광기에 가까운 질투에 휩싸였다는 것. 둘째, 하딩 행정부의 부패가 돌이킬 수 없을 정도로 심각한 수준임을 깨달은 그녀가, 오직 죽음만이 남편을 불명예로부터 구할 수 있다고 느꼈다는 것이었다.

자살설과 민스의 주장은 모두 그럴듯해 보이지만, 반드시 받아들여야 하는 것은 아니다. 대통령이 귀국길에서 먹은 게살 요리가 식중독의 원인이라고 했지만, 선내 식료품 목록에는 게살이 없었으며, 일행 중 다른 누구도 같은 증상을 보이지 않았다. 또한, 폐렴에서 회복하던 중 갑자기 '뇌졸중'으로 사망한 점, 사망 당시 부인과 단둘이 있었던 점, 그리고 부검 없이 의사들이 내린 사망 판정이 단순한 의견에 불과했다는 점은 여러 의혹을 낳았다. 그러나, 과장된 음모론을 받아들이지 않더라도, 하딩이 자신의 처지를 비관해 스스로 생을 포기했을 가능성은 충분하다. 알래스카 순방 당시, 그는 분명 심각한 불안 상태에 있었다. 윌리엄 앨런 화이트에 따르면, "하딩은 후버 장관과 그를 신뢰하는 기자들에게 계속해서 묻곤 했다. '만약 대통령이 친구들에게 배신당했다면, 그는 무엇을 해야 하는가?'" 결국, 독살이든 심장마비든, 그를 죽음으로 몰고 간 가장 큰 원인은 삶에 대한 의지를 잃어버린 것이었다.

대중은 당시 이러한 사실을 전혀 알지 못했다. 그들은 자신들의 친구이자 대통령이었던 사람이 세상을 떠났다는 사실만 알고 있었고, 그의 죽음을 애도하며 하딩 기념 협회Harding Memorial Association가 추진하는 거대한 기념비 건립 계획을 환영했다. 그러나 진실은 그의 사후, 하나씩 밝혀지기 시작했다.

3

순교한 대통령이 무덤에 묻힌 지 얼마 지나지 않아, 상원 공공 토지 위원회는 티팟 돔Teapot Dome과 엘크 힐스Elk Hills의 해군 유류 비축 기지가 어떤 방식으로 임대되었는지에 대한 조사를 시작했다. 그리고 점차 하딩 행정부에서 벌어진 가장 심각하고 광범위한 스캔들이 드러나기 시작했다. 궁극적으로 밝혀진 사건의 개요는 다음과 같다.

1909년부터, 미국 정부는 유사시에 대비해 해군이 사용할 수 있도록 석유가 매장된 세 개의 공공 토지를 지정해두었다. 이들은 각각 캘리포니아, 엘크 힐스의 해군 비축 기지 1호, 캘리포니아, 부에나 비스타의 2호, 와이오밍, 티팟 돔의 3호였다. 시간이 흐르면서, 이곳에 묻혀 있는 석유가 주변 유정油井에 의해 빨려나갈 위험이 있다는 우려가 제기되었다. 석유는 땅속에서 흘러가기 때문에, 한 지역에 시추공을 뚫으면 인접한 땅 아래의 석유까지 빨아올릴 가능성이 있었다. 이 문제의 심각성에 대해서는 의견이 분분했으나, 실제로 엘크 힐스 비축 기지 근처에서 거대한 유전이 발견되자, 의회는 대응에 나섰다. 1920년, 의회는 해군장관에게 비축 기지를 보존하는 방법을 자유롭게 결정할 수 있는 거의 무제한적인 권한을 부여했다. 그가 선택할 수 있는 방법은 크게 두 가지였다. 하나는 비축 기지의 경계선에 '대응 시추공offset wells'을 뚫어 석유 유출을 방지하는 방법, 또 하나는 비축 기지를 민간 기업에 임대하고, 그 대가로 해당 기업이 정부에 일정량의 석유나 연료유를 비축해두도록 하는 방법이었다. 당시 해군장관이었던 조지프 대니얼스는 대응 시추공을 뚫는 방식을 선호했다.

그러나 앨버트 B. 폴이 하딩 행정부에서 내무장관이 되면서 상황이 달라졌다. 1921년, 군축 회담을 앞두고 해군 고위 관계자들 일부는 일본과의 갈등을 우려하며, 진주만 등 전략적 요충지에 연료유 저장 시설을 즉시 건설하고 이를 가득 채워야 한다고 주장했다. 이 계획은 폴 장관에게 딱 맞았다. 그는 석유 업계 거물들과 긴밀한 관계를 맺고 있었으며, 이 기회를 이용해 그들에게 특혜를 줄 수 있었다. 그가 내린 결정은 다음과 같았다. 비축 기지를 통째로 민간 기업에 임대하고, 기업이 정부에 납부하는 사용료royalty로 연료유 탱크를 건설하고 채우는 방식을 택하는 것이었다. 문제는 해군장관만이 비축 기지를 임대할 수 있는 권한이 있었으며, 폴은 내무장관이었기 때문에 법적으로 이를 결정할 권한이 없다는 점이었다. 그러나 그것은 극복할 수 없는 장애물은 아니었다.

하딩 대통령이 취임한 지 불과 세 달 만인 1921년 5월 31일, 그는 대통령의 행정 명령Executive Order을 받아내 비축 기지의 관할권을 해군부에서 내무부로 이관시켰다. 그리고 1922년 4월 7일, 폴 장관은 티팟 돔 비축 기지(해군 비축 기지 3호)를 해리 F. 싱클레어의 매머드 오일 컴퍼니에 비밀리에, 경쟁 입찰 없이 임대했다. 이어 1922년 12월 11일, 그는 엘크 힐스 비축 기지(해군 비축 기지 1호)를 에드워드 F. 도헤니의 팬-아메리칸 컴퍼니에 역시 비밀리에, 경쟁 입찰 없이 임대했다.

이에 대해, 두 가지 반론이 제기되었다. 이 임대 계약이 정부에도 충분히 유리한 조건이었으며, 만약 계약이 유지되었다면 민간 기업들이 과도한 이익을 취하는 일은 없었을 것이라고 주장하는 이들도 있었다. 또한 이 계약들이 군사적 목적을 위한 것이었기 때문에 비밀로 유지되어야 했으며, 경쟁 입찰을 하지 않은 것이 정당하다고 주장하기도 했다. 그러나 이후 폴 장관이 싱클레어로부터 26만 달러 상당의 리버티 채권Liberty Bonds을 받았으며, 도헤니로부터 이자도 담보도 없이 10만 달러의 현금을 '빌린' 사실이 밝혀졌다.

이후 수년간 상원 청문회, 정부 소송, 형사 재판 등이 이어졌고, 결국 연방 대법원은 도헤니와의 계약을 '불법적이고 사기적인' 계약으로 판결했으며, 싱클레어와의 계약도 무효화되었다. 이 사건으로 인해, 해군장관 에드윈 덴비는 대중의 거센 비판을 받고 사임해야 했다. 역설적이게도, 도헤니와 싱클레어는 모두 무죄 판결을 받았다. 그러나 싱클레어는 1929년에 두 가지 이유로 이중 징역형을 살게 되었다. 첫째는 공공토지 위원회에서 그에게 질문을 던졌을 때 답변을 거부한 것에 대해 상원을 모욕한 혐의로, 둘째는 그의 첫 번째 재판에서 배심원단을 번즈 탐정들 Burns detectives*로 감시하게 한 것에 대해 법정을 모욕한 혐의로였다. (배심원 중 한 명은 어떤 남자가 그에게 접근하여 '올바르게' 표결하면 '이 블록만큼 긴 자동차'를 갖게 될 것이라는 제안을 했다고 진술했다.)

이것이 유전 임대 거래의 기본적인 사실이다. 그러나 이것은 이야기의 일부에 불과했다. 1924년 초, 상원 위원회가 처음으로

---

* 미국의 사설 탐정기관인 윌리엄 J. 번즈 국제 탐정국 소속 탐정들을 가리킨다. 이 기관은 20세기 초 미국에서 가장 유명한 사설 탐정회사 중 하나였고 창립자인 번즈는 '미국의 셜록 홈즈'라고 불릴 정도로 유명한 인물이었다. 번즈는 사설 탐정기관을 운영하면서 하딩 행정부에서 FBI의 전신인 수사국 Bureau of Investigation의 국장을 역임했다. 즉, '번즈 탐정들'은 단순한 탐정들이 아니라 연방 정부의 막강한 정보력과 정치적 영향력을 등에 업은 사설 정보기관의 요원들이었으며, 티팟 돔 사건에서 사법 방해의 상징이 된 존재들이다.

중대한 내용을 폭로한 후, 쿨리지 대통령은 정부를 대신하여 필요한 법적 조치를 취할 초당적 검사팀을 구성하고자 실질적인 역할을 할 오언 로버츠와 명목상의 역할을 맡을 전 상원의원 애틀리 포메린을 임명했다. 그리고 로버츠와 포메린은 싱클레어가 폴에게 이전한 특정 채권들이, 이전에는 들어본 적도 없는 캐나다의 한 기업, 컨티넨털 트레이딩 컴퍼니Continental Trading Company의 금고에서 나왔다는 사실을 밝혀냈다. 그리고 이 컨티넨털 트레이딩 컴퍼니의 내막이 점차 밝혀지면서, 이 사건은 단순한 스캔들을 넘어 당시 미국의 기업 윤리를 보여주는 대표적인 사례가 되었다. 사건은 다음과 같이 전개되었다.

1921년 11월 17일, 폴과 싱클레어가 계약을 체결하기 몇 달 전, 뉴욕 밴더빌트 호텔의 한 방에 몇몇 인물이 모였다. 참석자는 부유한 멕시아 유전Mexia oil field의 소유자 E. A. 험프리스 대령, 미드웨스트 오일 컴퍼니의 해리 M. 블랙머, 프레리 오일 컴퍼니의 제임스 E. 오닐, 인디애나 스탠다드 오일 컴퍼니 이사회 회장 로버트 W. 스튜어트 대령, 그리고 싱클레어 콘솔리데이티드 오일 컴퍼니의 수장 해리 F. 싱클레어가 포함되어 있었다.

이 자리에서 험프리스는 자신의 유전에서 배럴당 1.50달러에 33,333,333배럴의 석유를 판매하기로 합의했다. 그러나 그는 자신이 원래 예상했던 것처럼 직접 다른 회사들에 석유를 판매하는 것이 아님을 알게 되었다. 그는 자신이 들어본 적도 없는 한 회사, 막 설립된 컨티넨털 트레이딩 컴퍼니에 석유를 판매하도록 요청받았다. 이 계약은 싱클레어와 오닐이 보증했다. 그리고 컨티넨털 트레이딩 컴퍼니는 이 석유를 싱클레어와 오닐의 회사에 되팔았는데, 가격은 배럴당 1.75달러였다. 즉, 배럴당 25센트의 차익이 발생했으며, 이는 애초에 이 모임에 참석한 회사들로 갈 수 있었던 이익이었다. 이 차익이 쌓이면 총 8백만 달러 이상에 이를 수도 있는 거래였다.

그러나 결국 그 금액에 도달하기는 어려웠다. 1년여가 지난 후, 상원이 이 거래에 대해 지나치게 관심을 보이기 시작했고, 결국 컨티넨털 트레이딩 컴퍼니를 청산하고 그 기록을 폐기하는 것이 최선이라고 판단되었다. 하지만 그 전까지 이 거래를 통해 3백만 달러 이상의 수익이 발생한 상태였다. 이렇게 모인 수백만 달러를 컨티넨털 트레이딩 컴퍼니의 대표이자 저명한 캐나다 변호사였던 오슬러 회장이 리버티 채권을 매입하는 데 사용했다. 그리고 이 채권들 중 2퍼센트를 자신이 챙겼고 나머지는 아래의 네 명에게 다음과 같이 배분되었다.

해리 M. 블랙머: 약 763,000달러

제임스 E. 오닐: 약 800,000달러

로버트 W. 스튜어트 대령: 약 759,000달러

해리 F. 싱클레어: 약 757,000달러

그렇다면 이 인물들은 채권을 받자마자 이를 이사회와 주주들에게 보고하고 회사 금고에 넣었을까? 그렇지 않았다. 블랙머는 자신의 몫을 뉴욕의 이쿼터블 트러스트 컴퍼니Equitable Trust Company의 안전 금고에 보관했으며, 1928년까지 그대로 남아 있었다고 변호인이 후에 증언했다. 오닐은 자신이 받은 채권을 결국 회사에 넘겼지만, 1925년 5월이 되어서야 그렇게 했다. 스튜어트는 자신의 몫을 스탠다드 오일 사 인디애나주의 금고에 신탁 형식으로 보관하도록 직원에게 맡겼으나, 법무팀의 한 직원을 제외하고는 누구에게도 이 사실을 알리지 않았다. 그리고 1928년이 되어서야 이사회에 이 사실을 공개하고 채권을 정식으로 넘겼다. 신탁 계약서는 연필로 작성되었다. 싱클레어는 자신의 회사 이사나 임원들에게 1928년이 되어서야 채권 보유 사실을 알렸으며, 그동안 이 채권을 자신의 집 금고에 보관했다. 그러나 그는 오래 보관하지 않았다. 그렇지 않았다면 컨티넨털 트레이딩 컴퍼니의 비밀이 세상에 밝혀질 일도 없었을 것이다. 그는 보유한 채권 중 상당수를 폴에게 건넸으며, 185,000달러 상당을 '대출' 형식으로 공화당 전국위원회Republican National Committee에 제공했다. 이와 별도로 75,000달러는 무상 기부outright gift 형태로 제공했다. 이후 그는 100,000달러를 돌려받았다.

이 '대출'은 윌 H. 헤이스를 통해 이루어졌다. 헤이스는 1920년 대선 당시 공화당 전국위원회 의장이었고, 하딩 대통령이 당선된 후 우정장관이 되었다가, 후에 영화 산업의 도덕성을 감독하는 역할을 맡았다. 싱클레어가 채권을 제공했을 당시, 헤이스는 이미 영화 업계에서 활동하고 있었지만, 그는 여전히 1920년 공화당 대선 캠페인의 부채를 갚기 위해 노력하고 있었다. 이를 위해 그는 기부자를 모집하는 방식으로 이 채권을 활용하려 했다. 즉, 부유한 기부자들에게 공화당 부채를 갚는 데 기여하면 싱클레어의 채권을 같은 금액만큼 받을 수 있다고 제안한 것이다. 그들이 채권을 얼마나 오래 보유할 수 있었는지는 불분명했다.

6 하딩과 스캔들 **189**

상원 공공토지 위원회에서 증언한 헤이스는 이를 "채권을 통해 적자를 메우기 위한 자금 조달 노력의 일환"이라 불렀다. 그러나 실상은 거대한 규모의 불법 정치 자금 조성을 감추려는 시도에 불과했다.

4

이제 정부 운영 방식과 기업 경영진이 주주를 위해 수행해야 할 신탁 의무에 대한 간단한 교훈은 이쯤에서 마무리하자. 이제 우리는 석유 스캔들의 좀 더 가벼운 측면을 살펴보려 한다. 물론, 이는 사건에 직접 연루되지 않은 사람들에게만 해당되는 이야기다. 이 조사에서 가장 큰 공을 세운 몬태나주의 상원의원 토머스 J. 월시가 집요한 심문으로 증인들을 몰아세우는 과정에는 쏠쏠한 유머가 담겨 있다. 만약 그가 집요하게 진실을 파헤치지 않았다면, 이 모든 비리가 밝혀지지 않았을지도 모른다. 조사가 점차 진행되면서 드러난 여러 장면들, 사건 관계자들이 해외로 도피하는 모습, 기억이 불분명하다고 주장하는 증인들의 기묘한 태도 등은 그 자체로 흥미로운 요소를 갖고 있다. 이제 우리는 이 조사의 기록을 다시 살펴보며, 몇 가지 흥미로운 항목들을 하나하나 되짚어 보자.

항목 1: 폴 장관에게 돈을 빌려준 사람은 누구인가?

1923년 가을, 하딩 대통령이 유명을 달리한 직후, 월시 상원의원의 조사위원회는 앨버트 B. 폴 전 내무장관이 갑자기 부유해졌다는 사실을 포착했다. 이전까지 그는 심각한 재정난을 겪고 있었으며, 몇 년 동안 지방세조차 내지 못하는 형편이었다. 그러나 갑자기 그의 재정 상황이 급변했다. 그는 뉴멕시코에 위치한 자신의 목장 근처에 추가로 토지를 구입했고, 상당한 양의 100달러짜리 지폐를 사용했다. 위원회는 즉시 그의 자금 출처를 추적하기 시작했다. 수사관들에게 100달러짜리 지폐는 증언 거부, 면책권 포기 거부만큼이나 중요한 단서였다. 과연 폴 장관은 누구로부터 돈을 받았을까? 폴은 조사위원회에 장문의 서한을 보내, 도헤니나 싱클레어로부터 단 한 푼도 받은 적이 없다고 강력히 부인했다. 대신, 워싱턴의 신문 재벌이자 백만장자인 에드워드 B. 매클린에게서 10만 달러를 빌렸다고 주장했다. 매클린은 하딩 대통령과 그의 측근들이 자주 방문했던 호화로운 저택에서 파티를 열곤 했던 인물이었다.

당시 매클린은 팜비치에 머물고 있어 워싱턴에서 직접 증언할 수 없는 상황이었다. 조사위원회가 이를 그냥 넘길 수도 있었겠지만, 그들은 그러지 않았다. 매클린이 증언을 극도로 꺼리고 있다는 정황이 드러났기 때문이다. 매클린과 그의 측근들은 암호화된 전보를 통해 끊임없이 정보를 주고받았다. 그중 하나를 보면 다음과 같다.

Haxpw sent over buy bonka and householder bonka sultry tkvouep prozoics sepic bepelt goal hocusing this pouted proponent.

월시 상원의원은 이에 굴하지 않고, 직접 팜비치로 가서 매클린을 심문했다. 매클린은 폴에게 돈을 빌려준 것은 맞지만, 세 장의 수표로 지급했다고 주장했다. 그러나 문제는, 폴 장관이 곧바로 수표를 반환했으며, 은행을 통해 처리된 기록이 전혀 남아 있지 않다는 점이었다.

이 이상하고 간략한 금융 거래는 전직 내무장관이 갑작스럽게 부유해진 이유를 설명해주지 못했다. 조사위원회는 다른 설명을 요구했다. 그러자, 1924년 1월 24일, 해군 비축 기지 1호[엘크 힐스]를 임대한 에드워드 L. 도헤니가 증인석에 섰다. 그는 폴에게 10만 달러를 대출해 준 사실을 인정했다. 이 돈은 뉴욕에서 워싱턴까지 가방에 담아 운반되었다. 그러나 도헤니는 이 돈이 석유 비축 기지 임대와는 아무 관련이 없는, 단순히 우정에 기반한 대출이었다고 주장했다. 노년의 석유 재벌 도헤니는 폴과의 오랜 우정을 감동적으로 그려냈다. 현금으로 10만 달러를 이렇게 빌려주는 것이 다소 큰 금액이 아니냐는 질문에 그는 이렇게 답했다. "왜요, 아닙니다. 그것은 나에게 '단순하고 사소한 일bagatelle'일 뿐입니다." 그는 그러한 방식으로 송금을 하는 것이 전혀 특별한 일이 아니라고 말했다. 대출 증서가 있었느냐는 질문에는 도헤니가 있다고 답했다. 그리고 나중에 그것을 제출했다 — 아니, 정확히 말하면 그 일부만을 제출했다. 서명이 없는 상태였다. 도헤니는 자신이 죽으면 폴이 무정한 집행자들에 의해 과도하게 빚을 갚으라는 압박을 받을까 두려워, 대출 증서를 반으로 찢어 서명이 있는 부분을 도헤니의 아내에게 주었는데, 그녀가 그것을 잃어버렸다고 했다. 그의 해명은 완벽했다. 그러나 몇 년 후, 연방 대법원은 이 설명을 의심스럽다고 판단했다.

항목 2: 소 여섯 또는 여덟 마리

관대한 도헤니가 증언대에 서기 직전, 신문들은 일급 머리기사로 다룰 이야기를 얻었다. 위대한 시어도어 루즈벨트의 아들이자, 하딩 대통령의 해군 차관보였던 작은 시어도어 루즈벨트의 형제인 아치 루즈벨트가 자발적으로 월시 위원회에 증인으로 출석했다. 아치 루즈벨트는 싱클레어 회사들 중 하나의 임원이었고, 그의 마음속에 남아 있는 무언가를 털어놓고 싶어 했다. 그의 형제가 모든 것을 말하라고 독려했기 때문이었다. 아치는 싱클레어의 비서였던 G. D. 왈버그로부터 싱클레어가 폴의 목장 관리자에게 6만 8천 달러를 지불했다는 것을 들었다고 말했다. 이 증언은 증거를 집요하게 추적하던 월시 의원이 일으킨 불안감으로 인해 왈버그에게도 부담을 주었을 것이다. 게다가 싱클레어는 유럽으로 떠났는데 — 단순히 떠난 것만이 아니라, 자신의 이름을 승객 명단에 남기지 않고 조용히 떠난 것이었다. 위원회는 왈버그를 호출했다. 그는 위원회 앞에서 아치 루즈벨트와 이야기했을 때보다 훨씬 더 불편해 보였다. 그러나 그는 자신이 말했다고 주장되는 내용에 대해 매력적인 설명을 내놓았다.

그는 아치가 오해한 것이라고 주장했다. 그는 6만 8천 달러에 대해 아무 말도 하지 않았다. 그가 말한 것은 '여섯 또는 여덟 마리의 소six or eight cows'였다는 것이다. (사실, 어떤 의미에서는 사실이었다. 싱클레어는 실제로 폴에게 가축을 선물로 보낸 적이 있었는데, 정확히 '여섯 또는 여덟 마리의 소'는 아니었지만 말 한 마리, 돼지 여섯 마리, 황소 한 마리, 암송아지 여섯 마리를 보냈다.) 보라, 어떻게 오해가 발생했는지 보이는가? '6만 8천 달러sixty-eight thous'가 '여섯 또는 여덟 마리의 소six or eight cows'처럼 들릴 수 있다는 것을 이해할 수 있는가?

공공토지 위원회는 제대로 이해하지 못한 듯했다. 위원들은 일제히 눈썹을 치켜올렸다. 이에 왈버그는 얼마 뒤 다시 시도했다. 이번에는 더욱 기발한 설명을 내놓았다. 그는 기억을 더듬어 보았고, 자신이 말한 것이 '폴의 목장Fall ranch'이나 '폴의 농장Fall farm'의 관리인에게 6만 8천 달러가 간다는 의미로 들릴 수도 있었겠지만, 사실 자신이 말하려던 것은 '말 농장horse farm'의 관리인에게 간다는 것이었다고 결론지었다. 여기서 말하는 '말 농장'이란, 싱클레어의 유명한 란코카스 승마조련소Rancocas Stables의 조련사를 의미하는 것이었다. 이 6만 8천 달러는 힐드레스라는 조련사의 급여와 함께, 제브Zev를 비롯한 싱클레어 소유 경주마들의 우승 상금에서 나온 몫이었다.

'말 농장horse farm'이라니 — 이 표현은 문장에서 어딘가 어색했다. 집단적인 눈썹은 내려가지 않았다.

항목 3: 스튜어트 대령과 다른 이들의 침묵

상원 위원회는 두 갈래로 추적 중이었다. 그러나 그 후로도 이 사건을 끝까지 밝혀내는 데 가장 큰 도움을 줄 수 있는 여러 신사들은 이상하게도 말하기를 꺼려했고, 말을 할 때도 기억이 매우 흐릿해 보였다. 폴 장관은 그의 의사들에 의해 '매우 아픈 사람'으로 판명되었고, 그에게 증언을 강요해서는 안 된다고 주장했다. 그가 마침내 증언했을 때, 그는 자신을 '범죄 행위로 몰아갈 수 있는' 질문들에 답변을 거부했다.

싱클레어는, 아치 루즈벨트가 위원회에 말한 바에 따르면, 유럽으로 떠났고, 귀국 후에도 질문에 대한 답변을 거부했다. 이 거부가 그가 '법정 모독'으로 유죄 판결을 받게 된 직접적인 이유였다. 이후, 정부를 속이려 했다는 더 중대한 공모 혐의에서는 무죄를 선고받은 후 그는 마침내 입을 열었다. 그는 폴에게 채권을 넘긴 사실을 인정했으나, 그것이 "폴의 목장 및 목축 사업에서 3분의 1 지분을 사기 위한 대가였다"고 주장했다.

블랙머는 유럽으로 가서 돌아오지 않았다. 오닐도 마찬가지였다. 컨티넨털 트레이딩 컴퍼니의 오슬러는 지구 끝 어딘가로 사라졌다. 그리고 스튜어트 대령의 경우, 그는 결국 존 D. 록펠러 주니어의 강력한 요청을 받고서야 쿠바에서 귀국해 위원회에 출석했다. 1928년 초 위원회 앞에 선 그는 이렇게 증언했다. "나는 개인적으로 그 어떤 채권도 받지 않았습니다. 나는 이 거래로 단 한 푼도 벌지 않았습니다." 그러나 불과 두 달도 지나지 않아, 싱클레어가 중대한 공모 혐의에서 무죄를 선고받아 긴장이 다소 누그러진 후, 스튜어트는 자신이 받은 채권이 75만 달러가 넘는다는 사실을 인정했다. 그리고 그는 이 채권들을 몇 년 동안 자신이 운영하는 회사의 이사회에 보고하지 않았다는 사실도 덧붙였다.

항목 4: 헤이스의 증언

1924년, 영화 산업의 도덕성을 지도하는 역할을 맡고 있던 월

H. 헤이스는 상원 위원회에 출석했다. 그는 싱클레어가 공화당에 기부한 금액이 얼마인지 질문받았고, "7만 5천 달러"라고 답했다.

1928년, 컨티넨털 채권의 내막이 조금 더 밝혀진 후, 헤이스는 다시 위원회에 출석해야 했다. 이번에는 싱클레어가 18만 5천 달러를 '대출' 형식으로 제공했으며, 추가로 기부까지 했다는 전체 이야기를 털어놓았다. 그렇다면 그는 왜 1924년에는 이 사실을 말하지 않았을까? "그때는 '채권'에 대해 나에게 아무도 물어보지 않았기 때문입니다."

항목 5: 멜런의 침묵

헤이스가 싱클레어의 정치 자금 기부에 대한 '수정된' 증언을 한 며칠 후, 찰스 프랫 & 컴퍼니의 출납 담당자가 상원 위원회에 소환되었다. 그는 헤이스가 과거에 남긴 5만 달러 상당의 싱클레어-컨티넨털 리버티 채권과 관련된 정보를 제공하기 위해 출석했다. 헤이스는 과거에 존 T. 프랫에게 5만 달러 상당의 채권을 맡겼는데, 이는 프랫이 같은 금액을 공화당 전국위원회에 기부하도록 유도하는 헤이스 특유의 '기발한 계획'의 일환이었다. 출납 담당자는 프랫이 채권의 처분 내역과 기부금 지급을 기록해 둔 카드를 위원회에 제출했다. 그런데 이 카드의 한쪽 구석에는 연필로 작게 적힌 다음과 같은 메모가 있었다.

$50,000

Andy   Weeks

DuPont

Butler

이름들은 무엇을 의미하는 것일까?*

월시 상원의원은 그 카드를 살펴보았다.

월시 상원의원: 윅스, 듀폰, 버틀러는 읽을 수 있군요. 그런데 이 다른 이름은 뭡니까? '앤디'처럼 보이는데요.

출납원: (돋보기로 들여다보며) 윅스, 듀폰, 버틀러, 그리고 다른 이름은 캔디Candy인가 보군요…… 네, 앤디Andy일 수도 있겠네요.

나이 상원의원: 그럼 앤디가 누구죠?

출납원: 앤디가 누군지 전혀 모르겠습니다. 제가 아는 앤디라는 사람은 없습니다.

이 말을 듣자 방 안에 있던 사람들이 폭소를 터뜨렸다. 그들은 모두 앤디가 누구인지 알고 있었다. 월시 상원의원은 즉시 재무장관 앤드루 W. 멜런에게 쪽지를 보내, 그가 이 기호에 대해 설명해 줄 수 있는지 물었다. 멜런은 곧바로 답변을 보냈다.

---

* 'Andy'는 혹시 재무장관 앤드루 멜런Andrew Mellon이 아닐까? 'Weeks'는 전前 육군장관 존 W. 윅스John W. Weeks를 의미하는 것일까? 'DuPont'과 'Butler'는 공화당 후원자들을 지칭하는 것일까? 위원회는 이 수수께끼를 풀고자 했지만, 멜런과 관련된 이 미스터리한 메모에 대해 추가적으로 밝혀진 것은 없었다.

멜런의 설명에 따르면, 1923년 말 ― 즉 티팟 돔 조사가 막 시작될 무렵 ― 헤이스가 그에게 일부 채권을 보냈다고 한다. "그 후 얼마 지나지 않아 헤이스 씨가 저를 방문했습니다. 그는 그 채권이 싱클레어에게서 받은 것이라고 말하며, 제가 그 채권을 보관하고 같은 금액을 당 기금에 기부할 것을 제안했습니다. 저는 이를 거절했습니다."

멜런 장관은 엄격한 청렴성을 지켰다. 그는 채권을 돌려보냈고, 헤이스의 제안을 따르는 대신 5만 달러를 직접 기부했다. 그는 또한 다음과 같이 덧붙였다. "저는 이후 티팟 돔 임대 문제와 관련해 전개된 사실을 전혀 알지 못했습니다."

그렇지만 여기서 주목할 만한 점이 있다. 이 증언은 1928년에 이루어졌다는 것이다. 3년 넘게 상원 조사위원회와 쿨리지 대통령이 임명한 특별검사 로버츠와 포머렌은 컨티넨탈 채권이 어떻게 되었는지 밝혀내려 애썼다. 그동안 재무장관은 1923년에 자신이 싱클레어로부터 온 리버티 채권을 제공받았다는 사실을 알고 있었다. 그러나 그가 그 사실을 밝히지 않은 것은, 그 작은 카드에 'Andy'(혹은 'Candy')라고 연필로 적혀 있던 것이 발견될 때까지였다. 어찌 보면 사소한 문제일 수도 있지만, 자신의 증언이 당의 정치 자금 조달 방식에 오점을 남길 수 있다는 이유로 3년 동안이나 침묵을 지킨 재무장관의 태도는 확실히 인상적이었다.

이로써, 최소한 이 글을 쓰는 시점에서는, 티팟 돔과 엘크 힐스, 그리고 컨티넨탈 트레이딩 컴퍼니와 관련된 기이한 이야기는 끝을 맺는다. 이 모든 사건은 1921년 6월, 하딩이 대통령에 취임한 지 얼마 되지 않았을 때 행정 명령을 통해 해군 비축 기지의 관리권을 내무부로 이전하면서 시작되었다. 당시 스틸먼 이혼 소송이 임박했고, 잭 뎀프시는 카르팡티에와의 대결을 준비하고 있었으며, 젊은 찰스 린드버그는 아직 비행기를 타본 적도 없었다.

세월이 흘러, 싱클레어와 스튜어트가 증언하고, 헤이스가 자신의 말을 바꾸고, 멜런이 마침내 침묵을 깬 1928년에 린드버그는 대서양을 단독 비행했고, 허버트 후버는 공화당 대선 후보로 대세를 굳히고 있었다. 그리고 해리 싱클레어가 워싱턴 감옥에서 약제사로 불쾌한 시절을 마치고* 출소했을 때는 이미 주식시장이 폭락하며 호황의 1920년대가 끝나가고 있었다.

하딩 행정부에서 국가 자원의 수호자로서 폴 장관의 재임 기간은 짧았지만, 그 후유증은 길고 혹독했으며, 동시에 많은 교훈을 남겼다.

아, 한 가지 더 덧붙일 것이 있다. 그 모든 사건을 시작하게 만든 석유는 어떻게 되었을까? 해군이 태평양에서 전쟁이 발발할 경우 즉시 사용해야 한다며 그토록 걱정했던 그 석유 말이다. 조사 과정에서 수많은 채권과 10만 달러 대출 문제가 불거졌지만, 정작 그 석유에 대한 관심은 거의 사라졌다. 싱클레어와 도헤니에게 임대된 유전의 생산은 중단되었지만, 1921년부터 우려되었던 '인접 유전으로의 석유 유출'은 여전히 진행 중이었다. 그리고 이 인접 유전들은 계속해서 석유를 생산했으며, 그 석유의 일부

---

* 고위층 인사나 유명 인사들이 수감될 때는 비교적 편한 노역이 배정되었고 싱클레어가 맡은 약제사 일도 그런 노역의 하나였을 것이다.

는 일본 정부에 판매된 것으로 전해진다!

5

 석유 사건은 하딩 행정부에서 가장 '귀족적인aristocratic' 스캔들이었다. 그러나, 그 외에도 훨씬 더 추악하고, 악취를 풍기는 사건들이 있었다. 우리는 잠시 코를 막고, 몇 가지 사건을 간단히 살펴보도록 하자.

 하딩 행정부에서 벌어진 스캔들 중 또 하나는, 찰스 R. 포브스 휘하의 재향군인국Veterans' Bureau에서 발생한 거의 믿기 힘든 사치와 부패였다. 포브스는 일확천금을 꿈꾸는 모험가(그리고 한때 군에서 탈영한 적이 있는 인물)였으며, 하딩 대통령이 하와이를 방문했을 때 그와 인연을 맺게 되었다. 하딩은 포브스를 크게 신뢰하게 되어 1921년에 그를 전쟁으로 인해 장애를 입은 영웅들을 위한 정부 업무의 책임자로 임명했다. 모든 정치인이 애국심 어린 눈물을 흘리며 칭송하던 전쟁 영웅들을 돌보는 역할을 맡긴 것이다.

 그러나 포브스가 재임한 2년 동안, 무려 2억 달러 이상의 공금이 부패와 방만한 운영으로 사라졌다. 포브스는 전국을 돌며 병원 부지 선정을 위한 시찰을 진행한다고 발표했지만, 실상은 이미 부지가 확정된 상태였다. 그가 운영하는 재향군인국은 최저가 입찰을 무시하고 병원 건설 계약을 마구 체결했다. 예를 들어, 노샘프턴 병원의 경우, 가장 낮은 입찰가보다 3만 달러를 더 부른 업체와 계약을 체결했다. 심지어 일부 건설업체와 포브스가 수익의 3분의 1을 나누는 계약을 맺었다는 의혹도 제기되었다.

병원 용품 구매도 터무니없었다. 바닥 왁스와 청소용 세제 7만 달러어치를 구매했는데, 이는 100년 동안 사용해도 남을 양이었다. 1갤런당 98센트를 지불한 세제는, 실상 4센트 미만의 가치밖에 되지 않았다. 반면, 창고에 가득 쌓인 남는 물품들은 헐값에 처분되었다. 84,000장의 새 시트가 개당 1.37달러에 구매되었지만, 26~27센트에 매각되었다. 하지만 동시에, 재향군인국은 25,000장의 새 시트를 개당 1.03달러에 다시 구매했다. 브루스 블리븐은 이렇게 보도했다. "어떤 때는 막 구입한 시트가 메릴랜드 페리빌에 있는 창고의 한쪽으로 들어오고, 막 팔린 시트가 다른 쪽으로 나가고 있었으며, 어떤 경우에는 실수로 시트가 창고로 들어갔다가 다시 곧바로 나가기도 했다." 또한, 19센트에 구입한 타월 75,000장이 3센트에 팔리기도 했다. 이 몇 가지 사실만으로도 포브스가 공화국의 방어자들을 돌보기 위해 배정된 예산을 얼마나 너그럽게 낭비했는지 보여주기에 충분하다. 포브스는 사기죄로 1926년에 레번워스 교도소로 보내졌다.

외국인재산관리국Alien Property Custodian에서도 부패가 만연했다. 개스턴 B. 민스는, 전쟁 중 독일로부터 몰수한 재산의 반환을 신청하기 위해 워싱턴을 찾은 변호사들이 보스턴 출신의 변호사 서스턴을 찾아가도록 조언받았다고 주장했다. 서스턴은 이들에게 막대한 수임료를 청구했으며, 결국 그 청구는 승인되었고, 이 수임료는 권력을 가진 자들과 나누어졌다는 것이다. 이 주장의 진위 여부는 확실하지 않지만, 아메리칸 메탈 컴퍼니American Metal Company 사건에서 드러난 증거만으로도 당시 워싱턴에서 어떤 일이 벌어지고 있었는지 보여주기에 충분했다.

아메리칸 메탈 컴퍼니는 국제적인 기업으로, 이 회사의 주식 49퍼센트가 전쟁 중 '독일 소유'라는 이유로 외국인재산관리국에 의해 몰수되었고, 이후 600만 달러에 매각되었다. 그런데 1921년, 리처드 머튼이라는 인물이 관리국 사무실을 찾아와 이 49퍼센트의 주식이 독일 소유가 아니라 스위스 소유였다며, 자신이 대리하는 스위스인들에게 보상해야 한다고 주장했다. 그의 청구는 승인되었다. 그러나 그것은 머튼이 공화당 전국위원회 위원 출신인 존 T. 킹에게 44만 1천 달러어치의 리버티 채권을 지급한 후였다. 킹이 한 일이란 단순히 머튼을 T. W. 밀러 대령― 당시 외국인 재산 관리인 ―과 제스 스미스― 법무장관 도허티의 최측근 ―에게 소개해준 것이 전부였다. 밀러의 재판에서 밝혀진 바에 따르면, 이 44만 1천 달러 중 적어도 20만 달러가 제스 스미스에게 전달되었으며, 그의 역할은 '워싱턴의 인맥을 이용해 청구를 신속히 승인받는 것'이었다. 또한, 맬 S. 도허티― 법무장관 도허티의 형 ―가 머튼으로부터 4만 달러 상당의 리버티 채권을 팔아 치운 후, 얼마 지나지 않아 동생의 계좌에 49,165달러를 입금했다는 사실도 밝혀졌다. 밀러 자신도 이 돈의 일부를 챙겼다. 밀러는 1927년 '정부를 기만한 혐의'로 유죄 판결을 받고 18개월의 징역형을 선고받았다. 법무장관 도허티 역시 기소되었지만, 배심원단이 그의 유죄 여부를 놓고 합의를 이루지 못해 재판이 두 차례나 무산되었고, 결국 기소가 취하되었다. 그러나 그 과정에서 충격적인 사실이 드러났다. 1925년, 도허티는 자신의 고향인 오하이오주 워싱턴 코트하우스에 있는 형의 은행을 찾아가, 자신과 형의 계좌 거래 내역을 담은 장부를 직접 꺼내 불태웠으며, '제스 스미스 추가 계좌Jesse Smith Extra'로 알려진 다른 계좌의 기록까지 함께 불태웠다는 사실이었다.

아메리칸 메탈 컴퍼니 사건에 앞서 진행된 대배심 조사 기간 동안, 하딩의 법무장관이 이 장의 머리말에 언급된 주목할 만한 성명을 작성했다. 재판 중 도허티는 자신의 방어를 위해 증언대에 서지 않았으며, 그의 변호사 맥스 스토이어는 이후 그 이유를 또 다른 주목할 만한 발언으로 설명했다.

"도허티가 증언을 거부한 것은 이 사건과는 무관한 이유에서였습니다…… 그는 자신이 알고 있지만 결코 밝히지 않으려는 정치적 문제에 대해, 검사인 버크너 씨가 반대 심문을 할까 두려워했습니다. 만약 배심원들이 그가 장부를 불태운 '진짜 이유'를 안다면, 그를 비난하기보다는 오히려 칭찬했을 것입니다. 그러나 그는 침묵을 택했습니다."

이 말을 있는 그대로 받아들인다면, 법무장관 도허티는 사법 방해를 저지른 이유를 밝힐 수 없을 만큼 심각한 비밀을 간직하고 있었다는 뜻이다. 그가 침묵을 유지한 이유를 '충성'이라고 부르든, 아니면 죽은 대통령 하딩의 이름을 방패로 삼았다고 보든, 어떤 경우든 하딩 행정부는 매우 불길한 빛 속에서 비춰지게 되었다.

1930년, 개스턴 B. 민스는 하딩 행정부의 부패와 관련해 더욱 충격적인 폭로를 내놓았다. 그는 오하이오 갱Ohio Gang의 일원으로서 직접 관여한 사건을 공개하며, 다음과 같이 주장했다. 그는 뉴욕의 한 호텔에서 방 두 개를 예약해 놓고, 금주법 시행 이후 정부의 보호를 받고 싶어 하는 밀주업자들로부터 거액의 뇌물을 수금했다는 것이었다. 이 과정은 다음과 같이 이루어졌다. 밀주업자는 정해진 시간과 분에 맞춰 호텔 방으로 찾아온다. 방 안에는 커다란 금붕어 어항이 놓여 있다. 밀주업자는 이 어항에 천 달러 혹은 오백 달러짜리 지폐 수천 장을 넣는다. 밀주업자가 떠나면, 민스는 옆방에서 몰래 들어와 돈을 세고 기록한다. 이런 방식으로 총 7백만 달러를 모았으며, 이를 모두 제스 스미스에게 넘겼다고 민스는 증언했다. 스미스는 하딩 행정부의 법무장관 도허티와 같은 아파트를 사용하며, 오하이오 갱의 '자금 관리자' 역할을 했다.

민스는 또한, 이 부패로 얻은 돈— 그리고 다른 형태의 부정 수익 —이 한 번에 수천 달러씩, 금속 상자에 넣어 보관되었으며, 그 상자는 그가 거주하던 워싱턴의 16번가 903번지 집 뒷마당에 묻혀 있었다고 주장했다. 그는 이 집과 마당이 높은 철조망으로 둘러싸여 있었으며, 암호 신호 시스템과 각종 비밀 장치가 설치되어 있었다고 묘사했다. 그 장치들은 해적 놀이를 하는 어린 소년들을 기쁘게 할 법한 것이었다.

제스 스미스는 1923년, 그가 도허티와 공유하던 아파트에서 자살했다 — 적어도 공식적인 판정은 그랬다. 그러나 민스는 이 비극이 일어나기 직전, 오하이오 갱이 스미스가 — 워싱턴으로 데려오기 전에 신중한 상인이었던 그가 — 그의 손을 거쳐 간 모든 돈의 기록을 꼼꼼히 남겨두고 있었다는 사실을 발견했다고 주장했다. 스미스는 자신의 죄책감과 비밀을 생각하며 국가의 증인으로 오하이오 갱을 고발하려는 생각을 하게 되었다는 것이다. 민스의 주장에 따르면, 오하이오 갱은 스미스를 제거해야 한다고 결론지었다. 총기를 두려워하던 스미스였지만, 오하이오 갱의 권유로 오하이오로 여행을 갔을 때 권총을 구입하도록 설득당했다. 그리고 뒤따라 일어난 '자살'은 — 민스가 명백히 암시한 것처럼, 그리고 이미 많은 사람들이 의심했듯이 — 전혀 자살이 아니었다.

마지막으로, 민스는 오하이오 갱의 비밀을 알고 있던 사람들 사이에서 나타난 놀라운 사망률을 지적했다. 단순히 제스 스미스만이 사라진 것이 아니었다. 머튼 채권을 받은 존 T. 킹, 법무부 요원 C. F. 헤이틀리, 재향군인국의 변호사 C. F. 크레이머, 외국인 재산 관리국을 상대로 많은 고객을 대표했던 보스턴 변호사 서스턴, 하딩 그룹의 변호사 T. B. 펠더, 하딩 대통령 자신, 하딩의 아내, 그리고 소여 장군도 모두 죽었다. 대부분은 갑작스럽게, 그리고 하딩 행정부가 끝난 지 몇 년 내에 사망했다.

이러한 혐의와 그에 따른 함의에 대해 얼마나 신빙성을 부여할지는 별개의 문제이지만, 입증된 증거만으로도 하딩 행정부가 불과 2년 5개월이라는 짧은 기간 동안 미국 연방 정부 역사상 가장 집중적인 약탈과 부패를 저질렀다고 말할 수 있다.

6

미국인들은 이러한 폭로를 어떻게 받아들였을까? 그들은 분노하여 범죄자들을 처벌하려고 일어났을까?

1924년 초, 석유 스캔들이 신문 1면에 대서특필되었을 때, 공분의 물결이 일어 덴비와 도허티의 사임을 강요했고, 새 대통령 캘빈 쿨리지가 석유 사건을 처리하기 위해 특별 정부 변호사를 임명하도록 만들었다. 그러나 언론과 대중의 가장 가혹한 비난은 정부를 기만한 자들에게 향한 것이 아니라, 오히려 사실을 밝혀내려 한 사람들에게 돌아갔다. 석유 스캔들 조사를 이끌었던 월시 상원의원과 법무부를 조사했던 휠러 상원의원은 《뉴욕 트리뷴》으로부터 "몬태나의 스캔들 제조자들"이라 불렸다. 《뉴욕 이브닝 포스트》는 그들을 "진흙을 퍼붓는 자들"이라 불렀고, 민주당 성향을 가진 《뉴욕 타임스》조차도 그들을 "인격의 암살자들"이라 불렀다. 이와 같은 언론들과 전국의 다른 신문들에서 "민주당의 린치 파티", "독설을 뱉는 당파성, 순수한 악의, 그리고 히스테리적인 중얼거림"이라는 표현들이 오갔고, 이 조사를 두고 "간단히 말해서 경멸스럽고 역겨운 것"이라고까지 불렀다.

신문 독자들도 이러한 우호적인 정서를 되풀이했다. 건실한 사업가들은 서로에게 이렇게 엄숙하게 말하곤 했다. "실수가 있었을 수도 있지만, 그것을 비난하여 정부의 신용을 실추시키는 것은 비애국적인 일이다." 또한 이 문제를 끝까지 파헤치려고 하는 사람들은 "볼셰비키와 다를 바 없다"고 비난했다. 미국의 주요 애국자 중 한 명인 프레드 R. 마빈— 미국의 핵심 인물들Key Men of America의 일원 —은 석유 스캔들이란 것이 전부 "국제주의자들의, 혹은 사회주의자와 공산주의자라고 불러도 좋을 자들의 거대한 국제적 음모"의 결과라고 주장했다. 이 시기 뉴욕으로 출근하기 위해 매일 기차를 타는 한 통근자는 다음과 같은 것을 관찰했다. 아침 7시 기차를 타는 사람들 사이에서는 스캔들에 대해 어느 정도 분노가 있었지만, 아침 8시 기차를 타는 사람들 사이에서는 스캔들이 아니라 폭로에 대해 분노하는 목소리만 들렸다. 그리고 아침 9시 기차에서는 이 문제에 대해 언급하는 사람조차 없었다. 몇 달 후, 민주당 후보로 대통령 선거 운동을 벌이던 존 W. 데이비스가 하딩 행정부의 스캔들을 정치적으로 이용하려 했을 때, 다수의 사람들은 그가 한 말이 무례하다고 생각했다. 그리고 데이비스는 선거에서 궤멸적인 패배를 맛봤다. 스캔들에 대한 집요한 조사는 비록 약간이라도 현상 유지status quo를 위협할 수 있었다. 그리고 현상 유지를 깨뜨리는 것은 지배적인 기업 계층이나 전체 미국 사회가 가장 원하지 않는 일이었다.

그들은 '정상성'을 위해 투표했고, 여전히 그것을 믿고 있었다. 그들이 미국 정부에 요구하는 것은 본질적으로 기업에 간섭하지 않는 것이었고(단, 유리한 관세 부과 등으로 가끔씩 도움을 주는 것은 예외였다), 그 외에는 눈에 띄지 않는 것이었다. 그들은 워싱턴에서 대담하고 선견지명이 있는 정치적 지도력을 기대하지 않았다. 대통령이 해야 할 최선의 정치란 아무것도 하지 않고, 산업과 무역이 막대한 이윤을 거둘 기회를 주며, 절대 '배를 흔들지 않는 것'이라고 생각했다. 하지만 그들은 자신들이 하딩을 선택한 것이 이 소박한 이상을 실현하는 데 있어 약간의 실책이었다는 것을 깨달았다. 하딩은 지나치게 사교적이었고, 그의 친근함은 그를 좋지 않은 인물들과 엮이게 했으며, 이로 인해 불미스러운 보도가 이어졌고, 이는 결국 '배를 흔드는' 결과를 초래했다. 그러나 기본 원칙은 여전히 유효했다. 이제 나라에 필요한 것은 눈에 띄지 않으면서도 기업에 우호적이고, 동시에 절대적으로 청렴하며 쉽게 속아 넘어가지 않는 대통령이었다. 그리고 바로 그런 대통령이 지금 있었다. 하딩이 남긴 빈자리를 채운 것은 섭리의 신비한 작용에 의해 탄생한 이 새로운 대통령상이었다. 캘빈 쿨리지는 더할 나위 없이 눈에 띄지 않는 사람이었고, 결코 국가라는 배를 미지의 바다로 몰고 가지 않을 것이었다. 동시에 그는 충분히 정직하고 신중하여 갑판에서 부적절한 파티가 벌어지는 것을 막을 수 있었다. 따라서 모든 것이 완벽했다. 이제 과거의 불행한 사건들을 들춰내서 하딩이 속한 정당과, 따라서 그의 후계자에 대한 대중의 신뢰를 약화시킬 이유가 무엇이겠는가? 가장 좋은 해결책은 흘러간 과거는 그냥 과거로 잊어버리는 것이었다.

세월이 흐르면서 하나둘씩 밝혀지는 스캔들의 규모가 점점 커지자, 1921~1923년의 '실수'가 애초에 정상성을 지지하던 사람들이 생각했던 것보다 훨씬 더 심각했다는 것이 드러났다. 그러나 증언들이 간헐적으로 나오다 보니 내용이 복잡하고 파악하기 어려웠고, 평범한 시민들은 컨티넨탈 채권이나 도허티의 은행 계좌와 관련된 복잡한 사실들을 명확하게 정리할 수 없었다. 또한, 시간이 지나면서 이러한 추가적인 조사는 마치 오래된 더러운 빨래를 다시 세탁하는 것처럼 보이게 되었다. 경제는 호황이었고, 쿨리지 스타일의 정상 상태는 국가를 만족스럽게 운영하고 있었다. 쿨리지는 정직했다. 그렇다면 굳이 과거를 들춰볼 필요가 있을까? 스캔들에 대한 분노도, 스캔들을 파헤치는 사람들에 대한 분노도 점차 깊고도 무관심한 냉담함으로 변해갔다. 컨티넨탈 트레이딩 컴퍼니 사건의 전말이 밝혀졌을 때, 존 D. 록펠러 주니어는 인디애나 스탠다드 오일의 주요 주주로서 로버트 스튜어트를 몰아내기 위해 싸웠고 결국 그를 회장직에서 물러나게 만들었다. 그러나 기업계 전체는 스튜어트의 행동에서 아무런 문제를 발견하지 못하는 듯했다. 광야에서 외치는 세례 요한의 목소리는 허공에 메아리칠 뿐이었다.

그럼에도 순교자처럼 칭송받았던 대통령의 명성은 서서히, 그리고 조용히 추락했다. 온 국민의 애도로 인해 자유롭게 기부금을 모았던 오하이오주 매리언의 하딩 기념묘는 오랫동안 봉헌되지 못한 채 남아 있었다. 미국 대통령의 기념비는 대통령이 직접 봉헌하는 것이 당연했지만, 하딩의 후임자들은 이 행사에 참석하기를 꺼리는 듯했다. 1930년 말, 하딩이 사망한 지 7년이 넘어서야 하딩 기념 협회는 이 곤혹스러운 문제를 어떻게 해결할 것인지 논의하기 위해 회의를 열었다. 한때 증언을 거부하며 자신이 알고 있는 사실에 대해 절대 밝히지 않겠다고 했던 하딩의 충실한 친구, 해리 M. 도허티는 열띤 연설을 통해 "미국 국민은 결코 '비방의 입'이나 '허위의 혀'에 휘둘리지 않았다"고 선언했다. 그는 기념비 봉헌을 무기한 연기할 것을 제안했고, 이 제안은 그대로 채택되었다. 그러나 이후 고위 인사들은 이 문제를 이대로 방치할 수 없다는 결론을 내렸다. 공화당원들은 어쩔 수 없이 이 쓴 약을 삼켜야 했다. 결국, 허버트 후버 대통령과 전 대통령 캘빈 쿨리지는 1931년 6월 기념비 봉헌식에 참석하기로 했고, 마침내 봉헌식이 열렸다. 하지만 행사 전반에는 어느 정도 자제하는 분위기가 감돌았다. 1931년의 분위기는 1923년과 같지 않았다. "우리에게 형제애의 힘을 가르쳐 준" 그 온화한 인물의 공적을 찬양하는 연설을 하는 것이 이제는 훨씬 어려운 일이 되어 있었다.

7 쿨리지 번영

COOLIDGE PROSPERITY

하딩이 사망했을 때, 경제는 호황을 맞이하고 있었으며, 한적한 버몬트의 농가에서 오래된 등잔불 아래 존 쿨리지는 그의 아들 캘빈에게 미국 대통령 취임 선서를 했다.* 1921년의 절망적인 불황은 1922년의 희망적인 회복기로 바뀌었고, 1923년에는 급

---

* 1923년 8월 2일, 당시 대통령이던 워런 하딩이 캘리포니아주 샌프란시스코에서 갑작스럽게 사망했다. 그때 부통령이었던 캘빈 쿨리지는 하딩의 사망 소식을 듣고 버몬트주 플리머스 노치에 있는 아버지 존 쿨리지 대령의 집에 머무르고 있었다. 그곳은 아주 작은 마을로, 전기조차 들어오지 않은 농가였다. 존 쿨리지 대령은 법무사와 판사의 직위를 겸하고 있었기 때문에 취임 선서를 집행할 권한이 있다고 간주되었다. 그래서 1923년 8월 3일 새벽, 등유 램프 불빛 아래에서 존 쿨리지가 아들 캘빈 쿨리지에게 대통령 취임 선서를 집행했다. 나중에 법률적으로 문제가 되지 않도록, 캘빈 쿨리지는 워싱턴 D.C.로 돌아온 뒤 다시 한 번 대법원장 앞에서 정식으로 선서를 했다. 하지만 버몬트 농가에서의 취임 선서는 법적으로 유효했다고 인정되었다. 이 사건은 쿨리지가 '소박함'과 '검소함'을 상징하는 인물로 인식되는 데 중요한 역할을 했다.

속한 경제 부흥이 시작되었다.

당시 보통주 시세를 보면 지나치게 낙관적일 이유는 없었다. 1923년 8월 2일, 하딩이 사망한 그날, 유에스 스틸(U.S. Steel, 배당금 5달러)은 87달러, 애치슨(Atchison, 배당금 6달러)은 95달러, 뉴욕 센트럴(New York Central, 배당금 7달러)은 97달러, 아메리칸 텔레폰 앤드 텔레그래프(American Telephone & Telegraph, 배당금 9달러)는 122달러에 거래되고 있었으며, 뉴욕 증권거래소의 총거래량은 60만 주를 조금 넘는 수준이었다. 아직 '황소장 Bull Market'은 먼 미래의 일이었다. 그러나 번영의 물결은 이미 거세게 흐르고 있었다.

전후 10년간의 경제 변동을 측정한 통계 그래프를 하나 펼쳐 보면, 1920년에 경기 활동의 선이 톱니 모양으로 치솟다가, 1920년 말과 1921년 초에는 가파르게 하락하며 깊은 침체의 계곡으로 떨어진다. 1922년에는 불확실한 상승세를 보이며 점진적으로 회복되다가, 1923년 중반에 또 하나의 정점을 기록한다. 1924년에는 소폭 하락하지만, 1921년의 깊은 침체보다는 훨씬 완만한 수준이다. 이후 1925년과 1926년에 다시 상승세를 타며 활황을 맞이하고, 1927년 말에는 잠시 미미한 하락을 보이지만, 이후 1929년에는 절정에 이르러 마치 에베레스트산처럼 높은 정점에 도달한다. 그러나 그 정점에서 곧바로 추락하여, 마침내 1930년과 1931년의 바닥 없는 나락으로 추락한다.

팔 길이만큼 거리를 두고 그래프를 다시 한 번 흘끗 바라보면, 1924년과 1927년의 골짜기들은 1923년 초부터 1929년 말까지 이어지는 높고 울퉁불퉁한 고원 위의 그리 깊지 않은 오목한 자국일 뿐이라는 걸 알게 될 것이다. 이 고원은 거의 7년에 걸친 유례없는 풍요를 보여준다. 정치와 종교, 사랑에 대한 환상은 깨졌을지라도, 무지개 끝에는 적어도 미국 산업과 미국식 판매술의 이익으로 이루어진, 법적으로 교환 가능한 돈 자루가 기다리고 있다고 믿었던 7년이었다. 이 시기 동안 사업가는 — 스튜어트 체이스의 표현을 빌리자면 — "우리 운명의 독재자"가 되었으며, "정치인과 성직자, 철학자를 대체하여 윤리와 행동 기준을 창조하는 자"로 떠올랐고, "미국 사회 운영의 최종 권위자"가 되었다. 7년 동안 번영의 퍼레이드 차량bandwagon은 메인 스트리트를 따라 굴러갔다.

그러나 이 밴드왜건에 올라타는 것은 아무에게나 허락된 일이 아니었다. 극소수의 농부들만이 거기에 겨우 손끝 하나 걸칠 수 있었을 뿐이었다. 물론 일부 낙농업자들과 과수원 경영자, 채소 재배자들은 거기에 매달릴 수 있었다. 이 시기 동안 비타민의 효용성이 대중에게 알려졌고, 보다 다양한 식단을 권장하는 선전이 이루어졌으며, 부패하기 쉬운 식품을 운송하는 기술이 개선되면서 국민 식단에 엄청난 변화가 일어났기 때문이다. 1919년에서 1926년 사이, 우유 및 유제품의 전국 생산량은 3분의 1 증가했고, 아이스크림 생산량은 무려 45퍼센트나 급증했다. 1919년에서 1928년 사이, 가족들은 샐러리와 시금치, 당근에 비타민이 풍부하다는 사실을 알게 되었으며, 연중 신선한 채소와 과일을 섭취하는 데 익숙해졌다. 그 결과, 주요 19개 채소 작물의 재배 면적이 거의 두 배로 증가했다.

밀과 옥수수, 면화와 같은 주요 작물을 재배하는 농부들은 처참한 상황에 놓여 있었다. 해외 시장은 다른 나라들과의 경쟁으로 인해 급격히 줄어들었고, 여성들은 점점 더 적은 양의 면화를 입게 되었다. 또한 자동차, 라디오, 전기의 시대에 농산물 원료의 수요는 현저히 감소했다. 게다가 농부들은 생존을 위해 생산량을 늘리려고 점점 더 많은 기계를 구입했으나, 효율성이 높아질수록 과잉 생산의 위험은 더욱 커졌다. 1920년 205였던 농산물 가격 지수는 1921년 116까지 떨어졌는데, 스튜어트 체이스가 "아마도 미국 농업 역사상 가장 끔찍한 폭락"이라고 표현한 이 급락 이후, 1927년에도 겨우 131까지 회복했을 뿐이었다. 절망에 빠진 가난한 농부들은 큰 소리로 불만을 터뜨리며, 노리스, 브룩하트, 쉽스테드, 라폴레트 같은 정치인들과 함께 연방 정부의 지원을 요구하며 캠페인을 벌였다. 그러나 결국 수십만 명의 농부들이 농장을 떠나 도시로 향했다.

번영의 개선 행진에서 소외된 산업은 또 있었다. 석탄 채굴업, 섬유 제조업, 조선업, 신발 및 가죽 제조업이 그러했다. 미국의 여러 지역은 이러한 산업의 불황으로 인해 심각한 타격을 입었다. 면화에 의존하던 남부, 밀 농가의 절망적인 상황에 시달리던 북서부 농업 지대, 섬유와 신발 산업의 침체로 마비된 뉴잉글랜드 지역이 대표적이었다. 그럼에도 불구하고 번영의 밴드왜건에 올라탄 이들은 많았으며, 그들의 행운은 길가에서 울부짖는 사람들의 불행을 압도하고 묻어버렸다.

2

가장 영예로운 자리를 차지한 것은 자동차 제조업체들이었다. 그들의 운명의 시간이 도래했다. 이제 포장도로, 정비소, 주유소가 충분히 늘어나서, 운전자들은 더 이상 진창에 빠지거나, 연료가 떨어져 오도 가도 못하는 상황에 놓이거나, 점화 플러그 고장으로 발이 묶이는 것을 걱정할 필요가 없었다. 자동차는 이제 정밀하게 제작되었기 때문에, 운전자들은 점화 플러그가 어떻게 생겼는지조차 몰라도 될 정도였다. 실제로 수많은 자동차 소유자들은 엔진이 어떻게 생겼는지 보기 위해 보닛을 열어본 적조차 없었다. 게다가, 밀폐형 차량이 대량 생산되면서, 운전자들은 이제 한겨울에도 대단한 인내심을 요구받지 않게 되었다. 새롭게 등장한 세련된 모델들은 시각적으로도 매력적이었다. 1920년대 초반까지 자동차의 색상은 대체로 어두웠지만, 피록실린 도료가 발명되면서, 1925년과 1926년에 이르러 자동차들은 피렌체 크림색에서 베르사유 바이올렛까지 온갖 색상으로 변신했다. 차체는 낮아졌고, 전문 디자이너들이 선을 더욱 조화롭게 다듬었으며, 풍선 타이어balloon tire가 도입되었다. 마침내 헨리 포드조차도 스타일과 미적 감각 앞에 굴복했다.

자동차가 미국인의 마음과 생활 속에서 차지하는 중심적 위치를 보여주는 확실한 징표가 필요했다면, 그것은 1927년 12월 포드의 모델 A 출시였다. 같은 해 봄, 헨리 포드는 거대한 공장을 멈춰 세우고, 모델 T와 그것을 생산하는 데 쓰였던 수천 개의 기계를 폐기한 후, 새로운 자동차를 시장에 내놓겠다고 발표했다. 그러자 온 나라가 일종의 긴장 상태에 빠졌다. 그가 대대적인 변화를 감행할 것이라는 점은 분명했다. 모델 T는 저가 자동차 시장에서 쉐보레에게 선두 자리를 빼앗기고 있었다. 이제 사람들은 더 이상 투박한 디자인과 시속 40~45마일의 최대 속력에 만족하지 않았다. 더 이상, 가파른 언덕을 오를 때 지친 왼발로 저속 페달을 밟으며, 로빈스 에그 블루 색상의 쉐보레가 가볍게 2단 기어로 치고 나가는 모습을 지켜보는 것도 참을 수 없었다. 그러나 마찬가지로 분명한 것은, 헨리 포드가 당대 최고의 기계 천재라는 사실이었다. 과연 그는 어떤 기적을 만들어낼 것인가?

신문 1면을 장식하는 소문이 끊임없이 터져 나왔다. 관심이 워낙 뜨거웠던 나머지, 브루클린의 한 자동차 딜러가 "형 헨리로부터 전보를 통해 새 차에 대해 약간의 정보를 얻었다"는 사실조차도 신문의 헤드라인 감이었다. 미시간주 브라이튼의 《위클리 아거스Weekly Argus》 편집자가 시험 주행 중인 새 포드를 실제로 촬영했을 때, 신문 독자들은 그 사진을 집어 들고 열광적으로 차의 모든 라인을 분석했다. 그리고 마침내, 시대를 대표하는 창의적 천재성이 만들어낸 이 최신 모델이 대중에게 공개될 위대한 날이 찾아왔다. 포드 자동차 회사는 총 130만 달러를 들여 2,000개 신문에 5일간 전면 광고를 실었고, 글을 읽을 수 있는 사람이라면 누구나 그 광고를 읽고 있었다.

1927년 12월 2일, 모델 A가 공개되었을 때, 《헤럴드 트리뷴》의 추산에 따르면 뉴욕 포드 본사에 신차를 보려고 몰려든 사람은 100만 명에 달했다. 찰스 머즈가 후에 포드의 전기를 쓰면서 전한 바에 따르면, 디트로이트에서는 10만 명이 포드 전시장을 찾았고, 클리블랜드에서는 기마 경찰이 동원되어 군중을 통제해야 했으며, 캔자스시티에서는 군중이 컨벤션 홀을 가득 메워 차를 모두가 볼 수 있도록 단을 높여야 했다. 미국 전역이 마찬가지였다. 나이아가라 블루 로드스터와 아라비안 샌드 페이튼 모델 주문이 포드의 장부에 쌓여갔다. 몇 주, 몇 달 동안 새 포드 자동차가 거리에 등장할 때마다 사람들이 몰려들었다. 자동차를 사랑하는 미국인들에게 새 차의 첫 공개는 그저 단순한 상업적 이벤트가 아니었다. 그것은 1927년의 가장 중요한 사건 중 하나였으며, 린드버그의 대서양 횡단 비행만큼은 아니지만, 사코와 반제티 처형, 홀-밀스 살인 재판, 미시시피 홍수, 시카고에서 열린 뎀프시-터니 복싱 경기와 맞먹을 정도로 대중의 관심을 끌었다.

1919년, 미국에서 운행 중인 승용차는 677만 1천 대였다. 1929년에는 무려 2천 312만 1천 대에 달했다. 이것이야말로 쿨리지 번영Coolidge Prosperity의 가장 강력한 통계 수치일 것이다. 이를 뒷받침하는 또 다른 통계를 하나 제시하자면, 1923년 말 이미 미들타운에서는 세 가구 중 두 가구꼴로 자동차를 보유하고 있었다. 로버트와 헬렌 린드가 주도해 미들타운의 노동자 계층 123가구를 대상으로 조사한 결과, 60가구가 자동차를 가지고 있었고, 그중 26가구는 집이 너무 허름해 욕조가 있는지 질문을 할 정도였다. 그 결과, 26가구 중 21가구가 욕조를 갖추지 않고 있었다는 사실이 밝혀졌다. 자동차가 욕조보다 먼저였다!

그리고 자동차의 보급은 미국의 풍경을 바꾸어 놓았다. 한때 철도망 덕분에 번성했던 마을들은 경제적 빈혈을 앓으며 쇠퇴해 갔고, 반면 61번 도로*를 따라 위치한 마을들은 차고, 주유소, 핫도그 가게, 치킨 디너 식당, 티룸, 여행객 휴식처, 캠핑장 등으로 번창했다. 도시와 교외를 연결하던 간선 전차는 사라지거나, 애처로운 시대착오적 존재로 남았다. 철도 회사들은 지선을 포기하거나, 거대한 시외버스와 트럭들이 6차선 콘크리트 도로를 질주하며 경쟁하는 바람에 매출이 줄어드는 것을 지켜보아야 했다. 전국이 승객용 버스 노선망으로 뒤덮였다. 전후 10년의 시작 무렵, 대부분의 작은 마을에서는 메인 스트리트와 센트럴 스트리트 교차로에 경찰관 한 명이면 교통을 통제하기에 충분했다. 그러나 10년의 끝에 이르러 상황은 완전히 달라졌다. 빨간불과 초록불, 깜빡이는 신호등, 일방통행 도로, 대로 정지 구역, 점점 더 엄격해지는 주차 규정 — 그럼에도 불구하고, 주말마다 메인 스트리트에는 자동차 행렬이 끝없이 이어지며 몇 블록씩 정체가 발생했다. 서서히, 그러나 확실하게, 증기기관의 시대는 가솔린의 시대에 자리를 내주고 있었다.

3

라디오 제조업체는 번영의 밴드왜건에서 자동차 제조업체만큼 중요한 자리를 차지하지는 못했지만, 가장 어린 승객[신생 산

---

* Route 61. 미국 중서부와 남부를 연결하는 연방 국도를 가리킨다. 별명은 '블루스 하이웨이The Blues Highway'로, 미네소타 주 북부에서 시작해 미시시피강을 따라 루이지애나주 뉴올리언스까지 남북으로 뻗어 있다. 특히 1920~30년대에는 자동차 보급과 함께 이 도로를 따라 남부 농촌과 북부 도시를 잇는 인구 이동, 상업 활동, 관광 산업이 활성화되었고, 자동차 중심의 도로변 문화가 번성하게 되었다. 참고로 도로의 별명은 블루스의 발원지인 미시시피 델타와 시카고를 잇는 이 길이 많은 블루스 음악가들의 이동 경로였던 데서 온 것이다.

업]이라는 점에서 두드러졌다. 기억할 것이다. 1920년 가을까지 대중을 위한 라디오 방송이라는 것은 존재하지 않았다. 그러나 1922년 봄이 되자 라디오는 엄청난 유행이 되었고, 이듬해 마작, 그다음 해 크로스워드 퍼즐처럼 화제가 되었다. 1922년, 라디오 수신기, 부품, 액세서리 판매액은 6천만 달러에 달했다. 사람들은 쉔넥터디Schenectady나 아이오와주 대번포트에서 《Mr. Gallagher and Mr. Shean》을 연주하는 재즈 오케스트라를 듣는 신기함이 사라지면 어떻게 될지 궁금해했다. 하지만 실제로 벌어진 일은 다음과 같은 냉정한 판매 수치가 증명해준다.

1922년 — $60,000,000 (우리가 방금 언급한 수치)
1923년 — $136,000,000
1924년 — $358,000,000
1925년 — $430,000,000
1926년 — $506,000,000
1927년 — $425,600,000
1928년 — $650,550,000
1929년 — $842,548,000 (1922년 대비 1,400퍼센트 증가!)

이 숫자들을 서둘러 지나치지 마라. 잠시 멈추어 살펴보라. 국가적 번영 곡선이 하락할 때는 대개 거의 모든 인기 상품의 판매량도 함께 줄어들기 마련이라는 사실을 기억하면서 말이다. 예를 들어, 1927년에는 국가 번영의 하락이 있었다. 이때 라디오 판매는 어떻게 되었는가? 하지만 1924년에도 번영의 하락이 있었으며, 사실 그해의 하락은 더 심각했다. 그런데도 그해 라디오 판매량은 전체 기간 중 가장 큰 비율로 증가했다. 왜 그랬을까?

우선, 그해는 민주당이 뉴욕의 매디슨 스퀘어 가든에서 대통령 후보를 선출하기 위해 격렬한 전당대회를 열었던 해였다. 매커두 지지자들과 앨 스미스 지지자들 사이의 교착 상태는 하루 이틀을 넘어 계속 이어졌고, 수백만 명의 미국인들은 확성기를 통해 "앨라배마, 언더우—드에게 24표!"라는 우렁찬 외침을 들으며, 정치 전당대회가 듣기에 얼마나 흥미진진한 쇼가 될 수 있는지를 깨달았다. 그들은 라디오 앞에 앉는 것이 직접 가든에 입장하는 것과 다름없는 경험임을 알게 되었다. 아니, 오히려 더 나았다. 듣다가 원하면 다이얼을 돌려 《Barney Google》이나 《It Ain't Gonna Rain No More》 같은 유쾌한 곡으로 잠시 쉬어갈 수도 있었으니 말이다. 이제 겨우 세 살 반을 넘긴 라디오 방송은 성년이 된 것이었다.

라디오 판매 수치 이면에는 전후 10년간의 삶을 보여주는 한 장章이 숨어 있다. 미국 내 세 가구 중 한 가구에 라디오가 보급되었고, 전국 방송망을 갖춘 거대 방송국들이 등장했다. 빈민가 건물 옥상에는 숲처럼 안테나가 빼곡히 들어섰고, 록시와 그의 악단, 해피니스 보이즈Happiness Boys, A&P 집시 악단, 루디 발레Rudy Vallee가 고풍스러운 플로렌타인 스타일의 라디오 수납장에서 흘러나왔다. 그레이엄 맥나미의 목소리는 미국 전역에서 가장 익숙한 목소리가 되었고, 당신의 거실에서 이렇게 외쳤다. "그가 해냈습니다! 그렇습니다, 그가 해냈어요! 터치다운입니다! 여러분, 이 경기는 정말 대단합니다……" 한편 정부는 1927년에 이르러서야 겨우 경쟁하는 방송국들에게 주파수를 배분하기 시작했다. 광고주들은 베토벤의 음악을 소개하기 위해 이스트나 치약에 대해 잘 선택된 몇 마디를 말할 수 있는 특권을 얻기 위해 거액을 지불했다. 그리고 마이클 미핸은 1928년 라디오 코퍼레이션 오브 아메리카(Radio Corporation of America, RCA)의 주가를 85와 1/4달러에서 1929년에는 549달러까지 개인의 힘으로 끌어올렸다.*

번영의 밴드왜건에는 다른 탑승객들도 있었다. 레이온, 담배, 냉장고, 전화기, 화학 제품(특히 화장품), 각종 전기 기기들은 모두 점점 더 높은 수요를 보였다. 독립 소매상들은 간신히 자리를 지키려 애썼지만, 체인점과 백화점의 소매업 매출은 폭발적으로

---

* 마이클 미핸Michael J. Meehan은 1920년대 후반 미국 증시의 '작전 주도자pool operator'를 대표하는 인물 중 하나였다. 대공황 이후 루즈벨트 정부와 상원은 증시 붕괴의 원인을 밝히기 위해 대대적인 청문회(페코라 청문회Pecora Hearings)를 열었고, 이 자리에서 미핸의 이름은 여러 차례 대표적 '시세 조작자market manipulator'의 사례로 언급되었다. 특히, 미핸은 자신의 고객 계좌를 이용해 동시에 매수·매도 주문을 넣는 '통정매매wash sale' 기법을 썼다는 점에서 비판을 받았다. 그의 사례는 주식 시장이 공정하고 자유로운 경쟁의 장이 아니라, 브로커와 금융 엘리트들이 작전으로 움직이는 공간이라는 인식을 확산시키는 데 크게 기여했다. 청문회 이후 1934년 루즈벨트 정부는 증권거래법Securities Exchange Act of을 제정해 공모 시세 조작pool operation 금지, 공개 공시의무 강화, 브로커의 이해상충conflict of interest 규제(증권 중개인이 자신의 이익을 우선하거나, 고객의 이익과 충돌하는 방식으로 행동하지 못하게 막는 규제) 등 주식 시장에 대한 연방 정부의 강력한 감독을 시작했다. 또한 SEC(증권거래위원회)를 설립해 불공정 거래, 내부자 거래, 시장 조작에 대한 감시 권한을 부여했다. 이러한 일련의 개혁은 바로 미핸과 같은 인물들이 활동하던 시절의 경험이 직접적 배경이 된 것이었다.

증가했다. 1919년에 100달러어치의 매출을 올리던 체인점들이 1927년에는 다음과 같은 매출을 기록했다. 저가 소매 체인점five-and-ten-cent chains은 260달러, 시가 체인점은 153달러, 약국 체인점은 224달러, 식료품 체인점은 387달러였다. 이제 스미스 부인은 더 이상 동네 가게를 찾지 않았다. 그녀는 2,000달러짜리 자동차를 몰고 붉은 간판이 달린 식료품 체인점으로 가서 하루 장보기에서 27센트를 절약했다.

영화 산업도 번성했다. 셀룰로이드 필름 릴reel은 전 세계로 퍼져나갔고, 찰리 채플린, 더글러스 페어뱅크스, 글로리아 스완슨, 루돌프 발렌티노, 클라라 보우의 얼굴은 이제 에스키모인, 말레이인, 중국인들에게도 친숙한 존재가 되었다. 한편, 국내에서는 1923년 12월 한 달 동안 '미들타운'의 영화관 관객 수는 도시 전체 인구의 4.5배에 달했다. 남녀노소 빈부를 가리지 않고, 미들타운 사람들은 평균적으로 일주일에 한 번 이상 극장을 찾았다!

이러한 '쿨리지 번영'은 과연 진짜였을까? 농민들은 그렇게 생각하지 않았다. 아마 섬유업자들도 그렇게 생각하지 않았을 것이다. 그러나 기업의 이윤과 임금, 소득 수치는 반박할 여지를 남기지 않았다. 예를 들어, 부의 스펙트럼 양극단을 나타내는 두 가지 의미 있는 사실을 살펴보자. 1922년에서 1927년 사이, 미국 노동자의 구매력은 연평균 2퍼센트 이상 증가했다. 또한 1924년에서 1927년 사이, 연소득 100만 달러 이상을 신고한 미국인의 수는 75명에서 283명으로 급증했다.

4

어떻게 이런 일은 가능했을까? 무엇이 미국을 이토록 번영하게 만들었을까?

그 이유 중 일부는 명백했다. 전쟁은 유럽을 황폐화시킨 반면, 미국에는 거의 피해를 주지 않았다. 평화가 찾아왔을 때, 미국은 세계 경제의 지배자로 자리 잡았다. 미국은 막대한 천연자원과 인적 자원을 보유하고 있었으며, 넓은 국내 시장을 활용할 준비가 되어 있었다. 또한 대량 생산 기술을 새로운 수준의 기계적·관리적 효율성으로 발전시켰다. 포드의 복음— 높은 임금, 낮은 가격, 기계 작업을 극단적으로 세분화한 표준화된 생산 방식 — 은 이제 하이랜드 파크Highland Park뿐만 아니라 수천 개의 공장에서 원활히 작동하고 있었다. 1921년의 재고 과잉 사태를 떠올리며 몸서리친 경영자들은 이제 신중히 '필요할 때마다 구매하는 방식hand-to-mouth buying'의 교훈을 터득했고, 이들은 과거 어느 때보다도 많은 기술 컨설턴트, 연구원, 인사 관리자, 통계학자, 경제 예측 전문가들을 거느리고 있었다. 이런 이들이 예전에는 거의 발을 들여놓지 못했던 회의실이라는 '바람의 동굴cave of the winds'*에 침투해 있었다.

그들의 자신감은 공화당 행정부가 자신들의 든든한 우군이라는 거의 미신적인 믿음에 의해 더욱 공고해졌다. 그리고 이 모든 번영의 중심에는 자동차 산업의 호황이 있었다. 경제의 한 부분에서 일어난 이 기현상— 자동차 산업은 직·간접적으로 거의

---

* 격렬한 논의와 충돌의 장소라는 비유.

400만 명의 고용을 책임졌다 —이 전체 경제에 새로운 활력을 불어넣고 있었다.

번영을 촉진한 요인은 또 있었다. 미래를 담보로 하긴 했지만, 그 효과는 즉각적이었고 공장을 완전가동시켰다. 첫 번째는 할부 구매의 증가였다. 사람들은 이제 자신의 현금 잔고 한도 내에서만 소비하는 것이 구식이라고 여기게 되었다. 중요한 것은 신용을 적극적으로 활용하는 것이었다. 1920년대 후반이 되자 경제학자들은 전체 소매 판매의 15퍼센트가 할부 방식으로 이루어지며, 약 60억 달러에 달하는 '손쉬운 할부 계약'이 미결제 상태로 남아 있다고 추산했다. 또 하나의 촉진제는 주식시장 투기였다. 1928년과 1929년 주가가 폭등하는 동안, 수십만 명이 1930년대 기업 이익에 대한 투기에 기반한 돈으로 상품을 구매했을 가능성이 높다. 지속되는 동안에는 그것은 즐거운 일이었다.

만약 쿨리지 번영의 주된 원인이 이것들이었다면, 판매원과 광고업자는 최소한 그 번영의 실행자이자 전도사였다. 기업들은 이제 소비자의 중요성을 그 어느 때보다도 절실하게 깨달았다. 최종 소비자가 계속해서, 그리고 과감하게 소비하도록 설득되지 않는다면, 6기통 자동차, 슈퍼헤테로다인 라디오, 담배, 루즈 콤팩트, 전기냉장고 등의 거대한 생산 흐름이 소비 지점에서 막혀버릴 것이었다. 판매원과 광고업자는 바로 그 흐름의 출구를 열 수 있는 열쇠를 쥐고 있었다. 경쟁이 치열해지면서 그들의 전략도 더욱 공격적으로 변했다. 더 이상 제품을 정직하고 명확하게 추천하고, 소비자가 구매 결정을 내리기를 기다리는 것만으로는 충분하지 않았다. 광고주는 정교한 전국 단위의 캠페인을 기획하고, 심리학자들과 협력하고, 시인의 문장력을 빌려 소비자가 저항하지 못하도록 설득하고, 강요하고, 심지어는 위협해야 했다. 이른바 "소비자의 저항을 무너뜨리는 것"이 핵심이었다.

각 기업들이 각자의 시장에서 점유율을 늘리려는 경쟁을 벌인 것은 물론이고, 업종 전체가 경쟁하며 대중의 귀에 외쳤다. 사탕 제조업체들은 담배 회사의 "사탕 대신 럭키 스트라이크를 집으세요"라는 슬로건에 대응하기 위해 신문 전면 광고를 내보냈다. 《리더스 다이제스트》는 가구업체들이 소비자들에게 "가구에 대한 의식"을 갖게 하려 하고, 의류업체들이 "턱시도 의식"을 심으려 했다고 보도했다. 판매원은 이제 열정적인 전도사처럼 행동해야 했고, 어떠한 방법을 써서라도 소비자의 집 안으로 들어가야 했으며, 판매 성사가 이루어지기 전까지는 어떠한 장애물도 용납하지 않아야 했다. 경영진들은 이렇게 말했다. "이제 단순한 주문 접수자로는 살아남을 수 없다. 당신은 진정한 판매원이 되어야 한다."

소비자들은 일반적으로 광고업자의 가장 노골적인 기만과 판매원의 가장 뻔뻔한 사생활 침해도 너그럽게 받아들일 수밖에 없었다. 왜냐하면, 당시 미국 사회는 비즈니스라는 신성한 이름 아래 행해진 모든 죄를 용서할 분위기였기 때문이다. 판매원들에게 전례 없는 성과 압박이 가해졌다. 많은 기업들이 할당량quota 시스템을 도입해, 영업사원들에게 전년도보다 20~25퍼센트 높은 목표를 설정하고, 그 목표를 달성하지 못하면 고용주로부터 신뢰를 잃거나 심지어 해고될 위험에 처하도록 만들었다. 다양한 영업 경진대회와 독창적인 동기 부여 기법이 동원되었다.

예를 들어, 시카고의 다트넬 사Dartnell Company는 1만 개 이상의 미국 기업들이 구독하고 있는 서비스 회사였다. 그 회사가 제안한 계획 중 하나는 다양한 소형 기념품을 매주 영업사원에게 보내는 것이었다. 어떤 주에는 미니어처 깃털 먼지떨이를 보내며 "당신의 영업 구역을 깨끗이 청소하라"는 메시지를 붙였고, 또 다른 주에는 모형 대포 폭죽을 보내며 "큰 소리를 내라"는 지시를 전달했다. 아메리칸 슬라이싱 머신 컴퍼니American Slicing Machine Company는 연말에 할당량을 초과 달성한 모든 영업사원에게 칠면조를 선물했다. 이 회사의 영업 관리자는 각 영업사원들에게 자신의 자녀 중 한 명을 '행운의 마스코트'로 삼으라고 요청했다. 그러면 아버지들은 크리스마스에 자녀를 기쁘게 해주기 위해 죽도록 일할 것이다. 그런 식으로 아이들을 이 계획과 연관시키는 방법은 흥미로웠으며, 때로는 그들의 간절함이 거의 애처로울 정도였다고 회상했다.

또 다른 기업의 영업 관리자는 "한 영업사원의 경쟁심을 자극하기 위해 동료의 실적을 칭찬하며 약 올리는 것이 내 전략 중 하나"라고 자랑스럽게 말했다. 제시 레인스포드 스프라그에 따르면, 어떤 회사는 이 시대 영업 압박의 극단적인 사례를 자랑스레 소개하기도 했다. 회사는 연말에 연회를 열어 실적 1위 영업사원에게는 굴과 칠면조 요리, 화려한 디저트가 포함된 만찬을 제공했다. 2위는 굴이 빠진 칠면조 요리를, 3위는 디저트 없이 칠면조 요리를 받았다. 그리고 최하위 실적을 기록한 영업사원에게는 조그마한 접시에 담긴 삶은 콩과 크래커 두 개가 전부였다.

이런 압박을 받은 영업사원들이 필사적으로 판매에 매달렸다면, 소비자들도 그 압박을 피할 수 없는 것은 당연했다. 스프라그가 인용한 두 가지 극단적인 사례가 당시 영업 기법의 흐름을 보여준다. 한 도매 의약품 회사는 소매점에 '특가품'을 진열할 수 있도록 난간이 달린 작은 테이블을 제공했다. 《프린터스 잉크 Printer's Ink》[광고 및 마케팅 잡지]에 따르면, 이 테이블은 고객들이 "넘어지고, 부딪히고, 정강이를 차이거나, 또는 다른 방식으로 접촉할 때 상품에 주목하게 될 것"이라고 했다. 또한, 《셀링 뉴스 Selling News》는 '판매 아이디어' 부문에서 현금 보상을 수여했는데, 전기청소기 판매원이 상을 받게 된 이야기는 다음과 같았다. 어느 날 그는 거리에서 2층 창문 밖으로 카펫을 털고 있는 여성을 보았다. "그녀의 위층 방으로 이어지는 문이 열려 있었습니다. 저는 노크도 하지 않고 바로 들어가 계단을 올라갔습니다. 그리고 그녀에게 이렇게 말했습니다. '자, 제시간에 도착했습니다. 어느 방부터 시작할까요?' 그녀는 매우 놀라며 제가 잘못 찾아왔다고 확신했습니다. 그러나 제가 매우 정중하게 사과하는 동안, 이미 청소기를 연결하여 작동시키고 있었습니다. 결국 저는 청소기를 두고, 대신 그녀의 계약서와 상당한 선금을 받아 나왔습니다."

《셀링 뉴스》독자들은 한 남성이 여성의 집에 허락 없이 침입하고, 거짓 평계를 대며 청소기를 시연한 사례를 문제 삼지 않았다. 오히려 그런 행동을 용인할 분위기였다. 만약 이런 방식이 판매에 성공적으로 기여했다면, 이는 곧 번영을 의미했으며, 번영은 나라를 위해 좋은 일이었기 때문이다.

5

 광고업자들은 새로운 시대의 경쟁에 맞서기 위해 더욱 세련된 디자인과 설득력 있는 사실적인 사진, 그리고 압도적인 물량 공세로 대응했다. 프랜시스 H. 시슨에 따르면, 1927년 한 해 동안 광고 지출은 15억 달러를 넘어섰다. 광고업자들은 보다 솔직한 접근법을 채택하여, 보수적인 잡지 독자들에게 오도로노Odo-rono와 코텍스Kotex*의 장점을 소개하기도 했다. 뿐만 아니라, 그들은 광고 기법에서도 미묘한 변화를 도입했다. 이제 광고 카피라이터들은 자사 제품의 특성과 장점보다는 대중의 욕망에 집중하기 시작했다. 사람들이 진정으로 원하는 것은 무엇인가? 젊고 매력적으로 보이는 것, 부유해지는 것, 남들에게 뒤처지지 않는 것, 그리고 부러움의 대상이 되는 것이었다. 성공적인 광고 기법이란 논리적이든 비논리적이든, 사실이든 냉소적이든 상관없이, 자사 제품을 이러한 욕망 중 하나 이상과 연결시키는 것이었다. 상상의 남성 또는 여성이 특정 제품을 사용함으로써 운명이 바뀌는 극적인 사례를 제시하거나, 세련된 상류층에서 눈을 가린 채 담배를 골랐을 때 가장 올바른 담배를 선택했다는 내용을 보여주거나, 유료로 제공된 화려한 추천글을 통해 영화배우나 패션계 여성, 논스톱 항공기 조종사들이 해당 제품을 애용한다는 인상을 주었다.

---

* 오도로노는 체취 방지제, 코텍스는 생리대. 둘 다 1920년대 광고 역사에서 중요한 사례로 언급되는 제품들로 사회적 예의범절의 금기를 깨고 새로운 시장을 개척하는 데 성공했다는 점에서 의미가 크다.

한 유명 영화배우는 이러한 광고를 위해 캘리포니아에서 뉴욕까지 이동해 하루 종일 수십 벌의 의상을 갈아입으며 수십 개의 상업 제품을 사용하는 모습을 촬영했다고 한다. 그녀는 그 제품들을 본 적도 없었을 가능성이 높았지만, 이러한 추천 광고가 그녀의 최신 영화를 홍보하는 데 도움이 되었기 때문이다.

실험실에서 나온 냉정한 사실이 무슨 소용이 있겠는가? 치약 광고의 감성적인 허구에 대응하기 위해 한 치약 회사가 의학 전문가들의 권위를 내세웠지만, 그 반격은 강풍 속의 한숨과 같았다. 1920년대 초, 광고는 하나의 사업으로 여겨졌으나, 쿨리지 번영 시대의 초창기에 광고업계의 허풍 떠는 예언자들이 이를 '전문직'이라고 부르기 시작했다. 그러나 10년이 끝날 무렵, 타블로이드 저널리즘에서 차용한 기법이 압도적인 성공을 거두는 것을 목격한 광고업자들은 이제 광고를 사석에서는 '갈취racket'라고 부르기 시작했다.

1920년대의 지혜로운 사람이라면, "이 나라의 법을 만드는 사람이 누구인지 신경 쓰지 않는다. 다만 내가 전국 광고를 쓸 수 있다면 충분하다"고 말했을 것이다. 광고 속에는 그 시대의 서사시가 있었고, 대중이 어떤 소설 속 등장인물보다도 더 친숙하게 느끼는 인물들이 등장했다.

시애틀의 애디슨 심스를 뚜렷이 기억하는 남자······* 포햄For-

---

* 1920년대 미국 광고에 등장한 가상의 인물로 기억력 향상 프로그램인 'Roth Memory Course'의 광고 캠페인으로 유명해졌다. 광고 카피는 다음과 같았다. "물론 당신을 기억하죠, 시애틀의 애디슨 심스 씨Of course—I remember you: Mr. Addison Sims of Seattle.

han's 치약을 사용하지 않아 치주염으로 고통받는 5명 중 4명, 그들의 비참한 입을 자비롭게 가려주던 하얀 마스크…… 한때 골프 챔피언이었으나 '그저 아련한 방관자'로, 스타 선수들의 뒤를 따라다니는 남자, 그의 몰락한 건강은 치아 관리를 소홀히 한 탓이었다…… 택시 안 구석에서 움츠려 앉아 있는 남자, 그의 아내는 그를 향해 "오늘 저녁 내내 한마디도 안 했어요"라며 책망하고 있다(『엘버트 허바드 스크랩북』의 도움만 있었다면 누구보다 빛날 수 있었을 텐데)…… 화려한 만찬장에서 대화를 주도하는 남자, 그의 눈부신 언변에 감탄한 턱시도 차림의 방청객들이 숨죽이며 말한다. "저 사람 셸리[시인]를 인용한 것 같아"…… 사람들이 솔직하게 말해준다면 당장 체취 문제를 해결할 여자…… 웨이터가 프랑스어로 말을 걸었을 때 친구들이 비웃었던 남자…… 필레미뇽을 물고기의 일종이라고 생각한 여자…… 손님이 돌아간 후, 창피함 속에 서로를 마주한 부부, 아내는 문고리를 쥔 채 울음을 참으려 애쓰고, 남편은 수치심에 손톱을 물어뜯고 있다. ("손님이 돌아간 후, 당신은 후회하지 않는가? 모든 당혹스러움을 극복하라! 유명한 『에티켓 책』이 모든 상황에서 어떻게 행동하고, 말하고, 글을 쓰고, 입어야 하는지를 정확히 알려줄 것이다.") 데이지 꽃다발을 목에 걸고 있던 소녀, 하지만 그녀에게는 무좀이 있었다…… 이 광고 속 남녀들은 고통을 겪든 승리하든, 당대의 민간전승folklore의 일부가 되었다.

 그들의 업적은 때때로 놀라웠다. 예를 들어, 넬슨 더블데이 Nelson Doubleday 출판사의 『주머니 속 대학Pocket University』을 구매한 남자가 있었다. 어느 날 저녁, 그는 어떤 모임에서 누군가가

'알리바바Ali Baba'를 언급하는 순간,

알리바바? 나는 의기양양하게 몸을 앞으로 기울이며 말했다. 나는 이 낭만적이고 그림 같은 허구의 캐릭터의 모든 것을 그들에게 말해줄 수 있었다.
"어쩌다 보니, 모두가 제 주변으로 몰려들었습니다. 저는 그들에게 일곱 바다를 항해하는 황금의 배, 길을 헤매던 유명한 남자와 그의 당나귀, 그리고 우리가 모두 그 후손이라는 야만인을 이야기했습니다. 또한 그들은 전혀 몰랐던 클레오파트라, 괴짜 철학자 디오게네스, 로물루스와 로마 건국 이야기까지 들려주었습니다. 불운하게 죽은 월터 롤리 경과 비극적인 운명을 맞이한 가엾은 앤 볼린에 대해서도 말했습니다……"
"그렇게 많은 이야기를 알고 있는 것을 보니 당신은 온 세상을 여행하신 분인 모양이군요."

회의적인 사람들은 미소를 띠고서, 그런 끝없는 저녁 모임에 자신이 끼지 않은 것에 안도했을 것이다. 하지만 이 광고는 그들의 기억 속에 남았다. 그리고 조금 덜 세련된 이들에게는, 저 광고 속 남자처럼 저녁 식사를 마법 같은 이야기로 장악하는 꿈을 꾸게 만들었을 것이다. 그들도 쿠폰을 채우기만 하면 같은 능력을 가질 수 있었다……

전후 10년간 가장 유명한 극적인 광고는 '구취halitosis의 끔찍한 결과'를 다룬 일련의 광고들이었다. 이 광고들은 주변 사람들이 차마 말해주지 못하는 불운한 이들의 모습을 묘사했다. "들러리는 자주 되었지만, 신부가 되지는 못했다…… 에드나의 경우는 정말 안타까운 일이었다." "그녀는 왜 그를 떠났을까?" "이것이 바로 네가 실패하는 이유야."…… 그리고 이 비극적인 초기 광고 시리즈에서 사람들에게 공포를 느끼게 만들었던 가장 기발했던 광고. 한 소녀가 리스테린 광고를 바라보며 스스로에게 말한다. "이건 나하고는 상관없는 이야기야!"

미국 의학협회가 "리스테린은 진정한 탈취제가 아니며, 단순히 한 냄새를 다른 냄새로 덮는 것일 뿐"이라고 주장한 것은 아무 소용이 없었다. 포핸 치약 광고의 '5명 중 4명' 논리를 생명 연장 연구소Life Extension Institute가 '20명 중 1명'이라고 반박해도 마찬가지였다. 구취는 극적인 광고의 힘을 등에 업었고, 리스레린은 대중의 불안감 속에서 폭발적인 성공을 거두었다.

6

해마다 번영이 이어지면서 새로운 부의 확산이 뚜렷한 결과를 가져왔다. 전쟁 직후부터 고등교육의 붐이 크게 일었고, 그 속도는 다소 둔화되었지만 계속되었다. 대학 이사회들은 밀려드는 지원자들로 인해 어떻게 자리를 마련할지 고민에 빠졌다. 급격히 부유해진 사람들이 신속하게 교양을 쌓고 사회적으로 세련되어지기를 원하면서, 지식을 요약한 책과 에티켓 서적이 유행했다. 1921년과 1922년 비소설 부문에서 가장 많이 팔린 책이었던 H. G. 웰스의 『세계사 개요』 뒤를 이어, 밴 룬의 『인류 이야기The Story of Mankind』, J. 아서 톰슨의 『과학의 개요Outline of Science』(둘 다 1922년 베스트셀러), 더블데이 출판사의 우편주문 도서 『에티켓 책Book of Etiquette』, 에밀리 포스트의 『예절서Book of Etiquette』(1923년 비소설 부문 1위), 1926년에 크게 성공한 『왜 우리는 인간처럼 행동하는가Why We Behave Like Human Beings』, 그리고 1927년 모든 비소설 분야를 압도한 『철학 이야기The Story of Philosophy』가 출간되었다.

수많은 순박한 미국인들이 해외로 몰려갔다. 미국 상무부의 통계에 따르면, 1928년 한 해 동안만 해도 43만 7천 명 이상이 배를 타고 외국으로 떠났으며, 기차를 이용해 캐나다와 멕시코로 넘어간 사람도 1만 4천여 명에 달했다. 또한, 300만 대 이상의 자동차가 하루 이상 캐나다 국경을 넘었다. 이 여행객들은 아낌없이 돈을 썼으며, 그들이 외국에서 지출한 금액(1928년 기준 약 6억 5천만 달러)은 국제 금융에서 난제로 떠올랐던 문제를 해결하는 데 기여했다. 즉, 미국이 외국으로부터 자국의 대출 이자와 해외 투자 수익을 계속 받을 수 있도록 하면서도, 보호관세 장벽을 넘어 대규모 외국산 제품이 유입되는 것을 막을 수 있었다.

미국은 세계의 은행이자 금융 중재자로 자리 잡았다. 독일과 연합국 간의 재정 관계를 정리할 필요가 있을 때, 국제 위원회의 수장을 맡은 인물은 다름 아닌 찰스 G. 도스와 오언 D. 영이었다. 그들의 판단이 현명하고 공정했기 때문만은 아니었다. 미국이 실질적으로 금융 질서를 결정할 위치에 있었기 때문이었다. 미국인들은 여러 나라의 재정 개혁을 주도했고, 해외 투자는 급격히 증가했다. 월 스트리트와 브로드 스트리트의 모퉁이에 자리 잡은 석회암 건물은 1920년 폭발 사건의 파편 흔적을 여전히 간직한 채, 이제는 이론의 여지가 없는 세계 금융의 중심지가 되었다. 미국이 다른 나라에 군사적으로 개입하는 일은 거의 없었다. 해병대가 아이티를 통치하고 니카라과의 질서를 회복하기는 했지만, 일반적으로 미국은 군사 정복이나 정치적 지배가 아니라 금융 침투를 통해 세계에 영향력을 행사했다.

국내에서는 번영의 가장 뚜렷한 결과 중 하나로, 도시적 취향과 패션, 그리고 도시적 생활방식이 전국을 점령했다. 더 이상 시골 촌놈은 존재하지 않았다. 뉴햄프셔와 와이오밍의 시골 마을 소녀들도 뉴욕에 사는 자매들처럼 짧은 치마를 입고 립스틱을 바르기 시작했다. '적색 공포' 시절 급진주의자들이 프롤레타리아라고 불렀던 노동자 계층도 점차 계급의식을 잃어갔다. 미국 노동총연맹(AFL)은 회원 수와 영향력이 감소했다. 이제 노동자들은 중고 뷰익을 소유했고, 지미 워커[뉴욕 시장으로 '재즈 시대'의 상징적인 정치인]가 값비싼 맞춤 정장을 입고 하인을 두고, 억만장자들이 즐겨 찾는 팜비치에서 시간을 보내는 것에 대해 전혀 불만을 갖지 않는 듯했다. 멜런, 후버, 모로우 같은 인물들이 공직에서 그들의 부를 부채가 아니라 자산으로 활용할 수 있었던 것도, 1924년 대선에서 헨리 포드를 대통령으로 만들려는 대중적 움직임이 광범위하게 퍼졌던 것도 결코 우연이 아니었다. 막대한 재산은 곧 성공을 의미했으며, 성공은 전국적으로 숭배받았다.

7

비즈니스 자체에 대한 존경심도 새롭게 고양되었다. 한때 사업은 학문적 직업보다 덜 고귀하고 덜 권위 있는 것으로 여겨졌지만, 이제는 목사가 "훌륭한 사업가"라는 평가를 받으면 그것은 최고의 칭찬이 되었다. 대학 동문들은 연례 만찬에서 "교육은 미국에서 가장 위대한 산업 중 하나"라고 말하는 은행가 출신 이사들의 연설에 열렬히 박수를 보냈고, 대학 총장과 학장이 기업 경영진과 비교되는 것에 거리낌이 없었다. 대학들은 비즈니스 과정들을 개설했고, 광고 카피 작성, 마케팅 기법, 초급 속기법, 약국 실습 등의 수업을 듣고도 학사 학위를 받을 수 있도록 했다.

컬럼비아 대학은 심지어 가전제품 제조업체와 다름없는 추적 마케팅을 활용하여 원격 학습 과정에 사람들을 모집했다. 관심을 보인 사람들에게 후속 편지를 보내고, 영업사원을 보내 문을 두드리게 했다. 심지어 시카고 대학도 안드레 시그프리드가 "성공의 신비주의"라고 부른 전략을 활용했다. 그들의 통신 교육 광고는 이렇게 시작되었다. "집에서 능력을 개발하라. 조사하고, 인내하고, 성취하라."

하버드 경영대학원은 매년 광고 시상식을 열어 상업 제품 판매를 위한 세련된 마케팅 문구에 학문적 '후광'을 부여했다. 교회도 이 거센 비즈니스 열기를 거부하기 어려웠다. 《아메리칸 머큐리》에 따르면, 뉴욕의 스웨디시 이마누엘 회중 교회는 영적 호소보다 사업적 호소가 더 강력함을 인식하고, 교회 건축 기금에 100달러 이상 기부한 모든 사람에게 "하느님의 왕국 우선주" 투자 증서를 발급했다. 뉴욕 도심의 한 교회 광고판에서도 비슷한 접근법을 볼 수 있었다. "교회에 오십시오. 기독교의 예배는 당신의 능률을 높여줍니다. 크리스찬 F. 라이즈너, 목사."

미국의 모든 도시와 마을에서 서비스 클럽들은 중산층 시민들 중 중심적인 인물들을 한데 모아, 떠들썩한 우애 속에 주간 오찬을 열었다. 이러한 서비스 클럽들은 급속히 성장하고 있었다. 가장 유명한 로터리 클럽Rotary Club은 1905년에 창립되었으며, 1930년에는 15만 명의 회원을 보유하고 있었고, 44개국에 걸쳐 3,000개에 달하는 클럽을 운영하며 국제적 영향력을 자랑했다. 키와니스 클럽Kiwanis Club의 수는 1920년 205개에서 1929년에는 1,800개로 증가했고, 1917년에야 처음 창설된 라이온스 클럽Lions Club도 10년이 끝날 무렵 1,200개에 이르렀다. 이들 클럽은 단순히 노래를 부르거나 사회봉사 활동을 펼치는 것에 만족하지 않았다. 이들은 창립자 중 한 명이 "비즈니스의 구원적이고 재생적인 영향"이라고 부른 미국의 신념을 적극적으로 표현했다. 클럽에서 초청한 연사들은 사업가를 건설자로, 위대한 일을 해내는 사람으로, 나아가 인류를 위한 새로운 봉사의 방안을 끊임없이 모색하는 몽상가로 그렸다. 이러한 주제는 널리 인기를 끌었다. 왜냐하면 당시 수백 개의 이사회 회의실과 수백 개의 회의 테이블에서, 쿨리지 번영 시대의 미국 사업가들은 스스로를 "먼 미래를 내다보는 비전의 소유자"로 여기고 있었기 때문이다.

1920년대가 끝날 무렵, 《뉴요커The New Yorker》의 한 만평은 이러한 비즈니스적 감상주의를 완벽하게 풍자했다. 한 경영자가 살찐 동료들에게 이렇게 말하는 장면이었다. "우리는 아이디어를 가지고 있습니다. 어쩌면 풍차를 향해 돌진하는 것일 수도 있죠 — 우리 일곱 명의 돈 후안Don Juan이 풍차를 향해 돌진하는 것입니다."* 서비스 클럽은 이러한 종류의 신비주의를 전문으로 다루었다. 실제로 《아메리칸 머큐리》에 따르면, 아이오와주 워털루의 로터리 클럽에서 한 연사는 "로터리 클럽은 신성한 것의 구현"이라고 말하지 않았는가?

사실, 비즈니스와 종교의 결합은 당대의 가장 중요한 현상 중 하나였다. 뉴욕에서 열린 전국신용협회National Association of Credit Men의 연례 총회에서는 3,000명의 대표들을 위해 성 요한 대성당에서 특별 기도회가 마련되었고, 개신교 목사, 로마 가톨릭 사제, 유대교 랍비가 이끄는 다섯 차례의 기도회가 열렸다. 그리고 대표들은 S. 파크스 캐드먼 박사가 전하는 '비즈니스 속의 종교'라는 설교를 들으며 영적 고양을 경험했다. 마찬가지로, 필라델피아에서 열린 광고클럽연합Associated Advertising Clubs 총회에서도 캐드먼 박사는 '상상력과 광고'라는 기조연설을 했고, 교회 광고 부서Church Advertising Department[1920년대 미국의 광고 산업에서 종교와 광고의 융합을 주도한 광고클럽연합 내의 부서] 회의에서는 '광고 속의 영적 원칙', '언론 · 라디오 서비스를 통한 하느님의 왕국 광고' 등의 주제가 논의되었다. 이 회의가 매일 밤

---

* "풍차를 향해 돌진한다"는 표현은 세르반테스의 『돈키호테』에서 유래한 것으로, 비현실적 목표에 무모하게 도전하는 헛된 싸움을 뜻한다. 그런데 돈키호테 대신 여자에게 집착하는 유혹자, 즉 낭만적이고 자기 도취적인 돈 후안이라는 완전히 다른 인물을 집어넣어, 결과적으로 이 표현은 무지와 허영에 지배되고 있는 사람들이 지적 허세를 부리는 방식을 야유한 것이다. "아이디어가 있다"는 말로 자신들의 기업가 정신을 내세우지만, 실상은 무분별한 투기나 자기기만적 낙관주의에 불과한 경우가 많았고, 풍차를 향해 돌진한다고 하면서, 자신들이 뭘 향해 가는지도 모르고 있다는 풍자가 숨어 있다.

11시 30분부터 새벽 2시까지 열리는 카바레 공연과 함께, 그리고 애틀랜틱 시티 미인 대회 일부가 진행되었다는 사실은, 신앙이 깊은 사람들도 때로는 즐거움이 필요하다는 단순한 현실을 보여주는 것이었다.

성경을 사용하여 비즈니스의 교훈을 설명하거나, 비즈니스를 사용하여 성경의 교훈을 설명하는 일이 너무도 빈번하게 일어나다 보니, 이 연관성을 통해 더 큰 이익을 얻는 것이 어느 쪽인지 분간하기 어려울 때도 있었다. 뉴욕의 건설업자이자 부동산 사업가인 프레드 F. 프렌치는 자신의 영업사원들에게 이렇게 말했다. "안 될 이유란 것은 없다." 그리고 덧붙였다. "이 이론이 얼마나 타당한지는 가장 위대한 인간 본성의 전문가였던 분이 마태복음 7장 7절에서 말씀하신 바에서 확인할 수 있다. '두드려라, 그러면 너희에게 열릴 것이다.'" 그는 계속해서 "가장 위대한 계명은 '네 이웃을 네 몸과 같이 사랑하라'라는 성경 구절이다"라고 인용한 후, 이러한 고귀한 원칙을 따름으로써 프렌치 사의 영업사원들은 "자신들의 성품과 능력을 비할 데 없이 강화하여, 올해에는 낮은 수수료율로 주주들에게 더 많은 이익을 제공하면서도, 1925년보다 더 많은 돈을 벌게 될 것"이라고 선언했다.

이 경우, 성경은 비즈니스가 실천해야 할 윤리적 기준으로 제시되었으며, 그것이 경제적 이익과도 연결된다는 점이 강조되었다. 하지만 다른 경우에는 오히려 비즈니스가 하나의 기준이었고, 성경이 비즈니스적 관점에서 해석되어 그 수준으로 격상된 듯 보였다. 예를 들어, 메트로폴리탄 상해보험이 발행한 《모세, 사람을 설득하는 자Moses, Persuader of Men》라는 소책자는, 부지런한 캐드먼 박사의 서문과 함께, 다음과 같이 주장했다. "모세는 역사상 가장 위대한 영업사원이자 부동산 개발자 중 한 명이었다. 그는 역사상 가장 찬란한 판매 캠페인 중 하나를 주도한, 지배적이고 대담하며 성공적인 인물이었다."

그리고 마지막으로, 브루스 바튼이 『아무도 모르는 사람 The Man Nobody Knows』에서 설파한 놀라운 메시지를 보라. 이 책은 미국인들의 마음을 너무도 깊이 울려 1925년과 1926년, 두 해 연속으로 미국에서 가장 많이 팔린 논픽션이 되었다. 바튼은 기독교를 비즈니스적 관점에서 재해석하여 대중에게 매력적으로 포장했다. 이 책에서 예수는 단순한 종교적 인물이 아니라 "예루살렘에서 가장 인기 있는 저녁 만찬 손님", "야외활동을 좋아하는 남자", 그리고 위대한 경영자였다. "그는 비즈니스의 최하층에서 12명의 남자를 뽑아 그들을 조직하여 세계를 정복하게 만들었다…… 그의 조직이 결성된 방식보다 더 놀라운 경영 성공 사례는 존재하지 않는다." 그의 비유들parables은 "역사상 가장 강력한 광고였고 그가 오늘날 살아 있다면 전국적인 광고를 담당하는 인물이 되었을 것이다." 사실 예수는 "현대 비즈니스의 창시자"였다. 왜냐고? 그는 서비스의 이상the ideal of service을 창안했기 때문이다.

브루스 바튼에 의한 복음서The Gospel According to Bruce Barton는 대중의 요구를 정확히 충족시켰다. 쿨리지 번영 시대의 축복 아래, 비즈니스는 거의 미국의 국가적 종교가 되어 있었다. 수백만 명의 미국인은 자신들이 믿고 있는 이 신념이 완전히 올바르고 정당하다는 확신을 갖고 싶어 했다. 그리고 부를 축적하는 방법

속에 모든 율법과 예언이 담겨 있다는 메시지를 듣고 싶어 했다.

바튼의 복음이 가장 활발히 퍼져나가고 있던 바로 그 시기에, 판매 및 광고 캠페인은 점점 더 냉소적으로 변해갔고, 미국의 비즈니스계는 티팟 돔 사건과 컨티넨털 트레이딩 컴퍼니의 추잡한 역사에 대해 무관심한 태도를 보였다. 이것이 이상한 일이었을까? 어쩌면 그렇지만, 모든 종교에서 신앙과 실천 사이에는 어느 정도의 간극이 존재한다는 점을 기억해야 한다. 비즈니스맨의 후광이 늘 꼭 맞는 것은 아니었지만, 그는 그것을 자랑스럽게 썼다.

8

그리하여 번영의 밴드왜건은 엔진을 풀가동하고 사이렌을 울리며 질주했다. 그러나 그 운전석에 앉아 있던 사람, 바로 이 시대에 이름을 남긴 인물은 어떤 사람이었을까?

그에게는 앞으로 돌출된 턱도, 강렬한 개성도, 청중을 사로잡는 강렬한 화술도 없었다. 만약 팀북투*에서 온 누군가가 상공회의소 회원들 사이에서 그를 찾아야 했다면, 그는 결코 그들의 수호성인으로 선택되지 않았을 것이다. 그는 비즈니스에 몸담은 적도 없었다. 대량 생산과 고압적인 판매 기법을 숭배하는 사람들 사이에서 그가 성인으로 추앙받았다는 사실은 놀라운 역설이

---

* Timbuktu는 말리 공화국의 북부 사하라 사막 근처에 위치한 실제 도시이다. 중세 이슬람 세계에서 학문과 무역의 중심지로 번성했지만, 19세기 유럽과 북미에서는 "세상에서 가장 멀고 낯선 외딴곳"의 상징으로 인식되어 "세상 끝까지from here to Timbuktu"란 관용구로 쓰이게 되었다.

었다. 그러나 그것은 어느 정도 타당한 일이었다. '쿨리지 번영'에서 가장 주목할 만한 점 중 하나는 바로 캘빈 쿨리지 그 자체였다.

그는 빈상貧相이었다. 도끼처럼 날카로운 얼굴을 가진 버몬트 출신으로, 붉은빛을 띤 머리카락과 굳게 다문 입술을 가졌으며, 윌리엄 앨런 화이트의 표현에 따르면, "늘 코를 찡그리며 코끝에서 나는 불쾌한 냄새의 근원을 찾으려는 듯한" 표정을 짓고 있었다. 그는 창백하고 내성적이었다. 사적으로는 수다스러울 수 있었지만, 공적으로는 얼음장처럼 침묵을 지켰다. 보스턴 경찰 파업에서 보여준 그의 강경한 태도가 전국적인 주목을 받으며 그를 부통령직으로 이끌었을 때조차, 하딩 행정부의 온화한 분위기 속에서도 그는 쉽게 녹지 않았다. 부통령의 임무 중 하나는 각종 공식 만찬에 참석하는 것이었지만, 그는 참석할 뿐 아무 말도 하지 않았다. 워싱턴의 여주인들은 당황스러워하며 그를 이해할 수 없었다. "알프스를 넘으면 이탈리아가 나온다고 생각했지만, 아무도 정상에 오르지 못했으니 그곳의 풍경이 오를 만한 가치가 있는지 확신할 수 없었다"라고 에드워드 라우리는 썼다. 쿨리지가 대통령이 된 후에도 그의 냉담함은 변하지 않았다.

그러나 이 침묵이 깊이 있는 사색을 감추고 있었던 것은 아니었다. 쿨리지는 미국의 역사를 잘 알고 있었지만, 그의 사고는 결코 넓은 영역을 탐구하지 않았다. 그의 연설과 자서전을 아무리 뒤져보아도 가장 독창적인 점은 그의 철저한 비독창성뿐이었다. 거의 모든 사람이 잊어가고 있거나 의심하기 시작한 시대에 그는 여전히 미국의 오래된 교훈을 신봉했다. "어떤 분야에서든 성공은 거의 정확하게 노력의 양에 비례한다…… 내가 신뢰하는 유일한 정치 전략은 옳은 일을 하려고 노력하는 것이며, 때로는 성공할 수도 있다…… 사회가 학문과 덕성을 잃으면 멸망할 것이다…… 도덕적 힘이 가장 강한 나라가 승리할 것이다." 그의 철학은 근면, 절약, 신앙, 그리고 그 끝에 보상이 따르는 것이었다. 마치 먼지 쌓인 버몬트 다락방에서 『맥거피 독본*McGuffey's Reader*』이 내려온 듯했다. 하지만 그것은 너무 오래되어 오히려 새롭게 보였고, 수많은 미국인이 어릴 적 어머니 무릎에서 들었던 말과 일치했기에, 아직 남아 있던 개척자 정신을 자극했다. 그리고 쿨리지는 그것을 짧고 간결하게 설파했다. 그는 미국을 완전히 사로잡았고, 만약 대통령이 "두 점 사이의 가장 짧은 거리는 직선이다"라고 선언했더라도, 신문 사설들은 그의 명료한 지혜에 찬사를 보냈을 것이다.

그는 대담한 지도자가 아니었고, 그렇게 될 생각도 없었다. 그는 새로운 이상을 좇지도, 요새를 공격하지도 않았다. 5년 7개월 동안 백악관에 있었던 것을 고려하면, 그의 대통령으로서의 기록은 놀라울 정도로 소극적이었다. 그러나 그것이 바로 그가 원했던 기록이었다.

그의 행정부는 외교 정책에서 미국 국민들에게 그들이 외부 세계로부터 행복하게 고립되어 있지 않다는 사실을 설득하려는 노력을 거의 기울이지 않았다. 은행가들은 독일의 배상금 문제를 조정하는 데 관여할 수 있었고, 비공식적인 참관인들이 유럽 협상에 참여할 수 있었으나, 정부는 우드로 윌슨의 몰락을 기억하며 영리하게도 '위엄 있는 무관심'을 유지했다. 쿨리지는 하딩이 그랬던 것처럼 미국이 세계법원World Court*에 가입해야 한다고 제안했지만, 그 추진력은 미미했다. 결국 상원이 이 제안을 수정하여 비준했으나 다른 회원국들이 이를 받아들이지 못했고, 쿨리지는 임기 말까지 목표를 달성하지 못했지만, 그의 위신이 크게 손상되지는 않았다.

1927년 제네바에서 열린 제2차 해군 군축 회담은 실패로 끝났다. 니카라과 혁명은 상당한 혼란과 굴욕을 거친 끝에 미 해병대와 헨리 L. 스팀슨의 미국 감독 하의 선거 계획을 통해 정리되었다. 또한, 미국 기업이 소유한 유전지의 법적 지위를 둘러싸고 멕시코와 벌어진 더욱 격렬한 분쟁도, 쿨리지의 애머스트 대학 동창이자 대사인 드와이트 모로우의 지혜와 신중한 외교 덕분에 완화될 수 있었다. 하지만 쿨리지 행정부가 외교 분야에서 이룬 가장 두드러진 업적은 전쟁을 국가 정책의 수단으로 포기하는 켈로그-브리앙 조약Kellogg-Briand Treaty을 주도한 것이었다. 이는 모든 국가가 기꺼이 서명할 만큼 훌륭한 선언이었지만, 실제 국제 관계에는 거의 아무런 영향을 미치지 못했다.

니카라과와 멕시코 문제를 해결한 것은 늦었고, 켈로그-브리앙 조약은 실질적인 효과가 거의 없었으며, 그 외의 쿨리지 행정부 외교 정책은 철저히 실용적이었다. 즉, 미국이 받을 돈을 (상당한 반감을 불러일으키면서도) 철저히 징수하고, 미국 금융 제국의 확장을 면밀히 감시하며, 그 외에는 그저 내버려 두는 것이

---

* 상설국제사법재판소(Permanent Court of International Justice, PCIJ)를 의미한다. 1945년 설립된 국제사법재판소(International Court of Justice, ICJ)의 전신이다.

었다.

국내 정책에서 쿨리지는 더욱 흥미로운 요소가 적었다. 그는 극도로 신중한 인물이었다. 하딩 행정부의 부패 스캔들이 드러났을 때, 그는 공식적인 기소 절차를 시작하는 데 필요한 조치를 취했고, 악명 높은 해리 도허티를 교묘하게 내각에서 몰아냈다. 그러나 그 이후로는 한결같이 침착한 태도를 유지했으며, 그것은 완벽하게 진정성 있어 보였다. 1925년 무연탄 광산에서 파업이 발생했을 때, 그는 직접 개입하지 않았고, 대신 펜실베이니아 주지사 기포드 핀초에게 이를 맡겼다. 당시 정치적으로 가장 뜨거운 논쟁거리였던 금주법Prohibition에 대해서도 그는 "법은 집행되어야 한다"는 원칙적인 입장 외에는 어떠한 의견도 내놓지 않았다. 금주법 문제는 정치적으로 폭발성이 강한 사안이었으나, 캘빈 쿨리지는 안전한 거리에서 이를 지켜보며 시선을 돌렸다.

그의 정책은 비즈니스의 이익을 위한 철저한 현상 유지status quo였다. 그는 농업 구제 법안을 두 차례 거부했다. 맥네리-하우건 법안McNary-Haugen Bills이 경제적으로 비합리적이라는 이유에서였다. 이로 인해 그는 산업과 금융계를 크게 만족시켰으며, 그들은 그의 가장 강력한 지지층이었다. 그는 군인 보너스 법안도 비용 문제를 이유로 거부했지만, 이 건은 의회가 그의 거부권을 무효화했다. 그가 가장 자랑스럽게 여겼던 것은 정부 운영 비용을 체계적으로 절감하고, 공공 부채를 줄이며, 네 차례의 연방 세금 감면을 이끌어낸 것이었다. 이 조치는 소득이 적은 계층뿐만 아니라, 특히 소득이 많은 계층에 더욱 두드러진 혜택을 주었다. 한편, 상무장관 허버트 후버는 기업들이 스스로를 돕도록 기발한 방식으로 지원했다. 정부의 각종 위원회에서는 현대적 상업 관행을 비판하는 인물들이 가능한 한 배제되었으며, 대신 기업에 우호적인 시각을 가진 이들이 임명되었다. 백악관의 고요는 가끔씩 사업에 대한 찬양과 번영이 견고히 자리 잡았다는 확신을 전달하는 대통령 성명에 의해서만 깨질 뿐이었다.

영감도 없고 영웅적인 면모도 없는 정책, 그렇게 평가할 수도 있겠다. 그러나 그것은 진정성이 있었다. 캘빈 쿨리지는 자신을 최대한 자제하고, 부유층의 세금 부담을 낮추는 것이 나라 전체에 이익이 된다고 진심으로 믿었다. 그리고 어쩌면 그는 옳았을지도 모른다. 이 정책은 당대의 정치적 분위기와 완벽하게 들어맞았다. '뚜렷한 신념을 가진 정치인'이 아니라 '번영을 방해하지 않는 정치인'을 원했던, 왕성한 사업가들이 국가 여론을 주도하던 시기였다.

그들은 정부를 자신들의 이상적인 국가를 만들기 위한 도구, 인권을 옹호하는 기관, 부당함을 바로잡는 존재로 여기지 않았다. 번영의 악대차樂隊車는 그들을 신속히 원하는 목적지로 나아가게 해주었고, 정치적 개입은 오히려 이를 방해할 위험이 있었다. 따라서 그들은 대통령에게 행동하는 지도자를 원하지 않았다. 오히려 가능한 한 적게 개입하고, 정부 운영 비용이 최소화된 정치를 원했다. 그리고 번영의 악대차를 한없이 느슨한 고삐로 몰아가던 이 엄격한 뉴잉글랜드인은 그들이 생각하는 최고의 지도자 모습이었다.

일종의 정치적 수완이라 부를 수도 있을 것이다. 번영에는 부정할 수 없는 장점이 있었고, 이를 촉진하면서도 큰 문제 없이 대통령직을 수행할 줄 아는 정치인은 평가받을 자격이 있다. 그의 자서전에서 드러나는 자기만족이 불편할 수도 있지만, 필연적인 것을 의연하게 받아들이고, 상황이 허용하는 것 이상으로 대담하거나 너그러우려고 애쓰지 않는 신중함 역시 평가받을 만한 면이 있다. 당시 미국에서 위대한 신은 비즈니스였고, 캘빈 쿨리지는 그 신의 제단 앞에서 신중하게 경배함으로써 거의 반신반인半神半人이 되는 행운을 누렸다.

8 밸리후* 시대

THE BALLYHOO YEARS

모든 나라들은 역사적으로 주기적으로 유행이나 대중적 이슈에 대한 집단적 흥분에 휩싸이곤 한다. 하지만 이러한 흥분의 크기와 빈도는 시대마다 다르며, 그것을 촉발하는 사건들의 성격 또한 다양하다. 쿨리지 번영기의 두드러진 특징 중 하나는 수많은 사람들이 전례 없는 속도와 일치된 관심으로 헤비급 복싱 경기, 살인 재판, 새로운 자동차 모델, 대서양 횡단 비행과 같은 사소한 사건들에 열광했다는 점이다.

이러한 화제의 사건들causes célèbres 중 대부분은 전통적인 역사적 관점에서 볼 때 거의 중요하지 않았다. 홀-밀스 재판에서

---

* 요란한 선전, 과장 광고, 선동적인 쇼맨십을 뜻한다. The Ballyhoo Years는 대체로 1920년대의 미국을 정의하는 표현 중 하나로 과장되고 요란한 소비문화, 미디어 선동, 황색 저널리즘, 유행의 홍수 등 허세와 속임수, 흥청거림이 만연했던 시대를 풍자적으로 가리키는 말이다. 단어의 함의가 넓어 번역어를 특정하기가 어려워 본문에서는 음역해 '밸리후'라고 했다.

'돼지 여인'이 증언을 했든, 켄터키 동굴에서 플로이드 콜린스를 구조하려 했든, 그것이 대다수 사람들의 미래를 바꿔놓지는 않았다. 그러나 그러한 일들이 전국적으로 전례 없는 수준의 관심과 감정을 끌어낼 수 있었다는 사실 자체는 결코 사소한 일이 아니었다. 쿨리지 시대를 논하면서, 중대한 정치적 이슈보다는 오히려 이와 같은 대중적 이벤트에 몰려든 군중과, 위대한 공직자나 개혁가, 군인이 아니라 대서양을 횡단하여 상금을 탄 스턴트 비행사가 시대의 영웅이 된 배경을 살피지 않는다면, 그 시대를 제대로 설명했다고 할 수 없을 것이다.

캘빈 쿨리지가 백악관에 들어섰을 무렵, 전후 10년 초반의 긴장은 상당 부분 해소된 상태였다. 우드로 윌슨은 여전히 S 스트리트의 햇빛이 드는 집에서 연약한 생명을 이어가고 있었으나, 국제연맹 문제는 이미 사라졌고, 오직 몇몇 이상주의자들만이 그 부활을 희망하고 있었다. 급진주의자들은 좌절했고, 노동운동은 '빨갱이 공포Big Red Scare' 시대 이후 에너지도 명성도 잃어버렸다. 쉬운 돈벌이 — 혹은 최소한 저렴한 포드와 쉐보레의 보급 — 덕분에 자본주의는 확고하게 자리를 잡았다. 쿠 클럭스 클랜은 여전히 수백만 명의 회원을 보유하고 있었으나, 이미 순수한 열정을 잃고 하나의 정치적 이권단체로 변해가고 있었다. 대중의 관심을 강하게 끌어낼 수 있는 진정한 공공 이슈는 많지 않았다. 금주법은 여전히 누구나 열띤 논쟁을 벌일 수 있는 주제였으나, 찬반 의견이 당파적 경계를 넘나들었기 때문에 거의 모든 정치인들은 이 이슈를 피하려 했다. 농업 중심의 북서부와 중서부에서는 농업 지원을 요구하는 강한 목소리가 있었으나, 도시화가 급격히 진행되던 나머지 지역에서는 관심이 미미했다. 세계법원World Court, 유전 스캔들, 니카라과 사태와 같은 문제에 대해 미국인들은 관심을 가지려 하지 않았다. 그들은 비즈니스 성공에 에너지를 쏟았으며, 나머지는 즐길 거리로 채웠다. "행복한 나라는 역사가 없는 나라 — 그리고 볼만한 구경거리가 많은 나라"라고 말할 수도 있었을 것이다. 그들은 새로운 흥미로운 볼거리를 찾을 준비가 되어 있었다.

당시 미국에서는 그 어느 나라보다도, 그 어느 시대보다도 많은 사람이 동시에 같은 구경거리를 즐길 수 있었다. 대량생산은 자동차에만 한정되지 않았다. 뉴스와 사상 또한 대량 생산되었다. 미국은 이미 문해력 높은 부유한 대중이 쉽게 전국적 유행에 휩쓸릴 수 있는 사회였으며, 이에 더해 전국적 커뮤니케이션 시스템이 더욱 확대되고, 중앙집중화되었으며, 이전보다 훨씬 더 효과적으로 작동하고 있었다.

우선, 신문의 수는 줄어들었으나, 개별 신문의 발행 부수는 늘어났고, 보도 내용은 더욱 표준화되었다. 이는 점점 증가하는 통신사 자료와 신디케이트 칼럼 사용 때문이었다. 사일러스 벤트Silas Bent가 지적했듯이, 1914년에서 1926년 사이, 미국의 일간지 수는 2,580개에서 2,001개로, 일요일판 신문은 571개에서 541개로 감소했지만, 한 호당 총 발행 부수는 2,800만 부에서 3,600만 부로 증가했다. 25년 전까지만 해도 세 개의 조간신문이 있던 클리블랜드는 이제 단 하나만 남았고, 디트로이트, 미니애폴리스, 세인트루이스도 각각 하나씩만 유지하고 있었다. 시카고는 인구가 두 배로 늘어나는 동안 조간신문 수가 7개에서 2개로 줄어들었다. 신문들은 전국적으로 체인화되었으며, 점점 더 중앙집중화된 운영 체계를 갖추었다. 1927년까지 허스트Hearst와 스크립스-하워드Scripps-Howard 체인의 성공에 영향을 받아, 운영 비용을 절감하려는 움직임 속에서 55개의 신문 체인이 형성되었으며, 이들은 총 230개의 일간지를 소유하고 1,300만 부 이상의 발행 부수를 기록했다.

더 이상 지방 신문 편집자는 예전처럼 지역 작가나 만화가에게 의존해 지면을 채우고 지역적 색채를 더하지 않았다. 신문 체인의 중앙 사무소나 뉴욕의 신문 신디케이트가 그를 위해 사설, 건강 칼럼, 연재 만화, 감성적인 칼럼, 가정 생활 팁, 스포츠 소식, 그리고 전국 독자층을 겨냥해 대중의 관심을 끌도록 보장된 일요일 특집 기사를 제공할 수 있었다. 앤디 검프Andy Gump와 도로시 딕스Dorothy Dix에게는 메인에서 오리건까지 수백만의 팬이 있었고, 잭 댐프시의 훈련 캠프에서 기자가 두드려 만든 기사는 플로리다의 부동산업자나 시애틀의 리벳공들까지도 한마음으로 탐독했다.

한편, 대량 발행되는 전국 잡지의 수가 증가했고, 전국 광고의 규모도 커졌으며, 수많은 홍보 전문가들이 시류에 편승해 자신들의 상품이나 이슈를 대중의 관심사와 연결하는 요령을 터득했다. 그리고 마침내, 라디오 방송이라는 새로운 대단히 중요한 현상이 등장했다. 라디오는 월드시리즈 경기나 린드버그 환영식과 같은 소식을 수많은 가정과 실시간으로 연결할 수 있었다. 그 결과, 미국인의 집단 의식은 과거 어느 때보다도 몇몇 사람들의 손에 의해 연주될 수 있는 악기가 되었다. 그리고 이들은, 벤트가 지적한 바와 같이, 이를 새로운 방식으로 연주하는 법을 배워가고 있었다. 즉, 한 번에 하나의 곡조에 집중하는 것이었다.

그렇다고 해서 그들이 머리를 맞대고 의도적으로 이런 결정을 내린 것은 아니었다. 상황과 이해관계가 그들을 그런 방향으로 이끌었을 뿐이었다. 대중은 한 번에 하나의 사건에 집중하는 경향이 있다는 사실을 그들은 발견했다. 성공적인 타블로이드 신문들이 날마다 이를 증명하고 있었다. 신문사 사주와 편집자들은 데이턴 재판Dayton trial이나 베스트리스Vestris호 참사 같은 사건이 발생할 때, 이를 전면에 내세우고 최고의 기자들을 투입하며 가능한 한 많은 지면을 할애할 경우 신문 판매량이 증가한다는 사실을 깨달았다. 그들은 이 사실을 최대한 활용했다. 벤트의 자료에 따르면, 보잘것없는 그레이-스나이더Gray-Snyder 살인 재판은 타이타닉 침몰 사건보다 더 큰 지면을 차지했고, 린드버그의 비행은 독일 제국의 몰락과 종전 선언보다 더 크게 다루어졌다. 신디케이트 매니저와 작가, 광고주, 홍보 담당자, 라디오 방송인들은 모두 그날의 주요 사건을 언급하는 것이 대중의 관심을 끄는 열쇠라는 사실을 알고 있었다. 그 결과, 대중의 관심을 끌 만한 사건이 발생하면 그것은 거대한 헤드라인으로 쏟아져 나왔고, 신디케이트 기사가 줄줄이 이어졌으며, 라디오에서 연이어 보도되었고, 홍보를 노리는 연설가들과 설교자들이 반복적으로 언급했으며, 일요일 신문과 영화에서도 재차 다루어졌다. 그리고 (만약 지나치게 개성적인 사람이 아니라면) 온 나라가 하나의 감정에 휩싸이는 경험을 즐겼을 것이다.

이제 이 나라는 빵뿐만 아니라 서커스도 원했고, 이제 그것을 1

억 명이 한꺼번에 즐길 수 있었다.

2

1923~24년 겨울 동안, 마작은 여전히 인기를 끌고 있었다. 그해 겨울은 캘빈 쿨리지가 백악관 생활에 적응하던 시기였고, 보크 평화상Bok Peace Prize이 수여되었으며, 석유 스캔들이 터졌고, 우드로 윌슨이 사망했으며, 찰스 도스Charles G. Dawes 장군이 배상 회의를 주재하기 위해 해외로 떠났고, 『너무 커*So Big*』가 모든 소설 중에서 가장 많이 팔렸으며, 사람들은 《Yes, We Have No Bananas》에 싫증을 느끼기 시작했다. 그리고 화보판Rotogravure 편집자들의 기쁨 속에 이집트 룩소르에서 투탕카멘의 석관 뚜껑이 열렸다. 마작은 여전히 인기 있었지만, 더 이상 새로운 유행은 아니었다.

바로 그해 겨울, 1924년 1월 2일, 뉴욕의 한 젊은 남성이 자신의 이모를 방문했다. 이모는 《뉴욕 월드》 일요판 잡지 부록에 실리는 크로스워드 퍼즐에 빠져 있는 친척이 있었는데, 혹시 그런 퍼즐을 모아놓은 책이 있는지 궁금했다. 만약 있다면 좋은 선물이 될 수 있을 것 같았기 때문이다. 이 젊은 남성은 조사 끝에 크로스워드 퍼즐이 최소한 1913년부터 존재해 왔으며, 《뉴욕 월드》에 오랫동안 실려 왔음에도 불구하고, 아직까지 이를 책으로 엮은 적이 없다는 사실을 알게 되었다. 그런데 마침 그 자신이 친구 슈스터Schuster와 함께 새로운 출판사를 시작하는 중이었고, 직원은 단 한 명뿐이었다. 그의 이름은 리처드 사이먼Richard

Simon이었다.

사이먼은 다음 날 슈스터에게 기발한 아이디어를 제안했다. 그들은 크로스워드 퍼즐 책을 출판하기로 했다. 두 사람은 《뉴욕월드》의 퍼즐 편집자였던 프로스퍼 부라넬리, F. 그레고리 하츠윅, 마거릿 페더브리지에게 협조를 요청했다. 그러나 서점 주인들은 그다지 호의적이지 않았다. 그들은 퍼즐 책이 시장에서 통할 것 같지 않다고 말했다. 그럼에도 불구하고, 두 사람은 4월 중순에 책을 출간했다. 그리고 그들의 마케팅 전략은 매우 기발했고, 결과적으로 예언적이었다. 처음부터 그들은 다음과 같은 해마다의 유행 흐름을 병치하며 광고를 진행했다.

1921년 – 쿠에
1922년 – 마작
1923년 – 바나나
1924년 – 크로스워드 퍼즐 책

한 달 만에 이 연필이 붙어 있는 이상한 모양의 책은 베스트셀러가 되었다. 그해 겨울이 되자 판매량은 수십만 부에 이르렀고, 다른 출판사들은 이 열풍에 편승할 책을 내놓기 위해 앞다투어 경쟁을 벌였다. 신문마다 매일 크로스워드 퍼즐을 싣지 않으면 지루한 신문이라는 평을 들었고, 사전 판매량은 급증했으며, 작가들이 오랫동안 사용해 온 고전적인 도구인 『로제의 유의어 사전 Roget's Thesaurus』에 대한 수요도 새롭게 증가했다. 뉴욕에서는 한 남성이 크로스워드 퍼즐을 풀며 식당에서 네 시간을 보내다 퇴거 명령을 거부해 감옥에 갔고, 시카고에서는 메리 자바라는 여성이 "크로스워드 미망인cross-word widow"이 되었다고 보도되었다. 그녀의 남편이 퍼즐 푸는 데 너무 몰두한 나머지 가족을 돌볼 시간이 없었기 때문이다.

신문들은 피츠버그의 한 목사가 설교문을 퍼즐 형식으로 작성했다는 기사를 실었다. 볼티모어 & 오하이오 철도는 주요 노선 열차에 사전을 비치했다. 뉴욕과 보스턴 사이를 오가는 한 승객은 열차 내 승객의 60퍼센트가 퍼즐을 푸는 데 열중하고 있었으며, 식당차에서는 다섯 명의 웨이터가 "공포심을 불러일으키는" 다섯 글자 단어를 찾아내려고 머리를 맞대고 있었다고 전했다. 거리에서 만나는 사람 누구나 이집트 태양신의 이름을 말해줄 수 있었고, 인쇄 업계에서 쓰이는 두 글자 길이의 측정 단위를 알려줄 수 있었다.

크로스워드 퍼즐 열풍은 1925년에 점차 사그라들었다. 이후 질의응답 책들question-and-answer books이 소소하게 유행을 탔다. 한동안 사람들은 저녁 식사 후 얀 후스John Huss가 누구인지, 옴ohm이 무엇을 의미하는지 모른다는 이유로 당황하는 일이 많았다. 그러다 1926년, 컨트랙트 브리지contract bridge[4인용 카드 게임]가 미국에 소개되면서 마침내 그런 걱정에서 벗어날 수 있었다. 크로스워드 퍼즐의 인기가 시들해졌음에도 불구하고, 신문 대부분은 1920년대 내내 이를 고정 코너로 유지했다. 출판사 사이먼 & 슈스터Simon & Schuster는 1930년 퍼즐 시리즈의 열여섯 번째 판을 출간하면서 1924년 초 이후 총 판매량이 거의 75만 부에 이르렀으며, 영국과 캐나다 판매량을 포함하면 200만 부를 넘었다고 발표했다.

3

이 열풍은 1년 전 유행했던 마작 열풍과 마찬가지로, 미국인들이 유행에 얼마나 쉽게 휩쓸리는지를 보여주는 사례였다. 그러나 이는 신문의 새로운 선전 방식에 의해 조작된 현상은 아니었다. 언론이 본격적으로 다루기 시작했을 때, 크로스워드 퍼즐은 이미 널리 퍼져 있었다. 신문이 사소한 사건들을 대대적으로 보도하여 수백만 명을 흥분시키는 진정한 선전 능력을 발휘할 순간은 아직 오지 않았다.

1924년과 1925년 초, 모든 사람이 퍼즐을 풀고 있을 때도 신문은 충분히 흥미로운 소식을 제공하고 있었다. 가장 큰 뉴스는 대통령 선거였으나, 이는 매디슨 스퀘어 가든에서 벌어진 민주당 전당대회만큼의 긴장감을 주지는 못했다. 윌리엄 매커두와 앨 스미스 지지자들 사이에서 벌어진 장기간의 대결 끝에, 당은 마지못해 존 데이비스로 단결했다. 서부인들은 태머니 홀Tammany Hall* 출신 가톨릭 후보를 증오했고, 뉴욕 민주당원들은 《뉴욕

---

* 1789년에 설립된 뉴욕시 민주당의 정치 기구로, 특히 19세기~20세기 초에 걸쳐 뉴욕 정치 전반을 지배했던 강력한 정치 조직이다. 이 조직은 뉴욕 시장, 시의회, 경찰, 공공계약 등 거의 모든 공직을 사실상 사적으로 분배하는 권력을 행사했고 부패, 정실주의, 선심성 행정으로 악명 높았다. 태머니 홀의 핵심 지지층은 아일랜드계 이민자였으며, 따라서 태머니 홀=가톨릭 정치세력의 대변자로 간주되어 개신교 중산층이나 남부 지역 정치인들은 이것을 부패하고 반反미국인 영향력의 온상으로 여겼다.

의 보도The Sidewalks of New York》**를 부르며 환호했지만, 결국 당은 결속력을 잃었다. 반면, 조용한 태도로 절약과 감세를 강조하고 자신을 번영의 상징으로 만든 캘빈 쿨리지는 압도적인 표차이로 대통령에 당선되었다.

그 외에도 시카고에서 벌어진 레오폴드와 로브의 보비 프랭크스 살인 사건 재판, 롱아일랜드를 방문한 영국 왕자Prince of Wales의 파티와 폴로 경기, 그리고 그가 월터 하인스 페이지Walter Hines Page의 전기를 읽는 모습이 포착된 일 등이 있었다. (참고로, 그해에 옥스퍼드에서 유행하던 헐렁한 회색 플란넬 바지Oxford bags가 미국에서도 등장했다.) 또한, 프랑스 귀족과 할리우드 귀족이 결합한 글로리아 스완슨과 라 팔레즈 드 라 쿠드레 후작의 결혼도 화제가 되었다. 동부 해안 도시들이 한눈에 볼 수 있었던 화려한 개기일식, 핀란드 육상 선수 파보 누르미Paavo Nurmi가 택시기사 출신 육상 선수 조이 레이Joie Ray를 이기고, 2마일을 9분 안에 달리는 기적적인 기록을 세운 일도 큰 관심을 끌었다. 또한, 노움Nome의 디프테리아 전염병을 막기 위해 혈청을 운반한 개썰매 팀의 영웅 레너드 세팔라, 군나르 카손, 그리고 개 발토Balto도 전국적인 주목을 받았다.

그리고 켄터키 동굴에 갇힌 플로이드 콜린스의 비극이 있었다. 플로이드 콜린스 사건은 극적인 요소만 충족된다면 미국인들이 사소한 사건에도 얼마나 쉽게 열광할 수 있는지를 가장 명확하

** 19세기 후반 뉴욕시의 서민적인 거리 풍경, 아이들이 뛰노는 모습, 활기찬 도시 생활을 다정하게 그린 노래. 여기에서 앨 스미스는 뉴욕 출신으로, 아일랜드계 가톨릭 이민자의 후손으로 도시적, 이민자적 정체성을 대변했다.

게 보여준 사례 중 하나였다.

플로이드 콜린스는 켄터키 출신의 무명 청년으로, 매머드 동굴Mammoth Cave에서 5마일 떨어진 지하 통로를 탐사하고 있었다. 그가 가진 목적은 영웅적인 것과는 거리가 멀었다. 그저 관광객을 끌어들일 만한 무언가를 찾으려 했을 뿐이었다. 그런데 지상에서 약 125피트 아래에서 갑작스러운 지반의 붕괴로 그의 발이 거대한 바위에 깔리고 말았다. 통로는 너무나 좁고 가팔라서 그를 구하려는 사람들은 차가운 진흙과 물 속을 배를 깔고 기어가야 했으며, 망치와 블로우토치를 사용해 바위와 흙을 깨뜨린 뒤 이를 손에서 손으로 전달하며 제거해야 했다. 만약《루이빌 쿠리어-저널Louisville Courier-Journal》의 기자 W. B. 밀러가 작은 체구를 지닌 용감하고 유능한 기자가 아니었다면, 콜린스의 위기를 아는 사람은 극히 일부에 불과했을 것이다. 밀러는 미끄럽고 구불구불한 통로를 뚫고 기어들어가 콜린스를 인터뷰했으며, 그의 구조 작업에 깊이 몰입했고, 이를 생생한 기사로 보도했다. 그리고 그는 놀랍게도 온 나라가 이 사건을 지켜보고 있음을 알게 되었다.

콜린스의 상황은 훌륭한 뉴스 기사를 만드는 요소들을 모두 갖추고 있었다. 극적인 긴장감, 개인과 운명 사이의 갈등이 있었으며, 전국의 신문 편집자들은 날마다 이 사건을 1면에 실었다. 밀러가 샌드 동굴Sand Cave에 처음 도착했을 때, 동굴 입구에는 모닥불을 피워 놓고 친구가 스스로 빠져나오기를 무덤덤하게 기다리는 세 명의 남성만이 있었다. 하지만 2주가 지나자, 그곳에는 100개 이상의 텐트가 세워진 작은 도시가 형성되었고, 인파를 통제하기 위해 철조망이 설치되었으며, 총검을 든 주 방위군이 배치되었다. 그리고 1925년 2월 17일, 《뉴욕 타임스》는 이 사건의 결말을 다음과 같은 1면 3단 기사로 보도했다.

> 플로이드 콜린스, 동굴 밑바닥에서 18일 만에 사망한 채로 발견; 최소 24시간 전 사망; 시신을 꺼내려면 발을 절단해야

한 달도 지나지 않아, 《뉴 리퍼블릭The New Republic》의 찰스 머즈는 독자들에게 다음 사실을 상기시켰다. 같은 해 노스캐롤라이나의 한 광산에서 붕괴 사고가 발생해 71명이 매몰되었고, 그중 53명이 목숨을 잃었다. 그러나 이 사건은 큰 주목을 받지 못했다. '그저 광산의 한 사고'일 뿐이었다. 반면, 단 한 명의 평범한 관광 명소 탐사자가 동굴에 갇힌 사건은 2주가 넘는 시간 동안 온 나라의 관심을 샌드 동굴, 켄터키로 집중시켰다. 그것은 흥미진진한 볼거리였고, 뉴스 전달자들은 이제 한 번에 하나의 사건에 스포트라이트를 집중시키는 법을 배우고 있었다.

그러나 콜린스 사건도 그해 몇 달 뒤 벌어진 사건과 비교하면 아무것도 아니었다. 바로 존 토머스 스코프스가 테네시주 데이턴에서 진화론을 가르쳤다는 이유로 재판을 받은 사건이었다.

스코프스 재판은 진정한 의미를 가진 사건이었다. 그것은 시대를 관통하는 가장 중요한 투쟁 중 하나 ─ 즉, 종교와 과학의 충돌을 상징적으로 드러냈다. 그러나 이 재판조차도, 지나치게 요란하고 열정적으로 선전된 결과, 일종의 서커스 같은 모습을 띠게 되었다.

4

 전후 10년 동안 종교가 쇠퇴했다면, 당시 이용 가능한 교회 통계로는 이를 확인할 수 없다. 통계에 따르면, 사용 중인 교회의 수는 아주 천천히 증가했지만, 이는 부분적으로 기존 교회의 통합 경향과 관련이 있었으며, 부분적으로는 인구가 도시로 이동하면서 교회 출석자들이 보다 규모가 큰 소수의 교회로 몰렸기 때문이었다. 한편, 교인 수는 인구 증가 속도와 거의 비슷하게 증가했으며, 교회의 자산과 지출은 더 빠르게 늘어났다. 예배 참석률에 대한 신뢰할 만한 통계는 없지만, 점점 더 많은 신자들이 일요일 아침에 교회보다 다른 일을 찾고 있다는 것이 널리 믿어졌다. 통계상으로 보면, 교회는 미국 사회에서 그 자리를 그대로 유지하고 있는 듯했다.

 그러나 그 자리가 유지된 것은 무엇보다도 '관성' 덕분이었으며, 부분적으로는 가이사에게 속한 것들을 철저히 챙긴 결과이기도 했다. 곳곳에서 브루스 바튼의 현대적 복음을 받아들이거나, 대대적인 교인 모집 및 자금 모금 캠페인을 벌였다. 예컨대, 뉴욕에서 매닝 주교가 주도한 '모든 이를 위한 기도의 집' 운동은 결국 엄격한 성공회 교회 하에 운영되는 '기도의 집'이 되고 말았다.* 또한, 교회는 연극 공연, 공개 토론회, 농구 경기와 수영장,

---

* '모든 이를 위한 기도의 집'이라는 명칭은 종교 간의 장벽을 허물자는 포용성과 개방성을 상징했지만, 결국 그것이 기존 제도 종교의 틀 속에서 특정 교단의 예배당으로 수렴되었다는 의미다.

젊은이들을 위한 강인한 우정을 내세우는 세속적 유인책을 활용했다. 하지만 교회에서 무엇인가 본질적인 것이 사라졌다. 그것은 바로 '이곳이 구원의 길이다'라는 확신이었다. 종교에 대한 논쟁은 격렬했다. 종교 관련 서적이 그 어느 때보다 많이 출간되었으며, 주요 성직자들은 대중 잡지에 끊임없이 글을 기고했다. 그러나 이 모든 논의는 오히려 하나의 징후였다. 즉, 수백만 명에게 종교가 더 이상 의심할 여지 없는 공동체 전통으로 자리 잡지 못하고, 논쟁의 대상이 되어버렸다는 사실을 보여주는 것이었다.

교회 출석률이 감소한 것은, 월터 리프먼의 표현대로, 사람들이 더 이상 교회에 가면 신을 만날 것이라는 확신을 갖지 못했기 때문일지도 모른다. 목사의 위상이 낮아진 것은, 많은 경우 그가 한때 가졌던 분명하고 권위 있는 사명을 상실했기 때문이었다. 종교 문제를 예리하게 관찰해 온 찰스 스텔즐 목사는 《월즈 워크World's Work》에 실린 글에서 직설적으로 지적했다. 교회의 쇠퇴는 주로 "교회와 관련된 사람들이 실제로 교회를 믿지 않기 때문"이라는 것이었다. 스텔즐 목사는 개신교 목사들에게 만약 당신이 외부인이라면, 당신 교회의 프로그램 중에서 '이건 훌륭하다, 이건 따를 가치가 있다'고 생각할 만한 것이 무엇인가?라고 질문했다. 그러나 어떤 경우에도 질문을 받은 목사 스스로 만족할 만한 즉각적인 답변을 내놓지 못했다. 교회 내에서, 특히 젊은 남녀 신도들 사이에서는 교회에 대한 충성심이 약해졌으며, 교회가 자신들에게 무엇을 제공할 수 있는지에 대한 인식도 희미해지고 있었다. 예를 들어, 몇몇 대학에서 의무적으로 참석해야 했던 예배가 폐지될 때 나왔던 토론의 분위기만 봐도 이를 확인할 수 있다.

이러한 영적 활력의 상실은 여러 가지 원인으로 설명되었다. 전쟁의 긴장감에서 해방된 이후 전반적인 도덕적 에너지가 저하되었기 때문이라는 분석, 번영이 가져온 안일함 속에서 '캐딜락 자동차를 갖고, 《아메리칸 매거진American Magazine》에 칭찬받는 기사가 실리는 것이야말로 큰 이익'이라는 믿음이 자리 잡았기 때문이라는 견해, 일요일 골프와 자동차 여행이 점점 더 인기를 끌었기 때문이라는 주장, 어떤 교회 단체들이 정치적 로비 활동을 벌이는 것에 대한 반감과, 많은 목사들이 KKK의 편견에 암묵적으로 동조하는 모습을 보며 신도들이 혐오감을 느꼈기 때문이라는 해석 등이 있었다. 그러나 이러한 요인들보다 더 중요한 것은 과학적 이론과 과학적 사고방식이 교회에 미친 영향이었다.

과학의 권위는 절대적이었다. 길거리에 있는 사람이나 부엌에서 일하는 주부까지도, 자신들이 접하는 각종 기계와 장치들이 실험실 덕분에 탄생했다는 사실을 알고 있었으며, 과학이 무엇이든 가능하게 만들 것이라고 믿었다. 이들은 또한 대량의 과학 정보를 쏟아붓는 홍수 속에 있었다. 신문들은 최신 발견들을 알리기 위해 (혹은 잘못 알리기 위해) 지면의 여러 단을 할애했고, 알베르트 아인슈타인의 새로운 명제가 나오면 그것은, 비록 실제로 이해할 수 있는 사람이 거의 없더라도, 1면에 실릴 만한 뉴스가 되었다. 출판계에서는 수많은 지식 개론서들이 쏟아져 나왔다. 사람들은 행성체 이론Planetesimal Hypothesis과 원자의 구성, 선사시대 동굴인들의 일상을 상세하게 설명하는 책들을 읽으며, 전자electron, 내분비선endocrine, 호르몬hormone, 비타민vitamin, 반사reflex, 정신병psychosis과 같은 새로운 개념을 접했다. 지적 수준이 낮은 사람들조차 처음으로 진화론이라는 개념을 알게 되었다. 어린 시절부터 이 이론을 아무런 충격 없이 받아들인 사람들은 웰스, 톰슨, 이스트, 위검, 도시 같은 과학 해설가들을 통해 훨씬 더 불안감을 조성하는 새로운 개념들을 흡수했다. 즉, 우리는 수많은 은하 중 하나에 위치한 평범한 별의 하찮은 위성에서 살고 있으며, 우리의 행동은 염색체와 내분비선에 의해 결정되며, 호텐토트족Hottentot도 제1침례교회의 목사와 동일한 본능을 따르며, 오히려 침례교 윤리를 따르는 것보다 자기 환경에 더 잘 적응해 있을 가능성이 높고, 성性은 인생에서 가장 중요한 요소이며, 억압을 용납해서는 안 되며, 죄라는 개념은 시대착오적이고, 대부분의 부적절한 행동은 어린 시절 형성된 콤플렉스 때문이며, 결국 인간은 단순한 행동 패턴들의 묶음에 불과하다는 것이다. 대중들이 받아들인 과학적, 유사과학적 개념들 중 서로 모순되는 것들도 많았지만, 이는 별다른 문제가 되지 않았다. 사람들은 이스트와 위검의 유전 결정론과 왓슨의 환경 결정론을 동시에 믿을 정도로 무비판적이었다.

이 모든 과학 중에서도 대중을 가장 사로잡고, 종교적 신념을 가장 강하게 흔든 것은 가장 새로운 과학이면서도 가장 덜 과학적인 심리학이었다. 프로이트, 아들러, 융, 왓슨은 수만 명의 신봉자를 거느렸고, 지능 검사intelligence tests가 학교에 도입되어 학생들의 IQ를 측정했다. 기업들은 정신과 의사를 채용하여 직원의 채용과 해고를 결정하고 광고 전략을 수립하도록 했다. 신문들은 심리학이 비행 청소년 문제, 이혼, 범죄 문제를 해결할 수 있는 열쇠라고 장담했다.

과학이라는 단어 자체가 일종의 상징이 되었다. 문장 앞에 "과학이 우리에게 가르쳐 주는 바에 따르면Science teaches us"이라고 붙이기만 하면, 누구도 반박하지 못했다. 영업 책임자가 판매 촉진 전략을 추진할 때나, 목사가 자선 사업을 권장할 때조차, 그들은 이것은 과학적이다, 라는 말로 정당성을 부여했다.

과학의 권위가 성직자들에게 미친 영향을 1920년대 말 해리 에머슨 포스딕 박사는 다음과 같이 요약했다.

"신앙인들은 자신들의 입장을 옹호하기 위해 오랜 전통, 실질적 유용성, 그리고 영적 필요성을 주장할 수도 있다. 하지만 단 하나의 질문이 이러한 모든 주장을 한순간에 꿰뚫는다. '그것이 과학적인가?' 이 질문은 종교의 불법적 요소를 탐색하고, 오래된 미신을 벗겨내며, 사유의 범주와 활동 방식을 바꾸도록 강요해왔다. 나아가 종교를 겁먹게 만들어서, 현대적 사고를 가진 신자들조차도 이 질문이 언급되기만 하면 본능적으로 두 손을 들고 만다⋯⋯ 저명한 과학자가 종교를 강하게 지지할 때, 모든 교회는 이를 하늘에 감사하며 용기를 얻는다. 마치 에딩턴Eddington 같은 과학자가 신을 믿는다는 것이야말로 신에게 바칠 수 있는 최고의 찬사라도 되는 것처럼 말이다. 이 시대는 이미 과학을 사유의 최종 심판자로 삼아버렸다. 이제는 예언자나 선지자조차도 과학적이라고 불리는 것이 최고의 찬사로 여겨지는 지경에 이르렀다."

과학적 사상과 검증된 사실에 대한 신뢰가 강력하게 확산되면서, 미국 개신교(당시 성인 교인의 8분의 5가 개신교 신자였다)

는 두 개의 적대적 진영으로 분열되었다. 성경을 문자 그대로 믿고, 과학의 가르침이라 할지라도 성경과 충돌하는 것은 절대 받아들일 수 없다고 주장한 이들은 1921년부터 스스로를 '근본주의자Fundamentalist'라고 부르기 시작했다. 반면, 현대주의자Modernists(또는 자유주의자)들은 신앙을 과학적 사고와 조화시키려 했다. 시대에 뒤떨어진 요소를 버리고, 본질적이고 지적으로 존중받을 수 있는 것만을 유지하며, 기독교와 당시 회의적 정신 사이에서 중재를 시도했다.

근본주의자들의 입장은 거의 절망적이었다. 이성적인 시대에 이성적 사유의 흐름은 분명히 그들을 반대하는 듯 보였다. 하지만 그들은 결코 소수파가 아니었으며, 자신들이 어디에 서 있는지 확실히 알고 있었다. 특히 남부 지역에서 그들은 주요 개신교 교단을 장악하고 있었으며, 강경하게 맞섰다. 그들은 자유주의자인 포스딕 박사를 장로교 교회 강단에서 몰아내어 다시 그의 원래 소속인 침례교로 돌아가게 했으며, 포스딕이 당시 미국에서 가장 영향력 있는 성직자 중 한 명이었음에도 불구하고, 심지어 그를 이단 혐의로 재판에 회부하기도 했다. 또한, 그들은 거의 절반에 가까운 주의 의회에 진화론 교육을 금지하는 법안을 제출했다. 텍사스, 루이지애나, 아칸소, 사우스캐롤라이나에서는 이러한 법안이 의회의 한쪽을 통과했으나 다른 쪽에서 부결되었고, 테네시, 오클라호마, 미시시피에서는 결국 그들의 시대착오적 요구가 법으로 제정되기에 이르렀다.

현대주의자들은 시대정신Zeitgeist을 등에 업고 있었지만, 내부적으로 단결되지 못했다. 그들의 신에 대한 해석— 최초의 원인,

절대적 에너지, 이상적 실재, 창조 속에서 작용하는 의로운 의지, 또는 최고선과 최고의 목적을 향해 나아가는 이상적인 목표 — 은 혼란스러울 만큼 다양하고 모호했다. 이러한 해석들 중 몇몇은 신자들에게 별다른 위안을 주지 못했다. 한 뉴잉글랜드의 성직자는 신을 떠올릴 때 "일종의 길쭉한 흐릿한 형상"이 연상된다고 말하기도 했다. 게다가 현대주의자들은 대다수 미국 개신교인들이 믿으며 자라온 많은 교리를 — 예를 들어, 동정녀 탄생, 육체적 부활, 속죄 교리 등 — 포기했다. 그 결과, 현대주의자들이 유지하는 신앙이란 단지 모호한 믿음, 일반적인 박애주의, 그리고 "당신도 우리만큼 종교적이다"라는 말로 상대를 안심시키려는 태도뿐이라는 인상을 주었다.

월터 리프먼의 말처럼, 현대주의자들에게서 사라진 것은 "외부 세계의 객관적 사실을 향한 깊고도 본능적이며 유기적인 믿음"이었다. 이는 신비적 교감을 통해 내면의 세계에서 살 수 있는 극소수의 사람들, 혹은 지적 탐구의 힘으로 살아가는 이들을 제외하고, 모든 종교인들에게 필수적인 것이었다. 게다가 현대주의자들은 근본주의자들과의 싸움뿐만 아니라 또 다른 적수 — 과학적 개요를 기반으로 한 회의주의자들과도 싸워야 했다. 현대주의 지도자들의 설교는 종종 이러한 회의론자의 주장을 신의 권위에 의존하지 않고 논박하려 애쓰는 인상을 주었으며, 결국 현대주의자들은 자신도 모르게 신앙의 내용을 점점 더 깎아내리는 처지에 놓이게 되었다.

이 세 진영 간의 갈등은 1920년대 내내 울려 퍼졌다. 그리고 그 정점은 1925년 여름 스코프스 재판Scopes trial에서 절정에 이르렀다.

테네시 의회는 근본주의자들이 장악하고 있었으며, 다음과 같은 법안을 통과시켰다. "본 주의 공립학교 기금으로 전부 또는 일부가 운영되는 대학, 사범학교 및 기타 모든 공립학교에서, 성경이 가르치는 인간 창조의 이야기를 부정하는 어떠한 이론도 가르치는 것을 금하며, 그 대신 인간이 하등 동물에서 진화했다고 가르치는 것도 금지한다."

이 법이 공표되자마자, 테네시주의 조용한 소도시 데이턴에서 몇몇 사람들이 이를 시험해 보기로 결심했다. 광산 기술자인 조지 래플리어는 로빈슨 드럭스토어에서 레몬인산phosphate[탄산음료의 초기 형태]을 마시며, 센트럴 고등학교에서 생물학을 가르치는 24세의 다정한 젊은 교사 존 토머스 스코프스와 몇몇 사람들과 함께 이야기를 나누고 있었다. 래플리어는 스코프스가 무고한 아이에게 진화론을 가르치는 현장에서 현행범으로 체포되도록 하자고 제안했고, 스코프스는 반쯤은 진지하게, 반쯤은 장난으로 이에 동의했다. 이들의 동기는 복합적이었던 것으로 보인다. 이 사건을 다소 호의적으로 서술한 아서 가필드 헤이스에 따르면, 래플리어는 "이 사건이 데이턴을 지도에 올려놓을 것"이라고 말했다고 한다. 어쨌든 불법 행위는 곧바로 실행되었고, 스코프스는 체포되었다. 윌리엄 제닝스 브라이언은 즉시 검찰 측 변호를 맡겠다고 자원했고, 래플리어는 뉴욕시민자유연맹Civil Liberties Union에 전보를 보내 변호인단을 요청하여 클래런스 대로우, 더들리 필드 말론, 아서 가필드 헤이스의 법적 지원을 확보했다. 1925년 7월로 재판 일정이 잡히면서, 데이턴은 그야말로 전국적 관심의 중심지가 되었다.

납세자가 세금을 내어 운영하는 공립학교에서 무엇을 가르칠지를 결정할 권리가 시민에게 있다는 주장도 일리는 있었다. 비록 그 결정이 터무니없을지라도 말이다. 하지만, 신문을 통해 재판을 지켜보던 대중이 인식한 쟁점은 '납세자의 권리 대 학문의 자유' 같은 복잡한 문제가 아니었다. 대중의 눈에는, 이 재판이 근본주의와 20세기의 회의주의 (그리고 이에 편승한 모더니즘) 간의 전투였다.

양측의 대표 인물들은 모두 저명인사들이었다. 브라이언은 세 차례 대통령 후보로 출마했고, 국무장관을 지냈으며, 명연설가로도 명성을 떨쳤다. 그는 전형적인 구시대적 미국식 이상주의의 화신이었다 — 우호적이고, 순진하며, 지방적이었다. 한편, 대로우는 급진주의자, 약자의 친구, 불가지론자였으며, 얼마 전 레오폴드와 로브의 변호를 맡아 대대적인 언론의 주목을 받은 인물이었다. 텍스 리카드[복싱 프로모터]조차 이처럼 감정적으로 폭발할 요소가 가득한 대결을 기획하기란 어려웠을 것이다.

이 재판은 기묘한 양상을 띠었다. 데이턴의 조용한 마을에는 황량한 테네시 농촌에서 농부들과 그 가족들이 노새가 끄는 마차와 낡은 포드 자동차를 타고 모여들었다. 이들은 모두 신앙을 수호하기 위해 이곳에 왔지만, 동시에 진화론이라는 새로운 사상이 도대체 무엇인지 궁금해하는 순박한 사람들이기도 했다. 또한 각종 부흥사들이 몰려와, 마을 변두리에서 횃불을 밝히고 설교를 하며, 법원 주변 나무들에 다음과 같은 펼침막을 내걸었다.

하느님의 왕국KINGDOM OF GOD

예수 그리스도의 연인 같은 사랑과 천국의 길이 손에 닿을 곳에 있다. 당신은 아름다운 천사가 되고 싶은가? 40일 동안 기도하라. 당신의 죄와 불의를 낱낱이 고백하면 영원한 생명을 얻을 것이다. 당신이 깨끗해지면, 하느님은 당신에게 직접 말씀하실 것이다.

하지만 데이턴의 분위기는 단순한 시골 신앙의 장터가 아니었다. 거리에는 핫도그와 레모네이드 노점상들이 즐비했고, 마치 서커스 축제처럼 흥겨운 분위기가 조성되었다. 생물학 서적을 판매하는 책장수들이 돌아다녔으며, 100명이 넘는 기자들이 몰려들었다. 웨스턴 유니언Western Union은 근처 식료품 가게에 22명의 전신 기사를 배치했다. 법정 내부에는 기자들과 카메라맨들이 잔뜩 몰려 있었고, 험상궂은 표정의 테네시 시골 사람들이 그들과 함께 자리했다. 재판이 시작되자 법정은 마치 연극의 초연을 앞둔 극장 같은 긴장감으로 가득 찼다. 재판장, 피고인, 변호인단 모두 셔츠 차림이었고, 브라이언은 목 부분을 접어 올린 편지 셔츠를, 대로우는 연보라색 멜빵을, 로얼스턴 판사는 좀 더 점잖은 색깔의 멜빵을 하고 있었다. 하지만 패션이 완전히 실종된 것은 아니었다. 전국으로 타전된 속보에는 "법정에 입장하는 판사의 딸들이 대도시 신여성flapper들처럼 스타킹을 말아 올리고 있었다"는 내용까지 포함되었다.

법정은 경건한 기도로 시작되었고, 그 순간 촬영 기사들이 테이블과 의자 위로 올라가 주요 인물들의 모습을 온갖 각도에서 포착하기 시작했다. 증거들은 사소한 것에서부터 경악할 만한 것까지 다양했다. 14세 소년 하워드 모건은 스코프스가 진화론을 가르쳤지만 아무런 해를 입지 않았다고 증언했고, 한 동물학자는 생명이 약 6억 년 전에 시작되었다고 추정했는데, 이는 방청석에 앉아 있던 시골 사람들에게 경악과 조소를 동시에 불러일으켰다. 한편, 재판이 진행되는 동안 2백만 개의 단어가 데이턴에서 전송되었고, 《시카고 트리뷴Chicago Tribune》의 WGN 방송국이 이를 생중계했으며, 코니아일랜드의 드림랜드 서커스Dreamland Circus는 '잃어버린 고리Missing Link'[인류와 유인원類人猿의 중간에 있었다는 가상의 동물]로 '집Zip'이라는 인물을 스코프스 변호팀에 제공하겠다고 나섰다.* 대서양 횡단 케이블 요금이 급증했고, 영국 통신사들은 스위스, 이탈리아, 독일, 러시아, 중국, 일본에서 쏟아지는 추가 보도 요청을 감당하지 못했다. 이제 데이턴에도 '밸리후'가 상륙한 것이었다.

그 재판은 격렬했다. 테네시주 법무장관 스튜어트는 "테네시의 아이들의 신앙을 갉아먹고 그들에게 영원한 생명의 기회를 빼앗

---

* 드림랜드 서커스는 뉴욕 코니아일랜드의 유명한 유락시설로 당시 유행하던 '기형 인간 전시freak show', 서커스형 오락 등을 제공했는데, 이 재판에 '진화의 잃어버린 고리'라고 홍보된 뾰족머리 집Zip the Pinhead이란 닉네임을 가진 사람을 증인으로 내세우겠다고 제안했다. 이것은 진화론을 조롱하거나 희화화하려는 상업적 시도였으며, 진화론이 말하는 '잃어버린 고리'를 진짜 사람을 전시물로 이용해 구현하려 한 비과학적이고 모욕적인 제안이었다. 결국 이것은 당시 언론과 대중이 얼마나 이 재판을 하나의 '쇼'로 소비했는지, 진지한 과학적·사회적 논쟁이 어떻게 밸리후 시대의 상업주의와 서커스적인 과장으로 오염되었는지를 상징적으로 보여주었다.

는 교활한 교리"를 비난하며 목소리를 높였다. 브라이언은 대로우를 향해 "그의 유일한 목적은 성경을 모독하는 것뿐"이라고 공격했다. 이에 대로우는 브라이언의 신앙을 "바보 같은 종교"라고 비꼬았다. 그러나 이 재판은 여러 차례 희극적 상황으로 치달았다. 그중에서도 가장 극적이면서도 기이한 장면은 7월 20일 오후에 벌어졌다. 변호인 측의 헤이스가 돌연 브라이언을 성경 전문가로 증인석에 세울 것을 요청했고, 브라이언이 이를 수락한 것이다.

그날 오후 법정에는 군중이 너무 많아 판사는 재판을 야외에서 진행하기로 결정했다. 법원 건물 앞 단풍나무 아래 마련된 임시 연단에서 재판이 열렸다. 그 앞에는 벤치가 놓였고, 기자들은 벤치 위, 바닥 위, 어디든 앉아 빠르게 기사를 써 내려갔다. 그 주변에는 뜨거운 햇살이 나뭇가지 사이로 내리쬐는 가운데 수많은 사람들이 서서 이 장면을 지켜보았다. 연단 위에는 반소매 차림의 클래런스 대로우가 앉아 무릎 위에 성경을 올려놓고, 근본주의의 대변자인 브라이언을 법정 역사상 가장 기묘한 심문 중 하나로 몰아넣었다.

대로우는 브라이언에게 요나와 고래 이야기, 여호수아와 태양 이야기, 카인이 아내를 어디서 얻었는지, 홍수의 연대, 바벨탑의 의미 등을 질문했다. 브라이언은 다음과 같이 답했다. 세계는 기원전 4004년에 창조되었으며, 대홍수는 기원전 2348년경에 발생했다. 하와는 문자 그대로 아담의 갈비뼈에서 만들어졌다. 바벨탑이 세계 언어의 다양성을 초래했다. "큰 물고기"가 요나를 삼켰다. 대로우가 "카인은 아내를 어디서 얻었습니까?'라고 묻자,

브라이언은 "모릅니다. 나는 그런 것은 불가지론자들에게 맡깁니다"라고 답했다. 또 대로우가 "당신은 이 지구상에 5천 년 이전으로 거슬러 올라가는 문명이 존재했다고 믿지 않는 것입니까?"라고 묻자, 브라이언은 "지금까지 내가 본 증거로는 만족할 수 없습니다"라고 강하게 주장했다. 무더위 속에서 긴장이 점점 고조되었다. 대로우가 "내가 브라이언을 심문하는 이유는 근본주의를 폭로하고, 무지한 광신자들이 미국의 교육 체제를 지배하지 못하도록 하기 위해서입니다"라고 말하자, 브라이언은 얼굴이 붉어지며 주먹을 흔들며 소리쳤다. "나는 하느님의 말씀을 지키기 위해 이 나라에서 가장 큰 무신론자이자 불가지론자인 자와 맞서고 있는 것입니다!"

이것은 치열한 논쟁이었으며, 브라이언에게는 비극적인 순간이었다. 그는 자신이 가장 소중히 여기는 것을 지키기 위해 싸우고 있었다. 그러나 그는 알지 못했지만, 이것이 그가 미국 대중 앞에 나선 마지막 순간이었다. (그는 불과 일주일 후에 세상을 떠났다.) 그리고 그는 굴욕 속에 싸여 있었다. 그가 옹호하는 신앙의 형태는 증인석에서 이성과 맞서는 것을 감당할 수 없었다.

7월 21일 아침, 판사 라울스턴은 더 이상 브라이언을 증인석에 세우지 않기로 결정하고, 전날 오후의 증언을 모두 기각했다. 스코프스의 변호인들은 과학적 증거를 배심원단 앞에 제시하는 것이 불가능하다는 사실을 깨닫고, 항소를 위해 사건을 테네시주 대법원으로 넘기기로 했다. 스코프스는 즉각 유죄 판결을 받았고, 벌금 100달러를 선고받았다. 이후 테네시 대법원은 반진화론법을 유지했지만, 절차적 문제를 이유로 스코프스의 유죄 판결을 뒤집었고, 이로 인해 추가 항소의 길은 차단되었다.

이론적으로는 근본주의가 승리했다. 법이 유지되었기 때문이다. 그러나 현실적으로 근본주의는 패배했다. 입법부가 계속해서 반진화론 법을 통과시키고, 보수적인 지역에서 신앙을 과학과 단절된 채 유지하려는 사람들이 여전히 존재했지만, 미국의 문명화된 여론은 데이턴 재판을 경악과 조소의 눈으로 바라보았고, 근본주의적 확신에서 벗어나는 흐름은 계속되었다.

기자들, 영화 제작자들, 신디케이트 작가들, 전신기 운영자들은 데이턴을 떠나면서 그곳의 먼지를 털어냈다. 이 "원숭이 재판"은 신문 1면을 장식하기에 충분한 볼거리였지만, 너무 지적인 논쟁이 포함되어 있었다. 이제 다음 기사는 무엇이 될 것인가?⋯⋯ 생물학 따위는 집어치우고, 좀 더 간단명료한 싸움거리를 찾아보자!

5

1925년이 서서히 저물어갔다. 미 해군의 거대한 비행선 셰넌도어가 추락하면서 며칠 동안 온 나라가 충격과 공포에 휩싸였다. 플로리다 부동산 붐은 절정에 달했다. 그리고 이어지는 미식축구 시즌은 밸리후 기법이 한 명의 스타 선수에게 얼마나 엄청난 영향을 미칠 수 있는지를 보여주었다. 레드 그레인지Red Grange는 생물학에 대한 이해가 전혀 필요 없는 새로운 영웅이었다.

전후 10년은 위대한 스포츠의 시대였다. 골프를 치는 남성들이 그 어느 때보다 많았고, 그들은 헐렁한 골프바지plus-fours에 무릎에 장식이 달린 양말을 신었다. 미국에는 5천 개의 골프장이 있었고, 골프 인구는 2백만 명에 달한다고 알려졌다. 골프에 연간 5억 달러가 소비된다고 추산되었다. 골프 실력은 야심 찬 사업가에게 필수적인 능력이 되어갔다. 컨트리 클럽은 수많은 지역 사회에서 사교 생활의 중심지가 되었다. 그러나 이 시대는 직접 스포츠를 즐기는 것보다도 스포츠를 관람하는 것이 더욱 중요한 시대였다. 흥행업자들, 상공회의소, 신문사 사주들, 스포츠 기자들, 홍보 담당자들, 라디오 방송인들 모두 스포츠 쇼를 활용해 대중을 끌어들이고, 당대의 위대한 운동선수들을 초인적인 존재로 만들었다. 그리하여 그 어느 때보다도 더 강렬한 스포트라이트가 미식축구장, 야구장, 그리고 복싱 링 위에 쏟아졌다.

1920년대까지 브래시와 니블릭*의 차이조차 몰랐던 사람들이, 보비 존스가 그의 명성 높은 퍼터 '캘러미티 제인'으로 이룬 위업을 읽기 위해 특대호 five-star editions를 집어 들었다. 골프에서 성공한 프로가 되는 것은 큰돈이 되는 일이었다. 월터 헤이건의 수입은 몇 년간 4만 달러에서 8만 달러 사이였으며, 한때는 플로리다의 부동산 개발 사업에 자신의 명성과 존재감을 빌려주는 대가로 연 3만 달러와 함께 집 한 채를 받기도 했다. 월드 시리즈 야구 경기는 사상 최고 관중을 동원했다. 미식축구에 대한 열광은 대단하여, 주요 팀들이 맞붙을 때면 5만, 6만, 7만 명을 수용하는 경기장이 마지막 자리까지 가득 찼고, 수많은 사람들이 따뜻한 거실에 앉아 라디오로 경기 중계를 들으며 그레이엄 맥나

---

* 골프 클럽의 옛 이름들. 브래시는 2번 우드, 니블릭은 9번 아이언에 해당한다.

미가 "경기장 상층부는 정말 춥습니다"라고 전하는 소식을 들었다. 예일대 체육협회Yale Athletic Association는 한 시즌 동안 100만 달러 이상의 티켓 수입을 올린 것으로 전해졌다. 이른바 '교육기관' 소속 팀들은 몇 주씩 전국을 돌며 경기했고, 그 와중에 뉴욕 양키 스타디움과 시카고 사이, 혹은 텍사스에서 패서디나 로즈 퍼레이드 경기 사이를 달리는 침대칸 열차에서 간간이 학문적 교육을 받기도 했다. 더 많은 미국인들이 미국 상원의 의장이 누구인지보다 노터데임 대학의 코치 크누트 록니Knute Rockne의 이름을 더 잘 알고 있었다. 물론 미식축구 스타들의 명성은 골프의 바비 존스, 야구의 베이브 루스, 테니스의 빌 틸든에 비하면 덧없는 것이었다. 올드리치, 오언, 보 맥밀린, 어니 네버스, 그레인지, '4인의 기사Four Horsemen,'* 베니 프리드먼, 콜드웰, 케이글, 앨비 부스 등이 잠시 동안 군림했다. 그러나 레드 그레인지의 사례는, 주머니가 두둑했고 밸리후의 기술이 한창 활개 치던 캘빈 쿨리지 시대에 경기장의 영웅이 얼마나 높은 자리까지 오를 수 있었는지를 보여주는 좋은 예가 될 것이다.

"해럴드 E. 그레인지— 중간 이름은 에드워드 —는 1903년 6월 13일 펜실베이니아 주 설리번 카운티의 포크스빌에서 태어났다." 그의 대학, 일리노이 대학의 이름을 알리고자 보낸 홍보 자료에는 이렇게 적혀 있었다. "그의 아버지, 라일 N. 그레인지는 젊은 시절 펜실베이니아 산악 지대에서 벌목꾼들의 왕으로 군림

---

* 노터데임 대학의 1924년 미식축구팀의 전설적인 백필드 선수 네 명을 가리키는 별명.

하며 힘과 기술, 대담성으로 명성을 떨쳤다. 그의 어머니는 다정하고 아름다운 여성이었지만, '레드'가 다섯 살 때 세상을 떠났고, 이로 인해 아버지는 펜실베이니아를 떠나 일리노이 주 휘튼으로 이주하기로 결심했다…… 아버지는 다시 결혼하지 않았으며, 휘튼에서 보안관 대리로 일하고 있다."

그러나 이 홍보 자료는 다소 장황하다. 간략히 말하자면, '휘튼의 얼음배달부'라 불리던 레드 그레인지는 일리노이 대학에서 탁월한 미식축구 실력을 보였으며, 1925년 (그가 4학년이던) 시즌이 끝나자 학업을 더 이상 지속할 필요성을 느끼지 못하고 자신의 명성이 가져다줄 이익을 거두기로 결심했다. 전보를 통해 전해진 신문 기사의 주요 내용을 요약하면 다음과 같다.

11월 2일: 학생들에 의해 2마일 동안 들려 이동함.
11월 3일: 그의 미식축구 유니폼 상의가 일리노이 대학에 액자에 넣어 보관될 예정.
11월 11일: 연령 미달임에도 그를 연방 하원의원 후보로 지명하려는 청원 운동이 벌어짐. 뉴욕 자이언츠로부터 3경기 출전에 대한 4만 달러 제안에 대해 침묵.
11월 17일: 부동산 회사로부터 연 12만 달러 연봉 제안받음.
11월 21일: 일리노이 대학에서 마지막 경기를 치르고 프로로 전향.
11월 22일: 시카고 베어스와 계약.
11월 26일: 베어스에서 첫 프로 경기에 출전해 1만 2천 달러 수령.
12월 6일: 뉴욕 첫 경기에서 3만 달러 수령.
12월 7일: 애로우 픽처스와 30만 달러 영화 계약 체결, 6월까지

10만 달러 수익 가능성 있음.

12월 8일: 대통령 캘빈 쿨리지와 공식 접견.

  그러나 대중은 변덕 그 자체다. 몇 달 뒤, 거트루드 에덜리와 영국 해협을 처음으로 건넌 '어머니'가 뉴욕에서 성대한 환영을 받았다. 뎀프시와 터니가 필라델피아 대결을 준비하는 동안, 레드 그레인지에 대한 관심은 사라졌다. 5년 후, 그는 할리우드의 한 나이트클럽에서 일하고 있는 것으로 전해졌으며, 예일대의 또 다른 미식축구 스타였던 콜드웰은 뉴헤이븐에서 작은 식당을 운영하고 있었다. 시크 트랜싯Sic transit.*

  대중의 스포츠 열광은 두 차례의 뎀프시-터니 경기에서 절정에 달했다. 1926년 9월 필라델피아에서의 첫 대결, 그리고 이듬해 시카고에서의 재대결이었다. 한때 불법이었던 권투 경기는 미국인들의 눈에 완전히 품격 있는 종목이 되었고, 신사숙녀들이 링사이드 좌석을 채웠고, 롱아일랜드의 한 성직자는 교회 재정과 관련된 회의를 연기하고 위원들이 중요한 경기를 라디오로 들을 수 있도록 배려해야 했다. 신문들은 경기 몇 주 전부터 훈련캠프에서 나오는 가십과 예측 기사들로 지면을 도배했다. 대중의 관심을 부추기기 위해 선수들이 서로를 공격하는 '서명 기사'들이 대대적으로 신디케이트를 통해 배포되었는데, 심지어 양쪽 기사 모두가 같은 '유령 작가ghost'에 의해 쓰인 경우도 있었

---

* Sic transit gloria mundi의 축약형. '덧없는 세속의 영광', '영광도 한순간일 뿐이다'라는 의미.

다. 신문들은 몇 주 전부터 경기장 소식과 예측 기사로 종이 지면을 메웠으며, 심지어 전통적으로 스포츠 보도에 신중했던 《뉴욕 타임스》조차, 한 주요 경기의 결과를 세 줄짜리 특대 제목으로 1면 전체에 실었다. 13만 명의 관중이 필라델피아에서 열린 시합에서 지친 뎀프시를 상대로 터니가 우위를 점하는 모습을 지켜보았고, 그들은 그 특권을 위해 거의 200만 달러를 지불했다. 145,000명이 시카고에서 열린 리턴매치를 관람했으며, 수익은 무려 260만 달러라는 경이로운 수치에 이르렀다. 1919년 뎀프시가 윌러드를 꺾었을 때의 수익이 겨우 45만 2천 달러였음을 감안하면, 불과 몇 년 사이에 엄청난 변화가 일어났음을 알 수 있다. 시카고의 원형 경기장은 그야말로 어마어마하게 커서, 시합이 끝난 뒤에도 바깥쪽 관객의 3분의 2는 누가 승리했는지조차 알지 못했다. 그러나 관객은 시카고 현장에 모인 군중에만 국한되지 않았다. 라디오 방송사들의 주장에 따르면 무려 4천만 명의 미국인이 숨을 죽이고 라디오를 통해 일격 일격을 생중계로 들었다. 7회전 — 터니가 쓰러지고, 심판이 뎀프시가 자신의 코너로 물러설 때까지 계시를 미루는 바람에 터니가 13초 정도 회복할 시간을 벌었던 그 순간 — 그때 미국인 다섯 명이 라디오 앞에서 심장마비로 사망했다. 라디오로 시합 이야기를 들으며 흥분한 나머지 사망한 사람은 그 외에도 다섯 명이 더 있었다.

이 두 경기의 여운 또한 대단했다. 뎀프시는 1920년대 초반에는 '난타자'였으나, 10년이 끝날 즈음엔 '전직 난타자'가 되어 있었다. 반면 터니는 달랐다. 그는 링에서 얻은 명성을 발판 삼아, 문학과 사교계로 조용히 발걸음을 옮겼다. 3년 동안 링 위에서 거둔 실력으로 1,742,282달러를 벌어들인 터니는 예일대의 펠프스Phelps 교수의 수업에서 셰익스피어에 대해 강의했고, 『산 루이스 레이의 다리The Bridge of San Luis Rey』로 그해 베스트셀러를 기록한 작가 손턴 와일더와 함께 유럽 도보 여행을 다녀왔다. 이후 그는 코네티컷주 그리니치의 한 젊은 귀족 여성과 결혼했으며, 장기간의 해외 체류를 마친 뒤 신부와 함께 미국으로 돌아왔다. 귀국 당시 그는 미리 준비한 성명을 발표했는데, 그 문장은 셰익스피어나 와일더의 문체에는 미치지 못했을지라도, 적어도 노력의 흔적은 엿볼 수 있었다.

> 우리 배가 내로스The Narrows를 지나갈 때, 모리타니아 호를 타고 반대 방향으로 떠난 지 15개월이 흘렀다는 사실을 실감하기 어렵다. 그동안 터니 부인과 나는 여러 나라를 여행하며 흥미로운 사람들을 많이 만났다. 여행은 매우 즐거웠지만, 가장 큰 기쁨은 역시 고향으로 돌아와 가족과 친구들과 다시 함께하는 것이다.
> 고국에서 내가 다시 복싱계로 돌아가 헤비급 챔피언 방어전을 치를 계획이라는 소문이 퍼지고 있다는 얘기를 이탈리아에서 들었다. 그러나 이는 전혀 사실이 아니다. 나는 공적인 경력을 영구히 마감했다. 이제 나의 가장 중요한 목표는 조용하고 단순한 삶을 사는 것이며, 그러한 삶이야말로 나에게 가장 큰 행복을 준다.

스포츠 기자들은 터니의 복싱 이후 행보에 냉담했다. 그러나 그는 단순히 자신이 출발한 위치를 넘어서는 오래된 민주주의적 특권을 행사하고 있었을 뿐이다. 밸리후 시대가 그를 스타로 띄웠고, 그는 이를 이용해 권투계의 불확실한 환경에서 벗어나 더 건강한 공기를 찾아 나섰다.

6

1925년이 1926년으로 넘어가면서, 대중의 관심은 레드 그레인지에서 엘린 매케이와 어빙 벌린의 결혼으로 옮겨갔다. 이는 수백만 명의 호기심이 사생활을 존중하지 않는다는 사실을 다시 한 번 입증했다. 또한, 대서양 한가운데에서 증기선 안티노에An-tinoë의 승무원들을 용감하게 구조한 프레지던트 루즈벨트 호의 프라이드Fried 선장의 이야기, "도덕적 타락"을 이유로 미국 입국이 거부된 베라, 캐스카트 백작 부인의 소식, 북극점을 비행한 버드Byrd의 대담한 도전, 그리고 1926년 여름이 되자 네모난 복음 Four-Square Gospel*의 전도사로 유명한 에이미 셈플 맥퍼슨이 해변에서 실종된 사건이 큰 화제가 되었다. 이 사건은 이후 몇 년간 그녀의 앤젤러스 템플Angelus Temple로 관광객들을 몰려들게 만든 일련의 희극적인 사건들의 시작이었다.

---

* 'Four-square'는 문자 그대로 '네모 반듯한, 튼튼한'이라는 뜻도 있지만, 예수 그리스도를 네 가지 방식으로 믿는다는 신앙 고백이다. 예수는 구원자 Savior, 성령 세례자Baptizer with the Holy Spirit, 치유자Healer, 다시 오실 왕Soon-coming King이다. 이 네 가지를 통해 완전한 복음을 설명한다고 하여 Four-Square Gospel이라고 불렀다.

그해 여름이 지나갔다. 영국 해협은 도전하는 수영 선수들로 가득했고, 『트로이의 헬렌의 사생활The Private Life of Helen of Troy』의 갈색 표지는 수많은 전원주택 탁자 위를 장식했으며, 무릎길이 치마와 가로줄 무늬 스웨터를 입은 젊은 여성들은 찰스턴 춤을 배우고 있었다. 필라델피아에서 열린 독립 150주년 기념 박람회는 뎀프시-터니 경기의 도움에도 불구하고 적자로 깊이 빠져들고 있었다. 여름이 끝날 무렵, 영리한 언론 홍보가 어떻게 한 사람을 국가적 센세이션으로 만들 수 있는지를 보여주는 극적인 사례가 나타났다. 31세의 한 젊은 남성이 뉴욕에서 사망했다. 그의 본명은 루돌프 알폰조 라파엘 피에르 필리베르트 굴리엘미 디 발렌티나 단톤구올라였지만, 그는 자신을 루돌프 발렌티노 Rudolph Valentino라고 불렀다.

발렌티노는 영화 속에서 연기한 애정 장면으로 수많은 관객들의 가슴을 설레게 했다. 구레나룻과 열정적인 분위기를 지닌 그는 '시크The Sheik'로 불리며 남성의 매력 기준을 정립했다. 그러나 그가 브로드웨이의 장의사에서 안치되었을 때, 그의 시신을 보기 위해 열한 블록에 걸쳐 인파가 줄을 섰던 것은 단순한 유명세 때문만이 아니었다. 그의 매니저가 장례식을 극적으로 연출했고, 장의사의 홍보 담당자인 해리 C. 클렘퍼스가 언론이 원하는 모든 자료를 제공했기 때문이었다. 예컨대, 기자들에게는 미리 장례식장이 담긴 사진이 배포되었고, 장례 행렬을 미리 연출한 사진도 제공되었다. 사일러스 벤트에 따르면, 이 장례 행렬 사진 중 하나는 실제 장례 행렬이 출발하기도 전에 어느 신문 1면에 실렸다. 이처럼 치밀한 홍보 덕분에 언론은 이 사건을 전폭적으로 보도했고, 장의사 주변에서 폭동이 벌어져 수십 명이 부상당하는 사태까지 일어났다. 밸리후의 효과는 실로 놀라웠다. 발렌티노는 사망 당시 막대한 빚을 지고 있었으나, 그의 사후 개봉된 영화들은 매니저의 증언에 따르면 그의 유산을 60만 달러의 흑자로 전환시켰다. 이에 비해, 같은 시기 사망한 찰스 윌리엄 엘리엇의 죽음은 이런 극적인 애도를 불러오지 못했다. 하버드 대학의 전 총장은 자신의 장례식을 성대하게 연출할 전문적인 능력이 없었던 것이다.

터니는 뎀프시를 이겼고, 허리케인이 플로리다 부동산 붐에 결정타를 날렸다. 루마니아의 마리 여왕은 미국의 선전 효과를 멀리서 감지하고 공식 방문을 감행했다. 그리고 1926~27년 겨울, 미국인들은 오랫동안 추문과 범죄의 소용돌이 속으로 빠져들었다.

이제 4년이라는 긴 세월이 흘러, 1922년 뉴브런즈윅, 데루시 레인 근처의 야생 사과나무 아래에서 발견된 에드워드 W. 홀 목사와 엘리너 R. 밀스 부인의 살인 사건은 잊혀가는 듯했다. 그해 대배심은 기소 결정을 내리지 않았다. 그러나 1926년, 한 타블로이드 신문이 판매 부수를 늘리기 위해 "새로운 결정적 증거"를 발굴했다며 사건을 다시 조명했고, 결국 재수사가 시작되었다. 홀 목사의 부인은 한밤중에 체포되었고, 이를 타블로이드 기자들과 사진기자들이 독점 보도했다. 그녀와 두 명의 형제, 헨리와 윌리 스티븐스는 재판에 회부되었고, 그들의 이야기는 이제 특정 타블로이드 신문뿐만 아니라, 미국 전역의 모든 신문을 통해 스릴 넘치는 기사로 전달되었다.

이 10년간 가장 센세이셔널했던 재판에서 가장 극적인 장면은,

'돼지 여인'으로 불린 제인 깁슨이 들것에 실려 병원에서 법정으로 옮겨져 배심원들 앞에 놓인 침대 위에 누웠을 때였다. 그녀는 이제 곧 죽을 사람이라 여겨졌고, 그녀의 증언은 기이하기 이를 데 없었다. 그녀는 옥수수 도둑들에게 시달려 왔으며, 살해가 벌어진 그날 밤에도 도둑이 타고 있을지도 모른다고 생각한 마차 소리를 듣고 나서, 자신의 노새 '제니'를 안장에 태워서 데루시 레인을 따라가며 "계속 엿보고 또 엿보고 또 엿보았다"고 했다. 그녀는 그곳에서 차 한 대를 보았고, 그 안에 있던 두 사람이 헬렌 홀 부인과 윌리 스티븐스라고 확인했다. 그녀는 제니를 삼나무에 묶어 두었고, 그때 말다툼이 벌어지는 소리와 함께 누군가가 "이 편지들을 설명해 보시오"라고 말하는 것을 들었다. 그녀는 플래시라이트 불빛 속에서 헨리와 윌리 스티븐스가 있는 모습을 보았고, 총성이 울리자 공포에 휩싸여 집까지 도망쳤다. 그러나 집에 도착하고 나서야 그녀는 자신의 모카신 한 짝을 그곳에 두고 왔다는 사실을 깨달았다. 두려움에도 불구하고, 그녀는 모카신을 찾기 위해 다시 그곳으로 돌아갔고, 그때 올빼미 울음소리처럼 들리는 소리를 들었다. 하지만 그것은 실은 어떤 여자가 울고 있는 것이었다. "커다란 백발 여자가 손으로 뭔가를 하며, 뭔가를 울부짖고 있었다." 그녀는 그 여자가 헬렌 홀 부인이라고 말했다. 이러한 증언을 그녀는 침대에 누운 채 흐느끼는 목소리로 전했고, 훈련된 간호사들이 그녀의 곁을 지키며 맥박을 측정했다. 그러고는 피고들을 향해 "나는 진실을 말했다! 하느님께 맹세코 진실을 말했다! 그리고 당신들도 내가 진실을 말했음을 알고 있다!"라고 외치며 법정을 떠났다.

그러나 '돼지 여인'의 증언은 그녀의 과거 행적이 밝혀지면서 설득력을 얻기보다는 잃었고, 배심원들은 법정에서 정교하게 연출된 '임종 직전의 증인'이 실제로는 이후 4년이나 더 살았다는 사실을 알았더라면, 그녀의 증언을 더욱 가볍게 여겼을 것이다. 홀 부인과 그녀의 형제들은 이 시련을 훌륭히 견뎠으며, 특히 둔한 편이었던 윌리 스티븐스는 검찰 측 변호사인 심슨 상원의원의 집요한 공세에도 흔들리지 않고 당당하게 맞서면서 수많은 살인 재판 팬들을 즐겁게 했다. 타블로이드 신문이 들고나온 새로운 증거― 윌리 스티븐스의 지문이 묻어 있다는 명함 한 장 ―는 배심원들에게 전혀 영향을 주지 못했다.

그러나 검찰의 논리가 무너졌음에도 불구하고, 스티븐스 가족의 명성은 로마의 검투사 경기처럼 신문 독자들을 위한 대대적인 구경거리로 짓밟혔다. 재판 첫 11일 동안 뉴저지주 서머빌에서 송고된 기사는 500만 단어에 달했다. 데이턴 재판 때보다 두 배나 많은 기자들이 몰려들었고, 그중에는 소설가 메리 로버츠 라인하트, 부흥사 빌리 선데이, 그리고 살해된 성가대원의 남편인 제임스 밀스도 포함되어 있었다. 또한 윌리엄 제닝스 브라이언의 후계자로서 근본주의의 지도자를 자처한 존 로치 스트래턴 목사는 이 사건을 두고 매일 사설을 써서 도덕적 교훈을 설파했다. 세계에서 가장 큰 전신 중계망에 연결된 전선들을 타고, 타락과 범죄의 소식이 미국 전역으로 퍼졌고, 대중은 이를 탐닉하며 더 많은 것을 요구했다.

그들의 요구가 너무도 강렬했기에, 불과 몇 달 후 아트 디렉터인 앨버트 스나이더가 아내와 그녀의 정부情夫인 코르셋 외판원

저드 그레이에게 창틀 추로 살해당했을 때, 다시 한 번 '밸리후'의 기계가 가동되었다. 이 사건에는 미스터리도 없었고, 피해자는 사회적으로 높은 위치에 있지도 않았다. 이 재판이 1면에 오를 이유는 단 하나 — 이 사건이 성적인 삼각관계를 포함하고 있으며, 스나이더 부부가 평범한 뉴욕 교외 주민들이었기 때문이었다. 즉, 보통 독자들이 쉽게 자신을 대입할 수 있는 사건이었다. 그러나 사람들은 대리 만족적인 공포를 너무나 원했기에, 다시 한 번 웨스턴 유니온의 대형 전신망이 가동되었고, 더욱 화려한 특집 필진들이 이 음울한 드라마를 해석해 나섰다. 여기에는 영화감독 데이비드 워크 그리피스, 배우 페기 조이스, 철학자 윌 듀런트, 그리고 앞서 거론된 메리 로버츠 라인하트, 빌리 선데이, 스트래턴 박사까지 포함되었다. 그리고 미국인들은 다시 한 번 피를 맛보았다.

홀-밀스 사건과 스나이더-그레이 사건 사이, 대중은 더욱 화제성이 높은 스캔들을 즐길 기회도 가졌다. 대중에게는 '피치스Peaches'라는 별명으로 알려진 프랜시스 히넌 브라우닝이 뉴욕 부동산업자이자 '신데렐라 같은 어린 소녀들에게 기쁨을 선사하기' 좋아하는 에드워드 W. 브라우닝을 상대로 별거 소송을 제기했다. 원래는 점잖고 신뢰받는 신문들마저 '대디' 브라우닝의 기이한 행각을 자세히 보도했다. 그리고 《뉴욕 그래픽New York Graphic》이라는 타블로이드 신문이, 브라우닝이 파자마 차림으로 "멍멍! 바보처럼 굴지 마!"라고 반쯤 옷을 입은 아내에게 소리치는 장면과 그 사진 아래 자막에는 아내가 "알몸으로 행진하기를 거부했기 때문"이라는 설명이 붙어 있는 합성 사진composograph*

을 게재했을 때, 심지어 스캔들 보도를 꺼리지 않던 《데일리 뉴스》조차도 "이런 일이 계속된다면 대중이 외설로 흠뻑 젖어버릴 것"이라며 우려를 표할 정도였다.

많은 사람들이 《데일리 뉴스》와 같은 생각을 했으며, 대중의 취향이 이토록 바닥까지 추락한 것에 경악했다. 분명 변화가 찾아올 것이라고 그들은 생각했다. 이 상업화된 타락의 축제가 영원히 지속될 수는 없었다.

그 변화는 — 갑자기 — 찾아왔다.

7

뉴욕의 브리보트Brevoort 호텔과 라파예트 호텔의 소유주인 레이먼드 오테이그Raymond Orteig는 1919년, 뉴욕과 파리 간 최초의 논스톱 비행을 성공하는 조종사에게 25,000달러의 상금을 수여하겠다고 제안했다. 그리고 1927년, 스나이더-그레이 재판이 끝난 지 불과 며칠 후, 이 상금을 노리는 세 대의 비행기가 뉴욕 외곽 루즈벨트 필드Roosevelt Field에서 이륙할 준비를 마치고 있었다.

컬럼비아Columbia : 클래런스 체임벌린과 로이드 버토우가 조

---

* 1920~30년대 미국의 타블로이드 신문에서 유행했던 조작 사진 또는 연출된 합성 이미지를 뜻한다. 당시에는 실제 사진 촬영이 어려운 장면(예인의 사생활, 살인 사건의 재연 등)을 연기자나 인형 등을 이용해 연출하고 사진처럼 꾸민 이미지로 보도했다. 오늘날의 포토샵 합성과는 다르지만, 당시로서는 극적인 시각 자극을 주는 일종의 '페이크 뉴스 시각자료'였다. 본문의 황색 언론인 《뉴욕 그래픽》이 이 기법을 대표적으로 활용했다.

종.

아메리카America : 북극 탐험으로 유명한 버드 중령이 지휘.

세인트루이스의 정신Spirit of St. Louis : 태평양 연안에서 갑자기 도착한 한 젊은 조종사, 찰스 A. 린드버그가 단독 조종.

누가 가장 먼저 하늘을 날아오를지는 알 수 없었지만, 대중의 관심은 분명히 서부 출신의 젊은 조종사에게 집중되었다. 그는 겸손했고, 자신의 임무에 대해 확신이 있어 보였으며, 위험천만한 대서양 횡단 비행을 단독으로 수행하겠다는 발상 자체가 남다른 대담함을 보여주었다. 그리고 무엇보다도, 그는 카메라 앞에서 보기 드문 매력을 지닌 청년이었다. 그러나 린드버그는 언론이 그를 "행운의 린디Lucky Lindy" 또는 "하늘을 나는 바보Flying Fool"라고 부르는 것을 달가워하지 않았다. 그는 이미 대중의 스포트라이트를 받고 있었지만, 아직 신적인 존재로 떠오르지는 않았다.

1927년 5월 19일 저녁, 롱아일랜드에 이슬비가 내리고 있었지만, 린드버그는 기상 보고를 검토한 끝에 날씨가 좋아질 가능성이 있다고 판단했다. 그는 밤새 잠도 이루지 못한 채 준비를 마치고, 커티스 필드에서 최신 기상 정보를 확인한 후, 이륙 준비를 마친 비행기를 루즈벨트 필드로 이동시켰다. 그리고 5월 20일 오전 8시 직전, 그는 조종석에 올라타 파리를 향해 날아올랐다.

그 순간, 마치 기적과도 같은 일이 벌어졌다.

린드버그가 출발했다는 소식이 전해지자, 미국 전역이 하나의 감정으로 뭉쳤다. 어린아이부터 노인까지, 농부와 주식 중개인, 근본주의자와 회의론자, 지식인과 대중 모두가 '세인트루이스의 정신'에 몸을 싣고 대서양을 건너는 젊은 조종사에게 희망을 걸었다. 그 열정이 얼마나 강렬했는지를 보여주는 대표적인 장면이 있었다. 5월 20일 저녁, 뉴욕의 양키 스타디움에서 말로니-샤키 복싱 경기가 열리고 있었다. 이 경기장에 모인 4만 명의 관중은 사회자가 린드버그를 위해 기도하자고 요청하자, 일제히 자리에서 일어나 모자를 벗고 경건한 침묵을 유지했다. 다음 날, 린드버그가 아일랜드 해안을 통과했다는 소식이 전해졌다. 이어서 그는 영국을 지나고 있었고, 도버 해협을 건너고 있었으며, 마침내 프랑스 르 부르제Le Bourget에 착륙했다. 그곳에서는 수많은 프랑스인들이 그를 열광적으로 환영했다. 미국인들은 거의 광기에 가까운 환희와 안도감을 느꼈다. 그리고 린드버그가 파리에 도착한 후 며칠 동안 보여준 겸손하고 예의 바른 태도는, 그를 미국 역사상 그 누구보다도 사랑받는 인물로 만들었다.

이후 몇 주 동안, 대중의 열광과 언론의 보도량은 전례 없는 기록을 세웠다. 린드버그의 비행 이틀 후, 주요 신문들의 판매량은 폭증했다. 《워싱턴 스타》는 16,000부, 《세인트루이스 포스트-디스패치St. Louis Post-Dispatch》는 40,000부, 《뉴욕 이브닝 월드 New York Evening World》는 114,000부를 추가 판매했다. 린드버그의 하루하루를 전하는 엄청난 크기의 헤드라인들은, 대중의 열광이 《이브닝 월드》가 내놓은 약간 과장된 평가— "인류 역사상 한 개인이 이룩한 가장 위대한 업적"—에 완벽히 동의하고 있음을 보여주었다. 그가 미국으로 귀환하자, 단 하루 동안 한 신문이 그에게 할애한 기사와 사진만으로 100개의 신문 칼럼이 채워졌다. 미국 해군이 이 젊은 민간인 조종사를 프랑스에서 귀국시키기 위해 순양함을 파견한 것에 누구도 의문을 제기하지 않았다. 린드버그는 워싱턴에서 열린 대규모 야외 행사에서 환영을 받았다. 이 자리에서 캘빈 쿨리지 대통령은 찰스 머즈의 표현에 따르면 "의회 연례 연설 이후 가장 길고도 인상적인 연설"을 했다. 그의 귀국을 축하하기 위해 웨스턴 유니언은 표준화된 축하 전보 양식을 제작해 배포했다. 결과적으로 린드버그에게 보내진 전보는 총 55,000통에 달했다. 이 전보들은 트럭에 실려 워싱턴 퍼레이드에서 그의 뒤를 따랐다. 한 전보는 미니애폴리스에서 보낸 것으로, 17,500명이 서명했고, 158미터 길이의 두루마리로 제작되었으며, 이를 들고 가던 10명의 전령 소년들은 그 무게에 비틀거릴 정도였다. 뉴욕에서 열린 대규모 환영 행사 이후, 뉴욕시 청소국은 1,800톤의 종이 조각을 치워야 했다. 이 종이는 사무실 건물 창문에서 뿌려져 "눈보라 같은 축하"를 연출했다. 이는 1918년 11월 7일, 종전 발표가 조기 오보로 나갔을 때 뉴욕 거리를 뒤덮었던 155톤의 종이에 비해 무려 11배 이상 많은 양이었다!

린드버그는 대령으로 임관되었으며, 공군 십자훈장과 의회 명예 훈장, 그리고 수많은 외국의 훈장과 명예 회원직을 받았는데, 그 목록을 나열하는 것만으로도 지루한 작업이 될 정도였다. 그는 세계 일주 비행 계약금으로 250만 달러를 제안받았으며, 영화 출연료로 70만 달러를 제안받았다. 그의 사인은 1,600달러에 팔렸고, 텍사스의 한 마을이 그의 이름을 따서 명명되었으며, 시카고에서는 1,300피트 높이의 '린드버그 타워' 건설이 제안되었다. 또한 현대 역사상 개인을 위한 가장 성대한 만찬이 그의 영광을 기리며 열렸고, 수많은 거리, 학교, 식당, 기업들이 그의 이름을 차용하려 했다.

이러한 대대적인 찬사에 반대하는 사람은 거의 없었다. 사람들은 어떤 사안에서는 의견을 달리했을지 몰라도, 린드버그를 향한 칭송에서는 한마음이었다.

이러한 전 국민적 감탄과 사랑— '사랑'이라는 표현은 조금도 지나치지 않았다 —이 얼마나 특별한 것이었는지를 이해하려면 몇 가지 사실을 되새길 필요가 있다.

린드버그의 비행은 대서양을 최초로 횡단한 사례가 아니었다. 앨콕과 브라운이 1919년 뉴펀들랜드에서 아일랜드까지 직항 비행을 했고, 같은 해 미 해군 비행기 N-C 4가 다섯 명을 태우고 아조레스 제도를 경유해 대서양을 건넜으며, 영국 비행선 R-34가 스코틀랜드에서 롱아일랜드까지 31명을 태우고 비행한 뒤 다시 영국으로 돌아갔다. 1924년에는 독일 비행선 ZR-3(후에 로스앤젤레스로 개명)이 프리드리히스하펜에서 뉴저지 레이크허스트까지 32명을 태우고 비행했다. 같은 해, 세계 일주를 마친 미 육군 항공대 소속 비행기 두 대가 아이슬란드, 그린란드, 뉴펀들랜드를 경유하여 북대서양을 횡단했다. 린드버그의 비행이 특별했던 점은 그가 뉴펀들랜드가 아닌 뉴욕에서 출발하여 파리까지 직항으로 갔으며, 정확한 목표 지점에 도착했다는 것, 그리고 혼자서 비행했다는 것이었다.

게다가 그의 업적에는 실질적인 이점이 거의 없었다. 물론 항공 산업의 붐을 불러오긴 했으나, 그리 건강한 형태의 붐은 아니었으며, 린드버그를 모방하려고 맹목적으로 비행을 시도하다가 바다에 빠져 목숨을 잃은 이들도 많았다. 몇 년이 지나 감정적 요소를 걷어내고 바라보면, 그의 비행은 단순히 당시까지 이뤄진 것 중 가장 긴 '곡예 비행stunt flight'에 불과했으며, 그는 자신을 곡예 비행사 이상으로 내세우지도 않았다. 그렇다면 왜 린드버그는 이토록 신격화되었을까?

 설명은 간단하다. 값싼 영웅담과 스캔들, 범죄 사건들로 얼룩진 시대에 환멸을 느낀 국민들이, 자신들이 품었던 인간 본성에 대한 낮은 평가에 반발하고 있었던 것이다. 오랫동안 미국인들은 정신적으로 굶주려 있었다. 그들은 전쟁 후의 실망스러운 후유증과 종교를 흔들고 감상적인 이상을 조롱하는 과학적 이론과 심리학적 가설, 부패한 정치와 도시 범죄의 만연, 그리고 최근 신문 지면을 도배한 추문과 살인 사건들을 보며 초기의 이상과 환상, 희망을 하나씩 잃어갔다. 낭만과 기사도, 헌신은 철저히 '폭로'되었고, 역사 속 영웅들은 허물어졌으며, 성자聖者들은 기이한 콤플렉스를 지닌 인간으로 묘사되었다. 경배할 대상이라고는 '비즈니스의 신'밖에 남지 않았지만, 그마저도 황동으로 만들어진 우상일 뿐이라는 의심이 들었다.

 '밸리후' 산업은 대중들에게 새로운 영웅들을 제시했지만, 영화 계약금과 유령 작가가 대신 써주는 칼럼에서 나오는 엄청난 수익을 챙기는 영웅들은 그리 쉽게 믿음을 주지는 못했다. 삶에서 평온함과 의미를 찾기 위해 사람들이 반드시 필요로 하는 무언가가 빠져 있었던 것이다. 그리고 바로 그 순간, 린드버그가 그것을 제공했다. 낭만과 기사도, 자기 헌신 — 그 모든 것이, 이제 더는 갤러해드Galahad[아서 왕 전설의 주요 인물로 중세 모범적인 기사상의 상징] 같은 고결한 존재를 믿지 않던 세대를 위해, 현대의 갤러해드의 형상으로 나타난 것이다. 린드버그는 쏟아져 들어오는 영화 계약을 거절했고, 추천 광고를 팔지 않았으며, 자랑하지 않았고, 스캔들에 휘말리지 않았으며, 항상 세련된 태도를 유지했다. 게다가 용맹하고 잘생기기까지 했다. 이미 작동할 준비가 되어 있던 밸리후의 거대한 기계가 그를 모든 이의 눈에 띄는 높은 곳으로 들어 올렸다. 대중의 반응이 대규모 종교 부흥회처럼 보였다고 해서 이상할 것이 있을까?

린드버그는 대중의 기대를 저버리지 않았다. 그는 전시 비행과 친선 비행을 조용하고 품위 있게 수행했다. 그는 멕시코 주재 미국 대사의 딸과 결혼했으며, 그 과정에서 밸리후 자체를 조롱하는 통쾌한 한 방을 날렸다 — 그는 신부를 데리고 보트에 올라 도망쳤고, 수백 명의 기자들이 신혼여행을 염탐하려 했음에도 며칠간 행방을 감췄다. 그가 가는 곳마다 군중이 몰려들어 그를 가까이에서 보기 위해 몸싸움을 벌였으며, 그는 수없이 많은 훈장을 받았고, 그를 기리는 찬사들이 쏟아졌으며, 그의 행보 하나하나가 뉴스가 되었다. 그는 항공사 컨설턴트로 일하며 상당한 재산을 쌓았지만, 누구도 그것을 탐탁지 않게 여기지 않았다. 믿을 수 없을 정도로, 그는 결코 자만하지 않았고, 언제나 훌륭한 품행을 유지했다.

그리고 그는 국가적 우상으로 남았다.

린드버그가 대서양을 건넌 후 3년, 4년이 지나도 그의 뉴저지 농장 주변 도로는 주말마다 그를 한 번이라도 보려는 팬들의 차로 가득 찼다. 심지어 그는 세탁소에 셔츠를 맡길 수도 없었다.

셔츠가 돌아오지 않았기 때문이다. 그것들은 기념품으로서 너무나 가치가 높았다. 그의 초상화는 수백 개의 학교 교실과 수천 개의 가정에 걸려 있었다. 살아 있는 미국인은 물론, 죽은 미국인 중에서도 — 아마 에이브러햄 링컨을 제외하고 — 그처럼 절대적인 충성을 받은 사람은 없었다고 해도 과언이 아니었다. 쿨리지나 후버, 포드, 에디슨, 보비 존스 같은 인물들을 비판할 수는 있었다. 그러나 린드버그가 한 일에 대해 비난하는 순간, 당신은 듣고 있는 사람들에게 상처를 주었다는 사실을 깨닫게 될 것이었다. 린드버그는 신이었기 때문이다.

그것은 한 곡예 비행사로서는 꽤 성공적인 일이었다. 그러나 동시에, 그것은 미국인들에게도 꽤 성공적인 일이었다. 1927년 5월 20일 이전 몇 년 동안을 돌이켜보면, 그들은 스스로 예상했던 것보다 훨씬 더 뛰어난 영웅을 선택하는 안목을 보여주었다.

8

린드버그의 비행 이후, 영웅이 되는 것이 얼마나 수익성 있는 일인지가 명확해지자, 돈과 명성을 좇는 수많은 사람들이 등장했다. 그러나 그들 중 일부는 린드버그가 사람들의 사랑을 받은 이유 중 하나가 그가 쉬운 돈과 대중의 박수에 무관심했다는 사실을 이해하지 못했다. 그 공식을 따르는 것은 간단했다. 비행기를 마련하고, 후원금을 모으고, 언론 홍보 담당자를 고용한 뒤, 아직 아무도 논스톱으로 날아가지 않은 두 지점 사이를 비행하면 되었다. 당시에는 그런 노선이 아직 많았다. 성공하면 개인적인 비행 경험을 신디케이트에 판매할 계획을 미리 세운다. 필요하다면 장비를 무료로 제공받을 수도 있었다. 석유 회사, 비행복 제작업체, 혹은 비행에 필요한 장비를 판매하는 업체들이 당신의 성공담 속에서 자사 제품이 얼마나 유용했는지를 홍보할 기회를 원했기 때문이다. 목표 지점에 도착하는 순간, 그리고 신문 1면을 장식하는 순간, 돈을 벌 기회는 넘쳐났다. 책을 출간할 수도 있었고, 광고 모델이 될 수도 있었으며, 보드빌 무대에 서거나 영화에 출연할 수도 있었다. 심지어 비행을 직접 할 필요도 없었다. 승객으로 탑승하기만 해도 뉴스가 되었다. 특히 여성이 비행기에 탑승하는 것은 남성 조종사보다 더 큰 뉴스 가치가 있었다. 비행이 너무 위험하게 느껴진다면? 굳이 감수할 필요는 없다. 다른 사람들에게 비행할 수 있도록 상금을 내걸기만 해도 충분한 홍보 효과를 얻을 수 있었다.

린드버그에 이어 체임벌린이 대서양을 횡단했을 때, 비행기 소유주였던 찰스 A. 레빈은 승객 자격으로 탑승했다. 그러나 그가 뉴욕에 도착했을 때, 그는 영웅으로 환영받았다. 사실 뉴욕에서는 누구나 영웅 대접을 받을 수 있었다. 뉴욕 경찰국장인 그로버 훼일런은 ― 알바 존스턴의 표현을 빌리자면 ― "정오에 브로드웨이를 오토바이 호위대와 함께 지나가기만 하면, 수천 명의 사람들이 점심시간을 빌려 모여들어 당신을 환영할 것"이라는 대발견을 활용하고 있었다. 브리티시 오픈 골프 챔피언이든, 도버 해협을 횡단한 수영 선수든, 이탈리아 축구 대표팀이든, 그들을 맞이하는 훼일런 씨의 태도는 페르시아 재무장관이나 라이프치히 시장을 대할 때만큼이나 정중했다. 그리고 시민들에게는 언제나 창밖으로 티커 테이프*와 브롱크스 전화번호부의 페이지들을 창문 밖으로 마구 뿌릴 수 있는 명분이 생긴다는 건 꽤 즐거운 일이었다.

체임벌린과 레빈이 대서양을 건넌 지 몇 주 뒤, 버드Byrd와 그의 팀이 루즈벨트 필드에서 이륙했다. 그러나 그들은 프랑스 해안 근처에서 바다에 착륙했다. 다행히 해안에서 가까운 곳이라 헤엄쳐서 육지로 올라올 수 있었다. 브록과 슐리는 단순히 대서양을 횡단하는 것에 그치지 않고, 연속 비행을 이어가며 일본까지 도착했다. 그러던 중, 한 젊고 매력적인 여성이 또 다른 뉴스의 주인공이 되었다. 플로리다주 레이크랜드 출신의 치과 조수였던 루스 엘더는 조지 홀더먼에게 비행을 배우고 있었다. 그녀는 감귤 재배업자와 부동산업자로부터 후원을 받아 홀더먼을 조종사로 삼아 대서양을 비행하는 최초의 여성 승객이 되겠다고 나섰다. 결국 그녀는 해안까지 걸어 나올 수는 없을 만큼 먼바다에 추락했지만, 그게 그리 중요했을까? 마침 지나가던 유조선에 의해 기적적으로 구조되었고, 매니저는 그녀를 잘 팔아먹었고, 그녀 역시 당연히 환영받았다. 비록 뉴욕시가 그녀를 맞이하는 데 쓴 돈은 고작 333.90달러였지만 말이다. 찰스 A. 레빈이

---

* ticker tape. 주식 시세 표시기에 쓰였던 좁은 종이테이프인데, 뉴욕에서는 축하 퍼레이드 때 뿌리는 '종이 눈'으로 유명하다. 1886년 자유의 여신상 환영 행사에서 월 스트리트의 한 증권사 직원이 즉흥적으로 티커 테이프를 창밖으로 뿌리면서 시작되었고, 이후 영웅의 귀환, 전쟁 승리, 스포츠 우승 등을 기념하는 '티커 테이프 퍼레이드ticker tape parade'가 전통으로 자리 잡았다. 오늘날에도 '티커 테이프 퍼레이드'라는 명칭은 유지되고 있지만, 쓰는 건 그냥 잘게 자른 '종이 눈'이다.

1,000달러 이상, 아일랜드 자유국 대통령이 12,000달러, 버드가 26,000달러, 린드버그가 71,000달러였으니 린드버그와 비교하면, 그녀는 뉴욕시 예산에서 200분의 1도 안 되는 비용으로 영웅 대접을 받았던 셈이었다.

이제 대서양 횡단은 단순한 비행이 아니라, 돈과 명성을 창출하는 새로운 수단이 되었다. 루스 엘더의 비행 이후, 성공적이든 비극적이든 수많은 비행이 이어졌지만, 그 모든 것을 일일이 기억하기란 어려운 일이다. 이들은 언제나 신문의 1면을 장식했지만, 1927년 12월 공개된 신형 포드 자동차나 1928년 말 발생한 증기선 베스트리스 호 침몰 사건보다 더 큰 관심을 끌지는 못했다. 특히 베스트리스호 사건은 너무도 과장되게 보도되어 마치 역사상 가장 참혹한 해양 재난인 듯한 인상을 주었다. 더 이상 린드버그 같은 존재는 나타나지 않았다.

스포츠 영웅들의 행진은 계속되었다. 바비 존스는 승리에서 승리로 나아갔으며, 그가 역사상 가장 위대한 골프 선수라는 사실을 의심하는 이는 없었다. 베이브 루스는 여전히 홈런의 제왕이었다. 케이글과 부스는 미식축구 기자들에게 오래도록 간직해 온 낭만적 이상을 펼칠 기회를 제공했다. 틸든Tilden은 내리막길에 있었지만, 여전히 프랑스 선수들을 제외한 누구든 이길 수 있었다.* 그러나 권투는 쇠퇴했고, 대중의 스포츠 전시물에 대한 취향도 점차 무뎌지고 있었다. 밸리후 대가들이 새로운 흥미거리를 찾으려는 시도는 점점 병적일 정도가 되었다. 마라톤 댄서들은 몇 시간, 며칠, 몇 주씩 서로에게 기대어 무릎을 끌며 춤을 췄고,** 파일C. C. Pyle의 버니언 더비Bunion Derby에 참가한 불운한 선수들은 대륙을 가로질러 달리다가 발이 망가지고, 그 과정에서 파일의 흥행 사업도 몰락했다. 수천 명의 사람들이 깃대 위에 앉아 있는 앨빈 '쉽렉' 켈리Alvin 'Shipwreck' Kelly를 바라보며 입을 벌렸다. 기록을 깨는 것은 여전히 돈이 됐다. 깃대 위에 23일 7시간 동안 앉아 있으면서, 음식과 음료를 양동이에 담아 끌어 올리고, 20분 이상 꾸벅 졸기라도 하면 고용한 사람이 소리쳐 깨우는 것만으로도 수익을 낼 수 있었다. 하지만 아무도 켈리에게서 서사적 위대함을 발견하지는 않았다. 깃대 위에 앉아 있거나 마라톤 댄스를 추는 행위는 단지 한가한 시간에 구경하는 희한한 볼거리에 지나지 않았다.

아마도 밸리후의 젊은 활력이 시들어 가고 있었을 것이다. 그 기법이 너무도 빤히 보이게 된 것일지도 모른다. 어쩌면 린드버그가 대중의 눈을 너무 높여, 그보다 못한 영웅들은 감동을 주지 못하게 되었는지도 모른다. 혹은 1927년 사코와 반제티의 처형과 1928년 대통령 선거가, 잘 먹고 잘사는 국민들에게도 결국

---

* 틸든은 세계 최초의 국제적 테니스 슈퍼스타라 할 수 있는 인물로 1920~25년 사이에 윔블던과 US 오픈을 여러 차례 우승했고 미국 대중문화에서 엘리트 스포츠맨의 상징처럼 여겨졌다. 문장에서의 프랑스인들은 프랑스 테니스계의 이른바 '사총사The Four Musketeers'라고 불린 장 보로트라, 앙리 코셰, 르네 라코스트(의류 브랜드 '라코스트' 창립자), 자크 브루뇽을 가리킨다. 이 네 명은 1927년부터 프랑스를 데이비스컵 우승국으로 만들며, 미국 테니스의 지배를 종식시키는 데 결정적 역할을 했다.

** 시드니 폴락 감독의 출세작 《그들도 말을 쏘지 않나요?They Shoot Horses, Don't They?》(1969)가 바로 이 밸리후 시대의 비정한 풍속 중 하나인 마라톤 댄스를 소재로 만들어져 그해 아카데미상 9개 부문에 노미네이트되었다.

'공공 문제'라는 것이 존재함을 일깨워 준 것일 수도 있다. 그러나 어쩌면, 1928년 3월 — 신형 포드 자동차가 등장한 지 불과 몇 달 뒤, 그리고 린드버그의 비행이 있은 지 1년도 채 되지 않은 시점에 — 주식시장의 대호황이 본격적으로 시작된 사실이 중요한 의미를 지니고 있었는지도 모른다. 라디오[RCA] 주식이 하루 만에 10달러 상승하는 것이, 장거리 비행사들이나 헤비급 챔피언들이 가져다줄 수 있는 그 어떤 성취보다도 더 즉각적인 이익을 약속했던 것이다.

9 지식인들의 반란

THE REVOLT OF THE HIGHBROWS

"여기 새로운 세대가 있었다…… 모든 신들이 죽었고, 모든 전쟁은 끝났으며, 인간에 대한 모든 신뢰는 흔들리고 있었다.
 ─F. 스콧 피츠제럴드, 『낙원의 이편』

독일과의 전쟁이 끝날 무렵, 사회적 강제력은 국가적 습관이 되어 있었다. 전형적인 미국인은 대체로 소수자의 권리에 대해 미온적인 태도를 보였으며, 개척 시대의 유산을 이어받아 공동체를 질서 있게 유지하기 위해 가장 쉬운 방법을 선택하는 데 익숙했다 ─ 때로는 사치 금지법을 제정하고, 때로는 자경단을 조직하며, 필요할 경우에는 총을 꺼내들었다. 독립 선언서와 권리 장전*은 역사책 속에서는 그럴듯했지만, 정작 자신이 직접 현실을 운영해야 할 때는 자유가 방종의 다른 이름이며, 권리 장전이야말로 불량배들이 마지막으로 의지하는 것이라는 주장에 흔들리곤 했다. 전쟁 중 그는 법을 만들고, 선전하며, 이웃을 위협하여 자신이 옳다고 여기는 행동을 강요하는 것이 얼마나 쉬운 일인지 깨달았다. 그리고 평화가 선언된 후에도, 같은 방법을 사용해 사람들을 계속해서 순응하도록 만들었다.

전시戰時에는 리버티 채권 모금 운동이 있었고, 모든 이에게 할당량이 주어졌으며, 기부를 머뭇거리는 사람들에게는 암묵적인 협박이 가해졌다. 전쟁이 끝난 뒤, 그는 이를 지역 공동 기금 모금, 대학 기금 모금, 교회 회원 모집 운동, 도시 발전 운동, 그리고 그 밖의 수많은 공공 캠페인으로 확대해 나갔다. 위원회와 소위원회가 조직되었고, 홍보 담당자들이 사전에 작성된 보도 자료를 배포했으며, 연설가들은 목청을 높여 외쳤다. 그 와중에도 자신의 주머니를 단단히 움켜쥐고 있던 사람들은 대중의 압박을 견뎌야 했다. 이방인 적대 행위와 '친독親獨 혐의자'에 대한 탄압에서 인종적 소수자와 '볼셰비키 혐의자'에 대한 탄압으로

---

* 세계사에서 배우는 권리 장전은 일반적으로 영국의 《권리 장전Bill of Rights》(1689)으로 1688년 명예혁명 직후, 의회가 왕권을 제한하고 의회 중심 체제를 확립하기 위해 제정되었다. 국왕은 의회의 동의 없이 법률을 정지하거나 폐지할 수 없고 세금을 부과할 수 없고 상비군도 의회 승인 없이 유지할 수 없다는 게 주요 내용으로 영국식 입헌군주제의 기초가 되었다. 미국의 《권리 장전Bill of Rights》(1791)은 1787년 연방 헌법 제정 당시, 개인의 권리를 보호할 명시적 조항이 없다는 반연방주의자들의 요구로, 헌법 비준 후 1791년에 추가된 10개 조항의 수정헌법Amendments을 말한다. 일반적인 시민권, 무기 소지 권리, 헌법에 열거되지 않은 권리를 주 정부가 가지고, 주 정부의 권한을 보장하는 것 등이 핵심 내용이다. 시민의 자유권에 대한 보루로 기능해왔지만 연방 정부 차원의 개혁에 '위헌적'이라는 딱지를 쉽게 붙일 수 있게 되었다. 대공황 이후 경제 재건을 위한 루즈벨트 행정부의 뉴딜 정책, '오바마 케어'도 재산권과 자유권의 침해로 권리 장전 정신에 위배된다는 보수 반대파의 비판이 컸다.

나아가는 것은 한 걸음에 불과했다. 전시 검열에서 평시平時의 신문, 도서, 대중 연설 검열로 가는 것도 한 걸음에 불과했다. 그리고 전시 금주법이 헌법에 영구적으로 새겨지고, 다수의 도덕적 기준을 법으로 강제하려는 시도 역시 한 걸음에 불과했다. 물론 경제 분야는 1917년과 1918년 동안 부과되었던 많은 족쇄에서 해방되었다. 평균적인 미국인은 이제 자신의 이익을 기업의 이익과 동일시하고 있었기 때문이다. 하지만 경제 분야를 제외하고는, 그는 '사람들이 어떻게 행동해야 하는지'를 알고 있다고 믿었으며, 그에 대한 어떠한 반대 의견도 용납할 수 없었다.

빨갱이 공포Big Red Scare의 초기 시기가 지나자, 미국 중산층 다수는 급진주의를 단호하게 탄압하고, 기업에 대한 자유방임 원칙을 고수하는 데 거의 저항을 받지 않았다. 노동자들은 경찰에 의해 위축되었거나, 주식 소유와 부의 희망으로 회유되었다. 불과 몇 년 전만 해도 최저임금법, 여성 참정권, 단체 교섭권을 위해 바리케이드에서 죽을 각오를 했던 교육받은 자유주의자들은 이제 깊은 절망에 빠졌다. 그들은 정치가 저급한 혼란 그 자체라고 여기기 시작했다. 언제나 우둔한 자들이 계몽된 이들을 수적으로 압도했으며, 씹는담배를 뱉어대는 지역의 지도자들이 이 우둔한 자들을 단단히 장악하고 있었고, 투표권은 한낱 웃음거리에 불과했다. 사회복지 활동 역시 마찬가지로 무익했다. 그것은 답답하고, 감상적이며, 지나치게 주제넘은 일이었다. 1915년에는 사회주의자들의 행진에 참여하기 위해 가업에서 쫓겨날 위험까지 감수했던 촉망받는 대학 졸업생들이 1925년이 되자 사회주의란 말에 하품을 하며 '낡아빠진 것'이라 치부했다. 그들에게는 철강회사 노동자들이 저임금을 받든 고임금을 받든 아무런 관심이 없었다. 유행은 변했다. 이제 젊은 반항아는 사회주의를 주장하는 대신 일부일처제와 신의 존재를 부정함으로써 아버지를 분노하게 만들었다.

그러나 중산층 다수가 정치적 급진주의 탄압에서 개인 생활 규제로 관심을 돌리자, 그들은 단지 깨어 있는 젊은 대학 졸업생들뿐만 아니라, 새롭게 계급의식을 갖춘 한 집단 전체로부터 격렬한 반발을 사게 되었다. 미국의 지식인들—《아메리칸 머큐리》는 그들을 일컬어 "문명화된 소수"라고 불렀다 —은 분노에 차서 강력한 저항에 나섰다.

이 격렬한 지식인들은 결코 조직화된 집단이 아니었다. 그들은 서로 치열하게 논쟁했으며, 설령 의견이 일치한다고 해도, 개인주의자로서 조직을 구성하는 것 자체를 혐오했다. 그들은 널리 흩어져 있었지만, 뉴욕이 주요 집결지였고, 다른 도시에서도 그룹을 형성하고 있었다. 이들은 주로 예술가와 작가, 전문직 종사자, 대학가의 지적 호기심이 강한 사람들, 그리고 《새터데이 이브닝 포스트》나 《매콜스 매거진 McCall's Magazine》 이상의 복잡한 문학을 소화할 수 있는 대학 교육을 받은 사업가들로 이루어져 있었다.

또한, 그들 뒤에는 늘 최신 유행 사상을 받아들이는 다양한 잡다한 사람들이 따르고 있었다. 이들을 대략적으로 정의하면, 다음과 같은 사람들이다. 제임스 조이스, 마르셀 프루스트, 세잔, 융, 버트런드 러셀, 존 듀이, 페트로니우스, 유진 오닐, 그리고 애딩턴에 대해 들어본 적이 있는 사람들. 영화를 깔보면서도 찰리 채플린을 위대한 예술가로 숭배하는 사람들. 상대성 이론에 대해 이해는 못 하지만 말은 할 줄 아는 사람들. 주요 정신분석 개념 몇 개쯤은 그 이름을 알고 있는 사람들. 초기 미국 가구를 수집하는 사람들. 진보적 교육을 지지하는 사람들. 그리고 헨리 포드와 캘빈 쿨리지의 신격화에 의문을 제기하는 사람들. 이들은 수적으로 많지는 않았지만, 그들의 목소리는 매우 컸으며, 그들의 영향력은 단순히 미국 문학계를 지배하는 것에 그치지 않고, 점차 미국 사회 전반의 사상에 스며들기 시작했다.

이 지식인들은 베르사유 조약의 환멸을 강하게 느꼈다. 그것은 1차 대전에서 돌아온 영웅들이 아직도 개선 행진을 하고 있던 시점부터 시작되었다. 필립 기브스의 『이제는 말할 수 있다 *Now It Can Be Told*』, 존 도스 파소스의 『세 병사 *Three Soldiers*』, E. E. 커밍스의 『거대한 방 *The Enormous Room*』, 존 메이너드 케인스의 『평화의 경제적 결과 *The Economic Consequences of the Peace*』 같은 잔혹한 전쟁과 추악한 평화 협정의 책들이 그들의 분노에 찬 시선 앞에 펼쳐졌다.

이들은 새로운 심리학을 빠르게 받아들였다. 젊은 지식인들 중 일부는 프로이트의 이론을 기반으로 연애를 실천하고 있었고, 반면 좀 덜 학식 있는 젊은이들은 그저 본능적으로 연애를 즐기며 제약 없이 행동할 수 있다는 이유로 몰두하고 있었다. 이 지식인들 중 다수는 새로운 과학적 발견으로 인해 종교적 확신이 흔들리는 경험을 이미 하고 있었다. 그것은 근본주의Fundamentalism라는 단어조차 등장하기도 전에, 그리고 아인슈타인의 이론이 연구실에 도달하기도 전에 시작된 일이었다. 그들은 미국 문학의 예복을 입은 품위와 점잖은 형식미에 대한 반란을 일찍이 시작했다. 시어도어 드라이저, 윌라 캐더, 칼 샌드버그, 에드거 리 마스터스, 로버트 프로스트, 베셜 린지Vachel Lindsay, 에이미 로웰, 그리고 이미지스트Imagist들과 자유시Free Verse 운동가들은 이미 전쟁 이전부터 새로운 영역을 개척하고 있었다. 1922년, 20명의 지식인들이 공동으로 『미국에서의 문명Civilization in the United States』을 집필했을 때, 그들은 한목소리로 다음과 같은 결론을 내렸다. "오늘날 미국 사회에서 가장 웃기고도 비참한 사실은 감정적·미학적 굶주림이다." 그러나 이 감정적·미학적 굶주림에 대한 지식인들의 반란이 단기간에 폭발적인 힘을 얻지는 못했을 것이다. 만약 1920년 10월, 싱클레어 루이스가 『메인 스트리트Main Street』를 출간하지 않았다면. 그리고 두 해 뒤, 그가 『배빗Babbitt』을 세상에 내놓지 않았다면.

이 두 권의 책이 미친 영향은 엄청났다. 무자비한 문학적 사진술과 신랄한 풍자로 가득한 이 두 권의 책에서, 싱클레어 루이스는 미국 소도시의 추악함, 그곳 삶의 문화적 빈곤, 대중적 편견의 폭정, 그리고 노골적인 속물성과 편협성을 낱낱이 드러냈다. 물론 그가 보여주지 않은 면도 있었다 — 미국의 '고퍼 프레리Gopher Prairie'와 '제니스Zenith' 같은 소도시들의 친근한 정서와 너그러운 인정과 같은 것들. 그러나 그의 책은 오히려 이러한 일면성을 지녔기에 더욱 폭넓게 읽혔다. 1922년 말까지 『메인 스트리트』의 판매량은 39만 부에 달했다. 지식인들은 루이스의 책을 읽는 것만으로도, 그들이 가장 혐오하고 두려워하던 미국 사회의 특질들이 바로 루이스가 냉정하게 현미경 아래 놓고 해부한 것들이었음을 깨닫게 되었다. 계몽된 이들의 최대의 적은 조지 F. 배빗 같은 인물이었으며, 미국 문명의 발전을 가로막는 것은 바로 '메인 스트리트적 사고방식'이었다.

『배빗』 이후, 미국을 지배하는 사업가 계층에 대한 지식인들의 불만과 환멸이 깊어지면서, 이에 대한 반발을 반영하는 책들이 쏟아졌다. 이 반란의 핵심 인물, 그리고 그 선동의 북을 가장 요란하게 두드린 인물은 바로 H. L. 멘켄이었다.

2

볼티모어 출신으로 몇 년 동안 멘켄은 《볼티모어 선Baltimore Sun》에서 언론인 수업을 받은 인물로서, 조지 진 네이선과 함께 《스마트 셋Smart Set》을 편집해 왔다. 하지만 《스마트 셋》은 성공하지 못했다. 잡지의 이름과 과거 다소 불명예스러운 명성이 걸림돌이 되었다. 잡지가 침체에 빠지자, 출판업자 앨프리드 A. 노프는 멘켄과 네이선에게 지식인 좌파를 겨냥한 새로운 월간지를 만들도록 맡겼고, 그 결과 《아메리칸 머큐리American Mercury》 창간호가 1923년 말 발행되었다. 이때가 언제였는지 기억이 가물가물하다면 몇 가지 기준점을 짚어보자. 《아메리칸 머큐리》가 창간된 것은 우드로 윌슨이 사망하기 몇 주 전이었다. 당시 상원의원 월시는 앨버트 B. 폴 내무부 장관이 누구에게 돈을 받았는지를 밝히려 애쓰고 있었고, 리처드 사이먼은 크로스워드 퍼즐 책을 출간할 계획을 세우고 있었으며, 찰스 H. 레버모어는 보크 평화상을 수상할 예정이었다.

머큐리의 녹색 표지와 전체적인 형식은 마치 멩켄의 볼티모어 자택의 대리석 장식 외관처럼 차분하고 단정했지만, 그 안의 내용은 폭발적이었다. 《스마트 셋》에서 연재하던 멩켄의 문학 비평과 네이선의 연극 비평을 그대로 가져왔고, 기존의 레페티시옹 제네랄Répétition Générale이라 불리던 편집 메모들은 이제 임상 노트Clinical Notes로 이름을 바꿨으며, 미국 사회의 황당한 사례들을 모아둔 아메리카나Americana 코너도 계속 유지되었다. 매달 멩켄은 수 페이지에 걸쳐 저급한 대중 문화를 공격하는 논설을 실었다. 잡지는 시어도어 드라이저, 제임스 브랜치 캐벨, 셔우드 앤더슨, 윌라 캐더, 싱클레어 루이스 같은 작가들을 열정적으로 옹호했으며, 미국문예아카데미American Academy of Arts and Letters 같은 기관이 대표하는 점잖은 문학 전통을 정면으로 거부했다. 또한 문학과 사회에서 감상주의와 회피주의, 그리고 학문적 허세를 비판하는 데 가차 없었으며, 배빗적 인물들, 로터리 클럽 회원들, 감리교 신도들, 개혁가들을 공격하고, 쿨리지 시대의 번영을 '신앙'처럼 떠받드는 태도와, 멩켄이 '이상주의라는 헛소리'라고 불렀던 것들을 조롱했다. 그는 미국 사회를 거친 조소와 불경스러운 유머로 바라보았다.

《머큐리》는 즉각적인 성공을 거두었다. 신선하고, 충격적이며, 통쾌하게 파괴적이었다. 잡지는 수천 명의 회의론자들에게 그들의 불만을 정리하고 확신을 심어주었고, 얼마 지나지 않아 수많은 대학 캠퍼스에서 젊은 우상파괴주의자들이 《머큐리》의 녹색 표지를 팔에 끼고 다녔다. 조용한 소도시의 중역들은 우연히 이 잡지를 접하고 경악하며 당황했다. 그들은 멩켄을 "타락하고 파렴치한 괴물"이라 여기거나, "현대판 악마의 사절"이라고까지 생각했다. 1925년 멘켄이 데이턴에서 벌어진 스코프스 재판을 취재하러 갔다가, 데이턴 주민들을 '촌뜨기들yokels', '산골 사람들hillbillies', '무지렁이들peasants'이라고 부르자, A. C. 스트리블링 목사는 멘켄을 "값싼 수다쟁이blatherskite 같은 기자"라고 응수했다. 이에 분노한 대중 여론은 "아멘!"이라 외치며 동조했다. 몇 년 후, 《머큐리》 편집장인 멘켄에게 쏟아진 수많은 비난을 모아 『쉼플렉시콘Schimpflexicon』이라는 책이 출판되었는데, 이 책은 오직 멘켄에 대한 혹평만을 모은 책이었다. 그동안 《머큐리》의 구독자 수는 꾸준히 증가하여 1927년에는 7만 7천 부를 넘어섰다. 같은 해, 월터 리프먼은 멘켄을 가리켜, 과장 없이, "이 시대 전체의 지식인들에게 가장 강력한 개인적 영향을 미친 인물"이라고 평가했다.

많은 독자들에게, 멘켄은 마치 모든 것에 반대하는 사람처럼 보였다. 그러나 이는 사실이 아니었다. 다만, 반항이 그의 삶의 본질이었던 것은 분명했다. 그는 스스로 밝힌 바와 같이 "모든 신학자, 교수, 사설 작성자, 올바른 사고를 한다고 여기는 사람들, 그리고 개혁가들"을 반대했다. 그는 "애국주의란 명백히 어리석은 명제들을 받아들이도록 요구하기 때문에 반대한다"라고 말했다. 예를 들어, "미국 장로교 신자가 아나톨 프랑스, 브람스, 혹은 루덴도르프Ludendorff와 동등하다는 주장" 같은 것들 말이다. 그는 "문명화된 삶이 민주주의하에서는 가능하지 않다"고 믿었다. 그는 사회주의자들과 아나키스트들을 바보라고 칭했다. 그는 금주법과 검열, 그리고 모든 개인의 자유를 침해하는 조치들을 반대했다. 또한, 그는 도덕성과 기독교 결혼을 비웃었다. 그러나 이러한 거대한 편견의 집합 속에는 명백한 모순이 존재했다. 일부 비평가들은 이렇게 반문했다. "그가 바라는 지적 귀족 사회가 존재한다면, 그들이 멩켄이 주장하는 그런 자유를 허용할 것이라고 기대할 수 있는가? 만약 그 사회가 온통 '멩켄들'로 이루어져 있지 않다면 말이다." 이는 다소 비현실적인 전제였다. 하지만 이런 모순들은 멩켄을 전혀 괴롭히지 않았으며, 처음에는 그의 추종자들에게도 문제되지 않았다. 왜냐하면, 그의 문체는 너무나 강렬했기 때문이다.

그는 저급한 자들을 공격하는 데 있어 유례없는 모욕의 어휘를 사용했다. 그는 적들을 사기꾼, 돌팔이, 협잡꾼, 얼간이, 돼지, 마녀사냥꾼, 깡통머리 인간, 그리고 백치라고 불렀다. 그는 감상주의자들에 대해 "그들은 사방에 장미수를 뿌리고 다닌다"고 조롱했다. 그는 윌리엄 제닝스 브라이언에 대해 "그는 우렁찬 목소리를 타고났고, 그것은 반쪽짜리 지능을 가진 이들을 선동하는 재주를 지니고 있었다"라고 말했다. 그가 싫어하는 책들은 "쓰레기"라고 불렀고, 테네시주의 순박한 농민들을 "입을 벌리고 있는 유인원" 혹은 "유인원 무리"라고 묘사했다. 물론, 때때로 — 예컨대 그의 학술 저서 『미국어 *The American Language*』에서처럼 — 멩켄은 차분하고 정제된 문장을 구사할 수도 있었다. 하지만 그의 피가 끓어오를 때면, 그는 과장과 과격한 비유를 무기로 삼았다. 그가 등장하는 순간, 공중에는 날아다니는 벽돌이 가득했다. 그리고 그를 처음 읽는 사람은, 분노하지 않더라도, 마치 놀이공원에서 도자기 깨기 게임을 하는 듯한 강렬한 쾌감을 느끼게 되었다.

멩켄이 대중적으로 큰 주목을 받기 시작한 시기는 다음과 같은 사건들이 한창일 때였다. 번영의 찬가가 미국 전역에서 울려 퍼지고 있었다. 브루스 바튼은 기독교 교리를 수정하여 더 높은 차원의 영업 기술을 찬양하고 있었다. 근본주의자들은 진화론에 대한 전면적인 공격을 벌이고 있었다. 감리교금주도덕위원회 Methodist Board of Temperance, Prohibition, and Public Morals는 미국을 절제와 규율의 나라로 만들기 위해 애쓰고 있었다. 그때까지 지식인들은 주로 방어적 입장에 서 있었다. 그러나 이제 멩켄이 소란스러운 연설을 통해 그들에게 자신감을 불어넣자, 그들은 태도를 바꾸었다.

다른 잡지들도 그와는 덜 과격한 방식이었지만, 반대의 목소리를 내기 시작했다. 《하퍼스》는 1925년 표지를 주황색으로 바꾸고, 새로운 비판적 시각으로 미국 사회를 분석하며 발행 부수를 두 배로 늘렸다. 《포럼》은 '메인 스트리트'에서는 논의조차 불가능한 주제들을 다루기 시작했다. 《애틀랜틱》은 제임스 트러슬로우 애덤스의 비판적 글을 실었다. 그리고 20년대 말에는 《스크리브너스》마저도 헤밍웨이의 소설을 연재했다는 이유로 보스턴에서 판매 금지 처분을 받았다.

한편, 미국과 삶을 바라보는 지식인들의 시각을 반영한 책들이 쏟아져 나왔다. 반대의 목소리는 점차 커졌고, 마침내 1926년이나 1927년쯤이 되자, 만약 어떤 사람이 로터리 클럽이나 브라이언에 대해 좋은 말을 한다면, 그리고 그 사람이 피카소나 마리 로랑생의 그림이 걸린 집에 살고 있거나, 『해는 또다시 떠오른다 The Sun Also Rises』 혹은 『민주주의에 관한 노트 Notes on Democracy』

를 책장에 꽂아두고 있는 사람이라면, 그는 치유 불가능한 바보로 간주될 가능성이 높았다.

3

그렇다면, 이 격동의 시기에 지식인들이 신봉한 신념은 무엇이었을까? 그들 중 누구도 다음과 같은 요약된 신념을 전적으로 수용한 것은 아니었지만, 적어도 그것은 그들의 사상이 어느 방향으로 흐르고 있었는지를 보여준다.

1. 그들은 엄격한 미국식 도덕 규범이 허용했던 것보다 훨씬 더 큰 성적 자유를 믿었고, 성에 대한 논의에 관해서도 단지 자유로워야 한다고 생각했을 뿐만 아니라, 어떤 이들은 그것이 끊임없이 이루어져야 한다고까지 여기는 듯했다. 그들은 제5장에서 설명한 예절과 도덕의 혁명에서 선봉을 이룬 이들이었다. 1920년대 초, 그들은 F. 스콧 피츠제럴드의 젊은 사상가들이 보여준 태평한 애무 장면에 전율했고, 에드나 세인트 빈센트 밀레이가 자신의 촛불이 양쪽에서 타고 있기에 밤을 새울 수 없을 것이라고 대담하게 선언했을 때 그 용기에 감탄했다. 그리고 세월이 흘러, 동성애 문학에 열광하고 유진 오닐의 《이상한 막간극》이라는 다섯 시간짜리 정신병리학 수업에 수천 명씩 몰려들던 시기까지, 그들은 성에 대해 읽고, 말하고, 생각하며, 누구도 그것을 금지할 수 없다고 도전하는 사람들이었다.

2. 특히, 그들은 도덕성을 법률로 강제하는 것에 저항했으며, 그러한 강제를 부추긴 모든 영향력을 혐오했다. 감리교 로비, 존

S. 섬너, 그리고 검열의 모든 옹호자들을 싫어했으며, 청교도를 — 심지어 식민지 시대의 청교도까지도 — 콧잔등이 파랗게 얼어붙은 채 갈라진 목소리로 위선을 떠는 자들로 묘사했다. 또한 빅토리아 시대를 반쯤은 외설적이고 반쯤은 우스꽝스러운 시대로 바라보았다. 새커리, 테니슨, 롱펠로, 그리고 19세기 보스턴 문단의 작가들에 대한 문학적 평가는 그들의 눈에 최저점까지 추락했다. 짧은 치마와 문학적 유희가 새로운 계몽을 가져왔다고 확신한 젊은 지식인들은 《라이프》에 묘사된 '유쾌한 1890년대Gay Nineties'를 비웃으며, 토머스 비어Thomas Beer와 함께 『모브 시대The Mauve Decade』의 풍성한 드레스와 복잡한 소설적 우회 표현을 깔보는 시각을 공유했다. 사실, 이들 중 일부는 현대성이 도래하기 전의 모든 시대가 우스꽝스럽다고 믿는 듯했다 — 단, 그리스 문명, 카사노바 시대의 이탈리아, 위대한 고급 창부들courtesans이 활약했던 프랑스, 그리고 18세기 영국만은 예외였다.

3. 그들 대부분은 열렬한 반反 금주법자였다. 이는 검열에 대한 반감, 정치적·사회적 개혁에 대한 회의적 태도와 결합하여, 모든 개혁 운동과 개혁가들에 대한 불신으로 이어졌다. 그들은 자신들이 타인의 '보호자'라는 생각을 철저히 거부했으며, 관용을 최고의 덕목으로 여기지 않는 사람들은 참을 수 없는 존재라고 간주했다. 만약 '진보적 사상가들'이 모인 만찬 자리에서 "법이 너무 많다"거나 "사람들은 그냥 내버려둬야 한다"는 말을 들었다면, 같은 말을 다른 백 번의 만찬에서도 들을 수 있을 정도였다. 1915년까지만 해도 '개혁가reformer'라는 단어는 대체로 칭찬의 의미를 담고 있었으나, 1925년에는 — 적어도 지식인들 사이에

서는 ― 멸시의 대상이 되었다.

4. 그들 대부분은 종교적 회의론자였다. 1890년대보다 1920년대에는 노골적인 불가지론이나 무신론이 덜 두드러졌던 것은 사실이지만, 이는 불신앙이 더 이상 놀라운 일이 아니게 되었기 때문이었다. 또한, 종교를 믿지 않는 지식인들은 다른 이들을 자신과 같은 무신론자로 만들고자 하는 복음주의적 충동을 느끼지 않았기에, 그저 조용히 교회를 떠나는 것으로 만족했다. 1890년대나 그 이전의 어느 시대를 막론하고, 미국 대학생이 "이제 더 이상 지적인 사람이라면 신을 믿지 않는다"는 말을 1920년대 대학생들처럼 아무렇지도 않게 할 수 있었던 적은 없었다. 실제로, 1920년대 대학가에서 의무적인 교회 예배를 두고 벌어진 논쟁을 보면, 그들은 이러한 말을 아주 자연스럽게 했다. 또한, 이 시기의 사상적 저서들은 독자들이 이미 기존 신학을 거부했을 것이라는 전제를 바탕으로 쓰이는 경우가 많았다.

5. 그들은 대다수의 부르주아 계층을 경멸했다. 왜냐하면, 그들은 금주법, 검열, 근본주의와 같은 사회적 억압을 초래한 주범이었기 때문이다. 지식인들은 멩켄을 따라 배빗, 로터리 클럽 회원, 쿠 클럭스 클랜, 미소와 함께하는 서비스Service-with-a-Smile,* 도시 개발 운동boosterism, 슈퍼-세일즈맨 같은 것들에 대한 혐오감을 공유했다. 도시 중심부에 거주하는 지식인들은 자신들이 외곽 도시나 소도시 주민들보다 우월하다고 자부했다. 그런 지역에서는 배빗적 사고방식이 지배적이었기 때문이다. 이를 단적으로 보여주는 예가 1920년대 중반 창간된 《뉴요커》의 모토였다 ― "이건 더뷰크Dubuque에서 온 노부인을 위한 잡지는 아니

다." 그들은 특히, 유럽을 휩쓸며 돌아다니는 부유한 미국 관광객들을 멸시했다. 배에 오르면, 옆자리에 앉은 사람이 올더스 헉슬리의 최신 소설을 무릎 위에 올려놓고 있는 모습을 쉽게 볼 수 있었고, 그런 사람들은 거의 예외 없이 "미국인들이 아직 들끓지 않는 프랑스의 어느 멋진 작은 레스토랑"에 대해 자랑스럽게 이야기하곤 했다.

6. 그들은 대중이 숭배하는 우상들을 깨뜨리는 일에서 남다른 기쁨을 느꼈다. 따라서 1923년 출간된 한 소설에서 W. E. 우드워드가 처음 만든 단어인 폭로debunking — 즉, 허위 신화를 폭로하는 행위 — 이 그들 사이에서 유행했다. 리튼 스트래치의 『빅토리아 여왕Queen Victoria』은 1922년 미국에서 베스트셀러가 되었으며, 이후 수많은 디벙킹 전기물이 쏟아졌다. 루퍼트 휴즈는 조지 워싱턴의 신화적인 이미지를 벗겨내고, 1926년 한 연설에서 "워싱턴은 뛰어난 카드 플레이어였고, 위스키 증류업자였으며, 심한 욕쟁이였고, 주요 장군의 아내와 3시간 동안 쉬지 않고 춤을 추었다"고 말해 거의 폭동을 불러일으킬 뻔했다. 그뿐만 아니라, 미국 역사에서 존경받던 위인들이 인간적인 결점까지 드러낸 채 묘사되었으며, 반대로 악명 높은 악당들은 화려하고 매

---

* 1920년대 미국에서 대중 서비스 산업(호텔, 식당, 철도, 백화점 등)이 확대되며 등장한 상업적 친절의 구호. 회사의 이익을 위해 감정을 억제하고 미소를 유지하라는 노동 윤리 강요로 작용했다. 멘켄은 이 구호의 위선성과 비굴함을 정면으로 비판했다. 'Service with a Smile'을 일종의 감정노동의 강요, 중산층의 도덕 위선, 비민주적 계층 질서의 감정화된 얼굴이라고 봤다. 멘켄은 당대 미국 사회의 풍조를 '부부아지Booboisie' — 즉 '우둔한 중산층 대중'이 지배하는 천박한 사회로 불렀다.

력적인 인물들로 재조명되었다. 한동안, 성공적인 전기 작가가 되려면 기존의 미덕을 악덕으로, 악덕을 미덕으로 바꿔야 한다는 것이 당연하게 여겨질 정도였다.

7. 지식인들은 대량 생산과 기계가 자신들과 미국 문화에 미칠 영향을 두려워했다. 그들은 포드주의Fordismus와 체인점식 사고방식이 문명을 단조롭게 만들고 있는 가운데, 마지막 순간까지 개인으로서 존재할 권리를 지키기 위해 싸우고 있다고 여겼다. 그들의 획일화에 대한 반감은 진보적 교육 운동을 촉진시켰고, 이를 통해 고등교육에서는 앤티오크 대학, 롤린스 대학, 위스콘신 대학의 미클존 실험대학Meiklejohn's Experimental College, 스와스모어 대학의 우등 과정honors plan 등이 등장했다. 그들의 반감은 소극장 운동에도 영향을 미쳤으며, 이 운동은 미국 전역에서 특히 학교를 중심으로 눈에 띄게 확산되었다. 당시 유행하던 소설 속 주인공들은 고향의 숨 막히는 분위기 속에서 질식할 듯한 답답함을 느끼며, 문화적 생존을 위해 맨해튼으로, 아니면 더 나아가 몽파르나스나 리비에라로 도망쳤다. 파리의 어느 카페에 가든, 한 명쯤은 미국 문화의 획일성에서 벗어났다는 사실에 감사하는 미국인 망명객을 발견할 수 있었다. 그러나 그는 정작 그가 앉아 있는 프랑스식 노천 카페가 자동차와 라디오가 난무하는 미국에서조차 가장 획일적인 공간 중 하나라는 사실에는 전혀 무관심했다. 지식인들은 미국 문화에 대한 비판을 듣는 것을 즐겼고, 기록적인 수의 외국인 강사를 초빙하여 그들의 이야기를 들었다. 그리고 잡지들이 매달 '우리의 미국적인 어리석음' '유치한 미국인들' 같은 제목을 내걸어도 전혀 불쾌함을 느끼지

않았다. 그들은 미국이 야만 상태로 전락하고 있으며, 문명인이 살아가기에는 도저히 불가능한 곳이 되어가고 있다는 말을 듣기를 기대했다. 제임스 트러슬로우 애덤스는 《애틀랜틱 먼슬리》에서 이렇게 한탄했다. "나는 개인적인 차원에서, 그러나 실질적인 문제로서, 단순한 생활과 단순한 즐거움, 그리고 정신적 가치를 추구하는 사람이 이제 자신의 고향에서 어디에서 어떻게 살아갈 수 있을지 고민하고 있다."

1920년대의 미국 지식인 중 어느 누구도 이 신념 체계의 모든 항목을 받아들이지는 않았을 것이다. 그러나 이 중 어느 것도 받아들이지 않는 사람은 계몽된 이들 사이에서 의심의 대상이 되었다. 그는 진정한 문명인이 아니었고, 그는 현대적이지 않았다. 번영의 축하 행렬이 계속해서 굴러가는 동안, 길가에는 고상한 지식인들이 서서 냉소와 경악의 목소리를 높이고 있었다.

4

멘켄은 냉소주의자였지만, 이 전투를 누구보다도 즐겼다. 그는 무장한 군대 앞에 당당히 나아갔고, 나팔 소리 속에서 "하하!"라고 외쳤다. 미국 문명이 온갖 결함을 지니고 있었지만, 그에게는 멋진 공격 목표가 되어주었다. 그는 『편견집Prejudices』 시리즈의 다섯 번째 책에서 스스로에게 이렇게 물었다. "미국에서 이토록 경외할 가치가 없는 것들을 발견했다면, 왜 당신은 여기에 사는가?" 그리고 스스로 이렇게 답했다. "왜 사람들이 동물원에 가겠는가?" 미국이라는 동물원에서 멘켄만큼 즐거운 시간을 보낸 사람은 없었다. 그는 심지어 "테네시의 유인원들Tennessee anthropoids"마저도 그저 재미있어했다.

하지만 다른 지식인 동료들의 경우는 달랐다. 이 역사에서 환멸disillusionment이라는 단어가 여러 번 사용되었는데, 이는 1920년대를 정의하는 핵심 개념이었다. 단, 사업과 사업이 가져다줄 물질적 풍요로움을 제외하고 말이다. 대부분의 미국인들은 자신들이 환멸을 느끼고 있다는 사실조차 의식하지 못했다. 그들은 전쟁이 끝난 후 어딘가 모를 실망감을 느꼈다. 그들은 삶이 자신들이 기대했던 것만큼 만족을 주지 않는다고 생각했다. 그들은 자신들에게 중요한 의미를 가졌던 가치들이 점점 사라지고 있다는 사실을 인식하고 있었다. 하지만 그럼에도 불구하고, 그들은 여전히 쾌활했고, 활력이 넘쳤으며, 자신들의 내면에서 무슨 일이 벌어지고 있는지조차 깨닫지 못했다. 반면, 지식인들은 — 미국에서뿐만 아니라 전 세계적으로 — 자신들이 환멸을 느끼고 있다는 사실을 너무나도 분명하게 자각하고 있었다. 단 한 가지 차이가 있다면, 멘켄은 애초부터 인류에 대한 기대 수준이 낮았다. 만약 당신이 동물원을 "깨달은 시민들의 보금자리"라고 생각하도록 길러졌다면, 그곳을 제대로 즐기기란 어려운 일이다.

지식인들은 더 자유로운 성性을 신봉했다. 그러나 많은 이들은 그 자유를 실제로 경험했을 때(혹은 책과 연극을 통해 간접적으로 경험했을 때), 크나큰 실망을 느꼈다. 크러치Krutch는 사랑이 "철저히 분류된 정신병"으로 변형됨으로써, 삶에서 가장 아름다운 순간들이 시와 의미를 잃어버렸다고 말했다. 그는 이렇게 덧붙였다. "감정이 존중받기 위해서는 먼저 존엄성을 가져야 한다.

그러나 사랑은 너무 쉽게 얻어지고, 지나치게 생물학적인 것이 되어버렸다." 엘머 데이비스는 한 수필에서 전후 소설의 여주인공을 다음과 같이 묘사했다. "그녀는 — 내가 정확히 기억하자면 — 259번의 사랑을 경험했지만, 빅토리아 시대의 여주인공이 단 한 번의 제대로 된 유혹에서 얻을 법한 감정적 충격조차 경험하지 못했다." 이 바쁜 여주인공은 문학 속에서만 존재하는 인물이 아니었다. 현실에서도 그런 사람들은 분명 존재했다. 그리고 그들이 깨달은 한 가지 사실이 있었다. 사랑은 대량 생산될 수 없다는 것, 사랑이 가벼워지는 순간 그것은 동시에 진부해진다는 사실이었다. 보다 덜 방탕했던 그들의 동시대인들조차, 낭만적 사랑이 헐값이 되었을 때 찾아오는 그 허무함을 어느 정도는 느끼지 않을 수 없었다.

표준화와 억압의 적이었던 지식인들은 자유를 신봉했다 — 그러나 무엇을 위한 자유였는가? 금주법 집행관들에게 괴롭힘을 당하고 상공회의소의 간섭을 받는 것이 불편한 일이었다고는 하나, 결국 자유를 얻고도 그것을 어떻게 활용해야 할지 모르는 상태도 마찬가지로 불편한 일이었다. 1920년대 내내 가장 암울한 광경 중 하나는 《하퍼스》에 실린 리치먼드 배럿의 기사 '불로뉴 숲으로 뛰어든 순진한 젊은이들Babes in the Bois'에서 묘사된 모습이었다. 이는 버팔로나 아이오와시티에서 허락되지 않았던 일들을 자유롭게 하기 위해 파리로 몰려든 젊은 미국인들의 모습이었다. 그들은 만나는 모든 이들에게 무례하게 굴었고, 몇 차례 짧고 무미건조한 연애를 경험했으며, 진을 퍼마신 끝에 결국 카페 뒤 돔Café du Dôme의 테이블 아래에서 초라하게 쓰러졌다. 물론 배럿이 묘사한 것은 젊은 지식인 세대의 극단적인 일부였지만, 1920년대 누구도 스콧 피츠제럴드의 책 『슬픈 젊은이들*All the Sad Young Men*』에 등장하는 인물 유형을 알아보지 못할 리 없었다. 월터 리프먼은 이렇게 썼다. "전쟁이 끝난 후 이상주의의 붕괴 속에서 성년이 된 세대를 가장 특징짓는 것은, 부모 세대의 종교와 도덕률에 대한 반항이 아니라, 자신들의 반항에 대한 환멸이다. 젊은이들이 반항하는 것은 흔한 일이다. 그러나 그들이 슬프게 반항하고, 자신의 반항을 신뢰하지 않으며, 새로운 자유를 옛 확신만큼이나 불신하는 것은 전례 없는 일이다." 여기서 덧붙일 수 있는 점은, 젊은 지식인들보다 나이가 많고 더 현명한 사람들조차도 다른 방식으로 같은 질문에 직면했다는 것이다 ― '자유를 얻고 난 후, 다음은 무엇인가?'

이 지식인들은 또한 과학적 진리와 과학적 방법론을 신봉했다. 그러나 과학은 그들의 신을 완전히 제거했거나, 신을 우주의 질서를 유지하는 원리로 격하시켰거나, 혹은 단순히 심리적 필요를 충족시키기 위해 만들어낸 인간 정신의 환영으로 변질시켰다. 뿐만 아니라, 크러치가 『현대의 기질*The Modern Temper*』에서 지적했듯이, 과학은 인간을 선악 개념에 대해 초월적 권위를 가질 수 없는 존재로 만들어버렸다. 이제 "이것이 옳다" 혹은 "이것이 그르다"라고 단언하는 것은 더 이상 가능하지 않았다. 어떤 행위가 위스콘신에서는 옳다고 여겨지더라도, 민족지학자들에 따르면 보르네오에서는 그르다고 여겨질 수 있었으며, 심지어 위스콘신 내에서도 그 행위의 도덕성은 극히 주관적인 인간 의견의 문제에 불과해 보였다. 삶에서 확신이 사라졌다.

더 나쁜 것은, 과학 자체에서도 확실성이 사라졌다는 점이었다. 과거에는 신적 질서를 부정하는 사람들도 자연의 질서에는 의지할 수 있었다. 그러나 이제 그마저도 흔들리고 있었다. 아인슈타인과 양자 이론은 새로운 불확실성과 새로운 의심을 가져왔다. 아무것도 확실하지 않았다. 삶의 목적은 찾아낼 수 없었고, 삶의 목표는 더욱더 불분명했다. 이 짙은 안개 속에서 한 인간이 붙잡고 "이것이 현실이다. 이것은 변치 않을 것이다"라고 확신할 수 있는 단단한 무언가는 더 이상 존재하지 않았다.

5

그러나 이러한 불확실성 속에서도, 미국 지식인 사회에는 새로운 희망이 피어오르고 있었다. 확립된 가치들이 무너짐에 따라, 기존의 철저히 구획된 예술 비평의 기준 또한 무너졌고, 이는 신선하고 독창적인 작품들이 인정받을 기회를 열어주었다. 더 나아가, 이제 그 신선하고 독창적인 작품이 본격적으로 미국적 색채를 띠어도 좋다는 인식이 확산되기 시작했다. 세계 최강국으로 자리 잡은 미국이 더 이상 유럽 문화에 종속될 필요가 없다는 생각이 떠오른 것이다.

여전히, 일류 회화나 음악이 미국에서 나올 수 있다는 것을 지식인들cognoscenti에게 설득하기는 어려웠다. 아카데미 화가들의 그럴듯한 작품들을 경멸스럽게 거부한 미술 수집가들은 프랑스 현대 미술과 그 모방자들의 작품에 전폭적으로 매달린 나머지, 예술적 관점에서 볼 때 미국은 거의 프랑스의 식민지나 다름없는 상태가 되었다. 미국의 오케스트라들은 여전히 외국인 지휘자들의 지배 아래 있었고, 연주곡 대부분도 외국 작품이었으며, 토종 작곡가들에게는 거의 기회를 주지 않았다. 그러나 미술과 음악의 세계에서도 변화의 조짐은 나타나기 시작했다. 화가들은 마천루와 기계가 지닌 회화적 가능성에 눈뜨기 시작했고, 수집가들은 조지 벨로즈가 세상을 떠나기만을 기다렸다가 그의 투박한 미국 권투 경기 풍경의 유화와 석판화에 높은 값을 매겼다. 음악 애호가들은 마침내 흑인 영가의 아름다움을 인정했고, 조지 거슈윈이 대중적인 재즈와 생명력 있는 음악 사이의 간극을 메울지도 모른다는 발상을 시험해보았으며, 매리언 탤리와 로렌스 티벳처럼 유럽적이지 않은 이름의 가수들이 메트로폴리탄 오페라에서 스타가 되는 것을 허용했다. 또한 딤스 테일러가 작곡한 (비록 주제는 미국적이지 않았지만) 미국 오페라를 호의적으로 받아들이며 귀를 기울였다.

건축 분야에서는 토착적인 산물에 대해 다소 더 적극적인 환영이 있었다. 여전히 전형적인 미국의 교외 주택은 조지아풍 대저택이나 프랑스 농가, 혹은 욕실과 자동차 두 대용 차고가 갖추어진 스페인식 빌라로, 부동산 중개업자들이 '유럽의 매력Old World charm'을 레이크 포레스트 같은 곳에서도 되살리려 애쓰는 모습이었고, 미국의 은행은 여전히 고전주의 양식의 신전이었으며, 현대 미국 대학의 삶을 중세 고딕 양식의 틀 속에 억지로 밀어넣으려는 건축가들도 남아 있었지만, 그럼에도 불구하고 점점 더 많은 이들이 루이스 멈포드의 견해에 동의하기 시작했다. 즉, 새로운 재료와 그 새로운 용도는 보자르Beaux Arts 양식의 도움 없이도 새로운 처리 방식을 요구한다는 것이었다. 20년대 초《시카고 트리뷴》의 건축 설계 공모전, 특히 2등을 차지한 사아리넨Saarinen의 놀라운 디자인은 마천루의 새로운 가능성을 보여주었다. 그 가능성은 이미 루이스 설리번과 프랭크 로이드 라이트, 캐스 길버트의 울워스 빌딩 등이 암시했던 바였다. 마천루는 본질적으로 미국적인 것이었다. 그렇다면 이 철골 구조의 문제를 참신하고 미국적인 방식으로 당연히 해결해야 하지 않을까? 점차 미국적 건축 양식이 모습을 드러내기 시작했다. 구드휴의 로스앤젤레스 공공도서관, 그의 네브래스카 주 의사당, 뉴욕의 아서 루미스 하먼의 셸튼 호텔, 바클리-베지 전화국 빌딩(매켄지, 보어히스 & 그멜린과 랄프 토머스 로마스 설계) 같은 뛰어난 작품들이 적어도 미국적 요구를 논리적이고 아름답게 표현하는 새로운 건축 양식으로 가는 길을 열어준 셈이었다.

문학에서는 마침내 외국의 영향력이 거의 완전히 사라졌다. 물론, 지식인들은 여전히 예전보다 더 많은 외국 서적을 구입했고, 수천 명이 몽파르나스나 앙티브Antibes로 이주했지만, 이제 그들은 미국 문학을 창작하고, 미국 문학을 인정할 준비가 되어 있었다. 그들의 글쓰기와 문학 감상은 멘켄이 타협 없는 미국적 작품을 강력히 옹호한 것,《새터데이 문학 리뷰Saturday Review of Literature》같은 좋은 비평 잡지의 출현, 그리고 미국의 문화적 배경에 대한 연구로 인해 더욱 촉진되었다. 이 연구를 통해 폴 버니언Paul Bunyan의 전설들, 카우보이 발라드, 개척 시대의 무법자들, 강에서 공연을 하던 쇼보트Show-boat 같은 문학적 소재가 새롭게 발견되었다. 이러한 새롭고 풍부한 소재들이 등장하며, 마침내 미국 문학이 영원히 열등하거나 모방적이어야 한다는 생각이 옳지 않음이 증명되었다.

새로운 발효가 일어나고 있었으며, 마침내 더 이상 미국 문학이 영원히 열등하거나 모방적일 수밖에 없다는 주장에 납득하지 않는 독자층이 생겨나고 있었다. 확실히, 싱클레어 루이스의 『애로스미스*Arrowsmith*』, 드라이저의 『아메리카의 비극*An American Tragedy*』, 헤밍웨이의 『무기여 잘 있거라*A Farewell to Arms*』, 윌라 캐더의 소설들, 베넷의 『존 브라운의 시신*John Brown's Body*』, 유진 오닐의 일부 희곡들, 그리고 링 라드너의 「황금 신혼여행*Golden Honeymoon*」 같은 단편들— 이 가운데 몇 작품만을 얄궂게도 굳이 꼽는다고 해도 —을 낳은 이 10년은 단지 미래의 가능성에 그치지 않는, 보다 확실한 성취를 주장할 만한 시대였다.

6

점차 배빗적 속물근성Babbittry에 대한 공격은 힘을 잃어갔다. 이는 단순히 반항이 더 이상 새롭지 않았기 때문이었을 수도 있다. 《아메리칸 머큐리》의 발행 부수(그리고 아마도 편집자의 영향력)는 1927년에 정점을 찍고 이후 서서히 감소했다. 《뉴요커》는 더 이상 더뷰크에서 온 노부인을 비웃지 않았다. 대신, 이제 악의를 담지 않은 가벼운 유머를 발전시켰다. 도시 지식인들이 소비하는 잡지들도 미국 사회를 걱정스러운 시선으로 바라보는 것에 점점 싫증을 느꼈다. 성性과 관련된 소설들은 더 이상 모험적인 것으로 보이지 않았다. 신화 깨기De-bunking 열풍도 그 수명을 다했다. 그리고 지식인들의 정신적 우울도 점차 바닥을 찍고 회복의 조짐을 보이기 시작했다.

1929년 — 조지프 우드 크러치가 『현대의 기질』에서 당대 철학적 환멸을 절망적으로 정리했던 바로 그해 — 월터 리프먼은 새로운 신념 체계와 윤리 체계를 구축하려 했다. 그가 출간한 『도덕을 위한 서문 A Preface to Morals』이 성공을 거둔 것은 많은 사람들이 더 이상 정신적 혼란 속에서 미끄러지고 싶지 않았음을 시사했다. 같은 해, 지식인들 사이에서 '휴머니즘'에 대한 거대한 논쟁이 벌어졌다. 물론, 휴머니즘 열풍에는 다소 우스꽝스러운 면도 있었다. 왜냐하면, 그 개념을 열심히 논하던 사람들조차 자신들이 세 가지 또는 네 가지 서로 다른 휴머니즘 중 어떤 것을 말하고 있는지조차 분명하게 알지 못했기 때문이다. 게다가 폴 엘머 모어나 어빙 배빗 같은 은둔자에 가까운 인물들은 대중적인 운동을 이끌 적임자와는 거리가 멀었다. 그럼에도 불구하고 이 유행은 회의론자들 사이에서 새로운 방어선 위에 자리를 잡고 혼란에 맞설 태세를 갖추려는 경향이 있음을 또 하나 보여주는 증거가 되었다. 한편으로는 화이트헤드와 에딩턴, 진스 같은 인물들의 과학적 철학 속에서 결국 삶이 살아볼 만한 가치가 있다는 믿음의 근거를 찾으려는 광범위한 노력도 이어지고 있었다. 전쟁 이후의 세월 동안 쓸려나간 가치들은 어쩌면 영영 돌아오지 않을지도 모른다. 그러나 적어도 그 빈자리를 메울 새로운 가치를 더듬어 찾으려는 몸짓만큼은 분명히 있었다.

만약 그런 새로운 가치가 있었다면, 그것은 결코 이르지 않게 찾아온 셈이었다. 전쟁 시기의 낙관론자들과 선전가들이 그토록 힘차게 예고했던 새로운 날은 많은 남녀에게 도착하기도 전에 이미 밤으로 바뀌어버렸기 때문이다. 그들은 그 불확실한 어둠 속에서 어디로 가야 할지 알지 못했다. 어리석음과 평범함에 반기를 들 수는 있었고, 길을 잃은 세대의 일원으로서 스스로를 연민의 눈으로 바라보며 얼마간의 빈약한 위안을 얻을 수도 있었지만, 평화를 찾을 수는 없었다.

10 알코올과 알 카포네

ALCOHOL AND AL CAPONE

1919년 — 평화 조약이 아직 확정되지 않은 채 표류하고 있고, 우드로 윌슨이 국제연맹을 노래하고 있었으며, 볼셰비키라는 유령이 전국을 배회하고, 부모들이 이제 막 젊은 세대의 일탈에 대한 걱정을 시작하던 그해 — 만약 누군가가 평범한 미국 시민에게 금주법이 1920년대의 가장 폭발적인 공공 문제로 떠오를 것이라고 말했다면, 아마도 그는 당신이 미쳤다고 여겼을 것이다. 만약 당신이 그에게 미래의 상황을 실제와 가깝게 묘사해 줄 수 있었다면 — 즉, 공해公海 12마일 경계 너머에서 밀주선rum-ship이 밤을 틈타 빠른 쾌속선에 위스키 화물을 넘겨주고, 맥주 운송 트럭이 톰슨 기관단총을 든 갱단들에게 도심 대로에서 탈취당하는 모습, 불법 증류소들이 차량 단위로 알코올을 쏟아내고, 고급 만찬이 밀수 칵테일로 시작되는 것이 당연한 사회, 불법주점speakeasy에서 커튼 뒤의 감시 너머로 신원 확인을 받고 신사 숙녀들이 출입하고, 시카고 밀주업자들의 거물급 두목이자 백만장

자인 알폰스 카포네가 방탄 유리로 된 장갑차를 타고 거리를 질주하는 광경 등을 설명해 준다면 — 아마도 그 순진한 시민은 아연실색했을 것이다. 그러나 현실은 그렇게 흘러갔다. 당시 제18차 수정헌법Eighteenth Amendment은 이미 비준되었으며, 1920년 1월 16일부터 발효될 예정이었다. 국민들은 이 수정헌법이 금주 문제를 완전히 해결했다고 믿었으며, 실제로 그렇게 확신하고 있었다. 마음에 들든 들지 않든, 미국은 건조해져가고[금주 국가가 되어가고] 있었다.

1930년대에서 그때를 되돌아보면, 이보다 더 기묘한 일도 드물다. 수십 년 동안 금주 운동가들이 힘겹게 싸워온 끝에 마침내 금주가 법제화되었지만, 나라는 놀랄 만큼 쉽게 이를 받아들였다. 오히려 거의 무심하게 수용한 것처럼 보일 정도였다. 1917년 상원에서 제18차 수정헌법이 상정되었을 때, 고작 열세 시간의 토론 끝에 일방적인 표결로 통과되었으며, 그중 일부는 발언 시간을 10분으로 제한한 규칙 아래 진행되었다. 하원에서도 몇 달 뒤 단 하루 만에 논의가 끝나고 가결되었다. 주 의회들 역시 신속히 비준을 마쳤고, 휴전 후 두 달밖에 지나지 않은 1919년 1월까지 필요한 4분의 3 이상의 주가 동의하면서 헌법의 일부가 되었다. (이후 두 주를 제외한 모든 주가 비준에 동참했으며, 코네티컷과 로드아일랜드만이 끝내 동참하지 않았다.) 금주법 시행을 위한 볼스테드 법안은 금주동맹Anti-Saloon League의 안을 거의 그대로 본떠 더욱 신속하고 손쉽게 통과되었다. 우드로 윌슨 대통령이 일시적으로 이에 대해 거부권을 행사했으나, 의회는 곧바로 이를 무효화하고 재통과시켰다. 뉴욕의 대중집회, 볼티모어의 가두행진, 미국노동총연맹이 노동자가 맥주를 빼앗기지 않도록 법 완화를 요구하며 채택한 결의안, 워싱턴 국회의사당 앞의 소란스러운 시위 등 일부 항의가 있기는 했다. 그러나 반대 세력은 지나치게 미약하고 비효율적이었고, 국민 대다수는 금주 체제가 불가피하다는 사실을 거의 당연하게 받아들였다. 그 결과 언론이나 식탁 위에서 오가는 논의의 대부분은 이 법이 과연 집행 가능할 것인지 여부보다는 오히려 진짜 금주 사회가 어떤 모습일지, 그리고 국가적 강제 금주가 산업과 사회 질서, 다음 세대에 어떤 영향을 미칠지에 쏠려 있었다.

어떻게 이런 일이 가능했을까? 어떻게 이렇게까지 압도적이고, 거의 무심할 정도로 자연스럽게 금주법이 받아들여졌을까?

찰스 머즈Charles Merz가 금주 실험의 첫 10년을 다룬 훌륭한 저서에서 명확히 밝혔듯이, 금주법을 추진한 세력은 강력한 조직력을 갖추고 있었던 반면, 이에 반대하는 세력은 사실상 조직화되지 못했다. 미국이 1차 대전에 참전하기 전까지, 전국적 금주법이 현실화될 가능성은 희박해 보였다. 따라서 구체적인 위협이 없는 상황에서, 대중의 상상력을 동원하여 반대 운동을 조직하는 것은 쉽지 않았다. 게다가 '금주 반대파wets'의 지도층은 이미 신뢰를 잃고 있었다. 그들은 주류 판매업자들이었으며, 대중적 평판이 좋지 않았을 뿐만 아니라, 금주 운동이 거세지는 상황에서도 완강하게 자정 노력을 거부했기 때문이다.

미국의 전쟁 참전은 금주 지지 세력에게 절호의 기회를 제공했다. 전쟁은 금주 강경론을 반대할 만한 사람들의 관심을 분산시켰고, 국가의 존립이 위협받는 상황에서 술의 미래 따위는 하찮은 문제로 보였다. 전쟁 중 도입된 강력한 법률과 정부의 광범위한 권한 확장도 국민들에게 익숙한 일이 되었다. 또한, 식량 절약이 절실해지면서, 곡물을 절약하기 위한 애국적 조치로 금주가 더욱 설득력을 얻게 되었다. 여기에 반反독일 정서가 겹쳤다. 미국의 대형 맥주회사와 증류소의 상당수가 독일계 이민자 출신이었기 때문에, 금주는 곧 애국심의 문제로 변질되었다. 전쟁은 또 일종의 '스파르타적 이상주의'를 불러왔고, 18차 수정헌법은 이러한 분위기의 자연스러운 산물이 되었다. 전쟁 중 모든 것이 효율성, 생산성, 그리고 건강을 위해 희생되었으며, "술을 마시지 않는 군인이 좋은 군인이고, 술을 마시지 않는 노동자가 생산적인 노동자다"라는 논리는 당시에 반박 불가능한 진리로 여겨졌다. 더 나아가, 미국인들은 전쟁을 통해 유토피아적 환상을 품기 시작했다. 사람들은 "이번 전쟁이 모든 전쟁을 끝낼 것"이라 믿었으며, "승리는 찬란한 신세계 질서를 가져올 것"이라 기대했다. 그렇다면 "미국이 영원히 술 없는 효율적인 사회로 진입하는 것"도 충분히 가능해 보였던 것이다. 마지막으로, 전쟁은 즉각적인 결과를 요구하는 조급한 태도를 확산시켰다. 1917년과 1918년 동안, 어떤 것이 가치 있는 일이라면, 그것은 즉각 실행될 가치가 있었다. 관료적 절차, 반대 논리, 편리함 따위는 고려 대상이 아니었다. 이 모든 요소들이 결합하여, 미국은 열정적이고도 성급하게 '건조한 유토피아'로 가는 지름길을 선택했다.

전쟁이 끝난 후에도 거의 아무도 이 수정헌법이 실제로 시행하기 어려울 것이라는 사실을 깨닫지 못한 듯했다. 첫 번째 금주위원인 존 F. 크레이머조차도 전혀 의심하지 않았다. 그는 다소 성경적인 수사를 사용하며 이렇게 선언했다. "이 법은 대도시에서든 소도시에서든, 마을에서든 반드시 준수될 것이다. 만약 준수되지 않는다면 강제될 것이다…… 법은 술을 음료로 사용하는 것이 금지된다고 명시하고 있다. 우리는 술이 제조되지 않도록 할 것이다. 또한 술이 판매되지 않도록, 나누어주지 않도록, 지상의 어떤 곳에서도, 지하에서도, 심지어 공중에서도 운반되지 않도록 만들 것이다." 반술집연맹The Anti-Saloon League은 의회가 연간 500만 달러를 할당하면 법이 충분히 준수될 것이라고 추산했다(아마도 "땅 아래에서의 술 운반"까지 막는 비용도 포함되었을 것이다). 의회는 이에 크게 벗어나지 않는 예산을 승인한 후, 마침내 성가시고 논란이 많은 문제를 해결했다는 듯 긴 한숨을 내쉬고 더 시급한 사안들로 관심을 돌렸다. 1920년 1월 16일 아침이 밝아오며 약속된 건조乾燥의 시대가 시작되었다. 그러나 금주운동 지도자들이든, 의회든, 일반 대중이든 간에, 자신들이 너무 가볍게 다뤘던 이 문제가 실로 엄청난 규모의 문제라는 사실을 깨닫기까지는 시간이 필요했다.

2

분명 가장 확실한 법 집행 방법은 술의 공급을 근원에서 차단하는 것이었다. 하지만 그것이 의미하는 바를 생각해보라. 미국의 해안선과 국경은 총 18,700마일에 이르고, 이는 밀수업자들에게 매력적인 기회를 제공했다. 수천 명의 약사는 의사의 처방전만 있으면 알코올을 판매할 수 있었다. 이를 효과적으로 통제하려면 지속적이고 철저한 감시가 필요했다. 저알코올 맥주는 여전히 합법이었다. 그러나 그것을 제조하는 유일한 방법은 진짜 맥주를 양조한 후 알코올을 제거하는 것이었다. 그리고 생산자들이 일부 제품에서 실수로 알코올을 제거하지 않는 것은 너무나 쉬운 일이었다. 공업용 알코올의 생산은 밀주 제조로 유출될 위험이 높았다. 이를 막으려면 숙련된 감시가 필요했지만, 한번 공장을 떠난 알코올이 어디로 흘러가는지 추적할 방법은 없었다. 정부가 마시지 못하도록 일부러 첨가한 독성 물질이 기발한 화학자들에 의해 제거되지 않는다는 보장은 없었다. 밀주 제조는 어디에서든 가능했다. 집 지하실에서도 쉽게 밀조할 수 있었고, 500달러면 하루 50~100갤런의 고수익 밀주를 생산할 수 있는 장비를 구할 수 있었다. 또한 6~7달러만 내면 1갤런짜리 휴대용 증류기도 구매할 수 있었다.

이처럼 볼스테드 법을 위협하는 요소들을 막기 위해, 연방정부는 금주 요원을 배치했다. 그러나 1920년 금주 요원은 고작 1,520명뿐이었다. 1930년까지도 2,836명으로 증가했을 뿐이었다. 해안경비대, 세관, 이민국의 미온적인 지원을 고려하더라도 이 병력은 터무니없이 적었다. 찰스 머즈는 이를 다음과 같이 묘사했다. "1920년 금주 요원 전원이 해안선과 국경에 배치된다고 가정하더라도, 각 요원은 12마일의 해안, 항구, 절벽, 숲, 강변을 혼자 감시해야 했다. 더구나, 이들의 급여는 낮았다. 1920년 요원들의 연봉은 1,200~2,000달러 수준이었다. 1930년에야 2,300~2,800달러로 증가했지만, 여전히 충분하지 않았다. 만약 누군가 주당 35~50달러를 받는 이들이 공업용 알코올 공장의 복잡한 화학적 공정을 성공적으로 감시할 것이라 믿는다면, 밀수업자와 밀주업자들의 교묘한 수법을 모두 간파할 것이라 믿는다면, 엄청난 돈을 손에 쥐고 있는 범죄자들의 유혹을 끝까지 뿌리칠 것이라 믿는다면, 그 사람은 산타클로스, 영구운동 기관, 요정의 존재 또한 믿을 것이다."

그럼에도 불구하고, 이처럼 적고 박봉인 요원들이라도 대중 여론의 강력한 지지를 받았다면, 어쩌면 알코올 공급을 원천 봉쇄하는 것이 가능했을지도 모른다. 그러나 여론은 변하고 있었다. 전쟁은 끝났고, 1920년에는 '정상화'가 진행 중이었다. 금주 운동은, 우드로 윌슨을 패배하게 만들고, 사회의 예절과 도덕을 뒤흔든 것과 같은 감정적 후퇴에 직면했다. 스파르타적 이상주의는 붕괴하고 있었다. 사람들은 고결한 대의를 위해 허리띠를 졸라매는 데 지쳐 있었다. 그들은 미국을 영웅이 살기에 적합한 나라로 만드는 데 피로감을 느끼고 있었다. 그들은 그저 편하게 살고, 자기 자신이 되고 싶어 했다. 금주에 대한 여론 변화는 놀라울 정도로 빠르게 진행되었다. 몇 달이 지나기도 전에 볼스테드 법이 곳곳에서 무너지고 있었다. 그리고 이전까지는 미미했던 금주 반대 여론이 거대한 세력으로 성장하고 있었다. 법은 여전히 법전에 남아 있었고, 금주국은 끊임없이 알코올의 파도와 싸우고 있었으며, 모퉁이마다 있던 선술집은 이제 과거의 기억이 되어 있었다. 그러나 술 없는 유토피아는 기약 없이 미뤄지고 있었다.

3

이후 몇 년간의 사건들은 민주주의 정부를 관찰하는 이들을 매혹시키는 역설 중 하나를 보여주었다. 분명히, 금주법이 제대로 시행되지 않는 지역이 광범위하게 존재했다. 합리적인 관찰자라면, 이 문제를 해결하는 가장 명백한 방법이 두 가지라고 생각했을 것이다 — 즉, 단속 인력을 두 배, 세 배, 혹은 네 배로 늘리거나, 아니면 법을 개정하는 것이었다. 그러나 실제로는 그 어떤 조치도 취해지지 않았다. 금주법 지지 세력dry faction의 지도자들은 미국 전역을 금주 상태로 만드는 일이 자신들이 예상했던 것보다 훨씬 더 어려운 과제라는 사실을 인정하고 싶지 않았다. 그들은 금주법 시행을 위한 예산을 대폭 증액하도록 의회를 압박하는 대신, 법에 반대하는 사람들을 '볼셰비키'나 '문명 파괴자'로 몰아세우며 여론이 다시 자신들에게 유리하게 돌아오기를 바랐다. 의회 역시 현실을 직시하기를 꺼려했다. 상·하원 모두에서 금주법 지지파가 다수를 차지하고 있었으나, 금주를 찬성하는 것과 그 시행을 위해 막대한 비용과 정치적 부담을 감수하는 것은 전혀 다른 문제였다.

행정부도 금주법 문제를 마치 다루기 위험한 다이너마이트처럼 경계했다. 하딩과 쿨리지 대통령이 이 문제에 기여한 바라고는, 3해리[약 5.6km]의 영해 한계를 12해리[약 22.2km]로 확장하는 조약을 체결하고, 의회로부터 많은 예산을 요청하지 않으면서 단속의 효율성을 개선하려 했던 것뿐이었고 주로 법 준수의 미덕을 강조하는 공허한 미사여구를 늘어놓는 것으로 대응했다. 주 정부들은 금주국Bureau of Prohibition을 지원해야 했으나,

1927년이 되자 그들이 금주 단속에 기여한 예산은 수렵·어업법 시행에 지출한 금액의 8분의 1 수준에 불과했다. 일부 주 의회는 아예 지원을 철회했으며, 심지어 금주법을 강력하게 지지했던 주조차도 연방 정부가 볼스테드법의 시행 부담을 떠안을 것이라 기대했다. 지방 정부는 불법주점speakeasy 단속을 맡았으나, 지역 여론이 강력한 곳을 제외하면 대체로 미온적인 태도를 보였다. 한편, 금주법 반대 세력wet faction은 실질적인 대안을 마련하지 못했다. 금주법을 폐지하거나 수정하는 것은 거의 불가능해 보였기 때문에, 그들은 당분간은 분노에 찬 항의와 탄식에 만족할 수밖에 없었다. 결과적으로, 법이 원래 의도한 대로 작동하지 않았지만, 누구도 이에 대해 적극적으로 나서 해결하려 하지 않았다.

  밀주선은 바하마의 비미니, 벨리즈, 생피에르에서 출발하여, 미국 항구로 들어오면서 무해한 선박으로 위장하거나, 그들의 화물을 어떤 보호된 후미에도 상륙시킬 수 있는 빠른 모터보트로 옮겼다. 디트로이트 강을 건너는 쾌속선들은 캐나다산 고급 위스키를 실어나르기도 했다. 화물선들은 밀수한 진gin 상자를 정식 허가를 받은 물품 상자 사이에 숨겨 운반했다. 철도 화물차를 이용한 밀수도 성행했다. 캐나다 국경을 넘는 화물칸 안에 주류가 숨겨졌으며, 때로는 열차의 봉인을 교묘하게 조작하여 전체 화물칸을 위스키로 가득 채운 경우도 있었다. 이러한 다양한 밀주 형태는 엄청난 성공을 거두었으며, 1925년 단속을 총괄했던 재무부 차관보 링컨 C. 앤드루스 장군은 "정부 요원이 밀수되는 술을 차단하는 비율은 겨우 5퍼센트에 불과하다"라고 시인하기도 했다. 1924년 한 해 동안 미국에 밀반입된 주류의 총 가치는 미 연방 상무부 추산으로 무려 4천만 달러에 달했다. 맥주는 양조장에서 대량으로 새어 나왔고, '골목 양조장'이라 불리는 비밀 양조장은 단속 요원들에게도 알려지지 않은 채 번성하며 엄청난 돈을 벌어들였다. 공업용 알코올의 불법 전용도 활발하게 이루어졌으며, 1920년대 중반 기준으로 연간 1,300만~1,500만 갤런이 암시장으로 유출되었다. 1930년까지 정부가 이를 막기 위해 허가 시스템을 철저히 관리하는 등 여러 조치를 취했음에도 불구하고, 여전히 900만~1,500만 갤런이 불법 유통되고 있었다. (여기서 중요한 점은, 1갤런의 전용 알코올을 물과 향료로 희석하면 3갤런의 가짜 위스키가 만들어졌으며, 밀주업자들은 이를 고급 스카치 위스키로 둔갑시켜 판매했다는 것이다.)

불법 증류는 시간이 흐를수록 가장 중요한 밀주 공급원이 되었다. 1920년대 말, 금주국의 도런 박사는 불법 증류주가 공업용 알코올 전용을 통한 공급량보다 7~8배나 많았다고 증언했다. 미국 전역에서 불법 증류소가 얼마나 만연했는지를 보여주는 지표 중 하나가 옥수수당의 생산량이었다. 1919년부터 1929년까지, 미국 내 옥수수당 생산량은 여섯 배 증가했는데, 위커샴 보고서Wickersham Report가 지적했듯이, "옥수수당의 합법적 용도는 극히 제한적이며, 그 수요를 명확히 설명하기 어렵다." 분명한 것은, 옥수수 위스키가 이러한 급증을 주도했다는 점이다.

이처럼 밀주가 범람하면서, 미국 사회에는 다채롭지만 본질적으로 불건전한 현상들이 등장했다. 대학 미식축구 경기장에서 남녀 할 것 없이 허리춤에 찬 플라스크를 기울이며 술을 마시는 모습, 전통적인 바를 갖춘 스피크이지에서 칵테일을 제공하는 모습 — 그 진$_{gin}$은 (손님에게는 75센트, 경찰에게는 무료) 어쩌면 시칠리아 출신 밀조업자들이 만든 것일 수도 있었다. — 상류층 여성들이 황동 발판에 한 발을 올려두고 마티니를 단숨에 들이켜는 모습, 젊은 부부가 침실 옷장에 포도즙을 숨겨두고 발효되기를 기대하며, 주기적으로 '서비스 스테이션'*에서 파견된 남성이 이를 점검하는 모습도 흔했다. 출장을 떠나는 사업가는 가방에 진 두 병을 챙겼고, 영업부장은 방문한 바이어에게 과거에는 값비싼 시가 상자를 건넸던 것처럼 넉넉하게 술을 대접했다. 호텔 벨보이는 417호로 진저에일과 얼음을 배달했으며, 호텔 측은 이를 "주류와 혼합해서는 안 됨"이라는 아이러니한 조건과 함께 제공했다. 연방 검사들은 나이트클럽과 스피크이지를 단속하여 폐쇄했으나, 같은 장소에서 다른 이름으로 곧 다시 영업이 시작되었다. 금주법 단속 요원 이지 아인슈타인과 모 스미스는 희극 오페라에나 나올 법한 변장을 하고 밀주업자들을 적발해냈다. 필라델피아에서는 해병대 출신의 스메들리 버틀러 장군이 군사 작전과 같은 방식으로 밀주업자들을 소탕하려 했으나, 몇 달 만에 "정치적 이유로 인해 도시를 '건조하게' 만드는 것이 불가능하다"는 사실을 인정하고 혼란 속에서 철수했다.

  정부는 공업용 알코올의 불법 전용을 막기 위해 목재 알코올과 기타 독성 물질을 첨가했으며, 이에 금주 반대 세력은 정부를 '살인' 혐의로 비난했다. 정부 단속 요원들은 예의 바른 방법으로는

---

* 밀주를 만들거나 판매하는 불법적인 장소를 완곡하게 지칭하는 은어.

밀주 유통을 막을 수 없다는 사실에 격분하여, 결국 '사살 명령'을 내리기 시작했으며, 그 과정에서 무고한 행인이 희생되는 일도 발생했다. 캐나다 선적의 아임 얼론I'm Alone 호는 미국 해안에서 215마일 떨어진 공해상에서 미국 세관 단속선의 추격을 이틀 반 동안 받다가 결국 격침되었으며, 이에 캐나다 정부는 공식적으로 당혹스러움을 표했다. 연방 법원은 금주법 위반 사건으로 넘쳐났고, '습한 지역wet district'[금주법 반대 여론이 강한 지역]에서 소집된 배심원들은 밀주업자들에게 유죄 평결을 내리기를 거부했다. 그 와중에 부패의 돈은 온갖 공직자들의 손을 거쳐 흐르고 있었다.

  금주법 체제가 금주에 기여한 바가 무엇이든 간에, 적어도 그것은 극단적인 선전과 반선전을 만들어냈다. 거의 모든 금주법 지지자는 저축은행 예금액의 증가와 월요일 아침마다 맑은 눈과 안정된 손으로 출근하는 노동자들에 대한 어느 대형 제조업체의 발언을 근거로 들어 금주법이 미국의 번영을 가져온 근본 원인이라고 주장할 수 있었다. 혹은 금주법이 알코올 중독으로 인한 사망을 줄이고, 감옥을 비우며, 노동자의 돈을 자동차와 라디오, 주택 구매로 돌렸다고 말할 수도 있었다. 반면, 거의 모든 금주 반대자는 금주법이 번영과는 무관할 뿐만 아니라 범죄율 증가, 도덕적 타락, 이혼율 상승을 초래했으며, 법에 대한 경시 풍조를 조장하여 자유 정부의 근간을 위협한다고 주장할 수 있었다. 금주법 반대자들은 금주법 지지자들이 필연적으로 무시될 수밖에 없는 법을 광신적으로 밀어붙이는 바람에 볼셰비즘을 조장했다고 말했다. 금주법 지지자들은 금주법 반대자들이 법을 냉소적으로 어기는 바람에 볼셰비즘을 조장했다고 반박했다. 심지어 사실로 여겨지는 문제들조차 양측이 원하는 대로 해석될 수 있었다. 거리에서 술 취한 사람은 더 이상 보이지 않았지만 술 취한 사람들은 예전 그 어느 때보다 더 많아졌다. 대학에서의 음주는 이제 더 이상 문제가 아니었지만 대학 내 음주 문제는 최악의 상태였다. 펜실베이니아 광산 지대의 가정마다 불법 증류기가 있었다. 그러나 펜실베이니아 광산 지대에서는 더 이상 술 문제가 존재하지 않았다. 술로 인해 빈곤해지는 사례는 과거에 비해 극히 일부에 불과했다. 그러나 빈민가에서의 음주 문제는 볼스테드 법 이전보다 세 배나 심각해졌다. 주교 A와 의사 B, 주지사 C는 금주법 시행으로 고무되었다. 그러나 주교 X와 의사 Y, 주지사 Z는 금주법 시행에 경악했다. 그리고 이 논쟁은 끊임없이, 그리고 거세게 이어졌다.

금주법을 둘러싸고 지지자들과 반대자들이 쏟아낸 엄청난 양의 통계들은 여기서 따로 논할 필요가 없을 것이다. 많은 통계들이 터무니없이 신뢰할 수 없었으며, 대부분의 통계는 논리학 강사가 사후 인과post hoc 오류의 전형적인 사례로 활용하기에 완벽할 정도였다. 아마도 한 가지만 지적해도 충분할 것이다. 즉, 미국 수정헌법 제18조와 볼스테드 법이 시행되고 있음에도 불구하고, 1920년대 내내 "이전보다 술 소비가 늘었는가, 줄었는가"라는 문제를 두고 격렬한 논쟁이 이어졌다는 점이다. 아마도 전반적으로 술 소비는 감소했을 가능성이 크지만, 부유층에서는 감소하지 않았을 것이다. 하지만 술 소비가 감소했다는 사실이 누구나 명확히 인식할 정도로 분명하지 않았다는 사실 자체가,

1919년에는 거의 모든 사람이 당연히 이루어질 것이라 여겼던 목적을 이 법이 얼마나 철저히 달성하지 못했는지를 여실히 보여준다.

4

1928년이 되자 금주법 논쟁이 너무 격렬해져 대통령 선거에서 더 이상 배제할 수 없는 수준이 되었다. 뉴욕 주지사 앨 스미스는 그의 흔들리지 않는 금주법 반대 입장에도 불구하고 민주당 후보로 지명되었고, 적극적으로 두 가지 수정안을 공약으로 내세우며 선거 운동을 펼쳤다. 첫째, "과학적으로 정의된 알코올 함량 기준"을 볼스테드 법에 추가하는 수정안이었다. (이는 과학에 지나치게 많은 것을 요구하는 내용이었다.) 각 주는 의회가 정한 기준을 초과하지 않는 범위 내에서 자체 기준을 정할 수 있도록 하자는 것이었다. 둘째, "수정헌법 제18조를 개정하여 각 주가 주민투표를 통해 승인한 경우, 그 주 내에서만 알코올 음료의 수입, 제조 및 판매를 허용하되, 공공장소에서의 소비는 금지하는 방안"이었다. 공화당 후보는 이에 대해 다소 확실하게 금주법 지지 입장으로 기울었다. 허버트 후버는 금주법에 대한 입장을 발표하면서, "금주법은 위대한 사회적·경제적 실험으로, 그 동기는 고귀하고 목표는 원대하다"고 말했다. 그러나 그는 그 결과가 고귀하다고는 주장하지 않았다. 이 생략은 유권자들에게 거의 주목받지 않았다. 유권자들은 동기를 인정하는 것이 곧 실적을 인정하는 것과 마찬가지라고 여겼다. 결국 후버는 금주법 지지 후보로 간주되었다.

공화당 후보가 압도적인 승리를 거두었고, 금주법 지지자들은 환호했다. 다양한 주에서 실시된 주민투표와 여론조사 결과가 다소 모호하긴 했지만, 그들은 자신들이 미국뿐만 아니라 의회 내에서도 절대다수를 차지한다고 늘 주장해왔다. 이제 그들은 그 주장이 맞았다고 확신하게 되었다. 그러나 그 선거 결과는 여전히 불확실한 의문을 남겼다. 과연 동부 출신의 "행복한 전사" 앨 스미스가 패배한 이유가 그가 금주법 반대론자였기 때문일까? 아니면 로마 가톨릭 신자였기 때문일까? 혹은 "쿨리지 시대의 번영"이 지속될 것이라는 믿음에 위협을 가할 것이라는 우려 때문이었을까? 아니면 단순히 민주당 후보였기 때문이었을까? 그러나 허버트 후버는 단순히 금주법 운동의 동기를 인정하는 것 이상의 조치를 취했다. 그는 금주법 집행 문제를 연구할 정부위원회를 구성하겠다고 약속했다. 그리고 백악관에 입성한 지 두 달 반 만에, 뉴욕 출신의 조지 W. 위커셤이 위원장으로 임명된 11명의 위원이 이끄는 위원회가 구성되었고, 그들은 이 방대한 과업에 착수했다.

위커셤 위원회가 사실과 이론과 논쟁의 바다에서 빠져나와 보고서를 대통령에게 제출했을 때, 전후 10년은 이미 끝나 있었다. 위커셤이, 11명의 조사위원들이 작성한 방대한 결과물을 대통령 책상 위에 올려놓은 것은 그의 임명이 이루어진 지 19개월이 지난 1931년 1월의 일이었다. 그럼에도 불구하고 이 보고서는 언급할 가치가 있다. 이는 1920년대의 주요 문제 중 하나에 대해 지적이고, 아마도 공정한 시각을 지닌 사람들의 분석 결과를 담고 있었기 때문이다.

 이 보고서는 모순적인 문서였다. 우선, 보고서 전문에서는 금주법 집행 기관이 미국 사회에서 술을 근절하는 데 얼마나 무능했는지가 분명하게 드러났다. 또한 11명의 위원들은 각각의 개별 보고서를 제출했는데, 단 5명만이 (즉, 소수) 기존 금주법 실험을 본질적인 변화 없이 더 지속해야 한다고 주장했다. 4명은 수정헌법 조항을 변경해야 한다고 주장했고, 2명은 금주법을 완전히 폐지해야 한다고 주장했다. 그러나 위원회 전체는 실험을 더 이어가야 한다는 입장을 택했고, 만약 시간이 지나면서 금주법이 실패로 판명된다면 수정 방법을 고려하자는 의견에 그쳤다. 이 보고서의 혼란스러운 효과는 《뉴욕 월드》의 F. P. A.[당시 유명했던 칼럼니스트 프랭클린 피어스 애덤스의 필명] 칼럼에서 소개한 플라쿠스Flaccus*의 요약문에서 깔끔하게 풍자되었다.

금주법은 완전히 실패했다.
우리는 그게 좋다.
금주법은 막으려던 것을 막지 못한다.
우리는 그게 좋다.
그것은 부정부패와 타락을 불러왔으며,
우리 땅을 범죄와 악덕으로 채웠다.
한 푼어치의 가치도 없는 무용지물이고,

---

* 로마의 시인인 호라티우스(본명 Quintus Horatius Flaccus)의 성을 따온 필명으로 보인다. 당시 지식인이나 언론인들이 고전적인 분위기를 내기 위해 고대 로마나 그리스 인물의 이름을 필명으로 사용하는 경우가 종종 있었다.

그럼에도 불구하고 우리는 그걸 원하고 있다.

그러나 위커셤 보고서가 혼란스러웠던 게 이상할 것은 없었다. 금주법이 다루고 있던 현실 자체가 혼란스러웠기 때문이다. 공평한 관찰자의 눈에는 1917~20년 사이 미국이 잘못된 길을 선택했다는 점이 비교적 분명해 보였다. 미국은 기본적인 화학 상식— 즉 알코올이 얼마나 쉽게 제조될 수 있는지 —과 기본적인 심리학 상식— 즉 인간의 보편적인 충동이 법률만으로 쉽게 억눌릴 수 없다는 점 —을 거의 무시한 채 숭고한 자세로 법을 만들었던 것이다. 그러나 나라가 그렇게 경솔하게 빠져든 수렁에서 어떻게 벗어날 수 있을지에 대해서는 전혀 명확한 답이 없었다. 이미 진을 마시던 사람들에게 가벼운 와인과 맥주로 만족하라고 설득할 수 있을까? 정부가 보다 느슨한 형태의 규제나 정부 주도의 주류 판매를 시행한다면, 이미 법을 어기며 살아가는 거대한 집단을 통제할 수 있을까? 만약 금주법이 완전히 폐지된다면, 기존 밀주업자들은 얼마나 더 음험한 직업으로 전환하게 될까? 또한 심지어 금주법 개정을 원하는 사람들 사이에서도 술을 저주해야 할 것인지, 절제 속에서 누릴 축복으로 보아야 할 것인지, 아니면 공공의 문제가 아니라 개인적 문제로 취급해야 할 것인지를 두고 여전히 격렬한 의견 차이가 존재하는 상황에서, 새로운 국가적 주류 정책을 어떻게 성공적으로 시행할 수 있을까? 설령 미국 대중의 다수가 금주법에 대한 최선의 해결책을 결정하더라도, 13개 주가 금주법 개정을 반대한다면 헌법을 개정할 가능성이 있기는 한가? 미국이 직면한 문제 중 이보다 해결이 어려운 문제는 없었다.

5

 1920년, 금주법이 막 시행되었을 때, 시카고의 조니 토리오에게는 새로운 영감이 떠올랐다. 토리오는 시카고 암흑가에서 매우 강력한 인물이었다. 그는 불법화된 주류 사업이 거대한 돈이 되는 시장임을 깨달았다. 그는 시카고 전역에서 불법 주류 공급망을 장악하기로 했다. 그러나 당시 시카고에는 너무 많은 경쟁자들이 있었다. 하지만 주먹과 총을 능숙하게 사용할 수 있는 조직된 갱단이 있다면, 경쟁을 제거할 수 있지 않을까? 즉, 경쟁자들을 위협하고, 스피크이지 운영자들에게 "토리오의 술을 사지 않으면 그리 평안하지 않을 수 있다"는 걸 설득함으로써 이 문제를 해결할 수 있으리라 생각했다. 토리오에게 필요한 것은 이 충격 부대를 조직하고 이끌 수 있는 유능한 부관이었다.

 뉴욕의 악명 높은 파이브 포인츠 갱Five Points gang 출신이자, '레프티 루이Lefty Louie'와 '집 더 블러드Gyp the Blood'(1912년 유명한 베커 사건에서 허먼 로젠탈 살해 혐의로 심문을 받은 적도 있었다) 같은 자들의 제자였던 토리오는 자연스럽게 자신의 '모교'에서 적임자를 찾았다. 그는 스물세 살의 나폴리계Neapolitan* 갱스터로 파이브 포인츠 갱에서 단련된 총알처럼 단단한 머리를 가진 인물을 골랐다. 그에게 시카고로 와서 경쟁자를 처리해 주면, 넉넉한 수입과 밀주 거래에서 얻는 이익의 절반을 나누겠다고 제안했다.

그 젊은 갱스터는 시카고로 와서 토리오의 도박장이자 아지트인 '포 듀시스Four Deuces'에 자리를 잡았고, 그럴듯한 외양을 갖추기 위해 가족 성경 한 권을 놓은 평범해 보이는 사무실을 열었다. 그리고 명함까지 인쇄했다.

알폰스 카포네
중고 가구 판매업자
2220 사우스 와배시 애비뉴

토리오의 선택은 적중했다 — 그것도 세 번이나. 시카고의 밀주업은 엄청난 이윤을 가져다주었으며, 이는 법 집행 기관을 무마하기에도 충분한 금액이었다. 그러나 경쟁도 치열했다. 토리오는 종종 경쟁자들이 스피크이지 주인에게 접근하여 "토리오-카포네 브랜드가 아닌 우리 맥주를 사라"고 제안하고, 거절당할 경우 그를 무자비하게 두들겨 패거나 가게를 박살내버린다는 사실을 알게 되었다. 하지만 카포네는 이런 위기 상황을 처리하는 법을 빠르게 익혔다.

3년 만에, 파이브 포인츠 출신의 이 젊은이는 700명의 부하를 거느린 것으로 알려졌다. 이들 중 다수는 단축형 산탄총과 톰슨

---

* 19세기 말에서 20세기 초, 수많은 이탈리아인들이 빈곤과 사회적 혼란을 피해 미국으로 이민을 왔다. 이들 중 상당수는 나폴리와 그 주변 남부 이탈리아 지역 출신이었다. 이들은 뉴욕 같은 대도시의 특정 지역(예: Five Points)에 모여 살며, 때로는 생존을 위해 또는 사회 적응 과정에서 범죄 조직에 연루되기도 했다. Five Points gang은 뉴욕 시의 악명 높았던 갱단으로, 주로 아일랜드계와 이탈리아계 이민자들로 구성되었다.

기관단총 사용에 능숙한 자들이었다. 맥주 판매와 알코올 밀조에서 엄청난 수익이 들어오면서, 젊은 카포네는 점차 더 정교한 방식을 익혀갔다 — 특히 정치와 정치인들을 다루는 기술에서 더욱 그랬다. 1920년대 중반이 되자, 그는 시카고 외곽도시 시세로Cicero를 완전히 장악했고, 자신의 꼭두각시 시장을 당선시켰으며, 161개 바와 대형 도박장에 자신의 요원들을 배치했다. 그리고 호손 호텔Hawthorne Hotel을 자신의 개인 본거지로 삼았다. 이제 그는 수백만 달러를 벌어들이고 있었다. 이 시점에서 토리오는 점점 뒤로 물러났고, 카포네가 '거물Big Shot'로 떠올랐다. 하지만 그의 권력 장악 과정은 유혈 없이 이루어지지 않았다. 오배니언스O'Banions, 제나스Gennas, 아이엘로스Aiellos 같은 경쟁 갱단들이 그의 지배력 확대에 저항하면서, 시카고는 현대 문명 도시에서는 전례 없는 살인 사건의 물결에 휩싸였다. 그 결과, 대량 살해의 새로운 방식이 개발되었다.

이 갱들의 전쟁에서 경쟁자를 제거하는 대표적인 방법 중 하나는 도난 차량을 이용한 총격전이었다. 톰슨 기관단총과 단축형 산탄총으로 무장한 갱들이 탄 차가 표적 차량을 뒤쫓아 바짝 붙으며 길가로 몰아세운 뒤, 무차별 사격을 퍼붓고 차량의 홍수 속으로 사라지는 방식이었다. 또 다른 인기 있는 방법은 희생자를 '드라이브에 초대하는 것'이었다. 즉, 피해자를 차에 태운 뒤, 이동하면서 느긋하게 그를 처형하고, 시 외곽의 외진 곳에서 시체를 유기하는 방식이었다. 세 번째 방법은 더 정교한 방식이었다. 표적의 집 근처 아파트나 방을 임대한 뒤, 창가에 청부 살인업자를 배치하고, 희생자가 어느 화창한 오후에 집을 나서는 순간, 커튼 뒤에서 기관단총으로 집중 사격하는 것이었다. 그러나 이보다 더 교묘하고 정교한 살해 방식도 있었다.

그 대표적인 예가 바로 디온 오배니언 살해 사건이다. 그는 당시 카포네의 지배를 가장 심각하게 위협했던 갱단의 두목이었다. 이 암살 계획은 마치 유다의 입맞춤을 연상시킬 정도로 치밀했다. 오배니언은 밤에는 밀주업자이자 갱스터였지만, 낮에는 꽃집 주인이었다. 그는 난초와 살인에 동시에 매료된 기묘한 인물이었다. 어느 날 아침, 한 대의 세단이 그의 꽃집 앞에 멈춰 섰다. 차에서 세 명이 내렸고, 운전석에는 네 번째 남자가 남아 있었다. 이 세 명은 사전에 오배니언의 신뢰를 얻기 위해 철저히 노력한 듯했다. 그날도 그는 평소처럼 권총 세 자루를 몸에 지니고 있었지만, 방문객들이 낯익은 얼굴들이었기 때문에 순간적으로 방심했다. 그가 꽃들 사이를 걸어가 방문객을 맞이하자, 가운데 있던 남자가 따뜻하게 그의 손을 잡고 악수했다. 그리고 그 순간, 두 명의 공범자가 그를 향해 총을 쏘았다. 여섯 발의 총알이 갱스터 꽃집 주인의 몸을 꿰뚫었다. 암살범들은 태연하게 가게를 나와 세단에 올라탔고, 차는 유유히 사라졌다. 그들은 끝내 법의 심판을 받지 않았으며, 후회에 사로잡혀 나무에 목을 매달았다는 기록도 없다. 오배니언의 장례식은 전형적인 갱스터 스타일이었다. 1만 달러짜리 고급 관, 트럭 26대 분량의 꽃, 그리고 그중에는 특별히 "알로부터From Al"라는 감동적인 문구가 적힌 꽃바구니도 포함되어 있었다.

1926년, 여전히 반성할 줄 몰랐던 오배니언 조직은 갱단 전쟁에서 또 하나의 새로운 전술을 도입했다. 대낮, 시세로 스트리트가 차량들로 붐빌 때, 그들은 알 카포네의 본거지를 향해 기관총을 난사했다. 여덟 대의 대형 자동차가 엄숙한 행렬을 이루며 거리를 따라 이동했다. 첫 번째 차량은 공포탄을 발사해 무고한 시민들을 흩어지게 하고, 카포네의 부하들이 문과 창가로 나오도록 유도했다. 그러자 한 블록 뒤에서 따라오던 차량들이 일제히 실탄으로 호텔과 인근 건물을 위아래로 난사했다. 심지어 한 총잡이는 차에서 내려, 호텔 문 앞 인도에 무릎을 꿇고 정원에 호스로 물을 뿌리듯 100발의 총알을 로비에 쏟아부었다. 희생자가 적었던 것은 기적에 가까웠으며, 스카페이스 알Scarface Al[카포네]은 호텔 레스토랑 바닥에 엎드려 무사할 수 있었다. 그러나 이 공격은 당연히 엄청난 대중의 관심을 끌었다. 금괴를 장갑차로 운반하던 시대였지만, 한적한 교외 거리를 총격전 현장으로 바꾸는 것은 다소 비정상적으로 보였다.

이 전쟁은 계속되었고, 갱스터들은 연이어 총알 세례 속에서 쓰러졌다. 그러다가 1929년 발렌타인 데이에는 이전의 모든 학살을 능가하는 전례 없는 잔혹성과 정교함을 갖춘 대량 살해 사건이 발생했다. 1929년 2월 14일 아침 10시 30분, 오배니언 조직원 7명이 노스 클라크 스트리트에 위치한 S.M.C. 운송회사라는 이름의 차고에서 납치된 밀주 화물을 기다리고 있었다. 그때, 캐딜락 오픈카touring-car가 길가에 멈춰 섰고, 경찰복을 입은 세 명의 남자가 내렸다. 이어서 평상복을 입은 두 남자가 뒤따라 나왔다. 세 명의 경찰 복장을 한 남자들은 차고로 들어가 오배니언 조직원들의 무장을 해제한 후, 벽을 향해 줄을 서도록 지시했다. 이들은 경찰 단속에 익숙했기 때문에 별 의심 없이 순순히 따랐다. 어차피 별다른 처벌 없이 쉽게 풀려날 것이라 생각했기 때문이었다. 그러나 곧 평상복을 입은 두 남자가 복도로부터 등장하더니, 기관단총으로 두 팔을 들어 올리고 있던 일곱 명을 무참히 쏘아 죽였다. 이 연극 같은 장면은 세 명의 가짜 경찰이 두 명의 킬러를 인도하여 대기 중이던 자동차로 데려가고, 다섯 명이 함께 차에 타 떠나는 것으로 마무리되었다. 추운 겨울날 길거리에 서 있던 시민들 앞에서 완벽한 체포 작전을 재현해 보인 셈이었다.

이 살인 사건들은 1930년 《시카고 트리뷴》 기자이자 갱 조직과 연계된 인물이었던 '제이크' 링글이 일리노이 센트럴 교외철도역으로 연결된 혼잡한 지하철에서 총에 맞아 사망한 사건과 함께, 1920년대 시카고에서 발생한 가장 충격적인 범죄로 기록되었다. 하지만, 전체적으로 보면 시카고에서 발생한 갱 관련 살인 사건은 500건이 넘었다. 범죄자들이 체포되는 경우는 거의 없었다. 면밀한 계획, 돈, 정치적 영향력, 증인 협박, 그리고 아무리 비열한 살인이라 해도 조직원끼리는 결코 경찰에 증언하지 않는 철저한 침묵의 규칙이 적용되었기 때문이었다. 결국 시카고는 미국 전체, 나아가 전 세계에 '처벌받지 않는 폭력 범죄'에 대한 경이로운 사례를 보여주고 있었다. 도대체 어떻게, 그리고 왜 이런 일이 가능했을까?

금주법 자체, 혹은 금주법을 따르지 않으려는 대중의 거부가 갱단의 무법적 권력을 촉진했다는 해석은 지나치게 단순한 설명이 될 것이다. 다른 여러 요인들이 작용했다. 자동차의 발달은 은행 강도들이 경찰을 피해 도망치기 쉽게 만들었고, 전쟁 이후 새로운 치명적인 무기들이 범죄 조직의 손에 들어갔다. 시칠리아 출신 갱스터들이 미국으로 가져온 마피아Mafia의 살인 전통, 맥주와 진을 공급받기 위해 범죄를 눈감아주는 금주법 반대 성향의 지역 사회, 대도시의 방대한 규모와 복잡한 사회 구조로 인해 대중의 관심이 자기 자신과 직접 관련된 사건 외에는 쉽게 집중되지 않는 현실, 그리고 무엇보다도 이 시대의 느슨한 정치적 무관심이 갱단의 부상을 도왔다. 하지만 갱단이 성장한 직접적인 계기는 금주법, 보다 정확히 말하면 맥주 밀매beer-running였다. (밀주업자들은 맥주를 선택했다. 위스키보다 운반이 어렵지만, 한 번에 대량 판매가 가능했기 때문이었다. 맥주를 운반하려면 트럭이 필요했고, 트럭은 쉽게 숨길 수 없는 대형 차량이었다. 따라서 밀주 사업을 유지하려면 금주국 요원과 경찰을 매수하거나, 밀주를 노리는 강도들로부터 자신을 지키기 위해 무력을 사용할 필요가 있었다.) 밀주 제조, 운송, 판매는 엄청난 수익을 창출했다. 1927년, 알 카포네의 전기 작가인 프레드 D. 패슬리에 따르면, 연방 요원들은 카포네 조직이 주류 밀매를 통해 연간 약 6천만 달러의 수익을 올리고 있다고 추정했다. 그중 대부분, 어쩌면 거의 전부가 맥주에서 나왔을 것이다. 사람의 주머니에 엄청난 돈이 들어오고, 막대한 이익을 얻을 기회가 주어지고, 불법 사업에 종사하기 때문에 법적 보호를 받을 수 없게 된다면, 그는 자연스럽게 뇌물을 주고 총을 쏘는 사람이 될 수밖에 없다. 미국 사회에는 늘 갱과 조직범죄가 존재해 왔으며, 앞으로도 사라지지 않을 것이다. 도시 행정에서의 부패 역시 늘 존재했으며, 앞으로도 계속될 가능성이 크다. 그럼에도 불구하고 1920년대 시카고에서 폭발적으로 증가한 부패와 범죄의 직접적인 계기가 "미국 가정에서 술의 유혹을 몰아내려는 시도"였다는 점은 아이러니한 사실이다.

뉴욕 파이브 포인츠 갱 출신의 이 젊은 깡패는 1920년 이후 불과 몇 년 만에 빠르고 멀리 나아갔다. 1920년대가 끝날 무렵, 그는 찰스 에반스 휴즈나 진 터니만큼이나 널리 알려진 존재가 되었다. 그는 미국 사회의 하나의 전조前兆였다.

그는 시카고의 1만여 개 스피크이지에서 판매되는 주류를 거의 독점했을 뿐만 아니라, 공급망도 장악하고 있었다. 연방 요원들에 따르면, 그의 세력은 캐나다에서 플로리다 해안까지 뻗어 있었다. 그의 재산 규모는 아무도 정확히 알지 못했으나, 연방 요원들은 그가 2천만 달러를 은닉하고 있다고 추정했다. 그는 필라델피아에서 총기 소지 혐의로 한 차례 체포되어 복역했지만, 그 외에는 사실상 법 위에 군림하는 존재였다. 그는 방탄 차량을 타고 시카고를 돌아다녔으며, 그 앞에는 정찰 차량이 길을 터주었고, 뒤에는 무장한 부하들이 탄 차량이 따랐다. 극장에 갈 때는 디너 재킷을 입은 젊은 경호원 18명이 수행했으며, 그들의 왼쪽 겨드랑이 아래에는 분명 갱스터들이 애용하는 총이 숨겨져 있었을 것이다. 그의 여동생이 결혼할 때, 수천 명의 군중이 눈 덮인 교회 앞에 모여들었고, 그는 신부에게 9피트짜리 웨딩 케이크와 신혼여행용 특별 자동차를 선물했다. 그는 마이애미에 거대한 저택을 소유하고 있었으며, 때로는 한 번에 75명의 손님을 초대해 호화롭게 접대하기도 했다. 고위 정치인들이 — 심지어 일부 판사들까지도 — 그가 시카고 시내 호텔 본부에서 전화를 걸어 내리는 지시에 따랐다고 한다. 그리고 이 모든 일을 이루었을 때, 그는 겨우 서른두 살이었다. 나폴레옹은 서른두 살에 무엇을 하고 있었던가?

한편, 갱단의 지배와 폭력은 빠르게 다른 미국 도시들로 퍼져 나갔다. 톨레도, 디트로이트, 뉴욕 등 여러 도시가 그 영향을 받았고, 시카고는 단순히 그 흐름을 선도했을 뿐이었다.

6

1920년대 중반이 되자, 갱단들이 사업을 확장하고 있다는 사실이 분명해졌다. 1927년, 연방 요원들이 추정한 알 카포네 조직의 총수입을 분석한 패슬리에 따르면, 맥주와 밀주(알코올 밀조 포함)에서 6천만 달러, 도박장과 경마장에서 2,500만 달러, 매춘업소·무도장·유흥업소 등에서 1천만 달러를 벌어들였다. 그리고 그 뒤에는 또 하나의 항목이 적혀 있었다 — '갈취racket: 1천만 달러.' 밀주업자들의 암흑 세계는 새로운 영역으로 진출하고 있었다.

'racket'이라는 단어는 '손쉽게 돈을 버는 수단'을 의미하는 광범위한 의미로 오래전부터 사용되었으며, 50년 전 뉴욕 태머니 홀Tammany Hall에서도 쓰였던 표현이었다. 그러나 오늘날의 의미로 널리 쓰이기 시작한 것은 1920년대 중반이었으며, '갈취 사업 racketeering'이라는 파생어가 미국 어휘에 등장한 것은 사코와 반제티가 처형되고, 린드버그가 대서양을 횡단하고, 캘빈 쿨리지가 대선 출마를 포기했던 1927년이었다. 이 용어는 전후戰後 10년 동안 생겨난 것이었으며, 그 활동 자체도 마찬가지였다.

밀주 갱단들의 살인 행위와 마찬가지로, 래키티어링도 복합적인 원인에서 비롯되었다. 그중 하나는 폭력적 노동운동이었다. 몰리 매과이어스Molly Maguires* 시절부터 노동조합은 때때로 놋쇠 너클brass knuckles과 폭탄을 이용해 권리를 쟁취하려 했다. 그러나 '빨갱이 공포Big Red Scare' 동안 노동조합은 여론의 지지를 잃었고, 쿨리지 시대의 경제 번영은 노동자들에게 노동조합 가입이 유일한 생존 전략이 아니라는 생각을 심어주었다. 이에 따라 일부 노동 지도자들은 자신의 권력과 직위를 유지하기 위해 다시 다이너마이트를 들었다. 1919년의 열정적인 급진주의와 새로운 산업 질서에 대한 희망은 사라졌고, 노동 지도자는 단지 '다른 사람들이 이익을 챙길 때, 그도 자신의 몫을 챙기기 원하는 사람'으로 전락했다. 그는 파업 파괴자의 얼굴을 박살내거나, 반反노조 공장의 지붕을 폭파하는 방식으로 자신의 힘을 증명하고 요구 사항을 관철시키려 했다. 그 과정에서, 그는 종종 고용된 깡패나 청부 살인업자의 도움을 받았고, 법의 단속을 피하기 위해 뇌물이나 정치적 연줄을 이용했다. 또한, 그와 손잡는 기업가들도 있었다 — 그들은 보호를 위해서든, 또는 이익을 위해서든, 이런 위험한 게임에 기꺼이 가담했다. 이러한 성스럽지 못한 동맹이 쉽게 성립될 수 있었던 이유는 밀주업이 암흑 세계를 부유하

---

* 원래는 19세기 아일랜드의 비밀 농민 조직으로, 이들은 영국 지주 계층의 착취에 저항하며 위협, 폭력, 방화, 암살 등을 사용했다. 극심한 착취와 위험한 노동 환경, 낮은 임금 등에 대한 반발이 심했던 펜실베이니아 탄광 지대에서 일했던 아일랜드계 이민 광부들 사이에 이러한 정체성이 이식되었고 노동조합이 합법화되지 않았던 시기에 비밀결사처럼 움직였다.

고 대담하며, 방아쇠를 가볍게 당기는 곳으로 만들었으며, 대규모 부패와 음모에 익숙해진 정치인과 사업가들이 늘어났기 때문이다. 갱스터들은 노동 지도자들의 전술을 익혔고, 이를 이용해 자신들만의 '래킷'을 조직하기 시작했다. 그리하여 1927년까지, 알 카포네를 키워낸 시카고는 다양한 형태의 '갈취 사업'을 키워내고 있었다.

이들 중 일부는 본래 노동조합이었으나 범죄적 목적에 맞춰 변질된 조직이었고, 일부는 노동조합처럼 보이지만 실제로는 단순한 협박 조직이었고, 또 일부는 거래 협회trade association처럼 가장한 협박 조직이었으며, 때로는 이 둘이 결합된 형태이기도 했다. 그러나 기본 원리는 동일했다. '래킷'은 장사하는 사람들에게서 돈을 받아내는 방식으로 운영되었다 — 그리고 그들은 곧 이를 지불하지 않으면 어떤 일이 벌어질지 깨닫게 되었다. 가게가 폭탄 공격을 받을 수도 있고, 트럭이 파손될 수도 있으며, 본인 자신이 피도 눈물도 없는 총에 맞아 쓰러질 수도 있었다. 무엇보다도, 피해자들은 공권력에 도움을 요청할 수도 없었다. 경찰과 법원은 겁을 먹고 있거나, 이미 돈을 받고 매수되어 있었다.

시카고에는 세탁·염색업계의 갈취 사업이 있었다. 이 조직은 소매 세탁소와 대형 세탁업체 운영자들에게 막대한 조합비를 걷었으며, 한때 시카고의 세탁업계를 완전히 장악하여 일반 시민이 정장 한 벌을 세탁하는 가격을 1.25달러에서 1.75달러로 올렸을 정도였다. 이 조직의 명령을 거부한 세탁업자는 가게가 폭탄 공격을 당하거나, 배달 트럭이 휘발유를 뒤집어쓰고 불에 타거나, 심지어 더 교묘한 방법으로 징계를 받을 수도 있었다. 예를 들어, 세탁을 맡긴 바지 솔기에 폭발성 화학물질이 몰래 심어질 수도 있었다. 또한, 데이비드 애블린, 일명 "사팔뜨기Cockeye 멀리건"이 창안한 주차장 갈취 사업도 있었다. 이 조직의 공식 명칭은 '중서부 주차장 협회'였으며, 여기에 가입하지 않은 주차장 운영자는 주차장이 폭탄 공격을 당하거나, 정비공들이 폭행을 당하거나, 깡패들이 한밤중에 들이닥쳐 앞 유리를 부수고, 세단 차량들을 대형 해머로 때려 부수거나, 날카로운 송곳으로 타이어를 찔러 터뜨리는 피해를 입을 수 있었다. 창문 청소 업계도 갈취 사업의 타깃이었다. 클리블랜드에서 창문 청소 사업을 운영하던 맥스 윌너는 시카고로 이주하여 사업을 시작하려 했으나, 기존 사업자 중 한 명을 인수하지 않는 한 영업할 수 없다는 경고를 받았다. 그는 이를 거부했고, 단순히 폭행을 당하거나 폭탄 위협을 받는 것으로 끝나지 않았다. 결국 그는 총에 맞아 살해되었다. 이처럼 갈취 사업과 범죄의 목록은 끝없이 늘어날 수 있었다. 1929년, 시카고 주검찰에 따르면 시카고에는 91개의 갈취 사업이 존재했으며, 그중 75개가 활발히 운영되고 있었다. 그리고 '고용주 협회'는 이러한 갈취 사업으로 인해 시민들이 연간 1억 3,600만 달러의 경제적 피해를 입고 있다고 추산했다.

밀주 조직이 선호하는 무기가 기관총이었다면, 갈취 사업 조직이 선호하는 무기는 폭탄이었다. 보통 100달러만 내면 블랙파우더 폭탄을 이용한 간단한 의뢰를 해결할 수 있었고, 좀 더 위험한 다이너마이트 폭탄을 사용하는 작업에는 최대 1,000달러가 필요했다. 1927년 10월 11일부터 1929년 1월 15일까지의 15개월 동안, 시카고 지역에서 무려 157건의 폭탄이 설치되거나 폭발했다. 하지만 이러한 범죄를 저지른 자들이 처벌받았다는 증거는 없었다. 이 사실은 고든 L. 호스테터와 토머스 퀸 비즐리가 갈취 사업을 연구한 저서 『이것은 범죄 사업이다 It's a Racket』에서 체계적으로 정리되었다.

 이 유쾌한 산업은 갈취 조직들에게 매우 수익성이 높았고, 무엇보다 상대적으로 안전한 사업처럼 보였다. 1920년대가 끝나갈 무렵, 시카고에서 갈취 사업이 급속도로 확대되면서, 사업가들이 절박한 심정으로 알 카포네에게 보호를 요청하는 상황에 이르렀다. 카포네의 부하들은 노조 회의장에 잠입하여 '보스'의 뜻대로 회의가 진행되도록 보장했다. 심지어, 노조 조직 내에서도 밀주왕이었던 알 카포네가 가장 영향력 있는 인물 중 한 명으로 떠올랐다고 전해졌다. 갈취 사업은 단순히 시카고에만 국한된 문제가 아니었다. 다른 미국 대도시에도 급속히 확산되었다. 과거 뉴욕은 시카고의 무법천지를 비웃었다. 그러나 이제 뉴욕은 자신들만의 갈취 사업을 키우고 있었다. 세탁업 갈취, 슬롯머신 갈취, 생선 갈취, 밀가루 갈취, 아티초크 갈취 등, 나열하기 어려울 정도로 많은 갈취 조직들이 뉴욕에서도 활개를 치기 시작했다. 결국, 이제 모든 대도시에서 갈취 조직이 잠재적인 위협으로 자리 잡았다. 불과 몇 년 만에, 이들은 미국 사회에서 하나의 국가적 기관처럼 자리 잡았다.

7

 금주법 문제, 갱스터 문제, 갈취 사업 문제 — 전후 10년이 끝나갈 때까지, 이 모든 문제들은 해결되지 않은 채 1930년대 정치가들의 과제로 남겨졌다. 여전히 밀주선은 강을 건너 밀수품을 실어 나르고 있었으며, 비밀 양조장은 끊임없이 알코올을 생산하고 있었다. 밀주업자들은 서로를 '표적on the spot'으로 삼아 살해했고, 기관총typewriter이 시카고 거리에서 연이어 울려 퍼졌다. 장미꽃을 가득 실은 자동차가 갱스터들의 장례 행렬을 따랐으며, 폭력배들은 비노조원 노동자들을 폭행했고, 목이 굵고 눈빛이 불안한 남자들이 상점을 찾아가, 그들과 거래하는 것이 좋을 거고, 그렇지 않으면 무슨 일이 벌어질지 모른다고 위협했다. 폭탄이 작은 가게들을 산산조각냈고, 그리고 황색 신문의 독자들은 갱스터 살인 사건의 기사들을 읽으며, 그 속에서 모험과 화려함과 낭만을 발견하고 있었다.

11 즐거운 플로리다의 집

HOME, SWEET FLORIDA

플로리다로 오세요 —

도전과 야망이 지배하는 곳 —

저녁 노을에 물든 하늘을 배경으로 우아하게 흔들리는 야자수 잎을 감상할 수 있는 곳 —

태양과 달과 별들이 저녁 하늘에서 펼치는 장엄한 환영 인사를 볼 수 있는 곳 —

카리브해에서 불어오는 신선한 바람이 마치 어머니의 자장가 같은 부드러운 속삭임으로 당신을 감싸는 곳 —

은빛 초승달이 하늘의 라발리에lavalier[팬던트형 목걸이]가 되고, 보름달이 그 찬란한 펜던트가 되는 곳.

이 한껏 격앙된 수사적 표현은 1925년 가을, 스코프스 재판이 기억 저편으로 물러나고, 샌타바버라는 지진의 충격에서 회복 중이었으며, 레드 그레인지가 명성을 향해 질주하고, 주교 매닝의 기도원의 주춧돌이 막 세워지려던 무렵, 스메들리 버틀러 준장은 필라델피아를 '정화'하려 했던 시도를 후회하고 있었으며, 『아무도 모르는 남자』는 수만 권이 팔려나가고 있을 때, 그리고 무엇보다도, 플로리다 부동산 붐이 절정에 달했을 때 나왔다. 이 인용문은 열정적인 여학생의 시 모음집에서 따온 것이 아니다. 《마이애미인Miamian》이라는 지역지에 실린 한 은행 부사장의 기사 말미에서 따온 것이다. 이 글은 철저히 현실적이고 이성적이어야 할 사람들이 어떻게 90년 만에 미국을 휩쓴 가장 광적인 부동산 투기 열풍*에 노출되었을 때 정신적 균형을 잃었는지를 단적으로 보여준다.

1925년, 마이애미는 미쳐 있었다. 그해 여름과 가을, 열대 마이애미의 분위기는 결코 나른하지 않았다. 도시 전체가 광란의 부동산 거래소로 변해 있었다. 당시 마이애미에는 2,000개가 넘는 부동산 사무소와 25,000명의 중개인이 활동하고 있었다. 플로리다의 유명한 따뜻한 태양 아래, 셔츠 차림의 군중들은 부지런히 돌아다니며 계약금, 매매 옵션, 해안가 부동산, 그리고 수십만 달

---

* 1830년대의 서부 토지 투기 붐을 언급하고 있다. 1830년대 중반, 미국에서는 서부 개척과 미시시피 강 유역을 중심으로 대규모의 토지 투기 붐이 일어났다. 당시 연방 정부가 보유한 광대한 공유지가 저렴한 가격에 매각되었고, 이는 은행들의 무분별한 대출과 맞물려 부동산 가격을 급등시켰다. 많은 사람들이 돈을 벌기 위해 서부의 미개발 토지를 매입했으며, 이로 인해 전국적으로 부동산 시장이 과열되었다. 이 투기 열풍은 결국 1837년 공황 Panic of 1837으로 이어져 대규모 은행 파산과 경제 불황을 초래했다. 이 공황은 주로 과도한 토지 투기, 은행의 느슨한 대출 관행, 면화 가격 하락 등이 복합적으로 작용하여 발생했다.

러의 수익에 대해 떠들었다. 도시 당국은 길거리에서 부동산을 판매하거나 지도까지 보여주는 행위를 금지하는 조례를 통과시켜야 했는데 교통체증이 너무도 극심했기 때문이다. 하늘에서는 리벳총 소리가 울려 퍼지고 있었다. 철골 구조의 마천루들이 올라가면서, 마이애미는 '대도시가 될 운명'을 상징하는 스카이라인을 만들어가고 있었다. 자동차들은 플래글러 스트리트를 굉음을 내며 달렸고, 무료 부동산 투어 버스는 '투자 유망 지역'으로 사람들을 실어나르고 있었다. 이들은 준설선과 증기삽이 맹그로브 늪과 비스케인 만의 모래톱을 미국의 미래 주거 및 레저 도시로 탈바꿈시키는 장면을 보여주었다. 딕시 하이웨이Dixie Highway는 전국 각지에서 몰려든 자동차들로 마비되었다. 한 여행자가 교통 정체 속에서 주변 차량들의 번호판을 확인한 결과, 무려 18개 주에서 온 자동차들이 줄지어 있었다. 호텔은 만원이었고, 사람들은 기차역 대합실, 자동차 안, 어디든 머리를 기댈 수 있는 곳에서 잠을 청하고 있었다. 철도 회사들은 식량 부족 사태를 방지하기 위해 부패하지 않는 화물 운송 금지령embargo on imperishable freight을 내릴 정도였다. 건축 자재는 더 이상 기차로 운송할 수 없었기 때문에, 항구로 배를 통해 들여와야 했고, 항만은 선박들로 가득 찼다. 신선한 채소는 귀한 물건이 되었으며, 도시의 공공 서비스는 갑자기 폭증한 전기, 가스, 전화 수요를 충족시키느라 필사적으로 노력해야 했다. 얼음도 거듭해서 부족했다.

마이애미의 폭발적인 성장! 1920년 마이애미의 인구는 3만 명에 불과했다. 그러나 1925년 플로리다 주 정부 인구 조사에 따르면, 마이애미의 인구는 7만 5천 명으로 뛰었다. 그리고 몇 달 동안 새로 이주한 사람들과, 플로리다로 몰려든 수많은 계절 방문객들까지 포함한다면, 실제 인구는 15만 명에 가까웠을 것이라는 추정도 있었다. 그런데 이것은 단지 시작일 뿐이었다. 시보드 철도회사Seaboard Air Line* Railway의 사장 S. 데이비스 워필드는 "마이애미의 인구가 10년 내에 100만 명에 이를 것"이라고 예측했다. 플로리다 주지사 존 W. 마틴 역시 다음과 같이 선언했다. "플로리다의 최근 경이로운 성취는 그저 시작에 불과하다. 이 모든 것은 새벽의 전조일 뿐이다"

모두가 돈을 벌고 있었다. 부동산 가격은 믿을 수 없을 정도로 치솟고 있었고 처음에는 의심하던 사람들도 결국 투기 시장에 뛰어들었다.

그러나 마이애미만이 아니라, 플로리다 전역이 뜨거웠다. 팜비치Palm Beach에서 남쪽으로 이어지는 해안선 전체가 "아메리카의 리비에라"로 개발되고 있었으며, 100킬로미터가 넘는 해안선이 50피트짜리 필지로 나뉘어 팔리고 있었다. 부동산 광풍은 탬파, 새러소타, 세인트피터즈버그, 그리고 플로리다 서부 해안의 수많은 도시로 확산되었다. 사람들은 오키초비 호수Lake Okeechobee, 샌포드, 그리고 플로리다 전역의 모든 땅을 차지하려고 아우성을 쳤다. 심지어 주 최북단의 잭슨빌에도 '잭슨빌을 믿는 사람들Believers in Jacksonville'이라는 단체가 조직되어, 잭슨빌도 성장과 부의 혜택을 누려야 한다는 홍보 캠페인을 벌이고 있었다.

---

* Air Line은 오늘날처럼 '항공사'라는 의미가 아니라, '직선의 가장 빠른 경로로'라는 뜻이다.

2

이 놀라운 붐은 몇 년에 걸쳐 서서히 탄력을 받았지만, 1924년이 되어서야 본격적으로 센세이션을 일으켰다. 이 붐에는 여러 가지 원인이 있었다. 이를 항목별로 정리해보자.

1. 무엇보다도 기후 — 플로리다의 가장 강력한 논거이자 반박할 수 없는 장점이었다.

2. 인구 밀집 지역인 미국 북동부 대도시들과의 접근성 — 이 점에서 남부 캘리포니아도 플로리다에 밀릴 수밖에 없었다.

3. 자동차의 보급 — 자동차는 빠르게 미국을 유목민의 나라로 만들고 있었다. 수많은 남녀에게 국토를 탐험하는 법을 가르쳤으며, 심지어 소규모 농부, 여름철 민박 운영자, 주유소 주인까지도 가족을 작은 차에 태우고 남쪽으로 떠날 수 있도록 만들었다. 그들은 오토캠프에서 오토캠프를 거치며 남쪽으로 내려와 햇살 가득한 겨울을 여유롭게 보낼 수 있었다.

4. 쿨리지 시대의 번영이 가져온 넘치는 자신감 — 연봉 4,000달러의 영업사원도, 어느 날 갑자기 멋진 집을 사고 원하는 모든 것을 손에 넣을 수 있으리라는 마법 같은 희망을 품게 되었다.

5. 아이러니하면서도 광범위한, 그러나 절반쯤은 무의식적인 반발심 — 쿨리지 시대의 번영을 가능하게 했던 바로 그 도시화, 산업화, 과로, 규칙적인 일상, 매연과 혼잡, 그리고 20세기적 생활 방식의 표준화에 대한 반감이었다. 이 모든 것이 미국 사업가들에게 부를 안겨줄 수는 있었지만, 그들은 그 부를 쓸 때만큼은

이런 것들로부터 벗어나고 싶어 했다. 햇살 가득한 전원의 자유로, 유럽의 낭만과 느긋한 삶으로, 미국식 스포츠와 편안함이 조화를 이루는 이상향으로, 욕조와 전기 냉장고가 갖춰진 베네치아, 18홀 골프장이 세 개나 있는 세빌 같은 곳으로 떠나고 싶어 했다.

6. 남부 캘리포니아의 사례 — 캘리포니아는 자신들의 기후를 있는 힘껏 광고하며 엄청난 경제적 성공을 거두었다. 플로리다인들은 반문했다. "왜 우리라고 그렇게 하지 못하겠는가?"

7. 그리고 마지막으로, 또 하나의 쿨리지 번영의 결과 — 존 존스 같은 평범한 미국인도 이제 언젠가 보카 라톤Boca Raton에 집을 사고, 휴가철이면 타폰 낚시나 폴로를 즐길 수 있으리라는 꿈을 꾸었다. 뿐만 아니라, 그는 대담한 사업 투자와 갑작스러운 부의 이야기에 익숙해진 나머지, 가장 황당한 부동산 개발 계획조차도 자기 인생을 바꿔줄 황금광맥이 될 수도 있다고 믿을 준비가 되어 있었다.

정신 나간 부동산 개발? 하지만 그것이 정말 정신 나간 일이었을까? 1925년쯤 되면, 그 어떤 개발도 더 이상 터무니없어 보이지 않았다. 1923년에는 과대망상증의 증거처럼 보였던 개발업자들이 이제 수백만 달러를 쓸어담고 있었다. 실용주의적 관점에서 보면, 그들은 정신 나간 사람이 아니었다. 광고 문구가 말하듯, 그들은 '영감을 받은 몽상가'였다. 코럴 게이블스Coral Gables, 할리우드 바이 더 시Hollywood-by-the-Sea, 마이애미 비치, 데이비스 섬Davis Islands — 이들 도시는 이제 더 이상 단순한 청사진 속의 설계도가 아니었다. 진짜 벽돌과 콘크리트, 스투코stucco로 세워진 현실의 도시들이었다. 물론 아직 완공된 것은 아니었지만, 놀라운 속도로 성장하고 있었으며, 개발 지역의 모든 평방피트가 치솟는 가격에 팔려나갔다. 사람들은 부동산을 사기 위해 줄을 섰다.

오래전, 한 은퇴한 회중교회Congregational 목사였던 메릭은 마이애미 외곽의 헐값 땅을 사들여, 산호석으로 박공지붕이 많은 집을 짓고 그곳을 '코럴 게이블스'라 불렀다. 이제 그의 아들, 조지 에드거 메릭이 이 땅을 확장하여 "미국에서 가장 아름다운 교외"라 불리는 신도시를 건설하고 있었다. 메릭의 계획은 매력적이었다. 그는 "개량된 지중해 양식"이라는 단일한 건축 양식을 고수할 것을 주장했고, 그 덕분에 개발 지역은 통일된 미관을 갖출 수 있었다. 1926년이 되자, 이 지역은 코럴 게이블스 시로 통합되었으며, 이미 2,000채 이상의 주택이 지어졌거나 건설 중이었다. 이 도시는 활기찬 상업 중심지, 학교, 은행, 호텔, 아파트, 클럽 하우스를 포함하고 있었으며, 그늘진 거리와 인공 호수, 정박지까지 갖추고 있었다.

메릭은 대담하고 독창적인 방법으로 광고를 진행했다. 어느 날 그는 윌리엄 제닝스 브라이언을 초빙하여, 호수 위의 뗏목에 파라솔을 설치하고 그 아래에서 강연하도록 했다. 브라이언은 '평화의 왕자The Prince of Peace'나 '금본위제 폐지Cross of Gold'가 아니라 플로리다의 기후에 대해 강연했다. (그의 연설이 끝난 후, 무대 위에서는 길다 그레이Gilda Gray의 춤이 이어졌다.) 메릭은 또한 불가피한 문제를 낭만적으로 포장하는 법을 알고 있었다.

그의 땅은 저지대여서 배수 작업이 필요했기 때문에, 그는 운하를 파고 베네치아에서 실제 곤돌라와 곤돌라 사공을 들여왔다. 코럴 게이블스의 마이애미-빌트모어 호텔은 26층 높이로 올라갔고, 컨트리 클럽에는 2개의 18홀 골프 코스가 조성되었다. 메릭은 대형 카지노, 요트 클럽, 마이애미 대학 건립이라는 더욱 대담한 계획을 세웠다. 소설가 렉스 비치Rex Beach는 코럴 게이블스를 홍보하는 책자에서 이렇게 썼다. "10년간의 노력, 1억 달러의 막대한 자금 — 이것이 조지 메릭이 목표로 하는 것이다. 퐁세 데 레온Ponce de Leon이 찾던 황금의 땅에 10년 후 무엇이 있을지, 당신도 나도 예측할 수 없다. 그리고 아무리 비전을 가진 메릭조차도 알지 못할 것이다." (슬프게도 그 고상한 '비전'은 얼마 지나지 않아 무너졌다. 1930년 7월 1일 이후, 코럴 게이블스 시는 9개의 채권 원금 및 이자 지급을 대부분 연체하고 있었으며, 《뉴욕 타임스》에는 채권 보유자들에게 연체 사실을 알리는 광고가 실리게 되었다.)

메릭 외에도 기적을 만든 사람들이 있었다. 마이애미 비치Miami Beach는 한때 맹그로브 숲이었으나, 칼 G. 피셔가 나무를 베어내고, 그루터기를 5피트 두께의 모래로 덮고, 인공 석호와 섬을 만들며 완전히 변모시켰다. 그는 빌라와 호텔을 세우고, 부지를 팔아 약 4천만 달러를 벌어들였다고 전해진다. 조지프 W. 영은 헐리우드-바이-더-시를 대규모로 개발했다. 화물 운송 금지 조치로 인해 건축 자재 공급이 끊기자, 그는 자체적으로 선단을 마련해 바다를 통해 자재를 운반했다. 플로리다 서해안에서는 D. P. 데이비스가 탬파 만의 작은 두 개의 섬을 사들였다. 이는 원래

"간조 때도 거의 잠기는 맹그로브 늪지대"였다. 그러나 그는 준설과 매립을 통해 섬을 조성하고, 포장 도로, 호텔, 주택을 건설했다. 그가 최초로 이 땅을 일반인에게 판매한 날, 무려 300만 달러어치의 부지를 팔았다. 놀랍게도, 그때까지 단 한 대의 준설선도 모래를 퍼올리지 않은 상태였다!

1925년, 사람들은 무엇이든, 어디든, 그것이 플로리다에 있기만 하면 구매했다. 새로운 부동산 개발 계획이 발표되기만 하면 사람들이 몰려들었다. 맨해튼 에스테이트Manhattan Estates는 "빠르게 성장하는 번영의 도시 네티Nettie에서 불과 3/4마일 거리"라고 광고되었다. 그러나 네티라는 도시는 존재하지 않았다. 네티는 버려진 테레빈유 채취 캠프의 이름이었음에도 불구하고, 사람들은 부지를 구매했다. 멜번 가든즈Melbourne Gardens라는 개발지의 진위를 조사하던 이들은, 초원과 습지 사이를 지나며 길도 없는 곳을 헤매다, 목적지에서 3마일 떨어진 곳에서 진흙탕에 빠져 옴짝달싹 못하게 되었다. 그러나 여전히 사람들은 땅을 샀다. 플로리다 원주민, 플로리다를 방문한 사람들, 그리고 한 번도 플로리다에 가본 적 없는 오하이오, 매사추세츠, 위스콘신 주민들까지도 수표를 써서 토지를 매입했다. 그들은 "또 다른 코럴 게이블스가 될 곳", "새 철도의 노선 바로 옆", "2천만 달러 규모의 신도시"라는 말을 철석같이 믿었다.

플로리다 부동산에서 엄청난 이윤이 창출되었다는 이야기는 사람들에게 충분한 미끼가 되었다. 마이애미 비치 중심부의 한 부지는 개발 초기 800달러에 거래되었으나, 1924년에는 15만 달러까지 가격이 올랐다. 팜비치에서 뉴욕의 한 변호사는 8~10

년 전 24만 달러에 팔린 땅을 1923년에 80만 달러에 매각했다. 이듬해, 그 부지는 작은 필지로 나뉘어 총 150만 달러에 팔렸다. 그리고 1925년에는 400만 달러 가치가 되었다는 주장까지 나왔다. 1896년, 마이애미 근처의 땅을 25달러에 샀던 한 가난한 여인은 1925년, 그 땅을 15만 달러에 팔 수 있었다. 이런 이야기들은 차고 넘쳤다. 골드 코스트를 찾는 누구나 그런 사례를 셀 수 없이 들을 수 있었고, 그중 상당수는 과장이 아니라 사실이었다 ─ 비록 그 수익 대부분이 실제가 아닌 장부상의 것이었지만 말이다. 그러니 플로리다 토지 매매 열풍 속에서 이런 일화가 유행한 것도 놀랄 일은 아니었다. 토박이가 방문객에게 "땅 좀 사시겠어요?" 하고 묻자, 그가 곧바로 "샀습니다Sold"라고 대답했다는 이야기 말이다.

투기는 쉽고도 빠르게 이루어졌다. 토지 소유권을 조사하거나 등기를 완료하는 데 오랜 시간이 걸리는 일은 없었다. 그런 번거로운 절차는 나중으로 미뤄졌다. 당시 널리 사용되던 판매 방식은 애틀랜타 소재 소매 신용 회사Retail Credit Company의 월터 C. 힐이 작성한 조사 보고서에서 다음과 같이 설명되었다. "필지는 청사진을 보고 구매한다. 청사진 속 필지가 실제보다 훨씬 더 멋져 보이기 때문이다…… 마이애미 인근에서는 대규모 개발지를 제외한 대부분의 신규 분양지가 첫날 매진된다. 광고가 나가면, 위치, 규모, 주요 특징, 대략적인 가격이 소개된다. 예약이 가능하다. 예약하려면 구매할 토지 가격의 10퍼센트를 수표로 지불해야 한다. 첫날 아침, 도시 내 개발업자의 사무실에서 예약자들의 이름이 차례로 불려진다. 그러면 예약자는 앞으로 나와, 정교하게 그려진 청사진 속에서 자신의 토지를 선택한다. 토지의 크기와 가격이 명확하게 표시된 청사진 속에서 선택한 토지에 대한 예약증binder이 발급된다. 그리고, 자신이 선택한 토지가 파란 선으로 표시된 네모 안에 '매각Sold' 도장이 찍히는 모습을 보며 짜릿한 쾌감을 느낀다. 이 네모는 보통 50×100피트 크기의 플로리다 토지 혹은 늪지대를 나타낸다. 이렇게 첫날에만 수백만 달러가 거래되는 경우도 있다. 그리고 가격은?…… 내륙 토지는 8,000~20,000달러. 수변水邊 토지는 15,000~25,000달러. 해변 토지는 20,000~75,000달러. 그리고 이곳들은 마이애미 시내가 아니다. 마이애미에서 10마일, 15마일, 심지어 30마일 떨어진 지역들이다."

물론 예약증으로 거래가 완전히 완료되는 것은 아니었다. 그러나 대부분의 구매자는 남은 대금 지급을 크게 걱정하지 않았다. 열 명 중 아홉은 구매한 토지를 직접 소유하려는 목적이 아니라, 단 하나의 목표 — 즉, 되팔아서 차익을 남기는 것만을 염두에 두고 있었다. 대부분의 구매자는 첫 번째 할부금 납부 기한(30일 후)이 오기도 전에 예약증을 다른 사람에게 팔아넘겨 이득을 보려 했다. 결국 예약증 자체가 거대한 거래 대상이 되었고, 그만큼 엄청난 수익을 창출했다.

1925년, 광란의 여름과 가을이 지나고서도 대규모 부동산 개발 계획은 계속해서 쏟아졌다. 이 개발 계획 중 상당수는 마이애미 비치 광고업자들이 "미국에서 가장 부유한 스포츠 애호가들, 요트와 값비싼 스포츠에 빠져 있는 사람들"을 위한 곳이라고 홍보한 지역이었다. 또한, 보카 라톤의 광고업자들은 이곳을 "금융과 산업을 지배하는 국제적 부유층, 패션을 선도하는 이들, 대규모 사업과 사교계, 그리고 여유로운 생활을 즐기는 사람들"이 모이는 곳으로 홍보했다. 그러나 정작 그 땅을 사들이는 사람들 중 누가 실제로 요트 애호가이며, 여유로운 생활을 즐기는 상류층인지를 깊이 따져보는 이는 거의 없었다.

도처에서 대형 호텔, 고급 아파트, 카지노 등이 계획되었다. 건축 붐이 절정에 달했을 때, 웨스트 팜비치를 방문한 한 사람은 거대한 빈 공터가 욕조로 가득 차 있는 광경을 목격했다. 그 욕조들은 꽤 오랜 기간 그곳에 방치되어 있었던 듯했다. 주변 나무 상자는 이미 햇볕과 비에 바래 있었다. 그는 그 자리에서 "남부에서 가장 화려한 아파트먼트 단지가 들어설 부지"라는 설명을 들었다. 하지만 운송 제한freight embargo으로 인해 건축 자재는 도착하지 못하고, 욕조만 미리 도착해 있었던 것이다.

플로리다 전역에는 희망과 확신에 찬 광고 문구들이 넘쳐났다. 1925년 여름, 《마이애미 데일리 뉴스》는 504쪽짜리 신문을 발행했다. 이는 역사상 가장 많은 페이지 수를 기록한 신문이었다. 같은 해, 《마이애미 헤럴드》는 한 해 동안 광고 수익에서 전 세계 어떤 신문보다도 많은 수익을 올렸다. 마이애미는 이제 단순한 '기적의 도시'가 아니라, '도시들의 순백의 여신', '세계의 놀이터', '무적의 도시'가 되었다. 포트 로더데일은 '열대의 원더랜드', 올랜도는 '아름다움의 도시', 샌포드는 '견고한 도시'로 불렸다.

플로리다를 찬양하는 화려한 수사修辭의 물결은 매일같이 쏟아졌다. 그 절정은 1925년 말, 마이애미, 마이애미 비치, 하이얼리어, 코럴 게이블스 시장들이 공동으로 발표한 '선언문'에서 나타났다. 이 선언문에서 이들은 자신들의 카운티를 겸손하게 "전 우주에서 가장 야망에 불타는 사람들이 사는, 가장 축복받은 주의, 가장 풍요로운 지역"이라고 지칭했다. 또한 1925년 12월 31일부터 1926년 1월 2일까지를 '아메리카의 열대 축제' 기간으로 선포했다. 그들은 이 기간 동안 "사랑, 우정, 유쾌한 놀이, 그리고 건전한 스포츠가 그들의 영토 전역에서 펼쳐질 것"이라고 약속했다. 시장들은 또 "우리의 광활한 대로, 아름다운 광장, 무도회장, 파티오Patio, 사교 클럽, 호텔에서 찬란한 춤의 여신Radiant Terpsichore*과 그녀의 빛나는 추종자들이 우아한 걸음으로 춤을 추게 될 것"이라고 공언했다. 특히 "우리의 거리와 대로에는 장엄한 꽃 장식 행렬이 이어질 것이며, 이는 태양의 축복, 은혜로운 비, 그리고 열대의 부드러운 바람이 우리에게 선사한 선물을 형상화할 것"이라고 강조했다.

아마도 이 축제는 성공했을 것이다. 생기 넘치는 무희들Sparkling Devotees[춤의 여신 테르프시코레의 추종자를 지칭]과 장엄한 미의 여신Sublime Beauty이 어우러진 축제였을 것이다. 그러나 1926년 새해가 밝자, 축제에 들뜬 사람들조차도 의심을 품기 시작했다. 9월과 10월에 비해 새 땅을 사려는 사람들이 확연히 줄어들었다. 예약증을 가진 사람들 중 상당수가 필사적으로 그것을 팔아치우려 하고 있었다. 무엇보다도, 태양과 비만으로는 이 땅값을 유지할 수 없다는 사실이 점점 분명해지고 있었다. 겨울

---

* Terpsichore. 고대 그리스 신화에 나오는 아홉 명의 예술의 여신 중 하나. 테르프시코레는 춤과 합창의 여신. 이름 자체가 terpsis = 기쁨, choros = 춤이 결합된 '춤을 즐기는 자'라는 뜻이다.

방문객의 유입도 기대에 미치지 못했다. 어쩌면, 이제 거품은 '건전한 숨 고르기'가 필요했던 것인지도 모른다.

3

사실, 훨씬 더 심각한 사태가 예정되어 있었다. 1926년 봄과 여름이 되자, 플로리다 부동산 붐은 명백히 무너지기 시작했다. 부지를 계약했지만 되팔지 못한 사람들이 속출하며, 이곳저곳에서 할부금 납부를 하지 못하는 사태가 벌어졌다. 어떤 사람은 1925년 초에 에이커당 12달러에 땅을 팔았다가, 몇 달 후 이 땅이 17달러, 30달러, 그리고 마침내 60달러까지 오르는 것을 보고 자신의 어리석음을 한탄했다. 그러나 1~2년 후, 그는 깜짝 놀랄 만한 사실을 알게 되었다. 그 땅은 연속적으로 재판매가 이루어졌지만, 모든 계약이 지금 불이행 상태에 빠졌으며, 그는 아직 받지 못한 돈을 회수할 방법이 없었고, 결국 땅을 다시 돌려받는 것이 유일한 해결책이었다.

심지어 어떤 경우에는, 되찾은 땅이 세금과 각종 부담금으로 오히려 더 큰 빚이 되어 돌아왔다. 게다가 땅 위에는 미완성의 개발 프로젝트가 흉물스럽게 남아 있었다. 이처럼 대규모 가격 붕괴가 불가피해진 시점에서, 두 차례의 허리케인이 플로리다를 덮쳤다. 이 서인도제도에서 온 허리케인들은 "부드러운 열대의 바람"이 어떤 파괴력을 가질 수 있는지를 보여주었다.

겸손을 가르치려 작정한 어떤 악의적인 신의 섭리라도, 이 플로리다 허리케인 중 두 번째이자 최악의 허리케인보다 더 정확한 조준으로 강타할 수는 없었을 것이다. 그것은 플로리다 붐이 가장 요란하고 광적인 환호 속에 터졌던 바로 그 지역— 마이애미 일대 —을 정조준했다. 1926년 9월 18일 새벽, 허리케인은 골드 코스트를 강타하며 비스케인 만의 물을 아름다운 베네치아풍 개발지로 들이닥치게 만들었다. 5개의 돛을 단 철제 범선을 코럴 게이블스의 거리 한복판에 내던졌고, 대형 요트들은 마이애미 대로 위로 밀려 올라왔으며, 나무와 목재, 배관 자재, 기와, 잔해, 심지어 소형 자동차까지 집들을 향해 날아갔다. 수천 채의 조악하게 지어진 별장과 코티지의 지붕이 뜯겨 나갔고, 오키초비 호수의 무어헤이븐 마을은 거의 초토화되었다. 이 참사로 약 400명이 사망하고 6,300명이 부상을 입었으며, 5만 명이 집을 잃었다. 플로리다 사람들은 피해가 결코 회복 불가능한 것은 아니라고 용감하게 주장했다.

사실 그들은 너무나도 완강하고 당당하게 주장한 나머지, 미국 적십자사 대표 존 바튼 페인은 주 정부 관계자들이 "국가 차원의 노숙자 구호 캠페인을 사실상 무너뜨렸다"고 비판하기까지 했다. 마이애미 시장 롬프는 다음 시즌에도 "지금까지 그랬던 것처럼 겨울 손님들을 편안히 맞을 수 없는 이유가 전혀 없다"고 선언했다. 그러나 온화한 열대의 바람은 복수에 성공했다. 이 허리케인은 플로리다 부동산 붐의 마지막 희망을 완전히 날려버렸다.

1927년이 되자, 마이애미의 플래글러 스트리트에 있던 고급 부동산 사무소들은 대부분 문을 닫았거나 텅 비어 있었다. 데이비스 섬 개발 사업은 "파산하고 미완성된 상태"로 방치되었고, 스톤 & 웹스터가 이끄는 신디케이트에 의해 인수되었다. 마이애미를 포함한 여러 플로리다 도시들은 세금 징수에 심각한 어려움을 겪었다. 1928년, 헨리 S. 빌라드는 《네이션The Nation》지에 이렇게 적었다. "마이애미로 가는 도로를 따라 늘어선 죽은 택지dead subdivisions는 텅 빈 회반죽 문과 무너진 담장에 걸린 과장된 이름을 간신히 알아볼 수 있을 정도다. 거리 곳곳에는 외롭게 서 있는 가로등이, 끝내 지어지지 못한 집들 대신, 잡초와 야자수palmetto가 자란 콘크리트 인도를 지키고 있다. 외곽 지역을 지나다 보면, 사람 한 명 없는 유령 도시 속을 광활한 도로 위로 질주하는 듯한 기분이 든다."

1928년, 플로리다에서 31개의 은행이 파산했다. 1929년, 57개 은행이 추가로 파산했다. 이 두 해 동안, 플로리다 은행들의 부채 총액은 미국 내 다른 어느 주보다도 많았다. 1929년에는 지중해 과일파리까지 창궐하여 감귤 농장에 심각한 타격을 주면서 지역 경제 상황은 더욱 악화되었다. 마이애미의 은행 거래 총액bank clearings은 1925년에는 10억 달러를 넘었으나, 그 후 급락했다.

```
1925년 · · · · · · · · · · · · · · · · $1,066,528,000
1926년 · · · · · · · · · · · · · · · · · $632,867,000
1927년 · · · · · · · · · · · · · · · · · $260,039,000
1928년 · · · · · · · · · · · · · · · · · $143,364,000
1929년 · · · · · · · · · · · · · · · · · $142,316,000
```

그런데 바로 그 시기에, 미국의 다른 지역에서는 번영이 절정을 이루고 있었다! 1930년 중반, 전반적인 경제 불황이 본격화된 후, 플로리다의 26개 도시가 채권의 원금 또는 이자 지급을 연체했다. 가장 큰 채무 불이행을 기록한 도시는 웨스트 팜비치, 마이애미, 샌포드, 레이크 워스 등이었다. 마이애미조차도 1930년 8월 만기 도래한 소규모 채권을 상환할 수 없다고 공식 발표하고, 채권 보유자들에게 상환 기한 연장을 요청했다.

한때 부동산 개발지를 '도시'로 편입시켜, 각종 시설물 건설을 위한 재원을 '면세 지방채tax-free municipal bonds'로 조달하는 관행, 그리고 개발 회사들이 붐이 일던 지역 내 신규 건물들을 담보로 부동산 채권을 발행하는 관행 모두가, 1925년의 영감을 받은 꿈꾸는 이들이 미처 상상하지 못했던 약점을 드러내고 있었다.

거액의 종이 위의 이익은 대부분 증발했다. 부동산 개발에 투입된 자금 중 상당수는 완전히 사라졌다. 거대한 '역逆피라미드식 신용 구조'는 무너져 내렸다. 과장된 계획, 터무니없는 기대, 공허한 낙관론에 기초한 토지 가치 평가가 얼마나 비경제적이었는지가, 오랜 기간 지속된 디플레이션의 고통 속에서 철저하게 입증되었다. 그러나 몇 가지 긍정적인 요소도 남아 있었다. 플로리다에는 여전히 좋은 기후와 풍부한 자연자원이 있었다. 플로리다 주민들은 여전히 강한 추진력과 인내심을 갖고 있었다. 비현실적인 희망의 도취에서 벗어난 이들은 혹독한 현실의 교훈을 배우고 있었다. 또한, 번영의 시대에 플로리다로 이주한 북부 사람들이 모두 경제적 위기로 떠난 것은 아니었다. 사실, 1930년 인구조사에 따르면, 1920년 이후 플로리다 인구는 50퍼센트 이상 증가했다. 이는 캘리포니아를 제외하고 미국에서 가장 높은 증가율이었다. 같은 기간 동안, 마이애미 인구는 거의 400퍼센트 증가했다. 플로리다에는 여전히 미래가 있었다. 물론 그 미래는 강제적으로 연기되었고, 그 과정은 고통스러웠다. 그러나 1925년의 광기가 오로지 플로리다 사람들의 잘못이라고 할 수는 없었다. 그들이 가장 큰 목소리를 냈던 것은 사실이지만, 당시 플로리다에서 벌어진 광풍은 '국가적 광풍national hysteria'이었다. 이는 쉬운 돈벌이를 노리고 몰려든 외지인들에 의해 더욱 증폭된 현상이었다.

4

사실, 플로리다 부동산 붐은 1920년대 동안 미국 전역에서 일어난 여러 토지 및 건설 붐 중 하나였다. 그리고 그중에서도 가장 화려하고 극적인 사례였다. 이러한 붐들은 각기 다른 방식으로 미국 경제와 국민 생활에 영향을 미쳤다.

1920년대가 시작되면서, 농지 시장에서도 엄청난 가격 폭등이 발생했다. 이는 1차 대전과 전쟁 직후, 밀과 기타 농산물이 기록적인 가격을 기록했던 것과 관련이 있었다. 농지 가격이 폭등하면서, 수없이 많은 대출과 담보 대출이 이 과장된 가치 평가를 기반으로 발급되었다. 그런데 1920~1921년, 농산물 시장이 붕괴하자 농민들은 극심한 경제적 타격을 입었다. 그들은 농작물을 팔아도 은행 이자조차 감당하지 못했고, 폭등한 토지 가격을 기준으로 부과된 세금조차 낼 수 없는 상황에 처했다. 결국, 수천 개의 지방 은행이 채무불이행 상태에 빠졌다. 예를 들어, 한 대형 농업 주州에서는 1924~1929년, 전국적으로 경제 호황이었음에도 불구하고, 해당 주의 모든 국립 및 주립 은행들의 평균 수익률이 1.5퍼센트 미만에 불과했다. 또한, 미국 내 7개 주에서는 1920년 이전에 운영되던 은행들의 40~50퍼센트가 1929년 이전에 이미 파산했다. 물론, 이 은행들이 무너진 모든 원인이 토지 붐과 그 붕괴 때문이라고 단정할 수는 없다. 그러나 수많은 지역 은행들이 농지 가격 폭등과 붕괴에 직접적인 영향을 받아 무너진 것은 분명했다. 만약 농지 가격이 그렇게 무분별하게 오르지 않았다면, 많은 소규모 지역 은행들이 그렇게 속수무책으로 무너지지는 않았을 것이다.

1920년대 내내, 특히 플로리다 열풍이 절정에 달했을 때와 그 직후, 수많은 부동산 개발업자들과 상업 촉진 단체Boosters들이 미국의 도시, 마을, 휴양지를 발전시키려는 야심찬 계획을 쏟아냈다. 이들은 화려한 광고, 홍보 전단, 언론 보도를 통해 자신들의 도시를 "떠오르는 산업 제국의 중심지" 혹은 "미국 부유층의 새로운 놀이터"로 묘사하며 사람들을 끌어들이려 했다. 몇몇 도시들은 실제로 번성했다. 캘리포니아에서는 이미 오랫동안 정교하게 다듬어진 홍보 전략 덕분에, 관광객과 산업이 몰려들었고, 이로 인해 호텔과 상업업자들이 번창했다. 연간 100만 명 이상의 방문객이 단순히 '구경하고 놀기 위해' 캘리포니아를 찾았으며, 당연히 그들은 돈을 쓰고 갔다.

그러나 이런 기획이 모두 성공할 수는 없었다. 산업과 부유층 휴양객의 수는 한정되어 있었고, 결국 도시 간 경쟁은 '피터의 것을 빼앗아 폴에게 주는 식'으로 변질되었다. 마치 플로리다에서 부동산 투기꾼들이 폴로를 즐기는 계층을 위해 수많은 주택을 건설했지만, 정작 이 계층의 인구가 한정되어 있었던 것과 같은 상황이었다. 결국, 노스캐롤라이나 다른 지역에서 부유층을 위한 리조트를 개발한 사람들도 같은 운명을 맞이했다. 부자들이 모든 곳에서 동시에 놀 수는 없었고, 기대했던 만큼의 사람들이 몰려들지 않으면서 이들의 사업도 실패로 돌아갔다. 이로 인해 수많은 은행들이 파산하는 등 심각한 금융 위기가 발생했다.

1920년대 내내, 특히 1920년대 중반, 미국 대도시 외곽의 교외 지역 부동산 붐이 급격히 확산되었다. 당시 농촌을 떠난 미국인의 수는 400만 명에 달했으며, 도시 인구 비율은 51.4퍼센트에서 57.6퍼센트로 증가했다. 도시 규모는 커지고, 소음과 교통 체증이 심해졌다. 고층 건물이 늘어나며, 도시민들은 햇빛과 신선한 공기를 점점 빼앗겼다. 그 결과, 더 나은 환경을 찾는 사람들이 교외로 이동하기 시작했다. 특히 자동차의 보급은 교외 생활을 가능하게 만든 가장 큰 요인이었다. 자동차 덕분에, 기존 철도역에서 멀리 떨어진 숲과 농지가 이제는 도시와 쉽게 연결될 수 있었다. 이러한 흐름 속에서, 새로운 교외 지역이 놀라운 속도로 개발되었다. 식민지 시대풍 농가(차고 포함), 튜더 스타일 작은 주택(오래된 지붕처럼 보이도록 나무 블록을 삽입한 건축 방식 적용), 스페인풍 스투코 저택(빌트인 라디오 포함) 같은 매력적인 교외 주택들이 대량으로 공급되었다. 한때 과수원과 들꽃이 만발하던 '잭슨 농장' 같은 곳들이 순식간에 '자코비언 하이츠', '콜로니얼 테라스', '알함브라 가든스' 같은 이름의 신도시로 변했다. 도로는 포장되고, 20세기적 편리함과 구세계의 매력을 동시에 갖춘 주택들이 손쉬운 할부 조건으로 판매되었다.

뉴욕, 시카고, 로스앤젤레스, 디트로이트 같은 대도시에서는 더욱 광범위한 교외 개발이 이루어졌다. 예를 들어, 뉴욕의 퀸스 구는 1920년대 동안 인구가 두 배로 증가하며 100만 명을 돌파했다. 디트로이트 외곽에서는 방대한 지역이 소규모 필지로 세분화되었으며, 이곳에서 너무 가난한 나머지 '차고 주택'이라 불리는 임시 원룸 판잣집에서 생활하는 사람들도 등장했다. 이들은 임시로 단칸짜리 차고 형태의 가건물을 짓고, 이후 몇 년 동안 실제 집을 짓지 못한 채 그곳에서 생활했다. 이 시기, 부동산 개발업자들 간의 경쟁은 극도로 치열했다. 1920년대 어느 한 해 동안, 시카고 외곽에서 개발된 택지의 총량이 향후 20년간의 도시 성장을 수용할 만큼 많았다. 뉴욕과 롱아일랜드의 패초그Patchogue 사이에 조성된 택지의 규모는 뉴욕 시 메트로폴리탄 지역에 사는 600만 명을 전부 수용할 수 있을 정도였다.

플로리다 부동산 붐은 일부 교외 개발에도 영향을 미쳤다. 뉴욕에서 34마일 떨어진 롱아일랜드에는 '아메리칸 베니스'라는 마을이 등장했다. 이곳의 첫 번째 다리는 "베네치아의 델라 팔리아Della Paglia 다리를 복제한 것"으로 지어졌다. 개발업자들은 이곳을 "도제Doge[베네치아 공화국의 최고 지도자]가 다스리던 위대한 도시를 떠올리게 하며, 더욱 아름답고 가정적인 곳"이라고 광고했다. 한 광고 문구는 다음과 같았다. "아메리칸 베니스에서 사는 것은 삶의 정수를 마시는 것과 같습니다. 터키옥색 석호lagoon 아래 아쿠아마린빛 하늘! 유유히 떠다니는 곤돌라! 아름다운 이탈리아 정원!…… 그리고 언제나 존재하는, 어린아이의 영혼처럼 희고 부드러운 백사장 위를 부드럽게 때리는 대서양의 파도!" 또한, 빌트모어 쇼어스Biltmore Shores라는 또 다른 개발 프로젝트가 롱아일랜드에서 추진되었다. 이곳은 영화 제작자 윌리엄 폭스William Fox와 의류 사업가 제이콥 프랭클이 1926년 개발한 지역으로, "예술적인 운하와 수로 시스템이 건설 중"이라고 홍보되었다.

베네치아풍 교외 개발 붐은 오래가지 않았다. 1926년 이후, '석호lagoon'라는 단어는 부동산 구매 희망자들에게 불쾌한 기억을 떠올리게 만들었다. 그러나 교외 개발 붐 자체는 1928년이나 1929년이 되어서야 비로소 시들기 시작했다. 그 무렵이 되자, 많은 교외 지역이 과잉 개발된 것이 명백해졌다. 도로를 따라가다 보면 오랫동안 비어 있었던 듯한 집들이 보이고, 쇼윈도가 텅 빈 상점들이 늘어났으며, 미완성 상태로 방치된 '개선 사업'의 흔적들이 남아 있었다. 어떤 교외 아파트들은 담보대출 연체로 인해 여러 차례 소유주가 바뀌었고, 완공되지 않은 주택 단지의 거주자들은 예상치 못한 세금과 부담금 때문에 신음하고 있었다. 그럼에도 불구하고, 플로리다와 마찬가지로 교외 지역에도 여전히 미래가 있었다. 사람들은 여전히 공간과 자유를 원했으며, 동시에 인구 밀집 지역과의 접근성을 필요로 했다.

1920년대 부동산 붐의 마지막 국면은 도시에서 전개되었다. 당시 미국의 스카이라인에 어떤 변화가 일어났는지를 알고 싶다면, 1920년과 1930년에 촬영된 대도시 항공 사진을 비교해 보면 된다. 거의 모든 도시에서 새로운 마천루가 도심 한가운데 솟아올라 있었다. 초고층 빌딩 건설 붐은 뉴욕에서 절정에 달했으며, 특히 그랜드 센트럴 지구에서 가장 거대하게 전개되었다. 이 지역의 건설 붐은 1928년에 최고조에 이르렀다. 새로운 빌딩들은 40층, 50층 이상으로 치솟았고, 1918년부터 1930년까지 이 지역의 현대식 사무실 공간 총면적은 약 10배 증가했다. 1931년 초, 이스트 강 근처에서 촬영된 맨해튼 북쪽 지역의 사진을 보면, 가장 눈에 띄는 초고층 빌딩 20개가 모두 전후 10년 동안 세워진 것이었다. 가장 높은 두 개의 건물, 즉 크라이슬러 빌딩과 엠파이어 스테이트 빌딩은 1929년 대공황 이후에 완공되었지만, 이 빛나는 초고층 빌딩이 비계에서 완전히 벗어났을 때, 그 아래 인도에서는 사과를 파는 실직자들이 추위에 떨고 있었다. 그러나 엠파이어 스테이트 빌딩은 여전히 1920년대 넘치는 자신감의 기념비였다.

그러나 그 자신감은 지나치게 과했다. 초고층 빌딩은 과잉 공급되었다. 1931년 봄, 그랜드 센트럴 지구 내 대형 사무용 빌딩의 17퍼센트가 공실 상태였으며, 업타운 플라자 지구의 경우, 무려 40퍼센트의 사무 공간이 비어 있었다. 새로 지어진 빌딩의 소유주들은 기업들에게 '일정 기간 동안 무료 임대'를 제안하며 입주를 유도했고, 심지어 기존 빌딩에서 체결된 임대 계약을 대신 인수해 주기도 했다. 이런 상황을 본 금융가들은 뉴욕 부동산 시장의 위험성에 대해 우려를 표했다. 물론, 뉴욕에는 여전히 미래가 있었다. 그러나 투기 열풍은 도시를 너무 빠르게 위로 끌어올렸다.

5

1926년 플로리다 허리케인 이후, 일반인들은 부동산 투기에 대한 관심을 급격히 잃었다. 이제 사람들은 교외 개발이나 40층짜리 초현대식 건축 실험에는 큰 관심이 없었다. 그들은 단지 집주인으로서, 혹은 구경꾼으로서 이를 바라볼 뿐이었다. 그러나 1925년, 플로리다 골드코스트에서 열광적으로 부동산에 투자했던 그 투기 열병이 완전히 사라진 것은 아니었다. 그것은 단지 잠시 멈춘 것뿐이었다. 플로리다의 부동산이 투기 대상으로 부적절했었다고? 좋아. 그렇다면 다음 투기 대상은 뭐지? 쿨리지 시대의 번영이 가져온 눈부신 가능성에 여전히 매료된 대중은 새로운 투자처를 찾기 시작했다. 그리고 곧, 새로운 투기 열풍이 서서히 가속도를 내기 시작했다. 이번에는 부동산이 아니라, 전혀 다른 것이었다. 투기의 중심지는 플로리다 마이애미의 플래글러 스트리트에서 뉴욕 월 스트리트로 이동했다. 대강세장이 본격적으로 시작된 것이었다.

12 대강세장

THE BIG BULL MARKET

1928년 2월 어느 날, 한 투자자가 한 은행가에게 주식 매수에 대한 조언을 구했다. 그 은행가는 고개를 저으며 말했다. "나는 지금 주가가 너무 위험할 정도로 높다고 생각하네. 이 강세장은 너무 오랫동안 지속되었어. 최근 가격이 조금 하락하기는 했지만, 앞으로 더 크게 떨어질 가능성이 충분히 있네. 경기 상황도 썩 좋지 않아. 물론, 적절한 종목을 고른다면 결국 괜찮을 수도 있고, 심지어 이익을 볼 수도 있겠지. 하지만 나라면 무슨 일이 일어나는지 당분간 지켜보겠어."

보수적 금융 원칙의 모든 기준에 따르면, 그 은행가는 옳았다. '쿨리지 시대의 번영'에 대한 엄청난 신뢰는 미국의 사업가들을 새로운 지위로 끌어올렸으며, 수많은 남녀가 플로리다 부동산에 저축을 걸고 도박하도록 만들었다. 동시에, 1924년 이후 보통주 가격을 계속 끌어올려, 많은 냉철한 금융인들이 우려할 만한 수준에 도달했다고 보았다.

1927년 내내 투기 열기는 점점 고조되었다. 증권 브로커들이 트레이더들의 마진[증거금] 계좌*를 유지하기 위해 빌린 돈의 총액은 한 해 동안 28억 1,856만 1,000달러에서 35억 5,835만 5,000달러로 크게 늘었다. 1927년 12월 3일이 포함된 한 주 동안 뉴욕 증권거래소에서는 역사상 그 어느 때보다 많은 주식이 거래되었다. 뉴욕이든 샌프란시스코든, 혹은 시골의 작은 마을이든, 저녁 식사 후 대화를 잠시만 들어봐도, 증권 시세 표시기가 지금껏 생소했던 사람들까지도 스튜드베이커Studebaker나 휴스턴 오일Houston Oil 주식 100주를 보유하고 있으며, GL, X, ITT 같은 주식 티커symbol**를 익히고, 월 스트리트에서 나온 오후 1시 30분 시세를 확인하기 위해 석간신문의 가판을 펼치는 모습을 쉽게 볼 수 있었다.

　투기 열풍은 연방준비제도Federal Reserve System가 1927년 8월 재할인율을 4퍼센트에서 3.5퍼센트로 인하하고 공개 시장에서 국채를 매입하는 조치로 더욱 강화되었다. 이는 지극히 선의에서 비롯된 결정이었다. 몇몇 유럽 국가들은 통화 안정화에 어려움을 겪고 있었고, 유럽 환율이 약세를 보이는 상황에서 미국 금리가 낮아지면 미국으로의 금 유입이 줄어들어 유럽 경제 회복에 기여하고 무역을 활성화하는 효과를 기대한 것이었다. 또한,

---

* Margin Account. 증권사에서 자신의 주식을 담보로 돈을 빌려서 주식을 사는 것을 마진 거래라 하는데 그런 거래를 할 수 있는 계좌.
** 주식시장에서 기업을 식별하는 고유한 약어. GL은 Goodrich 타이어 회사, X는 유에스 스틸, ITT는 International Telephone & Telegraph코퍼레이션을 가리킨다.

미국 내 경기 둔화 조짐을 보이던 차에, 낮아진 금리가 경제를 활성화할 수 있을 것이라 보았다. 하지만 이 조치는 주식시장에도 활력을 불어넣었다. 월 스트리트의 강세론자들은 쿨리지 대통령과 재무장관 멜런의 놀라운 배려로 더욱 고무되었다. 이들은 시장의 신뢰가 흔들릴 때마다 적절한 시기에 안정적인 발언을 내놓아 주가를 다시 끌어올렸다. 1928년 1월, 대통령은 중개인 대출이 너무 많다고 보지 않는다고 공공연히 발언하는 전례 없는 조치를 취했다. 이는 금융계의 신중한 인사들이 걱정하던 인플레이션을 백악관이 승인하는 듯한 인상을 주었다.

한편, 주가가 상승하는 동안, 실물 경제는 분명히 둔화하고 있었다. 1927년 하반기에는 뚜렷한 경기 후퇴가 발생했고, 1928년 2월에는 뉴욕 자선기구협회Charity Organization Society의 국장이 전쟁 직후 이후 최악의 실업 상황이라고 보고했다. 이러한 경제 불안정 속에서 1928년 1월과 2월 동안 주식시장은 불안정하고 급변하는 모습을 보였으며, 가격은 여전히 기록적인 수준에 머물러 있었지만, 앞으로의 경제 전망은 매우 불투명했다.

경제 분석가와 경기 예측가들의 전망은 결코 낙관적이지 않았다. 1928년 1월 5일, 무디스 투자 서비스Moody's Investors Service는 "주가가 예상되는 발전을 과도하게 반영했다"며, "시장이 건전한 상태로 돌아가기 위해 어느 정도 조정이 필요할 것"이라고 언급했다. 3월 1일, 무디스는 여전히 우려를 표하며, "자금 사정이 완화되어 은행들이 신용 확대를 독려하기 전까지는 대중의 비관적 심리가 쉽게 바뀌지 않을 것"이라고 내다보았다. 3월 3일, 하버드 경제 연구소Harvard Economic Society는 통계 차트를 분석한 결과, "2월의 경제 동향을 고려하면, 경기가 일시적 조정기에 접어든 것으로 보인다"고 발표했다. 다만, 이들은 "주식시장의 중간 조정이 심각한 경기 침체로 이어지지는 않을 것"이라는 희망 섞인 전망도 덧붙였다. 내셔널 시티 은행National City Bank은 점진적인 경기 개선을 기대했고, 스탠다드 통계 회사Standard Statistics Company[현재 스탠다드 앤드 푸어스의 전신 중 하나]는 이미 회복이 시작되었다고 주장했다. 그러나 이 기관 또한 "앞으로 몇 달 동안의 주가 흐름은 전적으로 통화 정책에 달려 있다"고 신중한 태도를 보였다. 《뉴욕 타임스》의 금융 담당 편집자는 현재 경제 상황을 분석한 결과, '망설임'이 감돌고 있다고 보도했다. 월스트리트의 불안감을 반영하듯 '이번 황소장을 너무 오래 붙잡고 있지 않습니까?' '디플레이션이 시작되었을까요?' 같은 헤드라인이 투자 서비스 광고를 장식했다. 시장에는 불확실성이 짙게 깔려 있었다.

이 시점에 누군가가 주식시장이 광란의 상승세에 접어들 것이며, 이전의 모든 상승이 보잘것없어 보일 정도가 될 것이라고 예측했다면 그는 완전히 미쳤거나, 아니면 대중 심리에 대한 천재적인 통찰력을 지닌 인물이었을 것이다. 주의를 당부한 은행가는 금융 상황에 대해 정확히 판단하고 있었으며, 경제 예측가들도 마찬가지였다. 그러나 그들은 오랜 기간 지속된 '쿨리지 번영'이 불러온 미국인의 무한한 상업적 낭만주의를 고려하지 못했다. 1928년 3월 3일, 바로 하버드의 전문가들이 '중간 조정'을 논하고, 《뉴욕 타임스》가 '망설임'을 이야기하던 그날, 주식시장은 본격적인 광란의 국면으로 접어들었다.

2

 이제 1928년 3월 4일, 일요일 아침 신문을 펼쳐보자. 그 무거운 종이 뭉치에는 온갖 정보가 가득했다. 몇 달 전, 캘빈 쿨리지는 그의 특유의 단순한 말투로 "1928년 대통령 선거에 출마하지 않기로 했다"고 발표했으며, 사람들은 그의 말 속에 숨은 뜻이 있는지 의심했다. 이미 그의 상무장관이었던 허버트 후버는 8년 전 정치의 '아마추어'라고 불리는 것을 불쾌해했지만, 이제는 확실한 '프로'처럼 공화당 전당대회를 앞두고 대의원들을 확보하고 있었다. 헨리 포드가 모델 A를 공개한 지 세 달이 지났지만, 거리에서 새 포드 자동차가 지나가면 여전히 사람들의 시선을 끌었고, 아라비안 샌드 색상의 세단을 주문했던 이들은 혹시 9월까지 기다려야 하는 건 아닌지, 그리고 결국 '던 그레이Dawn Gray' 색상밖에 남지 않는 건 아닌지 걱정하고 있었다. 찰스 린드버그는 9개월 동안째 국민적 영웅으로 추앙받고 있었지만 여전히 총각이었으며, 1928년 3월 4일자 신문 21면에는 그가 미네소타 리틀 폴스에 있는 그의 생가를 박물관으로 만들려는 의회 법안에 반대했다는 기사가 실렸다. 리처드 버드는 남극 비행 계획을 발표하려 하고 있었다. 백화점 광고에 등장한 여성들의 치마 길이는 사상 최단으로, 무릎을 간신히 덮을 정도였다. 스포츠란에는 C. C. 파일의 악명 높은 '버니언 더비Bunion Derby'가 로스앤젤레스에서 274명의 참가자와 함께 출발을 앞두고 있다는 소식이 실렸다.* 다른 면에서는 윌리엄 제이 부인, 로버트 로우 베이

12 대강세장 385

컨 부인, 찰스 캐리 럼지 부인이 시몬스 침대를 홍보하며 노블레스 오블리제를 실천하고 있었다. 『산 루이스 레이의 다리』는 90일 만에 10만 부가 팔렸다는 광고가 실렸다. 서평란에서는 S. S. 밴 다인의 『그린 살인 사건 *The Greene Murder Case*』, 윌라 캐더의 『대주교에게 죽음이 오다 *Death Comes for the Archbishop*』, 루드비히 루이스언의 『내면의 섬 *The Island Within*』이 소개되었다. 연극란에는 뉴욕에서 《메리 듀건의 재판 The Trial of Mary Dugan》이 7개월째, 존 골즈워디의 《탈출 Escape》이 5개월째 공연 중이었으며, 《이상한 막간극 Strange Interlude》, 《쇼보트 Show Boat》, 《파리 바운드 Paris Bound》, 《포기 Porgy》, 《퍼니 페이스 Funny Face》 중에서 관객들은 선택할 수 있었다. 유성영화가 무성영화를 위협하기 시작했고, 앨 졸슨이 《재즈 싱어 The Jazz Singer》로 비타폰을 통해 소개되었으며, 폭스사의 두 편의 영화가 '심포닉 무비톤 Symphonic Movietone' 효과와 함께 개봉되었다. 주식시장 소식은 굳이 경제란을 펼쳐볼 필요도 없었다. 1면에 실린 한 기사는 앞으로 다가올 광란을 예고하는 것이었다.

전날 아침, 제너럴 모터스 주식은 139 3/4달러로 시작했지만 불과 두 시간 만에 144 1/4달러까지 급등하며 금요일 종가 대비

---

* C. C. Pyle은 흥행사로, 당시 기상천외한 이벤트를 여럿 주관했는데, 그중 대표적인 것이 바로 이 마라톤 대회이다. 버니언 더비는 로스앤젤레스에서 출발해 뉴욕시까지 달리는 미국 대륙 횡단 마라톤으로 거리는 약 5,470km로, 육체적으로 극한에 가까운 도전이었다. 274명의 참가자 중 완주자는 극소수에 불과했으며, 많은 이들이 부상이나 탈진으로 도중에 포기했다. Bunion은 발에 생기는 통증성 혹을 의미하며 '버니언 더비'는 발에 물집과 혹이 생기도록 달리는 무모한 경주라는 뜻에서 붙은 별명이다.

5달러 이상 상승했다. 이날 총 거래량은 120만 주를 조금 넘었으나, 그중 거의 3분의 1이 모터스 주식이었다. 1928년의 투기적 봄철 열기가 시작된 것이다.

그날 개장 당시 일부 주요 종목의 가격과 배당금(괄호 안)을 보면 당시 시장 분위기를 알 수 있다.

아메리칸 캔 (2) → 77달러
아메리칸 전화 & 전신 (AT&T) (9) → 179 1/2달러
아나콘다 (3) → 54 1/2달러
일렉트릭 본드 & 셰어 (1) → 89 3/4달러
제너럴 일렉트릭 (보너스 포함 5) → 128 3/4달러
제너럴 모터스 (5) → 139 3/4달러
몽고메리 워드 (보너스 포함 5) → 132 3/4달러
뉴욕 센트럴 (8) → 160 1/2달러
RCA (배당 없음) → 94 1/2달러
유니언 카바이드 & 카본 (6) → 145달러
유에스 스틸 (7) → 138 1/8달러
웨스팅하우스 (4) → 91 5/8달러
울워스 (5) → 180 3/4달러

월요일, 제너럴 모터스는 2 1/4달러 더 올랐고, 화요일에는 3 1/2달러 상승했다. 주가가 마침내 150선을 돌파하자 시장은 흥분으로 들끓었다. 주식시장이 연일 신문 1면을 장식하면서, 다른 종목들도 영향을 받기 시작했다. 유에스 스틸, RCA(Radio Corporation of America), 몽고메리 워드 역시 상승세를 보였다. 수요일과 목요일에 잠시 숨 고르기를 한 후, 금요일에 제너럴 모터스는 경이로운 9 1/4달러 상승을 기록하며 모두를 놀라게 했다. 이 소식은 회사의 자회사인 매니저스 시큐리티스 컴퍼니Managers Securities Company 경영진을 위해 자사 주식 20만 주를 공개 시장에서 평균 150달러 선에서 매수했다는 발표와 함께 나왔다.

그러나 토요일, RCA의 보통주는 제너럴 모터스를 완전히 압도했다. RCA 주가는 무려 12 3/4달러 급등하여 120 1/2달러로 마감했다.

도대체 무슨 일이 벌어지고 있었던 걸까? 경기가 침체 상태이고, 신용이 과도하게 팽창했으며, 주가 수준이 위험할 정도로 높은데도, 시장이 미쳐버린 것일까? 만약 이 광적인 투자자들이 한꺼번에 주식을 팔려고 한다면 어떻게 될까? "최고점에서 매도할 기회가 얼마나 오래 지속될 것인가?" 무디스 투자 서비스 예측가들은 RCA의 급등을 보며 같은 질문을 던졌다. 그것이 현실적인 물음이었다.

사실, 시장에서 벌어지고 있던 일은 몇몇 거대 투기 세력이 사상 유례없는 대량 매수를 진행하고 있었던 것이다. 자동차 산업과 곡물 시장, 그리고 주식 강세장의 초기 단계에서 거대한 부를 쌓았던 W. C. 듀란트, 아서 커튼, 피셔 형제, 존 J. 래스콥 같은 인물들이 대규모 매수에 나섰다. 그들은 경기가 곧 회복될 것이라 믿었다. 포드의 생산이 지연되는 상황에서 제너럴 모터스가 큰 성과를 낼 것이라 예상했다. RCA가 시장 지위를 강화했고, 앞으로 전례 없는 수익을 낼 준비가 되어 있다는 점, 그리고 새로운 과학적 발견이 이어질수록 RCA의 미래가 더욱 밝아진다는 점도 알고 있었다. 자동차와 라디오 — 이들은 대량 생산의 자신감으로 가득 찬 1920년대, '쿨리지 번영'의 가장 빛나는 상징이었다. 이 두 산업은 투기적 상상력을 자극하기에 충분한 매력을 가지고 있었다. 게다가, 이 거대 강세 세력들은 수천 명의 투자자들이 주식시장 붕괴를 예상하고 공매도에 나섰다는 사실을 알고 있었다. 그리고 그들은 주가를 끝없이 밀어 올려, 공매도 세력을 강제로 되사게 만들 수 있다는 점을 정확히 파악하고 있었다. 마지막으로, 그들은 미국 대중을 잘 알고 있었다. 대중은 급등하는 시장의 유혹을 뿌리칠 수 없었다. 대중은 빠르게 부자가 되고 싶어 했으며, 미국 경제의 황금빛 미래에 대한 어떤 이야기든 믿을 준비가 되어 있었다. 주가가 오르면, 대중은 분석가들의 경고도, 경기 전망도 무시하고 주식을 사들일 것이었다.

그들의 예상은 정확했다. 대중은 주식을 샀다.

3월 12일 월요일, 주식시장은 또다시 신문 1면을 장식했다. RCA는 120 1/2달러에 개장하여, 138 1/2달러에 마감했다. 다른 종목들도 눈에 띄는 상승세를 보였고, 거래량은 사상 최고치인 3,875,910주를 기록했다. 주식 시세 표시기는 시장보다 6분이나 늦어졌고, 증권거래소를 찾은 관람객들은 빨간 머리의 마이클 미핸(RCA 전문 트레이더)이 마치 5시간 동안 지속된 난투극의 중심에 있는 것 같았다고 전했다. "거의 길거리 싸움처럼 보였다"고 한 관찰자는 말했다.

3월 13일 화요일, 시장은 극심한 변동성을 보였다. RCA는 개장과 동시에 160달러를 기록하며, 전날 종가보다 무려 21 1/2달러 급등했다 — 충격적인 상승이었다. 그러나 곧 증권거래소가 RCA의 '기술적 코너technical corner'* 가능성에 대한 조사를 시작한다는 발표가 나오자, 주가는 140달러까지 폭락했다. 하지만 같은 날 다시 155달러까지 반등한 후, 146달러에 마감하며 월요일 종가보다 7 1/2달러 상승했다. 이날 한 거대 공매도 투자자가 완전히 파산했다는 소문이 돌았다. 그리고 이번에는 주식 시세 표시기가 시장보다 12분이나 늦어졌다.

그렇게 주식시장은 하루하루, 그리고 몇 주씩 계속해서 요동쳤다. 3월 16일, 주가 표시기가 33분이나 지연되었고, 사람들은 언젠가 하루 거래량이 500만 주에 이를 수도 있다는 말을 하기 시작했는데, 이는 거의 믿을 수 없는 일이었다. 3월 20일, RCA 주식은 18달러 상승했고, 제너럴 모터스는 5달러 올랐다. 3월 26일, 총거래량 기록이 또다시 깨졌다. 그러나 이 기록은 단 하루 만에 깨지고 말았다. 3월 27일, 원인을 알 수 없는 대규모 매도세가 시장을 덮치며 제너럴 모터스 주가가 갑자기 폭락했다가, 엄청난 매수세가 몰리며 다시 반등하는 격변이 일어났다. 투기 열풍은 전국적으로 번지고 있었다. 하루아침에 거액을 벌었다는 이야기가 사람들의 입에 오르내렸다. 한 금융 해설가는 의사를 찾아갔더니 환자들이 주식 이야기만 하고 있었고, 그의 이

---

* 유통량 부족에 의한 인위적 가격 급등 상태를 말한다. '코너링'이란 특정 주식을 다량 매집해서 시장에 유통되는 물량을 사실상 고갈시키고 나중에 그 주식을 반드시 사야 하는 사람들(특히 공매도한 사람들)을 강제로 높은 가격에 사게 만들어 폭리를 취하는 행위를 말한다. 이걸 cornering the market 또는 그냥 corner라고도 부른다.

발사는 뜨거운 수건을 얹으며 몽고메리 워드의 주가 전망을 이야기했다고 전했다. 아내들은 남편들에게 왜 그렇게 느리냐고, 왜 이런 기회를 놓치고 있냐고 다그쳤고, 남편들은 그날 아침 아메리칸 린시드American Linseed 주식 100주를 샀다고 대답했다. 증권사 지점들은 주가 표시기 상황판을 바라보는 사람들로 가득 찼다. 주식을 한 주도 보유하고 있지 않더라도, 3월 27일 제너럴 모터스의 급락과 반등이 숫자로 흘러가는 것을 지켜보는 것만으로도 짜릿한 흥분을 느낄 수 있었다.

GM 50.85 (즉 5,000주가 185달러에 거래됨) 20.80. 50.82. 14.83. 30.85. 20.86. 25.87. 40.88. 30.87. . . .

몇 주가 지나면서 새로운 인기 종목들이 떠올랐다. 몽고메리 워드는 상승세를 타고 있었다. 항공 관련 주식들도 급등했다. 5월 한 주 동안, 라이트 에어로너티컬 주식은 34 3/4달러 올라 190달러를 기록했고, 커티스 주식은 35 1/2달러 올라 142달러에 도달했다. 1928년 봄 동안 뉴욕 증권거래소는 전례 없는 거래량으로 인해 토요일마다 문을 닫아야 했다. 그동안 중개인들의 사무원들은 산더미 같은 서류를 처리해야 했다. 물론, 중개인 대출도 증가하고 있었으며, 미국의 신용 팽창은 계속해서 심화되고 있었다.

연방준비제도 이사회는 이 사태를 우려했다. 그들은 1927년 금리 인하가 투기를 부추겼다고 보고, 1928년 2월에 재할인율을 3.5퍼센트에서 4퍼센트로 올렸다. 금리를 올려 투기 열기를 억제할 수 있을 것이라 기대했던 것이다. 그러나 결과는 정반대였다. 주식 투기 열풍은 모든 논리와 경제 이론을 거스르며 계속되었다. 연방준비제도는 5월에 다시금 금리를 4.5퍼센트로 인상했지만, 시장은 잠시 흔들린 후 다시 광란의 상승세를 이어갔다. 연방준비제도는 1927년 동안 매입했던 국채를 매도했지만, 그 결과 국채 시장만 혼란에 빠졌을 뿐이었다. 도대체 어떻게 이런 사태가 벌어질 수 있었을까?

1928년 5월 말, 강세장의 속도는 둔화되었다. 주가는 하락했다가 다시 상승하고, 다시 하락하는 움직임을 보였다. 그토록 오래 기다려왔던 조정이 마침내 찾아온 것처럼 보였다. 6월에 들어서자 며칠간 주가가 계속 하락했고, 태평양 연안에서 투기 인기 종목으로 떠올랐던 자니니Giannini 계열 주식들이 갑자기 폭락하며 대규모 손실을 기록했다. 6월 11일, 샌프란시스코 증권거래소에서 뱅크 오브 이탈리 주식은 하루 만에 100달러 폭락했고, 밴치탤리는 86달러, 뱅크 오브 아메리카는 120달러, 유나이티드 시큐리티는 80달러 하락했다. 같은 날, 뉴욕 장외거래 시장에서는 밴치탤리 주식이 수직 낙하하며 200달러에서 110달러로 폭락했고, 이 주식이 1,000달러까지 간다고 철석같이 믿었던 수많은 소액 투기꾼들을 몰락시켰다.

다음 날, 6월 12일, 이 서부의 폭풍이 월 스트리트를 강타했다. 매도 주문이 쏟아지면서 증권거래소에서 언젠가 하루 500만 주 거래가 이뤄질 것이라는 예측이 빠르게 현실이 되었다. 주가 표시기는 시장 가격을 반영하는 속도를 따라가지 못하고 거의 두 시간이나 뒤처졌다. 5월에 200달러를 훌쩍 넘겼던 RCA 주식은 23 1/2달러 하락했다. 물론, 이날 전체 주식의 손실 폭은 이후에 기록될 하락과 비교하면 크지 않았다. 《뉴욕 타임스》가 집계한

50개 주요 종목 평균 주가는 3달러 조금 넘게 하락했을 뿐이었다. 그러나 앞선 며칠간의 하락과 겹치면서, 많은 이들에게는 마침내 강세장이 끝났다는 인상을 주었다. 뉴욕의 한 보수적인 신문은 이날 주식시장 붕괴를 전하는 1면 기사를 단 한 문장으로 시작했다. "어제 월 스트리트의 강세장은 세계적으로 울려 퍼지는 폭발음과 함께 붕괴했다."

(상무장관이 미신을 믿는 사람이었다면, 그는 이날의 거의 공황 상태를 앞으로 닥칠 문제들의 전조로 여겼을지도 모른다. 왜냐하면 같은 신문 1면의 대문자 헤드라인에는 '후버, 전당대회 개막과 함께 1차 투표에서 확정적 승리'라는 문구가 실려 있었기 때문이다.)

그러나 강세장이 붕괴한 것일까? 6월 13일, 시장은 균형을 되찾은 듯 보였다. 6월 14일, 후버가 공식적으로 공화당 후보로 지명된 날, 주식시장은 추가로 회복세를 보였다. 예고된 조정은 부분적인 것이었다. 수천 명의 투기꾼들이 시장에서 퇴출되었고, 몇몇 거대한 재산이 사라졌으며, 수많은 종이 위의 수익이 허공으로 날아갔지만, 대강세장은 아직 젊었다.

3

몇 주 후, 공화당이 허버트 후버를 그다지 열정적이지 않은 분위기 속에서 지명한 뒤, "모순된 집단들의 연합체"라 불리던 민주당은 뉴욕 주지사 앨프리드 E. 스미스를 후보로 선출했다. 그는 이스트 사이드East Side 출신의 유쾌한 인물이었으며, 정부 행정에 뛰어난 능력을 갖추었고, 갈색 더비 모자를 즐겨 썼다. 앨 스미스는 주목할 만한 선택이었다. 태머니 홀과의 연계, 금주법 반대 입장, 그리고 무엇보다도 그가 로마 가톨릭 신자라는 점은 남부와 서부 대부분에서 거부감을 불러일으켰다. 쿠 클럭스 클랜이 최근에 가면을 버리고 조직명을 '위대한 숲의 기사단Knights of the Great Forest'으로 변경했다고 발표했지만, 반反가톨릭 감정은 여전히 거칠게 표출될 수 있는 상태였다. 그럼에도 불구하고, 민주당이 1차 투표에서 스미스를 지명한 것은 그의 강력한 개성과 행정 능력에 대한 널리 퍼진 존경심, 그리고 어떤 민주당 후보라도 '단단한 남부Solid South'는 지지하리라는 믿음, 더 나아가 이민자 출신의 금주법 반대 후보가 공업 지대와 대도시에서 공화당 지지층을 끌어들일 수 있다는 기대 때문이었다. 또한 다른 유력한 후보가 부족했던 점도 한몫했다.

그렇게 1928년 대선 캠페인이 시작되었다.

그것은 기묘한 선거였다. 후보자들을 분명히 가르는 중대한 쟁점이 하나 있었기 때문이다. 이미 10장에서 언급했듯이, 앨 스미스는 금주법에 대한 혐오를 숨기지 않았다. 반면 후버는 이를 "고상한 동기와 원대한 목적을 가진 위대한 사회적·경제적 실험"이라고 부르며 "건설적으로 풀어나가야 한다"고 주장했다. 물론 금주법 반대파가 많은 동부 도시들에서 유세를 벌인 공화당 연설가들은 "후버의 발언은 사실상 금주법을 서서히 폐지해야 한다는 의미"라고 주장했고, 반대로 민주당 연설가들은 남부와 서부 농촌 지역에서 "앨 스미스의 금주 반대 입장은 개인적인 견해일 뿐, 당론으로 채택될 수 없다"고 강조했다. 그럼에도 불구하고, 두 후보 간의 입장 차이는 명확했다. 금주법이 마침내 대통령 선거에서 핵심 이슈로 떠올랐다.

또한 농업 지원 문제도 공식적인 쟁점이었지만, 이 부분에서는 실질적인 차이가 거의 없었으며, 오히려 두 후보가 누가 더 북서부 농민들에게 더 많은 혜택을 제공할지 경쟁하는 상황이었다. 스미스가 중요하게 여겼던 수력발전 문제도 있었지만, 유권자들의 뜨거운 관심을 끌지는 못했다. 이는 너무 많은 유력 인사들이 'Electric Bond & Share'나 'Cities Service' 같은 전력 회사의 밝은 미래를 꿈꾸고 있었기 때문일 수도 있다. 뿐만 아니라, 선거에는 공식적으로 드러나지 않은 수많은 다른 요인들이 개입되었다. 수백만 명의 유권자들은 스미스가 백악관을 바티칸의 지점으로 만들까 두려워 후버를 지지했고, 반면, 또 다른 수백만 명은 종교적 편견에 반대하기 위해 스미스를 지지했으며, 일부는 후버가 고집스러운 독단주의자가 될 것이라 우려하여 반대표를 던졌다. 다른 이들은 앨 스미스의 모자나 그의 아내의 보석을 싫어해서 반대표를 던졌다. 하지만 이 선거의 가장 흥미로운 점은 미국 대중이 '강세장' 속에서 번영에 집착하는 모습을 얼마나 반영하고 있었는가였다.

우선, 1924년과 달리 1928년에는 강력한 제3당 후보가 없었다. 급진주의를 속삭이던 자들은 새로운 경제 시대를 예언하는 전문가들의 말에 잠재워졌고, 사회당Socialist Party은 노먼 토머스를 후보로 내세웠지만, 처음부터 승산이 없었다. 미국인들은 주식 시세 표시기에 묶여 있었다. 심지어 민주당조차 어려운 상황에 처했다. 과거 민주당은 금융 및 산업계를 지배하는 인물들에 대해 다소 냉소적인 태도를 보였지만, 이제는 그럴 수 없었다. 번영의 악대차 앞자리에 앉은 이들을 비판하거나 그 목적지가 약속의 땅이 아닐지도 모른다고 시사하는 것은 정치적 자살 행위가 될 것이기 때문이었다. 또한 공화당 정권 아래에서 호황이 찾아왔다는 사실 자체를 부정할 수도 없었다. 그들이 할 수 있는 최선은 자신들 또한 배당금과 주가 상승을 통해 미국을 안전하게 지킬 수 있음을 보여주는 것이었다.

이제 민주당은 절박한 심정으로 이를 실행에 옮겼다. 민주당 전국위원회 위원장으로 앨 스미스는 서부 개척지 출신의 열정적인 하원의원을 선택하지 않았다. 그는 존 J. 래스콥을 선택했다. 래스콥은 제너럴 모터스 부사장이자 재무위원장, 제너럴 모터스 억셉턴스(GMAC) 부사장, E. I. 듀폰 드 네무르 부사장 겸 재무위원회 위원, 그리고 뱅커스 트러스트Bankers Trust, 아메리칸 슈어티American Surety, 뉴욕 카운티 트러스트County Trust of New York 이사를 맡고 있었다. 그는 제너럴 모터스를 중심으로 강세장을 이끄는 핵심 인물로 알려져 있었고, 래스콥은 정치 신인이었고, 『저명인 사전Who's Who』에는 그의 직업이 '자본가'로 기재되어 있었으며, 공화당원으로 등록되어 있었다. 하지만 그게 무슨 문제란 말인가? 많은 민주당원들은 스미스가 그를 정치에 끌어들인 것을 칭찬했다. 존 J. 래스콥이 민주당에 가담했으니, 민주당이 승리한다고 해서 보통주 주가가 수익의 20배에 거래되지 못할 이유는 없다는 이야기도 나왔다.

래스콥은 민주당 선거본부를 뉴욕 제너럴 모터스 빌딩으로 옮겼다. 이보다 더 강세장을 상징하는 주소는 없었다. 그에 대해 스탠다드 오일의 금융인인 하크니스 씨, 은행가이자 설탕 정제업자인 스프레켈스 씨, 철도, 증권 회사, 부동산, 유통업에 걸친 다양한 이해관계를 가진 뉴욕의 금융인 제임스 씨가 "스미스의 당선 가능성이 그들의 이해를 조금이라도 위협한다고는 전혀 여기지 않는다"고 자랑스럽게 밝혔다. (한때 '새로운 자유New Freedom'를 찬양하며 스탠다드 오일 거물과 월 스트리트 금융가를 맹렬히 비판했던 민주당 연설가들이 이 말을 들었다면 어떤 반응을 보였을까?) 그리고 래스콥과 스미스 주지사는 모두 민주당의 오랜 교리였던 저관세 원칙에 대해 조심스럽게 말을 아꼈다. 그들은 2년 뒤쯤이면 공화당의 고관세 정책이 차라리 완전히 폐기되었더라면 하고 바라는 사람들이 많아질 것이라는 사실을 전혀 예견하지 못했다.

공화당 측은 당연히 번영을 공화당만의 특별한 성과로 선전했다. 아직 완벽하진 않지만 이제 마지막 손질만 남았다는 것이었다. 허버트 후버 자신이 수락 연설에서 이 메시지를 힘주어 말했다.

"가장 오래되고 어쩌면 가장 고귀한 인류의 염원 중 하나는 빈곤의 철폐입니다. 오늘날 우리는 인류 역사상 그 어느 때보다도 빈곤을 최종적으로 극복하는 날에 더 가까이 다가와 있습니다. 빈민구제소는 우리 사회에서 사라지고 있습니다. 아직 목표에 완전히 도달하지는 않았지만, 지난 8년간의 정책을 계속 추진할 수 있는 기회만 주어진다면 머지않아 신의 도움으로 빈곤이 이 나라에서 추방되는 날을 보게 될 것입니다. 빈곤에 대한 가장 확실한 보장은 모든 사람에게 일자리를 주는 것입니다. 그것이 바로 우리가 옹호하는 정책의 핵심입니다."

그러나 후버는 아마도 훗날 이 낙관적 연설을 후회했을 것이다. 이 연설은 오직 한 가지 빠져나갈 구멍만 남겨두었다. 신의 도움이 필요하다는 단서였다.

하지만, 당시의 후버를 비난할 수는 없었다. 1928년 여름, 경제는 지난겨울보다 훨씬 호황을 누리고 있었다. 6월의 조정기 이후 주식시장도 다시 급등세를 보이고 있었다. 공기가 온통 낙관론으로 가득 차 있었다. 무엇보다도 정치인에게 가장 중요한 것은 당선되는 것이었다. 경제 주기 그래프 앞에 앉아 분석하는 경제학자 후버에게는 가난의 종식이 의심스러웠을지 모르지만, 마이크 앞에서 연설하는 정치인 후버에게는 확실한 약속이었다. 번영은 1928년 공화당의 확실한 승리 카드였다.

앨 스미스는 선거운동에서 분투했다. 그는 도시에서 도시로 힘차게 유세하며 갈색 중절모에 사인을 해주고, 금주법을 강하게 비판하며, 종교적 편협함을 공격하고, 농민을 위한 새로운 정책을 약속했다. 하지만 그의 노력은 헛수고였다. 그가 넘어야 할 장벽은 너무 높았다. 선거일이 다가왔고, 결국 후버는 압승을 거두었다. 후버의 총 득표수는 2,150만 표, 스미스는 1,500만 표를 얻었다. 선거인단 투표는 444대 87이었다. 후버는 스미스의 고향인 뉴욕주와 경합주였던 오클라호마, 테네시, 켄터키를 모두 이겼을 뿐 아니라, 그동안 철벽처럼 민주당을 지지했던 '단단한 남부Solid South'의 벽마저 무너뜨렸다. 그는 플로리다, 텍사스, 노스캐롤라이나, 그리고 심지어 버지니아까지 무너뜨렸다.

이것은 기념비적인 승리였다. 이를 축하하듯 주식시장은 선거 기간 내내 고점을 갱신하며 상승을 거듭했고, 선거가 끝나자 광란의 폭등장에 돌입했다. 강세장에는 이제 새로운 구호가 등장했다. "번영의 4년 연장!"

4

1928년 11월, '후버 강세장Hoover bull market'에서 그해 초 세웠던 기록들이 모두 산산조각이 났다. 중개인들이 한때 경외심을 담아 언급했던 500만 주 거래일? 이제는 그 정도 거래량이 지루할 정도로 반복되었고, 11월 23일에는 거래량이 거의 700만 주에 달했다. 증권거래소 회원권 가격이 치솟는 것에 놀랐던가? 11월에는 58만 달러라는 새로운 기록이 세워졌다. RCA가 150달러에 거래되는 것에 경악했던가? 11월 말, RCA는 400달러까지 치솟았다. 10달러 상승과 사상 최고가 경신은 이제 흔한 일이었다. 몽고메리 워드는 봄에 200달러를 향해 상승하더니, 11월 30일에는 439 7/8달러까지 치솟았다. 구리 관련 주식들도 폭등했고, 패커드Packard는 145달러, 라이트 항공Wright Aeronautical은 263달러까지 상승했다. 중개인 대출? 물론 사상 최고치를 경신했지만, 사람들은 이것을 미국 경제의 번영을 나타내는 신호로 여겼다. 미국인들이 미래의 진보에 대한 파트너십을 일부 선금으로 구매하고 있다는 뜻이라는 것이었다. 콜머니[초단기 대출 금리]는 8~9퍼센트 대에 형성되었다. 조금 높기는 했지만 강세론자들은 그게 무슨 문제냐고 했다. 사람들이 기꺼이 그만큼을 지불한다면 말이다. 금리가 높아도 경기는 전혀 나쁘지 않았다. 오히려 최고였다. 새로운 시대New Era가 도래했고, 빈곤의 종말은 이제 코

앞에 다가온 듯했다.

  그러나 12월, 시장은 다시 조정을 겪었고, 이번에는 6월보다 더 가파르게 하락했다. 특히 12월 7일(토요일)은 공포의 날이었다. 증권 시세 표시기는 매매 속도를 따라잡지 못한 채 지연되었고, RCA는 단 하루 만에 72달러 폭락했다. 투자자들은 RCA가 361달러에 개장하여 간신히 363달러까지 올랐다가 296달러까지 급락하는 광경을 공포 속에서 지켜보았다. 이 시점에서 296달러는 "불이 난 창고에서 건진 가격fire-sale figure"처럼 보였다. (라디오 코퍼레이션은 1928년 첫 9개월 동안 주당 7.54달러를 벌어들였으며, 전통적인 '10배 주가수익 비율' 기준을 적용하면 적정 주가는 100달러를 넘지 않아야 했다. 그러나 이 기준은 이미 사라진 지 오래였다. 시장은 맥스 윙클러의 표현을 빌리면, 미래는 물론 내세까지도 미리 반영하고 있었다.) 같은 날 오전, 몽고메리 워드는 29달러 급락했고, 인터내셔널 하베스터International Harvester는 368 1/2달러에서 307달러까지 하락했다. 그러나 6월과 마찬가지로, 시장이 붕괴 직전에 이르렀을 때 다시 균형을 되찾았다. 이후 몇 주 동안 가격 변동성이 심한 불안한 장세가 이어졌고, 다시 상승세가 시작되었다.

  연방준비제도 당국은 난처한 상황에 처했다. 투기가 점점 더 많은 국가의 유동성을 흡수하고 있었다. 신용이 과도하게 팽창하며, 위험이 갈수록 커지고 있었다. 연방준비제도가 정상적인 대응을 한다면, 재할인율을 인상해 차입 비용을 올리고 투기의 매력을 감소시키며, 투기 대출을 청산하고 신용 공급량을 축소해야 했다. 그러나 이미 7월에 금리를 5퍼센트까지 올렸음에도 불구하고, 투기 시장에는 일시적인 영향만 미쳤다. 투기 세력은 어떤 금리를 지불하더라도 주가가 상승하는 한 버틸 준비가 되어 있었다. 연방준비제도는 시장 자체가 투기 열기를 식히기를 기다렸지만, 상황은 오히려 악화되었다. 만약 금리를 추가로 인상한다면, 시장을 붕괴시킨다는 비난을 받을 것이고, 실제로 엄청난 충격을 초래할 위험이 있었다. 또한, 고금리는 기업에도 부담을 주어 경기 둔화를 초래할 가능성이 높았다. 더불어 미국 내 금리 상승으로 인해 해외 자금이 더 많이 유입될 경우, 이는 세계 무역에도 부정적인 영향을 미칠 수 있었다. 재무부는 또 다른 걱정을 안고 있었다. 정부의 자체 자금 조달 비용이 상승할 것이기 때문이었다. 멜런 재무장관은 정부가 높은 금리를 물고 차입하는 것을 내켜 하지 않았다.

연방준비제도 이사회는 결국 새로운 방안을 모색했다. 재할인율을 올리지 않으면서도 중개인들에게 연방준비제도 자금이 재대출되는 것을 막으려 한 것이다.

1929년 2월 2일, 연방준비제도는 공식 성명을 발표했다. "연방준비제도법은 연방준비은행의 자원이 투기적 신용을 조성하거나 확장하는 데 사용되는 것을 허용하지 않는다. 회원 은행은 투기 대출을 제공하거나 유지하기 위해 연방준비은행에서 재할인 요청을 할 권리가 없다." 이틀 후, 연방준비제도는 각 연방준비은행에 서한을 보내 "연방준비은행 자금이 증권 담보 대출로 유입되지 않도록 가능한 모든 조치를 취하라"고 요청했다. 동시에 연방준비제도는 공개 시장에서 국채 매입을 대폭 줄였다. 그러나 금리 인상은 여전히 허용되지 않았다. 2월 이후, 뉴욕 연방준비은행 이사회는 여러 차례 재할인율 인상을 요청했지만, 워싱턴에서 매번 거부당했다. 연방준비제도 이사회는 새로운 정책에 의존하기로 결정한 것이었다.

1929년 2월 2일 발표된 연방준비제도의 성명서가 곧바로 초래한 결과는 하룻밤 사이의 주가 폭락이었다. 그러나 이후 연방준비제도가 회원 은행들에 압박을 가하며 '정상적인 기업 활동'에만 대출이 이루어지도록 압박을 가하자, 콜머니 금리는 더욱 상승할 수밖에 없었다. 3월 말, 허버트 후버가 백악관에 입성하고, 번영의 수호신으로 여겨졌던 캘빈 쿨리지가 노샘프턴으로 돌아가 자서전 집필을 시작한 직후, 자금 경색은 갑작스럽고도 극단적인 위기에 도달했다. 주가가 며칠간 하락세를 보이던 중, 3월 26일 콜머니 금리는 12퍼센트에서 15퍼센트로, 이어 17퍼센트, 그리고 마침내 20퍼센트까지 치솟았다. 이는 암울했던 1921년 이후 최고치였다. 그 결과 또 한 번 눈이 어지러울 정도로 주가는 급락했다. 이날 뉴욕 증권거래소(NYSE)의 거래량은 8,246,740주로 11월의 기록을 경신했다. 수많은 투자자들에게 추가 증거금margin을 요구하는 통지서가 그들의 우편함으로 날아갔고, 한때 미국의 미래 번영을 함께 꿈꿨던 수많은 개인 투자자들은 모든 재산을 잃고 강제 청산당했다. 강세장은 이제 벼랑 끝에 몰린 것처럼 보였다.

그날 오후, 뉴욕의 몇몇 은행들은 금융 시장 구원에 나서기로 결정했다. 그들이 연방준비제도의 새로운 정책에 대해 어떻게 생각했든 간에, 지금 당장 시장이 공황 상태에 빠지는 것은 막아야 했다. 무엇이든 공황보다는 나은 선택이었다. 다음 날, 찰스 E.

미첼 전미시티은행National City Bank 회장이 성명을 발표했다. 그는 콜머니 시장에 2,000만 달러를 공급할 준비가 되어 있으며, 그중 500만 달러는 15퍼센트, 추가 500만 달러는 16퍼센트, 나머지는 최고 20퍼센트의 차등 금리로 공급할 것이라고 밝혔다. 미첼의 조치는 상원의원 카터 글래스의 표현을 빌리자면 "연준에 대한 공개적인 모욕"이었지만, 결과적으로 콜머니 금리를 15퍼센트 수준에서 안정시키며 예상되던 금융 공황을 피할 수 있도록 했다.

그러자 주가는 폭락을 멈췄을 뿐만 아니라, 오히려 기운차게 반등했다!

교훈은 명확했다: 일반 투자자들은 웬만한 충격으로는 시장에서 밀려나지 않는다. 오직 대재앙이 발생해야만 시장을 떠날 것이다.

그 후 몇 달 동안, 주가는 불확실한 등락을 거듭했다. 5월에는 다소 침체되었으며, 중개인 대출 규모도 약간 줄어들었으나 전반적인 청산은 발생하지 않았다. 시간이 지나면서 연방준비제도의 규제에도 불구하고 투기 자금이 다시 시장으로 유입되기 시작했다. 기업들은 연방준비제도 회원 은행을 통하지 않고도 8~9퍼센트의 금리로 콜머니 시장에 여유 자금을 쉽게 투입할 수 있는 다양한 방법을 찾아냈다. 많은 기업이 이런 고수익 투자 기회를 적극 활용했고, 이는 "타인을 위한 대출loans for others" 증가로도 드러났다. 가맹 은행들조차 이러한 흐름을 인식하고 점차 불만을 표출하기 시작했다. 6월이 되자, 주가는 다시 오르기 시작했고, 마치 아무 일도 없었던 것처럼 다시 상승세로 돌아섰다. 연방준비제도 당국은 완전히 패배했다.

5

1929년 여름이 되자, 주가는 지난겨울의 불안한 수준을 훌쩍 뛰어넘어 파란 하늘 위 구름도 없는 천정empyrean까지 치솟았다. 유망한 보통주의 가격을 가늠할 때 사용되던 모든 기존 지표들은 이미 한참 전에 무의미해진 지 오래였다. 한때 100달러였던 주식이 300달러가 되었다면, 도대체 그것이 400달러로 더 오르지 않을 이유가 무엇이겠는가? 그런 주식에 올라타 50달러, 100달러의 추가 상승을 즐긴 뒤 끝에는 '이지 스트리트Easy Street[손쉽게 돈 벌 수 있는 곳이란 의미]'가 기다리고 있는데!

논리적으로 보면 이제 시장은 더욱 위험한 상태였다. 1927년에도 과열이었다면, 1929년의 거품은 훨씬 더 심각했다. 브로커 대출 총액은 60억 달러에 육박했으며(1927년 말에는 35억 달러였다), 주가 수준은 터무니없을 정도로 높아졌다. 경제학에서도, 물리학에서도 높이 올라갈수록 더 세게 떨어진다는 원리는 변하지 않는다. 그러나 투기꾼들의 기억은 짧았다. 1929년 여름, 투자자들은 과거 몇 년간의 사례를 떠올리며 안도했다. 매번 주가가 급락했지만, 곧이어 회복했고, 결국에는 더 높은 수준으로 올라가지 않았던가? 시장 흐름이란 두 걸음 올라가고 한 걸음 내려가는 것일 뿐이다. 조정이 오면 (몇 달에 한 번씩은 오곤 했다) 다시 저가 매수하면 된다. 사실, 굳이 팔 필요도 없었다. 보유한 주식이 탄탄하기만 하다면 결국에는 반드시 이기게 되어 있었다. 정말로 현명한 사람은 "사고서 버티는 사람"이라는 인식이 시장을 지배하고 있었다.

경제학자들과 시장 예측가들은 여러 차례 "늑대가 온다"고 외쳤지만, 늑대는 잠깐 스쳐 지나가기만 했다. 연방준비제도 이사회는 반복적으로 인플레이션을 경고했지만, 인플레이션은 불황을 가져오지 않았다. 경기가 위험하다고? 말도 안 되는 소리! 공장은 풀가동 중이었고, 각종 통계 지표들은 산업 전반이 건전하다는 신호를 보여주고 있었다. 과잉 생산의 위협? 그 역시 터무니없는 소리! 기업들은 필요할 때마다 구매하는 전략hand-to-mouth buying을 유지하고 있었으며, 상품 가격은 안정적인 수준을 유지했다. 경기 침체를 예고하는 과잉 재고나 막대한 재고는 어디에도 보이지 않았다. 게다가, 급등하는 종목들을 보라! 과거 몇 달 동안 투기적 상승을 보이던 주식들이 주춤하는 상황에서, 정작 크게 상승하는 종목들은 유에스 스틸, 제너럴 일렉트릭, 아메리칸 텔레폰과 같은 보수적으로 운영되는 건실한 기업들의 주식이었다. 이것이야말로 가장 신중한 장기 투자자들이 선택할 만한 종목들이 아닌가? 이러한 종목들의 급등은 그 자체가 희소가치를 가지기 시작했다는 신호였다. 《보스턴 뉴스 뷰로Boston News Bureau》는 조다이어, 허드슨 & 컴퍼니Dyer, Hudson & Company의 조지 R. 다이어 장군의 발언을 인용해 이렇게 보도했다. "우리나라 최고 등급의 철도주와 산업주, 즉 철강, 구리, 공익사업주를 매입해 보유하는 사람들은 엄청난 돈을 벌게 될 것이다. 왜냐하면, 이들 주식은 점점 시장에서 사라질 것이기 때문이다." 결국 강세론자들이 줄곧 주장해 온 말이 사실이었던 것이다. 이제 '새로운 시대'이며, 번영이 절정에 이르려 하고 있었다.

그럼에도 여전히 의심하는 사람들이 있었다. 그러나 그들을 반박하는 논리들은 점점 더 설득력을 얻었고, 마침내 미국의 가장 신중한 금융 지도자들조차 강세론에 일부 동의하기 시작했다. 그들은 장기적으로 인플레이션이 위협이 될 수 있다는 점을 인정했지만, 불과 몇 달 전 겨울 동안 그들을 사로잡았던 즉각적인 위험에 대한 두려움은 점차 사라졌다. 이 강세장은 이미 몇 차례 심각한 충격을 견뎌냈다. 어쩌면, 정말 오랫동안 지속될 운명인지도 모른다.

어디를 가나 사람들은 새로운 논리를 확신에 차서 말했다. "경기가 하락할 거라고? 무슨 소리! 아직 시작도 안 했어!" "미국의 미래를 믿어라, 절대 미국을 공매도하지 마라." "1~2년 후면 지금 주가는 말도 안 될 정도로 싸게 보일 거야." "이 주식 좀 봐, 500달러까지 갈 거야." "이 회사의 가능성은 무한하다!" "좋은 주식은 절대 팔지 마라." 누구나 한 번쯤 1919년에 제너럴 모터스 주식을 100주 샀더라면 지금 얼마나 큰돈을 벌었을까 하는 이야기를 들었다. 누구나 조지 F. 베이커는 절대 주식을 팔지 않았다는 말을 들은 적이 있었다. 투기의 위험에 대해 묻는 이들에게는 이런 식으로 경쾌하게 반박했다. "콜럼버스, 워싱턴, 프랭클린, 에디슨도 다 투기꾼이었잖아." 그리고 《레이디스 홈 저널》에 "모두 부자가 되어야 한다"라는 매혹적인 제목의 글을 기고한 존 J. 래스콥은 이렇게 썼다. "이 나라의 부 생산 과정에 참여해 이익을 얻는 것이 부자가 되는 길이다." 그는 매달 단 15달러만 저축해서 양질의 보통주에 투자하고 배당과 신주인수권을 재투자하면, 20년 후 최소 8만 달러의 자산과 월 400달러 이상의 투자 수익을 얻을 수 있다고 강조했다. 모든 것이 참으로 쉬워 보였다. 부의 관문은 활짝 열려 있었다.

한편, 미국 산업의 미래는 아주 현대적인 새로운 원칙에 의해 보장될 것이라는 주장도 나왔다. 와딜 캐칭스와 윌리엄 T. 포스터가 주장했듯이, 소비 증가가 풍요로 가는 길이었다. 모두가 점점 더 자유롭게 소비하기만 하면 공장 굴뚝에서는 연기가 끊임없이 뿜어져 나오고 배당금도 치솟을 것이라는 논리였다. 이미 구경제 질서는 무너지고 새로운 질서가 자리 잡아가고 있었다. 오하이오 주립대학에서 다소 학문적이지 않은 과목인 '비즈니스 조직'을 가르치던 찰스 에이모스 다이스 교수는 『주식시장의 새로운 수준 New Levels in the Stock Market』이라는 책에서 산업, 무역, 금융 전반에서 "거대한 혁명이 일어나고 있다"고 썼다. 주식시장은 "그저 이러한 엄청난 변화를 반영하고 있을 뿐"이었다.

다이스 교수가 금융의 변화에 대해 언급했을 때, 그는 확실히 옳았다. 대중은 더 이상 채권과 같은 낡고 수익성이 낮은 투자 상품을 원하지 않았다. 그들은 수익을 창출할 수 있는 증권을 원했다. 이를 간파한 기업들은 기존 채권을 상환하고 대신 신규 보통주를 발행하는 방식으로 이 새로운 투자 욕구를 영리하게 활용했다. 만약 채권을 새로 발행해야 한다면, 그 채권을 주식으로 전환할 수 있도록 하거나 또는 미래의 특정 시점에서 할인된 가격으로 주식을 살 수 있는 신주인수권을 부착하는 방식으로 보다 투기적인 요소를 가미하는 것이 유행이 되었다.

한편, 투자자들은 주당 250달러짜리 주식 20주를 보유하는 것보다, 50달러짜리 주식 100주를 보유하는 것을 선호하는 경향이 강해졌다. 보유 주식 수가 많아질수록 부자가 된 것 같은 느낌을 받을 수 있기 때문이었다. 이에 따라 기업들은 배당금 증가 여부와 관계없이 주식을 액면분할하여 보다 많은 투자자들에게 매력적으로 보이도록 만들었다. 또한, 기존 주주들에게 할인된 가격으로 신규 주식을 매입할 수 있는 권리를 부여하는 방식으로 자본을 조달하는 것이 점점 더 보편화되었다.

이와 동시에 기업 합병도 급증했다. 이는 단순히 경쟁을 줄이고 운영 비용을 절감하려는 목적뿐만 아니라, 기업 경영진의 과도한 확장 욕구에서 비롯된 경우도 많았다. 이러한 상황에서 합병 소문, 액면분할 발표, 신주 인수권 발행 소식은 해당 기업의 주가를 자동적으로 폭등시키는 역할을 했다. 이에 기업 경영진들 역시 이러한 주가 상승을 활용하여 자신들의 투자 수익을 극대화할 수 있는 기회를 놓치지 않았다.

수년간 자본가들은 시드니 Z. 미첼의 전략을 모방하여 전력, 가스, 수도 회사 등의 지역 공공서비스 기업을 체인으로 통합하려는 경쟁을 벌여왔다. 그러나 1929년 여름이 되자, 공공사업 관련 주식의 미래 성장 가능성이 투기꾼들의 상상력을 자극하면서, 이들 기업 간의 경쟁은 유례없는 수준으로 확장되었다. 그 결과, 공공사업 지주회사들이 폭발적으로 증가했고, 이들 기업 간의 얽히고설킨 지배 구조는 투자자들에게 기업의 실제 가치를 가늠하기 어렵게 만들었다. 전문 금융 분석가들조차도 A사가 B사의 지분 20퍼센트를 보유하고, B사는 C사에 투자하며, C사는 다시 A사에 투자하는가 하면, D사는 이 모든 회사에 지분을 갖고 있는 상황을 이해하는 데 어려움을 겪었다. 그러나 투자자들은 이러한 복잡한 구조를 개의치 않았다. 공공사업에는 미래가 있고 주가는 오를 것이다. 그것이면 충분했다.

이와 동시에 투자신탁도 메뚜기처럼 늘어났다. 1929년에는 약 500개에 달하는 투자신탁이 존재했고, 이들이 모은 자본금만 30억 달러, 보유 주식 총액은 20억 달러에 달했다. 그러나 이들 투자신탁의 질은 천차만별이었다. 일부는 정직하고 전문적으로 운용되었지만, 다른 일부는 무지하거나 부패한 투기적 주체들이 설립한 그다지 신용할 수 없는 회사들이었다. 일부 투자신탁은 보유 주식에서 발생하는 배당 수익으로조차 우선주 배당금을 지급할 수 없을 정도로 허술한 구조를 가졌으며, 사실상 주가 상승에 의존해야만 유지될 수 있었다. 또 다른 일부 투자신탁들은 자신들을 관리하는 금융기관이 시장에서 팔기 어려운 주식을 몰래 떠넘기는 용도로 이용되기도 했다. 이러한 금융 관행이 비윤리적이지 않냐고? 물론 그렇다. 하지만 그것은 너무나 쉬운 일이었다. 가격이 오르기만 하면 온갖 수상쩍은 금융 관행도 양심의 가책 없이 실행할 수 있었다. 대강세장은 수많은 죄를 덮어주는 만능 방패였다. 이는 선동가들에게 황금시대였고, 그들은 그야말로 무수히 존재했다.

이렇게 해서 거대한 자본 피라미드가 형성되었다. 자동차, 라디오, 각종 소비재를 최종 소비자들에게 판매하는 슈퍼-영업사원들이 소비자들을 유혹하는 동안, 다른 한편에서는 금융 상품을 판매하는 슈퍼 영업사원들이 투자자들에게 투자신탁을 팔고 있었다. 그러나 문제는 이들 투자신탁이 지주회사의 주식을 보유하고, 이들 지주회사가 다시 은행과 계열사를 통해 또 다른 지주회사의 주식을 보유하는 식으로, 거대한 자본 구조가 끝없이 연쇄적으로 확장되었다는 점이었다. 제조업체, 도매업체, 소매업체의 창고는 과잉 재고로 가득 차 있지는 않았지만, 개인 소비자들의 장롱과, 금융기관들의 자산 포트폴리오는 이미 포화상태였다. 문제는 분명히 다가오고 있었고, 이는 1921년에 닥친 문제와는 성격이 달랐지만 분명한 문제였다. 그럼에도 불구하고 그해 여름 하늘의 먹구름은 여전히 사람 손바닥만 했다.

1929년 여름, 얼마나 많은 미국인들이 실제로 증거금margin으로 주식을 보유하고 있었는지 정확한 계산은 불가능하지만, 그 숫자는 백만 명을 훨씬 넘었을 것으로 보인다. (조지 버컨 로빈슨은 3억 주의 주식이 마진 거래로 유지되고 있다고 추정했다.) 마진 거래자들만큼은 아니더라도, 자신이 보유한 주식의 시세를 매일 열심히 확인하는 이들의 숫자는 훨씬 많았다. 저녁 5시 27분 열차의 통로를 따라 걸어가거나 트롤리 전차에 앉아보면, 두 사람 중 한 사람은 신문을 펼쳐 주식 시세 페이지를 들여다보고 있었다. 월 스트리트 대형 증권사의 지점들은 모든 도시와 교외 마을에 급속히 늘어났다. 1919년 500개였던 증권사 지점은 1928년 10월에는 1,192개로 증가했으며, 1929년 내내 계속 늘어났다. 주식 중개인은 새로운 경외와 존경의 대상이 되었다. 월 스트리트의 비밀에 비교적 문외한이던 평범한 사람들조차 그의 한마디 한마디에 귀를 기울였다. 제너럴 인더스트리 어소시에이츠General Industries Associates가 주식 분할을 할지도 모른다는 중개인의 암시 하나만으로도, 그의 이웃은 다음 날 아침 곧장 매수

주문을 넣으러 달려갔다.

부유층의 운전기사는 고객의 대화를 엿들으며 베들레헴 스틸 Bethlehem Steel의 주가 움직임을 놓치지 않으려 했다. 그 역시 20달러 마진으로 50주를 보유하고 있었다. 증권사 창문을 닦는 청소부도 시세 표시기를 힐끗 보며, 어렵게 모은 저축을 시몬스 주식 몇 주로 바꿀까 고민했다. 에드윈 르페브르는 다음과 같은 이야기를 전했다. 증권사 중개인의 하인이 주식으로 25만 달러를 벌었다. 한 간호사는 환자들에게서 받은 정보만으로 3만 달러를 벌었다. 와이오밍의 한 목장주는 철도역에서 30마일 떨어진 곳에 거주하는데 최근 하루 천 주를 사고 팔았다. 그는 라디오로 주식 시세를 확인하고, 주문은 전화로 인근 대도시에 보내 뉴욕으로 전보를 타게 했다. 뉴욕에서는 전직 여배우가 자신의 파크 애비뉴 아파트를 사무실로 개조하고, 주식 차트와 재무 보고서를 늘어놓은 채 전화로 점점 더 큰 금액을 투자하며 시장을 뛰어들었다. 저녁 식탁에서는 순식간에 막대한 재산을 모았다는 믿기 어려운 이야기들이 오갔다. 한 젊은 은행가는 전 재산을 나일스-베멘트-폰드Niles-Bement-Pond 주식에 투자한 덕분에 평생 경제적 안정을 얻게 되었다. 한 미망인은 케네콧Kennecott 주식 투자로 번 돈으로 대저택을 구입했다.

수많은 사람들이 자신이 투자한 기업에 대해 거의 아무것도 모른 채 주식에 뛰어들었지만, 많은 이들이 승리했다. 시보드 에어라인Seaboard Air Line을 항공 관련 주식으로 오해하고 매수한 이들도 있었다. 식료품점 주인, 전차 운전사, 배관공, 재봉사, 심지어 불법 술집의 웨이터까지 모두 주식시장에 뛰어들었다. 심지어 저항적인 지식인들조차도 예외가 아니었다. 그들은 표준화와 대량 생산이 미국 사회에 미치는 우울한 영향을 비판하면서도 그 열매를 따먹는 데는 주저하지 않았다. 아메리칸 사이아나미드 B 주식에 희망을 건 문학 편집자는 시티스 서비스를 찬양하는 시인과 점심을 함께했고, 점심을 마친 후 그들은 증권사 지점에 들러 최신 시세를 확인하고, 한때 고갱만 이야기하던 화가는 이제 내셔널 벨라스 헤스National Bellas Hess[통신판매 회사]의 장점을 역설했다. 대강세장은 미국 전체를 뒤흔드는 광기가 되어가고 있었다.

6

9월, 시장은 마침내 가장 눈부신 정점에 도달했다.

이제 허버트 후버가 대통령 취임 선서를 위해 빗속을 뚫고 펜실베이니아 애비뉴를 내려간 지도 6개월이 되었다. 그는 법 집행 전반과 금주법 조사를 위해 위커셤 위원회를 설립했다. 그의 요청으로 의회는 농업 마케팅법Agricultural Marketing Act을 통과시켰으며, 알렉산더 레그는 새로운 연방 농업위원회Federal Farm Board 위원장으로서 농산물 초과 생산을 조절하는 역할을 맡았다. 켈로그-브리앙 조약이 발효되었고, 램지 맥도날드 영국 총리는 해군 군비 축소 협정을 논의하기 위해 미국 방문을 준비 중이었다. 한편, 하딩 행정부의 석유 스캔들에 대한 논란은 마침내 결론을 맺고 있었다. 스탠다드 오일 인디애나 지사의 회장이었던 스튜어트 대령은 록펠러의 대리 투표 물결에 떠밀려 사임했고, 해리 F. 싱클레어는 감옥에 앉아 있었다. 국민적 영웅으로 자리 잡은 린드버그 대령은 앤 모로와 결혼했고, '영웅 생산의 표준화'를 상징하는 버드 사령관은 남극의 '리틀 아메리카'에서 남극점 비행을 준비하며 어둠 속에 대기하고 있었다. 논스톱 비행기들은 미국 전역의 하늘을 가로질렀고, 그 영웅들을 흉내 내려는 열기는 한 22세 청년의 무모한 행동으로 정점을 찍었다. 그는 메인주 올드 오처드에서 출발한 아솔랑과 르페브르의 비행기에 무단으로 탑승하여 스페인 해안까지 밀항했다. 한편 수천 개의 미국 해변에서는 젊은 여성들이 일광욕을 위해 수영복 어깨끈을 내리고 있었고, 도시로 차를 몰고 갈 때 스타킹을 벗어도 괜찮을지, 그리고 패션 잡지들이 주장하듯 저녁 드레스 길이가 곧 바닥까지 닿게 될지 궁금해하고 있었다.

이 시기는 틸든이 일곱 번째이자 마지막 미국 아마추어 테니스 챔피언십에서 우승한 해였다. 또한, 보비 존스가 아마추어 골프의 왕좌를 지키고 있던 마지막 두 번째 해였으며, 그는 미국 아마추어 또는 오픈 챔피언십에서 7년 연속으로 우승을 차지했다. 베이브 루스는 여전히 1920년과 다름없이 홈런을 쏘아 올리고 있었지만, 그 역시 나이를 먹고 있었다. 스포츠의 시대가 서서히 막을 내리고 있었다. 뎀프시는 챔피언 벨트를 터니에게 빼앗겼고, 터니는 그 벨트를 벽에 걸어둔 채 문인들과 어울리기 위해 링을 떠났다. 하지만 그들을 대체할 새로운 인물은 등장하지 않았고, 200만 달러 규모의 관중을 끌어모을 만한 스타도 더 이상 존재하지 않았다.

모두가 『서부전선 이상 없다*All Quiet on the Western Front*』를 읽었

고, 라디오에서 루디 발레Rudy Vallee가 부르는 노래를 따라 불렀다. 문학 잡지들은 휴머니즘을 대대적으로 다루고 있었다. 그러나 선탠을 한 건강한 피부, 램지 맥도날드의 우호 외교 순방, 휴머니즘, 그리고 『서부전선 이상 없다』 같은 주제들은 거대한 강세장과 비교하면 따분한 이야기일 뿐이었다. 골드만 삭스 사조차도 현재의 주가 수준에 대한 자신감을 보이며 블루 리지 코퍼레이션Blue Ridge Corporation을 후원하지 않았던가? 이 투자신탁은 당시 최고의 우량주blue chips를 시가로 교환하는 방식으로 주식을 팔았다. 얼라이드 케미컬 & 다이Allied Chemical & Dye 324달러, 아메리칸 텔레폰 & 텔레그래프American Telephone & Telegraph 293달러, 콘솔리데이티드 가스Consolidated Gas 179달러, 제너럴 일렉트릭 395달러, 그 외에도 수많은 주식이 포함되었다.

	1928년 3월 3일 개장가	1929년 9월 3일 최고가	1929년 9월 3일 수정 최고가
아메리칸 텔레폰	179 1/2	304	335 5/8
아메리칸 캔	77	181 7/8	181 7/8
아나콘다 코퍼	54 1/2	131 1/2	162
일렉트릭 본드 & 셰어	89 3/4	186 3/4	203 5/8
제너럴 일렉트릭	128 3/4	396 1/4	396 1/4
제너럴 모터스	139 3/4	72 3/4	181 7/8
몽고메리 워드	132 3/4	137 7/8	466 1/2
뉴욕 센트럴	160 1/2	256 3/8	256 3/8
RCA	94 1/2	101	505
유니온 카바이드	145	137 7/8	413 5/8
유에스 스틸	138 1/8	261 3/4	279 1/8
웨스팅하우스	91 5/8	289 7/8	313
울워스	180 3/4	100 3/8	251

주의: 위의 제너럴 일렉트릭, 라디오, 유니온 카바이드, 울워스의 가격은 액면분할을 고려하여 조정된 수치이다. 또한, 아메리칸 텔레폰, 아나콘다, 몽고메리 워드, 유에스 스틸, 웨스팅하우스, 일렉트릭 본드 & 셰어의 가격은 신주인수권 발행을 고려하여 조정된 값이다. 즉, 1928년 3월 3일 주식을 보유한 투자자가 신주인수권을 행사했다고 가정했을 때, 1929년 9월 3일 해당 주식의 가치는 어느 정도였는지를 나타낸 것이다.

잠시 멈추어 1929년 9월 3일, 다우-존스 평균 주가가 최고점을 기록했던 날 주가를 살펴보자. 그리고 그것을 1928년 3월 3일, 이미 강세장이 위험한 고지에 오른 듯 보였던 그때와 비교해보자. 아래는 그 두 날짜의 가격 비교와, 권리 발행과 주식 분할을 반영한 수정 가격이다. 그래야만 지난 18개월 동안 얼마나 엄청난 상승이 이루어졌는지 제대로 판단할 수 있기 때문이다.

한 가지 더: 그러나 1929년 9월 3일, 거의 모든 사람들은 이 가격이 정점일 것이라고 생각하지 않았다. 대다수의 사람들은 대강세장이 계속될 것이라 믿었다.

왜냐하면, 미국인의 핏속에는 여전히 개척자의 정신이 흐르고 있었기 때문이었다. 이제 더 이상 서부의 개척지를 향해 떠날 곳은 없었을지라도, 사람들은 여전히 새로운 꿈을 꾸고 있었다. 1919년의 암울한 실망과 윌슨 이상주의Wilsonian idealism의 붕괴, 정치적 냉소주의의 확산, 종교적 확신의 쇠퇴, 사랑이라는 개념의 '탈신비화' — 이 모든 것이 한 시대를 좌절하게 만들었다. 대강세장은 이 모든 상실감에 대한 보상이었다.

아직도 미국인은 위대한 꿈을 꾸고 있었다. 언젠가 웨스팅하우스 보통주를 천문학적인 가격에 매도하여 호화로운 대저택을 소유하고, 반짝이는 자동차 여러 대를 거느리고 팜비치 해변에서 유유자적하는 날을 꿈꿀 수 있었다. 그리고 그의 조국의 미래를 바라볼 때, 그가 상상하는 것은 부패, 범죄, 전쟁, 월 스트리트의 지배, 무신앙, 그리고 방탕함으로부터 해방된 미국이 아니었다. 과거의 유토피아적 이상은 이미 회의적이거나 무관심한 대상으로 전락한 지 오래였다. 그가 바라본 것은 빈곤과 노동으로부터 해방된 미국이었다.

새로운 과학과 새로운 번영 위에 건설된 마법 같은 질서가 그 앞에 펼쳐졌다. 수천만 대의 자동차가 도로를 질주하고, 하늘에는 비행기들이 넘쳐났으며, 산 정상에서 산 정상으로 이어지는 고압선들이 수천 대의 노동 절감 기계에 생명을 불어넣고 있었다. 과거 한낱 마을이던 곳에서 마천루들이 솟아나고, 거대한 도시들이 기하학적 구조물로 들어서며, 완벽하게 기계화된 교통 체계 속에서 굉음을 울리고 있었다. 그리고 그 속에서 세련된 옷차림의 남녀들은 계속해서 소비하고, 소비하고, 또 소비했다. 왜냐하면 그들은 1929년, 이 모든 것이 일어날 것을 미리 내다볼 만큼 선견지명이 있었고, 그 덕분에 부를 쌓았기 때문이었다.

13 폭락!

CRASH!

 9월 초, 주식시장이 폭락했다. 그러나 시장은 곧 회복되었고, 9월 19일 《뉴욕 타임스》에서 집계한 평균 지수는 9월 3일의 최고점을 다시 돌파했다. 하지만 곧 다시 급락하기 시작했고, 이번에는 더욱 빠르고 깊이 추락했다. 10월 4일까지 여러 종목의 주가가 급락하며 엄청난 매수 기회로 보였다. 유에스 스틸은 몇 주 전 261 3/4달러까지 올랐다가 204달러까지 떨어졌다. 아메리칸 캔은 연중 최고가보다 거의 20달러 하락했다. 제너럴 일렉트릭은 50달러 이상 하락했다. RCA는 114 3/4달러에서 82 1/2달러까지 떨어졌다.

 확실히 심각한 급락이었다. 그러나 예전에도 이런 급락은 여러 차례 있었으며, 별다른 타격을 입지 않은 투기꾼들은 1928년 6월과 12월, 1929년 3월과 5월의 교훈을 활용하기 시작했다. 즉, 시장이 급락했을 때가 바로 매수의 기회라는 것이다. 엄청난 투매가 일어나는 와중에도 뉴욕 연방준비은행이 집계한 브로커 대출은 10월 2일 사상 최고치인 68억 400만 달러에 도달했다. 이는 마진[증거금] 매수자들이 시장을 떠나기는커녕 오히려 여전히 대규모로 유입되고 있음을 보여주는 명백한 신호였다. (대출 증가분 중 일부는 아마도 판매되지 않은 증권이 딜러들의 손에 쌓인 탓도 있을 것이다. 왜냐하면 투자신탁 설립과 각종 기업들이 새로운 보통주를 발행하는 열기는 여전히 식을 줄 몰랐기 때문이다.) 역사는 반복될 태세였다. 아나콘다를 109 3/4달러에, 아메리칸 텔레폰을 281달러에 사들인 사람들은 곧 현명한 투자자로 평가받을 것이었다. 실제로 주가는 다시 상승세로 돌아섰다. 10월 초, 램지 맥도널드가 허버트 후버와 함께 라피던 캠프에서 해군 군축과 평화 문제를 논의하기 위해 통나무 위에 나란히 앉아 이야기하기 전부터 이미 주가는 상승세로 돌아서 있었다.

그런데 뭔가 잘못되어가고 있었다. 다시금 하락세가 시작된 것이다. 월 스트리트의 현자들은 그 원인을 찾아나섰고, 영국 해트리 금융 그룹의 붕괴(이로 인해 외국인 투자자와 투기꾼들의 강제 매도가 이어졌다)와 매사추세츠 공공사업국이 보스턴 에디슨 회사의 주식 분할을 과감히 거부한 사건에서 그 이유를 찾으려 했다. 그들은 또한 철강 산업이 확실히 부진하고 "소화되지 않은" 증권들이 누적되고 있다는 점도 지적했다. 그러나 10월 21일 주간이 오기 전까지는 별다른 경계심이 없었다. 그때까지 시장에 대한 일반적인 견해는 단지 9월의 주기적 폭풍이 아직 완전히 지나가지 않았다는 정도였다. 시장은 "보다 안정된 기술적 지위"로 재조정되고 있을 뿐이라는 낙관론이 여전히 우세했다.

곧 닥칠 사태를 고려하면, 이 시점에서 당시의 금융 전문가들이 시장을 어떻게 바라보고 있었는지 살펴보는 것은 흥미롭다. 그들은 통계 전문가가 가져온 도표들 사이의 곡선과 지수들을 비교하며 미래가 더 좋아질지 나빠질지를 판단하는 능력을 인정받던 인물들이었다. 물론 그들의 견해는 다양했다. 최고 권위의 금융 의견이 완전히 일치한 적은 역사상 단 한 번도 없었기 때문이다. 게다가 은행가들이나 전문가들의 낙관적 발언이 늘 액면 그대로 받아들여질 수는 없었다. 불안을 조장하는 비관적 예언의 책임을 지고 싶어 하는 사람은 드물었으며, 특히 팔리지 않은 증권을 잔뜩 안고 있는 은행가는 그런 말을 해서 상황을 악화시키고 싶지 않았기 때문이다. 결국 예언이란 언제나 가장 위험한 직업일 수밖에 없다. 그럼에도 불구하고 1929년 10월의 금융계 전반의 분위기는 1928년 2~3월, 하늘이 이미 그리 맑지 않았던 그 시기와 흥미로운 대조를 이룬다.

일부 예측가들은 확실히 신중할 것을 조언했다. 로저 W. 밥슨은 월 스트리트에서 늘 높은 평가를 받은 것은 아니었지만,(그가 오랫동안 고객들에게 향후 문제가 발생할 가능성을 경고해 왔기 때문이다) 9월 초에는 평균 주가가 60~80달러 하락할 것이라고 예측했다. 10월 7일, 스탠다드 통계 회사의 스탠다드 무역 및 증권 서비스Standard Trade and Securities Service는 고객들에게 "초보수적인 투자 정책을 유지할 것"을 권고하며, "앞으로 몇 달 동안 보통주 가격의 추세는 하락할 것으로 예상된다"고 전망했다.《푸어스 주간 투자 레터Poor's Weekly Business and Investment Letter》[이 두 회사가 합쳐져 현재의 스탠다드 앤드 푸어스Standard & Poor's

가 탄생했다]는 "거대한 보통주 망상"에 대해 언급하며, "추가적인 주식 매각이 이루어질 것"이라고 예측했다. 대형 은행가들 중에서도 폴 M. 워버그는 몇 달 전부터 상황의 위험성을 인지하고 있었다. 이 외에도《커머셜 앤드 파이낸셜 크로니클》의 편집자와《뉴욕 타임즈》의 금융 편집자 같은 인사들은 1929년의 선견지명 금메달을 받을 만한 사람들이었다.

하지만 만약 이런 예측에 대해 금메달이 수여된다면, 동시에 수많은 가죽 메달[조롱의 의미]도 배포될 수밖에 없을 것이다. 하버드 경제학회Harvard Economic Society는 10월 19일, "경기가 또 다른 조정기를 맞이하고 있다"고 말한 뒤, "만약 경기 후퇴가 심각한 결과를 초래할 조짐이 보인다면(그러나 현재로서는 그렇지 않다), 연방준비제도가 자금 시장을 완화시키고 하락세를 억제하는 조치를 취할 것이 거의 확실하다"고 덧붙였다. 그러나 이 예언은 틀렸으며, 10월 26일, 주식시장의 첫 심각한 균열이 발생한 뒤에도 그들은 여전히 "그 급락은 심각한 경기 침체를 예고하는 것이 아니라 중간 조정일 뿐일 것"이라고 낙관적으로 평가했다. 물론 이 판단은 터무니없이 틀린 것으로 드러났지만, 그렇다고 해서 하버드 경제학회가 아주 강세론자였던 것도 아니었다. 클리블랜드 트러스트 컴퍼니의 레너드 P. 에이어스 대령 역시 '가죽 메달'을 받을 정도로 바보 같은 발언을 하지는 않았다. 그는 거의 후보에 올랐으나, 10월 15일 이렇게 말했다. "주식 가격 하락이 심각한 경기 침체를 예고할 징후는 아직 충분하지 않은 듯하다. 철강 생산, 자동차 생산, 건설 부문이 둔화되고 있긴 하지만 심각한 경기 침체를 일으킬 요소들은 아직 보이지 않는다."

그는 적어도 하늘이 완전히 맑지는 않음을 인식하고 있었다. 에이어스 대령은 이렇게 덧붙였다. "주식은 강자한테서 약자로 넘어간 것이 아니라, 영리한 자들로부터 어리석은 자들한테로 옮겨가고 있는 것으로 보인다."

그러나 어빙 피셔 교수는 훨씬 더 낙관적이었다. 그는 10월 17일자 신문들은 그가 구매대행자협회Purchasing Agents Association에서 "현재 주가는 '영구적인 고원'에 도달한 것으로 보인다"고 말했다고 보도했다. "앞으로 몇 달 안에 주가가 현재보다 훨씬 더 높아질 것"이라고 그는 예상했다. 10월 24일의 대폭락 직전에도 그는 주가가 반등할 것이라고 예상했고, 10월 22일 《보스턴 뉴스 뷰로》는 맥닐 금융 서비스McNeel's Financial Service의 책임자인 R. W. 맥닐의 말을 인용하여 "꽤나 똑똑한 사람들이 지금 주식을 매수하고 있다고 본다"고 보도했다. 또한 그는 "우리가 패닉에 빠지지 않는 한(그 누구도 그것이 올 거라고는 진지하게 생각하지 않는다), 주가는 바닥을 찍은 것"이라고 장담했다. 뉴욕 내셔널 시티 뱅크의 찰스 E. 미첼 회장은 계속해서 낙관적인 전망을 퍼뜨리며, 10월 초 "주식시장 붕괴에도 불구하고, 미국의 산업 구조는 절대적으로 건전하며, 신용 시장에도 전혀 위기가 존재하지 않는다"고 주장했다. 그는 또한 "대중이 브로커 대출에 과도하게 주목하고 있다"고 지적하며, "그것에 너무 많은 관심이 쏠리고 있다"고 말했다. 며칠 후 그는 다시 한 번 말했다. "미국 내 일부 투기가 지나쳤던 것은 사실이나, 시장 전반은 이제 건전한 상태이다. 지난 6주간의 가격 조정은 엄청난 순기능을 했다. 시장 가치는 우리 나라의 전반적인 번영 속에서 건전한 기반을 갖고 있다." 마침내 10월 22일, 공황 이틀 전 유럽 출장에서 돌아온 미첼은 다음과 같은 확신을 발언했다. "나는 주식시장이나 근본적인 기업 및 신용 구조에서 어떤 심각한 문제도 알지 못한다. 대중은 그저 '브로커 대출증후군brokers' loanitis'에 시달리고 있을 뿐이다." 그리고 이틀 후, 주식시장은 대폭락했다.

미첼 혼자만 그런 의견을 가진 것은 아니었다. 사실, 금융계 전체와의 차이점이라면 그가 더 큰 목소리를 냈다는 것뿐이었다. 미국에서 가장 저명한 은행가 중 한 명은 1929년 초가을 한 거래를 마무리하면서 "하늘에 단 하나의 구름도 보이지 않는다"라고 말했다. 전통적인 강세론자인 아서 커튼 같은 인물들은 당연히 "나는 여전히 강세론자다"라고 주장했고, 《보스턴 뉴스 뷰로》의 10월 중순 '브로드 스트리트 가십' 칼럼에서는 "최근의 하락이 올해 4분기 대형 강세장을 위한 단단한 기초가 될 것이다"라고 전망했다. 한여름의 주가가 너무 높다고 여겼던 많은 투기꾼들이 이제 적절한 조정이 이루어졌다고 판단하며 다시 매수에 나서고 있었으며, "현재 경제는 너무 크고 다각화되어 있으며, 미국은 너무 부유하기 때문에 주식시장의 변동에 영향을 받을 일이 없다"는 낙관적인 견해가 금융계 전반에 퍼져 있었다. 또 10월 19일 《보스턴 뉴스 뷰로》 사설도 다음과 같이 주장했다. "일부 후퇴는 장거리 주자가 숨을 고르는 과정일 뿐이다. 전반적인 상황은 만족스럽고 근본적으로 건전하다."

그러나 다가오는 재앙은 엄청난 부를 쌓은 사람들에게나, 금융계의 거물들에게나, 불과 50주 남짓한 주식을 마진으로 보유한 소규모 투자자들에게나 똑같이 혼란스럽고 두려운 경험이 될 운명이었다.

3

기대했던 시장의 반등은 결코 오지 않았다. 10월 22일 화요일, 회복의 조짐이 보이는 듯했으나 하루 동안의 상승분은 마지막 한 시간 동안 대부분 사라졌다. 그리고 10월 23일, 완전히 "나이아가라 폭포" 같은 투매 사태가 벌어졌다. 이날 거래량은 6,000,000주를 넘었고, 《뉴욕 타임스》의 철도 및 산업주 50개 평균 지수는 18.24달러 폭락했다. 이전의 어떤 조정보다도 가파른 하락이었다. 투자자들은 수많은 마진콜이 불안정한 마진 거래자들에게 날아가고 있다는 것을 알았으며, 이제 시장이 심각한 위기에 처했다는 것을 깨닫기 시작했다. 그러나 여전히 많은 이들은 내일쯤이면 반등이 올 거라는 희망을 놓지 않았다. 이미 이번 하락은 지난 2년 동안의 어떤 조정보다 훨씬 더 깊게 내려왔기 때문이다. 더 이상 하락할 수는 없을 것 같았다.

그다음 날은 10월 24일 목요일이었다.

그 운명의 날, 장 초반 주가는 비교적 안정적으로 출발했으나 거래량은 엄청났다. 케네콧과 제너럴 모터스 주식이 각각 20,000주씩 한꺼번에 거래되었다. 곧바로 시세 표시기ticker tape는 밀리기 시작했고, 매도 주문의 압박은 눈에 띄게 컸다. 가격이 내려가기 시작했다…… 처음에는 조금씩 하락하던 주가는 점점 더 빠르게 떨어졌으며, 불과 한 시간이 지나기도 전에 가격은 이제까지 본 적 없는 엄청난 폭력성을 띠며 폭락하고 있음을 누구나 알 수 있었다. 전국의 브로커 사무실에서 테이프를 지켜보던 사람들은 서로를 놀랍고 당황한 눈빛으로 바라보았다. 대체 이 엄청난 매도 주문은 어디서 쏟아져 나오는 거지?

이 질문에 대한 정확한 답은 영원히 알 수 없을 것이다. 그러나 10월 24일 그 첫 시간 동안 가격이 붕괴된 주된 원인은 공포도, 공매도도 아니었던 것으로 보인다. 그것은 강제 매도forced selling였다. 마진이 모두 소진되었거나 거의 바닥난 수많은 불쌍한 투자자들의 명의로 보유되었던 수십만 주의 주식이 시장에 쏟아진 것이다. 거대한 가격의 건축물은 투기성 신용speculative credit으로 가득 차 있었고, 이제 그것은 스스로의 무게를 이기지 못하고 붕괴하고 있었다.

그러나 그다지 지체하지 않고 공포도 찾아왔다. 가격 구조가 무너지면서 갑작스러운 대탈출이 벌어졌다. 오전 11시가 되자 증권거래소의 트레이더들은 "시장가로 매도하려는sell at the market" 광란의 경쟁에 휘말렸다. 뒤처진 시세 표시기가 상황을 전달하기도 전에, 전화와 전보를 통해 시장이 바닥으로 곤두박질치고 있다는 소식이 퍼졌고, 매도 주문은 더욱 거세게 쏟아졌다. 주요 주식들은 거래가 체결될 때마다 2달러, 3달러, 심지어 5달러씩 폭락했다. 끝없는 하락, 하락, 하락…… 하지만 이때 시장을 떠받쳐야 할 존재들은 어디에 있었을까? 이런 폭락장에서 저가 매수 기회를 노리는 사냥꾼들은 어디로 갔을까? 낮은 가격에서 주식을 매수해 시장의 충격을 완화해야 할 투자신탁은 왜 보이지 않을까? 여전히 강세장을 확신한다고 말하던 대형 투자자들은 모두 어디에 있을까? 언제든 시장을 지탱할 수 있다고 여겨졌던 막강한 은행들은 도대체 무엇을 하고 있을까? 어디에도 그들은 없었다. 시장은 바닥을 모른 채로 끝없이 추락했다. 거래소 바닥을 가득 채운 외침은 이제 순전한 공황의 포효로 바뀌었다.

유에스 스틸은 205 1/2달러에서 시작했으나, 순식간에 200달러를 돌파해 193 1/2달러까지 추락했다. 제너럴 일렉트릭은 몇 주 전만 해도 400달러가 넘는 가격에 거래되었지만, 이날 315달러에 개장한 후 283달러까지 폭락했다. 라디오(RCA)의 상황은 더 심각했다. 68 3/4달러에서 시작한 주가는 60달러대를 지나 50달러대, 40달러대까지 하락하며 44 1/2달러에 도달했다. 몽고메리 워드는 더욱 끔찍한 낙폭을 기록했다. 83달러에서 시작한 주가는 50달러까지 폭락했다. 단 두어 시간 만에, 수많은 주식들이 강세장에서 몇 달 동안 쌓아 올린 상승분을 하루아침에 잃어버렸다.

이런 급격한 가격 하락도 실시간으로 정확한 정보를 확인할 수 있었다면 그나마 덜 공포스러웠을 것이다. 하지만 공황panic이란 결국 무엇이 일어나는지 알 수 없다는 두려움에서 비롯된다.

1929년 10월 24일 정오에서 오후 1시 사이, 한 남성이 증권사 지점에 들러 상황을 확인하려 했다면, 그는 우선, 방 한쪽 벽을 가득 채운 거대한 가격 게시판을 확인했을 것이다. 거기에 기록된 '최저 가격LOW'과 '종가LAST' 수치는 그의 숨을 멎게 했을 것이다. 그러나 곧 그는 이 숫자들이 전혀 신뢰할 수 없다는 것을 깨달았을 것이다. 평소라면 가격 카드를 교체하는 직원들이 시세판을 최신 정보로 갱신하지만, 이날은 변동이 너무 많고 너무 급격해서 직원들이 따라잡을 수 없었다.

그는 곧바로 전광판으로 눈을 돌렸을 것이다. 이곳에는 시세 표시기ticker tape에서 실시간으로 전달되는 가격 정보가 계속 흐르고 있었다. 평소라면 투자 경험이 있는 사람이 이 전광판을 잠깐만 봐도 시장의 흐름을 읽을 수 있었다. 심지어 증권거래소에서 마지막 자릿수를 생략하고 가격을 표시하더라도, 기존 가격을 참고하면 얼마든지 해석이 가능했다. 그러나 이날은 아니었다. 그가 본 것은 혼란스러운 기호들과 숫자들이 연속적으로 나열된 이런 형태의 문장이었다.

R　　　　　WX
6. 5 1/2. 5. 4　　　9. 8 7/8 3/4 1/2 1/4. 8. 7 1/2. 7.

여기서 라디오(RCA)의 가격 '6'이 66인지 56인지 46인지조차 확신할 수 없었다. 웨스팅하우스가 189에서 187로 내려가는 것인지, 179에서 177로 떨어지는 것인지도 알 수 없었다. 얼마 지나지 않아 그는 티커가 이미 1시간 반이나 지연되었음을 알게 되었다. 오후 1시에 표시되고 있는 가격은 오전 11시 반의 가격이었다! 그가 보고 있는 모든 것은 이미 지나간 과거였다. 그렇다면 지금 거래소 안에서는 무슨 일이 벌어지고 있는 것일까?

증권사 사무실 한쪽 구석에서는 주식 시세 표시기가 10분 간격으로 거래소 현장에서 직접 전달된 선별된 주식들의 가격을 찍어냈다. 증권사 직원이 그 길게 뽑혀 나오는 종이를 가위로 잘라내어 무표정한 목소리로 낮고 웅얼거리듯 읽어 내려갔다. 방 안의 의자마다 앉아 있던 사람들과 방 뒤쪽에 빽빽이 서 있던 이들 모두가 창백한 얼굴로 그 숫자를 듣고 있었다. 그가 읽어 내려간 가격들은 전광판에 기록된 것보다 10달러, 12달러, 혹은 그 이상 낮았다. 그나마 거기에 포함된 종목들은 알 수라도 있었지만, 리스트에 없는 주식들의 가격은 대체 어떻게 되었는지 알아낼 방법이 없었다. 전화선은 전국 각지에서 쏟아지는 주문과 문의로 마비되었다. 가끔 거래소 뒤편 사무실에서 전화 연결을 시도하던 직원이 필사적으로 소리치는 것이 들렸다. "스틸 96!" 그러나 그것이 어떤 위안이 될 리 없었다. 유에스 스틸만이 문제가 아니었다. 사람들은 다른 수많은 종목에도 깊숙이 발을 담근 상태였고, 상황을 거의 알지 못한 채 그저 상상만을 더해가고 있었다. 주문을 넣어도 어떻게 처리되고 있는지 확인조차 불가능했다. 거래소의 가격 기록 및 주문 체계가 이 긴급 상황을 감당할 수 없었고, 그 결과 시장 전체는 공포라는 전염병에 휩싸였다.

이 증권사 사무실뿐만이 아니었다. 전국의 수백 개 사무실에서 사람들의 얼굴에는 패배의 그림자가 드리워져 있었다. 어떤 이는 천천히 방 안을 걸어 다니며 손에 쥔 종이를 잘게 찢고 또 찢고 있었다. 다른 이는 마치 장례식장에서 실없는 웃음을 터뜨리는 아이처럼 당황스러운 미소를 짓고 있었다. 또 다른 이는 한 직원에게 간절히 매달리며 아메리칸 & 포린 파워 주식의 최신 정보를 알려 달라고 애원했다. 그리고 한 남자는 마치 충격에 얼어붙은 듯 꼼짝도 하지 않은 채, 눈을 멍하니 전광판에 고정한 채 앉아 있었다. 그 작은 숫자들은 그에게 단순한 숫자가 아니었다. 그것은 오랜 세월 간직해 온 꿈과 희망의 붕괴를 의미하는 것이었다……

GL.　　　　　　　AWW.　　　JMP.
8. 7. 5. 2. 1. 90. 89. 7. 6.　　3. 2 1/2. 2.　　6. 5. 3. 2 1/2.

 정오가 조금 지나, 증권거래소 맞은편 거리에는 무슨 일이 벌어질지 알 수 없지만 불안감에 휩싸여 모여든 군중 속에서 몇몇이 찰스 E. 미첼을 알아보았다. 얼마 전까지도 강세장을 옹호하던 그가 조용히 J. P. 모건 & 컴퍼니 사무실로 들어가고 있었다. 9년 전, 모건 사옥은 월 스트리트 폭발 사건으로 파편이 흩날리는 전쟁터가 되었던 곳이었지만, 이번에는 전혀 다른 종류의 위기가 그 문 앞까지 밀려오고 있었다. 곧이어 체이스 내셔널 뱅크의 알버트 H. 위긴, 개런티 트러스트 컴퍼니의 윌리엄 포터, 뱅커스 트러스트 컴퍼니의 수어드 프로서도 모건 사무실로 들어갔다. 이들은 모건 사의 토머스 W. 라몬트와 회동을 가졌다. 불과 몇 분 만에 이들은 각자의 기관을 대표하여 각각 4천만 달러씩 총 2억4천만 달러의 긴급 자금 투입에 합의했다. 그 목적은 이후 라몬트가 설명한 바에 따르면 특정 가격대를 유지하는 것이 아니라, 단순히 시장 거래가 질서 있게 유지되도록 필요한 매수를 진행하는 것이었다. 그러나 이미 공포가 확산되고 있는 이 시점에서 어떤 붕괴가 다가올지 예측하는 것은 불가능했다. 그러나 그들에게 있어 지금은 과감한 행동만이 유일한 선택지였다.

 은행가들은 회의를 마치고 흩어졌다. 그리고 라몬트는 모건 사무실에서 기자들을 맞이했다. 그의 얼굴은 심각했지만, 발언은 차분하고 침착했다. 그러나 그가 내뱉은 첫 마디는 역사상 가장 놀라운 과소평가 중 하나로 남게 되었다. "증권거래소에서 약간의 투매가 있었다." 그는 그렇게 시작했다. 그리고 "몇몇 금융기관의 대표들이 모여 현황을 논의했으며, 어떠한 증권사도 심각한 위험에 처하지 않았고, 증거금도 원활히 유지되고 있다는 보고를 받았다"고 설명했다. 이어서 그는 "이번 사태는 시장의 기술적 요인 때문"이며, 어떠한 펀더멘탈의 원인과도 무관하다고 주장했다.

이 은행가들의 회합 소식이 증권거래소에 전해지자, 주가는 점차 안정되기 시작했다. 곧이어 활발한 반등이 나타났다. 유에스 스틸 주가는 아침 개장가로 회복했다. 그러나 이 은행가들은 모건 사의 파트너*가 보여준 가장 온화한 위로의 말 이상의 것을 죽어가던 강세장에 제공하고 있었다.

오후 1시 반쯤, 뉴욕 증권거래소의 부회장이자 모건 측 주문을 대행하는 현장 중개인floor broker 역할을 하던 리처드 휘트니가 '스틸 군중' 속으로 들어갔다. 그는 마지막 거래 가격인 205달러로 US 스틸 주식 10,000주를 매수하겠다고 주문을 넣었다. 그러나 그는 단 200주만을 매수하고 나머지는 지정가 주문으로 남겨두었다. 이어서 휘트니는 거래소의 여러 지점으로 이동하며, 1,520개의 다른 주요 주식들에 대해 마지막 거래 가격으로 10,000주씩 매수 주문을 넣었다. 즉, 불과 몇 분 만에 그는 총

---

* 토머스 라몬트는 J. P. Morgan & Co.의 수석 파트너 중 한 명으로, 10월 24일(검은 목요일) 당시 은행가들과 함께 대규모 시장 개입을 조직했다. 라몬트는 언론과 대중에게 안정감을 주는 발언을 하며 투매 심리를 방지하는 역할을 했다

2,000만~3,000만 달러어치의 주식을 매수하겠다는 의사를 표시한 것이었다. 이런 대규모 매입은 일반 투자자가 감당할 수 없는 수준이었으므로, 휘트니가 은행가들의 지원을 받고 있음을 누구나 알 수 있었다.

이 극단적인 조치는 효과를 발휘했다. 잠시나마 신뢰가 회복되었다. 가격은 일정 시간 동안 안정세를 유지했고, 비록 마지막 거래 시간에 다시 하락하기는 했으나 그날 하루 전체로 보면 더 심각할 수도 있었던 손실을 피할 수 있었다. 유에스 스틸은 실제로 수요일보다 2달러 오른 가격으로 마감했으며, 다른 주요 주식들도 대부분 하루 동안의 하락폭이 10달러 이내로 제한되었다.

그럼에도 불구하고, 그날은 충격적인 하루였다. 그날 밤 7시가 넘어서도 전국 수천 개의 브로커 사무실에서 티커는 계속 돌아가고 있었으며, 최종적으로 오후 7시 8분이 되어서야 거래소 폐장 직전인 오후 3시의 마지막 거래가 기록되었다. 하루 거래량은 사상 최고치인 12,894,650주를 기록했다. (20개월 전만 해도 월스트리트의 전문가들은 "언젠가 500만 주가 거래되는 날이 올 수도 있다"고 말했었다!) 오후에는 믿을 수 없는 소문이 돌았다. 11명의 투기꾼이 자살했다는 이야기, 시카고와 버펄로의 증권거래소가 폐쇄되었다는 소문, 뉴욕 증권거래소가 폭도들로부터 보호받기 위해 군대의 경비를 받고 있다는 등의 이야기였다. 미국은 공황의 공포를 온몸으로 체험했다. 비록 은행가들의 개입으로 당장은 총체적 붕괴를 막았다고 해도, 경제 구조가 심각한 균열을 일으켰다는 사실만큼은 부정할 수 없었다.

4

금요일과 토요일에는 상황이 다소 나아 보였다. 거래량은 여전히 엄청났지만, 대부분의 종목은 가격이 유지되었다. 은행가들의 개입으로 인해 시장이 진정되자, 높은 가격에서 매도했던 투자자들이 다시 시장으로 돌아와 매수를 시작했다. ("가장 암울할 때가 매수할 때"라는 말을 그들은 잊지 않았다!) 언론은 금융계 거물들의 낙관적인 발언을 대대적으로 보도했다. 심지어 허버트 후버 대통령조차 백악관 성명을 통해 "미국의 기본적인 경제 구조, 즉 상품의 생산과 유통은 건전하고 번영하고 있다"고 말했다. 하지만 토요일 거래가 끝날 무렵, 가격이 다시 흔들리기 시작했다. 그리고 월요일이 되자, 다시 한 번 시장은 붕괴하기 시작했다.

월요일의 손실은 가히 참혹했다. US 스틸은 17.5달러, 제너럴 일렉트릭은 47.5달러, 얼라이드 케미컬은 36달러, 웨스팅하우스는 34.5달러 폭락했다. 토요일 오후부터 밤새, 그리고 일요일 내내 브로커들은 고객들의 계좌를 정리하고 마진콜을 요구하는 통지를 발송했다. 그 결과, 또 한 번의 강제 매도 눈사태가 몰아쳤다. 휘트니가 목요일에 시장을 안정시켰던 그 가격들은 너무나 쉽게 무너졌다. 이것은 은행가들이 전략적 후퇴를 선택했음을 명백히 보여주었다. 실제로 구제 기금의 브로커들은 이제 "새는 구멍"을 막느라 허덕이고 있었다. 즉, 어떤 주식은 매도 주문만 넘쳐날 뿐 매수자는 아예 없었다. 이런 경우 그들은 가격을 유지하기 위해 겨우겨우 매입하는 것만으로도 벅찼다. 이 시점에서 그 이상을 시도하는 것은 어리석었을 것이다. 미국 전역에서 쏟아지는 유동 물량 앞에서, 여섯 개의 대형 은행조차도 더 이상의 붕괴를 막는 데는 역부족이었다. 그들은 그저 사태를 조금 완화시키고, 여기저기서 일시적으로 지연시키는 것만 가능했을 뿐이다.

증권 시세 표시기는 다시 한 번 터무니없이 뒤처졌고, 증권사와 은행의 불은 새벽까지 꺼지지 않았다. 전보 회사들은 수많은 마진콜과 대출 담보 추가 요청을 배포했다. 은행가, 증권 중개인, 사무원, 심부름꾼들 모두 한계에 다다르고 있었다. 그들은 사상 최대 규모의 거래량을 감당하기 위해 밤낮으로 몸을 혹사하고 있었으며, 더 이상 버티기 어려워 보였다. 하지만 최악의 순간은 아직 오지 않았다. 그것은 바로 다음 날, 1929년 10월 29일 화요일에 왔다.

그날 아침 10시, 거래소의 큰 종이 울리자마자 폭풍이 본격적으로 몰아쳤다. 엄청난 규모의 주식들이 시장에 투매되었고, 5천 주, 1만 주 단위의 대량 주문이 빠르게 하락하는 가격으로 시장에 쏟아졌다. 소규모 개인 투자자들뿐만 아니라, 불과 몇 주 전까지만 해도 자신을 백만장자라고 여겼던 대형 투자자들까지도 무자비하게 강제 청산되었다. 한 종목을 담당하는 전문 중개인이 주식을 팔기 위해 몰려드는 중개인들에게 둘러싸였지만, 매수자는 전혀 보이지 않는 상황이 반복되었다. 대표적인 사례로 화이트 재봉틀 회사White Sewing Machine Company 주식을 들 수 있다. 강세장에서 이 회사의 보통주 가격은 최고 48달러까지 올랐지만, 10월 28일 월요일 종가는 11과 1/8달러였다. 그리고 10월 29일 화요일, 한 명의 기지가 번뜩이는 거래자가 1달러에 매수 주문을 넣었고, 다른 매수자가 전혀 없는 상황에서 실제로 1달러에 주식을 사들이는 일이 벌어졌다! 거래소 장내는 혼란으로 가득 찼다. 주문 체계가 마비되었고, 매도 주문이 쉴 새 없이 쏟아졌지만 이를 처리할 수 있는 속도가 턱없이 부족했다. 이날 지친 중개인 한 명은 거래 종료 후 자신이 미처 처리하지 못한 주문서를 가득 담은 대형 휴지통을 발견했는데, 너무나 정신이 없어서 아예 잊고 있었던 것이다. 장이 끝날 무렵, 하루 거래량은 16,410,030주라는 전례 없는 기록을 세웠고, 장 막판에 반등이 있었지만 뉴욕 타임스 지수는 40포인트 가까이 폭락했다. 한편, 외국 증권 시장과 국내 작은 거래소들,* 커브 마켓, 곡물 시장도 거의 공황 상태에 빠졌다.

이날 정오, 뉴욕 증권거래소 운영위원회는 사태가 걷잡을 수 없이 악화되자 거래소 폐쇄 여부를 논의하기 위해 긴급 회의를 열었다. 몇 달 뒤 리처드 휘트니가 회고한 바에 따르면, "불안감을 조장할 수 있다는 이유로 회의는 이사회실이 아닌 증권 청산소 사무실에서 비밀리에 진행되었다. 참석한 40명의 위원들은 두세 명씩 흩어져 조용히 회의실로 모였다. 공간이 너무 협소하여 대다수는 서 있거나 탁자 위에 앉을 수밖에 없었다. 회의가 진행되는 동안 위층에서는 극도의 패닉이 몰아치고 있었다. 긴장된 참석자들은 연신 담배를 피우고 몇 모금 빨다가 곧바로 다른 담배를 붙여 물었다. 그 결과 좁은 방 안은 푸른 연기로 가득 차 버렸다." 두 명의 모건 최고 경영진 Morgan partners**이 회의에

---

* 뉴욕 증권거래소(NYSE) 외에 뉴욕, 시카고, 필라델피아, 보스턴, 샌프란시스코 등 소규모 기업, 지역 기업들의 주식 거래가 더 많았던 기타 증권거래소들.

참석하기 위해 조용히 건물에 들어가려다 경비원의 저지로 발이 묶이는 해프닝까지 벌어졌다. 결국, 이사회는 신중한 논의 끝에 거래소를 폐쇄하지 않기로 결정했다.

1929년 10월 29일 화요일, 이날은 은행들에게도 결정적인 하루였다. 그동안 기꺼이 브로커들에게 자금을 빌려주며 8~9퍼센트의 이자를 챙기던 수많은 기업들이 이제는 그 돈을 회수하겠다고 아우성치기 시작했다. 은행들은 대출을 인수하여 버텨내거나, 그렇지 않으면 더 큰 붕괴를 촉발할 위험 중에서 선택해야만 했다. 그날 하루가 끝날 무렵 담보로 잡힌 주식들의 가치가 얼마 남지 않을지도 모르는 상황에서, 수백만 달러에 달하는 대출을 떠안는 것은 결코 가벼운 일이 아니었다. 그럼에도 불구하고, 그날 콜머니 금리가 6퍼센트를 넘지 않았고, 주식시장의 패닉에 더해 화폐 시장의 패닉이 덧붙여지지 않았으며, 월가의 여러 기관들이 즉각적인 파산을 면할 수 있었던 것은 몇몇 은행가들이 용기 있게 중대한 순간에 나서주었기 때문이었다. 일화에 따르면, 한 은행가는 대출을 계속 인수하라는 지시를 내리고 있었는데, 마침내 한 부하 직원이 창백한 얼굴로 들어와 은행이 이미 지급 불능 상태라고 알렸다. 그러자 그는 "그럴지도 모르지"라고 담담히 말하고는 아무 일 없다는 듯 계속해서 업무를 이어갔다. 그도

** 당시 J. P. Morgan & Co.는 일반적인 의미의 주식회사corporation가 아니라 파트너십partnership 형태의 회사였기 때문에, 회사의 주요 인물들은 파트너partner로 불렸다. 이 파트너들은 '동업자'라는 의미가 아니라 보통의 임원보다는 훨씬 더 높은, 모건 사의 최고 수뇌, 즉 공동 경영 책임자를 의미한다.

알고 있었다. 만약 그가 멈춘다면 더 많은 기업들이 파산에 직면하게 될 것임을. 다음 날, 10월 30일 수요일, 상황은 갑자기 그리고 마치 신의 은총이라도 받은 듯 밝아졌다. 유에스 스틸 이사회가 특별 배당을 발표했고, 아메리칸 캔 컴퍼니 이사회는 특별 배당뿐만 아니라 정기 배당금까지 인상했다. 또다시 금융계 인사들의 안심시키는 발언이 쏟아졌지만, 이번에는 그런 발언들이 이미 회의적인 반응을 불러일으키고 있었다. 허버트 후버 대통령의 상무부 차관보인 줄리어스 클라인은 계속될 번영에 대한 찬가를 늘어놓았고, 존 J. 래스콥은 지금이야말로 주식을 저렴하게 매수할 기회라며 자신과 동료들도 매수하고 있다고 선언했다. 존 D. 록펠러는 보다 상징적인 어조로 시장을 달랬다. "국가의 근본 여건이 건전하다고 믿으며, 지난주 거래소에서 벌어진 가치 붕괴를 정당화할 아무런 사업상의 이유가 없다고 보기에, 나와 아들은 며칠 전부터 건전한 보통주를 매수하고 있다." 더욱 고무적인 사실은 주가가 올랐다는 것이었다. 꾸준하고도 활기차게. 마침내 거래소의 부담을 더 이상의 공포 없이 덜어낼 수 있는 때가 온 것이다. 오후 1시 40분, 부사장 휘트니가 연단에 올라 다음 날 정오까지 거래소를 열지 않고 금요일과 토요일은 휴장한다고 발표했다. 다행히도 이 소식은 새로운 공황을 일으키지 않았고 오히려 환호로 맞이되었다.

목요일의 짧은 거래 시간 동안 반등은 계속되었다. 주가는 여전히 격렬하게 요동쳤다. 모든 가치의 기준이 무너진 상황에서 특정 주식이 얼마가 적절한 가격인지 가늠하는 것은 거의 불가능했기 때문이다. 그러나 최악의 폭풍은 지나간 듯 보였다. 금융계는 안도의 숨을 내쉬었다. 이제 비로소 스스로의 상황을 정리할 시간이 주어진 것이다.

	최고가 1929년 9월 3일	최저가 1929년 11월 13일
아메리칸 캔	181 7/8	86
AT&T	304	197 1/4
아나콘다	131 1/2	70
일렉트릭 본드 & 셰어	186 3/4	50 1/4
제너럴 일렉트릭	396 1/4	168 1/8
제너럴 모터스	72 3/4	36
몽고메리 워드	137 7/8	49 1/4
뉴욕 센트럴	256 3/8	160
라디오	101	28
유니언 카바이드 & 카본	137 7/8	59
유에스 스틸	261 3/4	150
웨스팅하우스	289 7/8	102 5/8
울워스	100 3/8	52 1/4

그러나 공황의 최악의 순간은 지났을지언정, 최저가도 함께 지나간 것은 아니었다. 브로커들의 계좌가 정리되고 은행들이 담보를 추가로 요구하면서 여전히 강제 매각이 남아 있었다. 공포는 다시 살아났다. 다음 주, 짧은 거래가 이어지는 가운데 주가는 다시 하락했고, 마침내 11월 13일, 1929년 한 해의 최저가가 기록되었다.

그 수치는 9월의 태양 아래 기록된 고점에 비해 비극적이라 할 만했다.

《뉴욕 타임스》가 집계한 50개 주요 주식의 평균치는 9월 최고점 311.90달러에서 11월 13일 164.43달러로 거의 반토막이 났으며, 25개 주요 산업주의 평균치는 더욱 심각하여 469.49달러에서 220.95달러까지 추락했다.

대호황 시대의 황소장은 끝났다. 수십억 달러의 이익— 그리고 종이 위에서만 존재하던 이익 —이 사라졌다. 식료품점 주인, 창문 청소부, 재봉사까지도 자신들의 자본을 날려버렸다. 미국 곳곳에서, 한순간에 화려한 생활에서 빚더미로 추락한 가정이 속출했다. 평생 저축한 돈으로 은퇴 후의 안락한 삶을 꿈꾸던 투자자들은 다시 원점으로 돌아와야 했다. 신문들은 연일 자살 소식을 보도했다.

쿨리지-후버 시대의 번영은 아직 완전히 끝난 것은 아니었지만, 분명히 죽어가고 있었다. 시장의 공황이 충격을 가하자, 그동안 주식시장의 낙관론에 가려져 있거나 눈에 띄지 않았던 수많은 경제적 문제가 드러나기 시작했다. 마치 인체의 주요 장기가 정상적으로 기능하지 못하면 독소가 온몸으로 퍼지는 것처럼, 경제 전반에 걸쳐 문제들이 표면화되었다. 거의 30억 달러에 달하는 증권사 대출이 청산되면서 신용이 축소되었고, 연방준비은행은 재할인율을 인하했다. 또한 대형 은행들과 주요 기업들이 단 한 건의 대형 도산 없이 위기를 버텨냈다는 점은 분명 고무적인 소식이었다. 그러나 근본적인 문제들은 여전히 존재했다. 자본 과잉, 기업의 과도한 확장, 할부 구매와 주식시장에서 얻은 이익을 바탕으로 한 과잉 생산, 인위적으로 유지된 상품 가격, 그리고 유럽 무역의 침체 등은 심각한 경제적 부담으로 작용했다. 아무리 고위 금융가들이 모든 것이 괜찮다고 선언하고, 대통령이 온건한 발언과 백악관 회의를 통해 위기를 수습하려 애쓴다 해도, 대공황은 이미 돌이킬 수 없는 흐름이 되고 있었다.*

하지만 단순히 경제적 위기만이 아니었다. 번영이란 단순한 경제적 상태가 아니라 심리적 상태이기도 하다. 1920년대의 대형 강세장은 단순한 경기 순환의 정점이 아니라, 미국 대중의 집단적인 사고방식과 감정의 정점을 의미했다. 주식시장이 붕괴하고 경제가 흔들리면서, 미국인들은 새로운 현실에 직면하게 되었다. 이제 그들은 변화된 세계에서 새로운 적응, 새로운 사고방식, 새로운 생활 습관, 그리고 새로운 가치 체계를 요구받게 되었다. 심리적 분위기가 바뀌었고, 미국 사회를 움직이는 흐름도 새로운 방향으로 흘러가기 시작했다.

전후 10년의 시대가 마침내 막을 내렸다. 하나의 시대가 끝난 것이다.

---

* 1929년 9월 3일 다우존스 산업평균지수는 최고점인 381.17이었다. 폭락이 시작된 10월 24일(검은 목요일)은 금융계 큰손들의 개입으로 2.1퍼센트 하락한 299.47로 마감했다. 정부와 금융계의 개입으로 불안한 소강 상태로 주말을 마감했지만 주말 이후 투매 심리가 확산되어 10월 28~29(검은 월요일, 검은 화요일) 이틀 동안 4분의 1의 시가총액이 날아가 230.07로 마감했다. 1930년 연말 지수는 164.6이었으며 대공황의 여파는 계속해서 이어져 1932년 7월 지수는 최고점 대비 89퍼센트가 하락한 41.22을 기록했다. 불과 3년 만에 이전 33년 동안의 주가 상승을 전부 지워버린 것이었다. 1929년의 전 고점 회복은 1954년에야 이루어졌다.

14 여파: 1930-31

AFTERMATH: 1930-31

 쿨리지-후버 번영이 무너졌다는 사실을 이 나라가 피할 수 없는 현실로 받아들이기까지는, 오랜 시간 동안의 불행하고 고통스러운 저항이 뒤따랐다. 특히 공화당에게는 이 현실이 더욱 쓰라렸다. 공화당은 경기 순환의 법칙이 정치 정책과는 별개임을 잊은 채, 번영을 마치 자신들의 발명품인 양 여겨왔기 때문이었다. 그리고 그 누구보다 가장 쓰라린 것은 허버트 후버 자신이었다. 그는 가난을 근절하겠다는 자신감에 찬 약속을 했던 인물이었다.

 1929년 10~11월, 주식시장이 나이아가라 폭포처럼 추락하고 경기 후퇴가 심각한 양상을 보이기 시작했을 때, 국민은 대통령을 바라보았다. 무언가 즉각적인 조치를 통해 공공의 신뢰를 회복하고 피해가 더 이상 확산되지 않도록 해야 한다고 여긴 것이다. 후버는 사업의 이론과 실무에 정통한 인물이었다. 조직 관리 능력이 탁월했고, 여론을 다루는 데에도 능숙했다. 정치적 수완과 순수 정치 문제에 대한 대처력은 부족했을지 모르나, 이런 비상 상황에서는 지구상 누구보다도 그가 무엇을 어떻게 해야 할지를 알고 있을 것이라는 믿음이 널리 퍼져 있었다.

대통령은 즉시 행동에 나섰다. 그는 세금 인하를 약속했다. 또한 주요 사업가들을 불러 회의를 열었고, 이들은 임금 인하를 반대하는 입장을 표명했다. 그는 또 실업 증가에 대비하여 공공사업을 확대할 것을 권고했다. 그리고 그는 측근들과 함께 "모든 것이 괜찮으며 곧 더 좋아질 것"이라는 메시지를 거듭 전파하며 흔들린 기업 심리를 다잡기 위해 단호히 움직였다. 당시 유행어가 된 표현처럼, 그들은 "상황은 본질적으로 건전하다"고 반복했다. "이러한 조치를 통해 우리는 신뢰를 회복했다고 확신한다." 그는 12월 연두교서에서 이렇게 선언했다.

1930년이 시작되었을 때, 재무장관 앤드류 멜런은 "봄이 되면 경기가 회복될 것"이라고 낙관했다. 2월에는 상무장관 로버트 라몬트가 "지금 상황을 우려할 필요가 없다. 올해는 전반적으로 정상적인 해가 될 것이다"라고 공언했다. 3월, 라몬트 장관은 보다 구체적인 예측을 내놓았다. 앞으로 '두 달 안에' 경기가 정상화될 것이다. 그리고 며칠 후, 후버 대통령은 직접 "60일 안에 실업 문제가 해결될 것"이라고 확신에 찬 발표를 했다. 3월 16일, 대통령 측의 낙관론을 주도했던 줄리어스 H. 반스는 한 발 더 나아갔다. 그는 후버가 신설한 국가경제조사위원회National Business Survey Conference 의 수장이었으며, 기자들 앞에서 이제 위기의 시기는 끝났다고 선언했다. "1930년 봄은 심각한 우려의 시기가 끝났음을 의미한다. 미국 경제는 꾸준히 정상적인 번영 수준으로 돌아오고 있다."

그러나 현실은 정반대였다. 처음에는 정부가 즉각적이고 극단적인 임금 삭감을 막을 뿐만 아니라, 쿠에 박사의 처방을 적용하여 경제를 회복시키는 데 성공할 것처럼 보였다. 1929년 말 산업 지표가 급락하고 약 300만 명이 실업자가 된 후, 일부 개선의 조짐이 나타났다. 주식시장은 충격에서 회복하며 새로운 상승세를 보이기 시작했다. 보통주에 대한 매력은 여전히 남아 있었고, 공황에서 완전히 파산하지 않은 모든 투기꾼들은 앞서 자신들을 물어뜯은 개의 털로 상처를 치유하려는 듯 다시 시장에 뛰어들었다. 1930년 첫 세 달 동안 '작은 황소장'은 '큰 황소장'을 상당히 그럴듯하게 흉내 냈다. 거래량은 1929년의 황금기만큼 활발했고, 주요 주식의 가격은 붕괴 이후 잃었던 가치의 절반 이상을 되찾았다. 잠시 동안이나마 워싱턴의 낙관적인 예측이 옳았으며, 번영이 다시 찾아오고 있어 1929년의 암울한 손실을 만회할 기회를 잡는 것이 현명한 선택인 것처럼 보였다.

그러나 4월이 되자 이 짧은 환상은 서서히 사그라들기 시작했다. 경기 침체가 다시 고개를 들었다. 대통령과 상무장관이 설정했던 60일 회복 기간이 끝날 무렵, 상품 가격은 하락하고, 생산 지표도 감소하며, 주식시장은 연이어 고통스러운 하락을 겪었고, 실망으로 가득 찬 미국인들은 희망이 연기될수록 더욱 절망에 빠졌다. 쿠에의 자기암시 치료법은 효과를 발휘하지 못했다. 경제 문제는 단순한 신경 쇠약이 아니라, 훨씬 더 근본적이고 깊이 자리 잡은 질병이었다.

워싱턴의 '의사들'은 굳은 표정을 지으면서도 억지로 미소를 띤 채 여전히 『의식적 자기암시를 통한 자기통제*Self-Mastery Through Conscious Auto-Suggestion*』라는 교본을 줄줄 외웠다. 그들은 처음에 대대적인 홍보 속에서 이 치료법을 시작했기에, 이제 와서 처방을 바꾸는 것은 체면을 구기는 일이었다. 5월 초, 후버 대통령은 "우리는 이제 최악의 시기를 지나왔으며, 지속적인 단합된 노력을 통해 빠르게 회복할 것"이라고 확신했다. 5월 8일, 연방준비제도 이사회 의장은 미국 경제가 "불황으로 보이는 상태"에 처해 있다고 인정했다. ("보이는 상태"라니 — 공장이 폐쇄되고 주식이 곤두박질치며 구호 식량 배급 줄이 거리까지 이어지고 있는 상황인데!) 하지만 워싱턴에서는 그 이상으로 현실을 직시하려는 사람이 없었다. 5월 28일, 후버 대통령이 가을까지는 경제가 정상화될 것이라고 전망했다는 보도가 나왔다. 이 절망적인 희극은 계속되었고, 경제 정책 입안자들이 환자에게 안심시키는 말을 건넬수록 환자는 점점 더 깊은 나락으로 빠졌다. 결국, 치료가 완전히 실패했다는 사실이 너무나도 명백해지자, 정부는 일시적으로 침묵할 수밖에 없었다.

그렇다면 경제가 앓고 있던 병은 무엇이었을까? 몇 가지 주요 원인을 나열해 보자.

1 자본과 상품의 과잉 생산

1920년대 동안 산업이 기계화되면서 이전보다 훨씬 더 대량 생산이 가능해졌다. 1928년과 1929년의 주가 상승기 동안, 할부 구매와 주식 수익 덕분에 미국인의 구매력이 일시적으로 증가하자, 수많은 기업들은 무리한 확장을 감행했다. 이로 인해 미국 산업 자본의 규모가 비대해졌고, 은행 신용도 과도하게 팽창했다. 그러나 주식 수익이 사라지고 신규 할부 구매자가 줄어들면서, 사람들은 자동차나 라디오, 가구 할부금을 어떻게 낼지 고민해야 하는 상황에 놓였다. 그 결과, 제조업체들은 과잉 생산된 공장을 줄어든 수요에 맞춰 운영해야 했고, 이는 생산성 저하와 수익성 악화를 초래했다. 업체들은 소비자들의 구매력이 회복될 때까지 손실을 감수할 수밖에 없었다.

2 인위적인 상품 가격 유지

1929년 동안, 데이비드 프라이데이가 지적한 바와 같이, 여러 상품의 가격이 인위적으로 높은 수준에서 유지되었다. 구리와 면화에는 각각 별도의 가격 유지 담합 집단pool이 있었으며, 캐나다의 밀, 브라질의 커피, 쿠바의 설탕, 호주의 양모에 대한 '풀'이 운영되었다. 이러한 가격 유지 정책은 과잉 생산을 초래했으며, 이는 시장에서 가려진 채 지속될수록 더욱 위험해졌다. 소비량에 비해 비축된 재고가 급격히 증가했으며, 결국 이러한 가격 유지 기구들이 시장을 떠받칠 수 없게 되었을 때, 가격은 처참할 정도로 붕괴했다.

3 은 가격 폭락

여러 정부가 금본위제로 전환하려 한 노력이 주요 원인이 되어 은 가격이 폭락했다. 이로 인해 동아시아의 구매력이 크게 위축되었고, 국제 무역에 심각한 영향을 미쳤다.

4 국제 금융 혼란

금이 대량으로 프랑스와 특히 미국으로 유입되면서, 세계 금융 질서가 심각한 혼란에 빠졌다.

5 불안정한 해외 정세

 국제적인 경제 침체가 심화되면서, 전쟁이 초래한 정치적·경제적 붕괴가 새롭게 드러나기 시작했다. 1914~18년의 대혼란이 결국 원인 제공자가 되어, 세계 곳곳에서 혁명과 혁명의 위협이 불안을 증폭시켰다. 이러한 불안은 미국의 해외 투자를 위태롭게 만들었으며, 국제적 공포심과 불확실성을 더욱 가중시켰다.

6 불황 자체의 자기 증폭 효과

 불황은 자체적으로 더 큰 불황을 낳았다. 기업의 파산, 지급 정지, 운영 축소 등은 다른 기업들에도 연쇄적인 영향을 미치면서, 마치 볼링핀처럼 도미노 붕괴를 일으켰다. 한 명의 실직자가 발생할 때마다, 국가 전체의 구매력은 점차 감소했고, 이는 다시 경기를 더욱 위축시키는 악순환으로 이어졌다.

 그리고 마지막으로 —

7 1929년의 과도한 낙관론이 초래한 심리적 반동

 근본적으로 경기 순환은 심리적 현상이다. 경기 침체의 기억이 희미해질 때만이 투자자들의 신뢰가 회복될 수 있으며, 신뢰가 극단적 과잉으로 이어질 때만이 그 과잉은 멈출 수 있다. 후버 대통령이 하락하는 심리적 진자pendulum를 멈추는 것이 어려웠던 것과 마찬가지로, 연방준비제도 이사회 역시 상승하는 진자를 멈추기 어려웠다.

 후버의 낙관론 캠페인이 실패한 이후의 상황은 참혹했다. 상품 가격은 충격적인 수준까지 폭락했다. 예를 들어, 소맥 가격의 경우 1929년 말 시카고에서 12월 선물 가격이 부셸당 1.35달러였으나, 1년 후 76센트로 떨어졌다. 7월물 소맥 가격은 같은 기간 동안 1.37달러에서 61센트로 추락했다. 알렉산더 레그의 연방농업위원회Federal Farm Board는 이와 같은 참담한 가격 하락이 밀 벨트 전역에 초래한 고통을 잘 알고 있었다. 법에 따라 "농산물의 과잉을 방지하고 통제"할 책임이 있던 이 위원회는 가격 안정화를 위해 붕괴하는 시장에서 소맥을 사들이는 방법을 택했다. 그러나 그 결과는 주로 재고를 쌓아놓는 일이었고, 그것조차 결국은 시장의 근본 원칙인 수요와 공급의 법칙과 충돌하고 말았다.

폭락이 진정되었을 때, 위원회는 2억 부셸이 넘는 밀을 보유하고 있었지만 가격은 여전히 바닥을 쳤다. 후임 위원장은 이 밀을 담보로 대출한 수백 개 은행이 파산을 면하게 되었다고 주장했지만, 참담한 현실 속에 놓인 농민들에게 그 말은 별 위로가 되지 않았다. 게다가 1930년 여름의 극심한 가뭄은 많은 지역 사회의 황폐함을 더욱 심화시켰다. 농민들은 다시 한 번 악의적인 운명에 쫓기고 있는 듯 보였다. 그들은 쿨리지 시대의 번영으로부터 거의 아무런 혜택도 누리지 못했고, 이제 1930~31년 악몽 속에서 그 누구보다도 가장 심각한 고통을 겪고 있었다.

한편 산업 생산량은 꾸준히 감소하고 있었다. 1930년 말까지 경제 활동은 정상 수준보다 28퍼센트나 감소했다. 1930년 여름 동안 주가가 잠시 반등하는 듯했지만, 9월이 되자 다시 하락세로 돌아섰고, 12월에는 계속된 투매로 인해 가격 수준이 전년도 공황 이후의 최저점을 훨씬 밑돌았다. 불운한 황소장이여, 안녕! 1928년과 1929년에 눈부신 상승을 기록했던 RCA 주식은 다시 내려와— 아니, 그보다 더 아래로, 불과 3년 전 대약진을 시작했던 그 출발점조차 지나쳐 버렸다. 그리고 다른 많은 주식들은 훨씬 더 긴 후퇴와 더 혼란스러운 추락을 겪었다. 브로커 대출의 급격한 축소는 얼마나 많은 거래 계좌가 고통스럽게 청산되었는지를 보여주었다. 더 이상 브로커는 주위 사람들의 눈에 신비로운 인물이 아니었다. 이제 그는 가급적 시장 이야기를 꺼내지 않고 조심스럽게 대해주어야 할 존재가 되었다. 다수의 증권사들이 무너졌고, 황소장이 한창일 때 세워진 투기적 투자신탁들은 파산하여 온갖 사기와 부실을 드러냈다. 1930년 한 해 동안 천 개가 넘는 은행이 부동산과 증권 가격의 급락으로 인해 문을 닫았으며, 12월에는 미국 금융사상 최대의 은행 파산 사건 —이름과 달리 불행했던 뉴욕의 유나이티드 스테이츠 은행Bank of the United States의 붕괴가 일어났다.

실업은 계속 증가하여 1930년 말에는 실직자 수가 약 600만 명에 달했다. 거리에서는 사과를 파는 사람들이 등장했고, 간부나 사무원, 공장 노동자들도 밤마다 자신이 언제 해고될지 모른다는 불안 속에 잠을 이루지 못했다. 이들은 실업자 구제를 위한 기금에 불안하게 기부했다. 브로드웨이를 걷던 어느 사람이 찰리 채플린의 영화 《시티 라이트City Light》 개봉을 기다리는 줄을 보고 물었다. "저거 뭐지 —구호 식량 줄인가, 은행 앞 줄인가?"

1931년 초, 일부 긍정적인 신호가 나타나며 주식시장은 다시 활력을 되찾는 듯했다. 그러나 3월이 되자 이 희망은 한낱 신기루였음이 밝혀졌고, 봄 내내 시장은 계속 하락했다. 생산량이 다시 줄었고, 상품 가격이 하락했으며, 주가는 점점 더 낮아져

1929년 11월의 공황 당시 가격마저도 상대적으로 높아 보일 지경이었다. 배당금은 삭감되거나 지급이 중단되었고, 기업 파산이 이어지면서 시장의 불안감은 더욱 커졌다. 과연 바닥은 있는 것일까?

1929년의 장미빛 환상은 완전히 사라진 것은 아니었다. 대기업 대부분에서 보통주를 보유한 주주 수가 1930년 동안 증가했다는 사실은 의미심장했다. 투자자들은 언젠가는 시장이 반등할 것이라 굳게 믿었고, 그 순간을 놓치지 않기 위해 주식을 계속 보유하고자 했다. 그러나 끝없이 추락하는 듯한 불황의 충격은 투자자들의 신경을 극도로 예민하게 만들었다. 1930년 12월, 《이브닝 월드Evening World》가 뉴욕 신문에 실은 광고는 당시 분위기를 단적으로 보여준다. "비즈니스맨에서 노동자에 이르기까지 너무나 많은 사람들이 터무니없는 소문과 악의적인 유언비어에 귀를 기울이며 신뢰를 파괴하고 사회 전체에 불신의 분위기를 조성하고 있다. 거리와 시장에서 근거 없는 공포에 빠진 사람들은 사회의 위협이다…… 그들은 공황을 조장하는 군중심리Mob psychology를 부추기는 자들이다."

군중 심리! '대강세장' 시절에도 군중 심리는 존재했다. 행동과 반작용. 이제 그림은 완성되었다.

2년 전, 후버 대통령이 빈곤 퇴치를 이야기할 때 "신의 가호가 있다면"이라는 말을 덧붙인 것은 현명한 선택이었다. 이제 그는 마치 신이 자신에게 잔혹한 아이러니를 선사한 듯한 기분이었을 것이다. 사실 후버가 1920년대 경제적 낙관주의의 붕괴를 초래한 것은 아니었다. 그가 벨기에 침공을 책임져야 할 이유가 없는 것처럼 말이다. 그러나 벨기에인들을 위한 구호 활동으로 명성을 쌓았던 그는 이제 미국인들을 구제해야 하는 상황에 놓였다. 그가 뛰어난 경제학자였고, 공공 위기에서 사람들을 이끌어가는 유능한 지도자였음에도 불구하고, 경기 침체에서 경제를 회복시키려는 그의 모든 시도는 뚜렷한 실패로 끝났다.

오랜 경력을 가진 다른 기업가들 역시 그처럼 불황이 장기화되고 고통스러울 것이라고 예상하지 못했다. 그러나 막상 경제가 파국으로 치닫자, 이들은 과거 자신들의 낙관론을 잊어버리고 대통령을 비난했다. 그는 미래를 내다보는 혜안이 부족했고, 리더십이 없었으며, 심지어 기본적인 상식조차 결여되어 있다고 몰아붙였다. 하지만 이들은 공식적으로 기록을 남길 필요가 없었고, 경제를 회복시킬 책임도 없었다. 그러나 후버는 모든 책임을 짊어지고 있었다. 1931년 봄이 되자 그의 평판은 주가와 이윤의 하락과 함께 바닥으로 추락했고, 민주당은 1932년 대선을 희망적으로 바라보았다. 후버의 처지를 지켜보며, 노샘프턴에서 하루 200단어짜리 칼럼을 기고하며 편안한 은둔 생활을 즐기던 캘빈 쿨리지는 아마도 "1928년에 출마하지 않길 정말 잘했다"며 안도의 한숨을 내쉬었을 것이다. 앨 스미스 역시 기차가 다리에서 추락하는 순간에 가까스로 타지 못한 사람처럼 느꼈을지도 모른다. 확실히 정부의 낙관적인 홍보 캠페인은 지나치게 열성적이었다. 그러나 후버 대통령이 저지른 가장 큰 실수는 바로 1928년 대선에서 당선된 것이었다.

대공황 이후 미국 경제에서 벌어진 일은 단순한 경기 순환적 하락 이상이었다. 이는 국가 경제의 근본적인 변화였다. 아무리 상황이 나빠도 희망적인 신호들은 있었다. 예를 들어 자본과 노동 간의 심각한 충돌이 없었으며, 연방준비제도는 화폐 공황money panic을 방지하는 데 성공했다. 언젠가 번영이 다시 찾아올 것은 분명해 보였다. 하지만 그것이 1920년대와 동일한 형태의 번영일 수는 없었다. 새로운 번영은 반드시 다른 기반 위에 놓여야 했으며, 새로운 산업을 중심으로 전개될 것이었고, 새로운 방식의 열광과 광기를 불러일으킬 것이었다. 시장의 붕괴는 미국 경제사의 한 장章을 마감했다.

2

1930년대가 시작되면서 이러한 변화의 징후들은 곳곳에서 발견되었다. 일부는 대공황 이전부터 시작된 변화였고, 일부는 대공황 이후 나타났다. 하지만 이 모든 징후를 종합하면, 미국 사회의 기질과 생활 방식이 근본적으로 달라지고 있음을 분명히 알 수 있었다.

어느 미국 도시나 마을을 막론하고 몇 블록만 걸어도 이런 변화를 쉽게 발견할 수 있었다. 예컨대 여성들의 옷차림이 그러했다. 치마 길이는 주가와 함께 내려왔다. 낮에 입는 드레스는 비록 몇 인치에 불과하긴 했지만 더 길어졌고, 이브닝 드레스는 거의 땅을 쓸었다. 무릎길이 치마를 옹호하던 사람들은 격렬히 항의했으나, 새 유행이 결국 승리했다. 단발머리는 점차 인기를 잃어갔으며, 장식 주름과 프릴, 프롱스가 다시 등장하기 시작했고, 코르셋 제조업자들은 오랜만에 미소를 지을 수 있게 되었다. 일정 정도의 격식도 되살아나고 있었다. 긴 흰 장갑, 남성의 실크해트와 연미복이 그 증거였다.

이러한 변화는 단순히 디자이너와 제조업자들의 변덕에 따른 것만은 아니었다. 유행은 그저 명령한다고 해서 따르는 것이 아니다. 대중이 따를 준비가 되어 있을 때만 비로소 유행은 현실이 된다. 사실 1920년대 초에도 긴 치마를 유행시키려는 시도가 있었지만 실패하지 않았는가? 1930~31년의 긴 치마와 드레이프, 흰 장갑은 남녀 관계에 있어 미묘한 변화가 일어나고 있음을 보여주는 외적 신호였다. 이제 미국 여성의 가장 큰 야망은 더 이상 가슴이 평평하고 다리가 가늘며, 긴 허리의 어린아이 같은 원피스를 입은 철없는 소녀를 흉내 내는 것이 아니었다. 그 뜨겁게 달아오른 '핫 베이비' 스타일은 유행에서 밀려났다. 1930~31년의 패션 광고는 훨씬 더 우아하고, 더 매혹적이며, 더 절제되었으나 은근히 유혹적인 다른 유형을 보여주었다. 품위와 로맨스가 다시 가능성의 범위 안으로 들어오기 시작한 것이다.

패션이 말해주는 바는 다른 많은 증거들에서도 확인되었다. 예절과 도덕의 혁명은 이제 적어도 휴전 상태에 들어갔다.

물론 1920년대에 무너졌던 옛 관습으로 완전히 되돌아간 것은 아니었다. 이제 나이가 들어가는 '젊은 세대'의 플래퍼들이 그토록 힘겹게 쟁취했던 자유는 여전히 유지되고 있었고, 그 자유가 사용되는 방식도 크게 달라진 것은 아니었다. 다만 사라진 것은 모든 금기를 깨부수고, 도덕을 재편하거나 파괴하며, 행동규범 전체가 격변하고 있다는 흥분 그 자체였다. 죄의 대가는 이제 더 낮은 수준에서 안정되었고, 적어도 어느 정도는 1920년대 이후 사회를 휩쓸었던 성性에 대한 히스테릭한 집착도 사라졌다. 성에 관한 책들과 대화는 이제 과잉 생산된 상품처럼 여겨지고 있었다.

이와 같은 변화에 대한 인식은 당대의 문학과 연극에서도 감지될 수 있었다. 1930년, 로버트 벤츨리는 《뉴요커》의 연극 평론에서 이렇게 선언했다. "나는 이제 확실하게 말할 준비가 되었다. 연극에서 성性은 이제 구식이다…… 방황하는 젊은이들과 빅토리아 시대 부모들의 이야기에 이제 질려버렸다. 나는 미국 전역의 모든 소녀들이 타락하든, 타락을 원하든, 타락을 피하든 이제 아무런 관심이 없다. 내가 바라는 것은 단 하나다. 그런 이야기를 연극으로 만들어서 나를 앉혀놓고 보게 만들지 말라."

벤츨리와 같은 생각을 가진 관객과 독자들은 점점 더 많아졌다. 조지 진 네이선은 브로드웨이에 새로 등장한 낭만적이고 시적인 극작가들의 물결을 지적하며, "하드보일드 계열의 드라마와 문학은 이제 확실히 쇠퇴하고 있다"고 전했다. 헨리 사이델 캔비도 《새터데이 문학 리뷰》에서 같은 결론에 도달했다. 금기가 망명지에서 돌아오고 있었다. 사회적 자제가 다시 가치 있는 덕목으로 여겨지기 시작했다. 심지어 1920년대 후반, 전쟁을 묘사한 연극 《여정의 끝Journey's End》이 저속한 욕설이나 매춘부 없이도 전쟁을 생생하게 전달할 수 있었고, 관객들은 이러한 작품에 안도감을 느꼈다. 이는 과거 인기작이었던 《영광의 대가는 얼마인가?》와도 극명한 대조를 이루었다.

또한 《좋은 동료들The Good Companions》, 《엔젤 페이브먼트 거리Angel Pavement》, 《물의 집시들The Water-Gypsies》 같은 작품들의

성공은 이러한 변화의 연장선에 있었다. 물론 여전히 예외는 존재했으나 두 가지 사실만은 부인하기 어려워 보였다. 섹스는 더 이상 신문의 1면 기사거리가 아니었고, 그 자리를 다시 매혹과 낭만이 채우기 시작했다.

빅토리아 시대와 1890년대의 모든 흔적을 '현대인'들이 조롱하며 비웃어야 한다는 생각도 이제는 그리 확고하지 않았다. 수집가들은 더 이상 빅토리아 시대의 가구를 경멸하는 눈으로 바라보지 않았고, 『모브 시대*The Mauve Decade*』와 여러 폭로성 전기를 읽으며 전쟁 이전의 관습을 깔보던 사람들조차도 몇 년이 지나자 윌리엄 질렛의 셜록 홈즈 재공연이나 『다정한 애덜린*Sweet Adeline*』을 통해 1890년대를 감상적으로 회상하는 모습을 보였다.

1930년대 초반의 젊은이들은 1920년대 초·중반의 젊은이들만큼이나 삶에 대해 잘 알고 있었을 것이다. 그러나 그들은 자신이 얼마나 진보적이고 반항적인 존재인지 세상에 과시하려는 태도에서는 한층 덜 노골적이고 덜 의식적인 모습을 보였다. 미 중서부의 한 대학에서 가르쳤던 라마르 워릭은 1930년 가을 《하퍼스》에 기고한 글에서, 올더스 헉슬리의 생물학적 소설, 존 B. 왓슨의 생물학적 심리학, 버트런드 러셀의 생물학적 철학이 학생들 사이에서 빠르게 "시대에 뒤처진 것"이 되어가고 있다고 말했다. 그녀는 자신이 가르치는 학생들 사이에서 "서른 살이 되면 삶에 지쳐 냉소적으로 만드는 그런 현대주의에 염증을 느끼고 있다"는 의견을 들었다. 《디모인 선데이 레지스터*Des Moines Sunday Register*》의 한 기자가 아이오와주의 세 개 대학에서 교수들과

학생들을 상대로 그녀의 주장이 타당한지를 조사했는데, 그가 만난 사람들 대부분은 이 의견이 일리 있다고 답했다. 한 젊은 아이오와의 학생은 자신이 다니는 대학에는 이제 다소 도발적인 옷차림과 비싼 스포츠카를 타고 다니며 온갖 소란을 일으키던 플래퍼 시대의 "불타는 매미Flaming Mamie"* 같은 여학생들이 거의 없다고 말했다. 물론 젊은이들의 반항적인 태도가 실제로 줄어들었다고 기대하는 것은 인간 본성을 고려할 때 지나친 희망일 수 있었다. 그러나 적어도 플래퍼 시대처럼 요란한 반항이 더 이상 사회적 명성을 얻는 확실한 길은 아닌 듯했다.

지식인들의 반항도 점차 힘을 잃고 있었다. H. L. 멘켄의 목소리는 더 이상 프로빈스타운에서 할리우드에 이르는 나라 전체를 뒤흔들지 못했고, 조지 F. 배빗과 획일화의 위험성을 계속해서 비난하던 이들도 이제는 조금 지루하게 여겨지기 시작했다. 한때 세상을 비관하며 절망에 빠졌던 많은 지식인들조차 이제 인생이 과연 그렇게 끔찍한 희극인지 의문을 품기 시작했다. 허무주의는 이미 거의 진부한 주제가 되어가고 있었다. 심지어 1926년경 몽파르나스에 모인 젊은 망명자들 사이에서 만물의 공허함을 설파하는 주요 예언자로 추앙받았던 헤밍웨이조차, 1929년 말에 발표한 『무기여 잘 있거라』에서는 거의 낭만적인 어조를 띠었다. 그 소설은 피상적이고 덧없는 욕망의 연속이 아니라, 조지프 우드 크러치가 미래에 대해 절망하면서도 간직했던 가치들을 담은 위대한 사랑의 이야기를 그리고 있었다. 루이스 멈포드는

---

* 1920년대의 전형적인 거침없고 요란한 플래퍼 스타일의 여성을 가리키는 속어적 표현.

1931년에 크러치가 문명이 단순히 죽어가는 것이 아니라 오래된 껍질을 벗고 있는 것임을 인식했어야 한다고 주장했다. 그는 1930년대 젊은 지식인들을 대변하며 이렇게 선언했다. "패배의 분위기는 사라졌다. 우리는 아직 깃발을 내리지 않았다. 왜냐하면 휘트먼의 '작은 선장Little Captain'처럼 우리 역시 '우리는 아직 싸움을 시작하지도 않았다'라고 집단적으로 말할 수 있기 때문이다." 물론 모든 것을 일반화하는 것은 위험하다. 그러나 1925년 당시를 돌이켜보면, 지식인들 중 누구도 이렇게 싸운다는 표현을 쓰면서 동시대의 생각을 대변한다고 느끼지는 못했을 것이다. 1925년에 유행했던 태도는 전투적인 것이 아니라, 우아하게 패배를 받아들이는 것이었다. 이제 지식인 사회의 환멸의 분위기는 점차 사라지고 있었고, 무력한 체념의 태도는 낡고 초라해 보이기 시작했다.

종교가 잃었던 권위를 되찾고 있었는지는 확실하지 않았다. 1930년 미국 내 모든 교회의 순증가율은 0.1퍼센트에 불과했으며, 이는 1890년부터 매년 교회 통계를 집계해 온 H. K. 캐럴 박사가 기록한 이래 가장 낮은 수치였다. 그러나 종교계의 분위기가 변화한 것은 분명했다. 근본주의자와 현대주의자 간의 논쟁은 점차 힘을 잃고 있었다. 1925년 '스코프스 재판'이 열렸던 테네시주 데이턴은 이제 먼 과거의 역사가 되어 있었다. 과학의 목소리는 더 이상 영적 가치의 존재를 과거처럼 단호하고도 권위 있게 부정하지 않았고, 애딩턴Eddington과 진스Jeans의 저서를 읽은 독자들은 과학적 유물론이 절대적으로 폐쇄된 체계가 아닐 수도 있다고 결론지었다. 이러한 흐름 속에서 현대주의적 성향의 성직자들은 새로운 과학 철학이 신을 수용할 틈을 열어준다고 주장했지만, 이제는 이를 반박하는 목소리도 예전만큼 뜨겁지 않았다. 새로운 과학 철학이 지나치게 난해한 것도 이유였고, 지루한 논쟁이 너무 오랫동안 지속된 탓도 있었다. 한때 모든 것을 설명할 수 있을 듯했던 심리학의 권위도 크게 약화되었다. 프로이트나 왓슨도 인간의 모든 문제를 해결할 수 있는 해답을 가지고 있지는 않았으며, 심리학자들도 민주당만큼이나 의견이 분열되어 있었다. 대학 내 종교 활동을 관찰해 본 이들은 1920년대가 지나 1930년대로 접어들면서도 불가지론자agnostic의 수가 줄어들지는 않았다고 생각했다. 그러나 젊은 남녀들이 종교에 대해 적대적 태도를 보이는 경우는 확실히 줄어들었고, 심지어 회의론자들조차도 삶을 긍정적으로 해석할 수 있는 기반을 찾고자 하는 경향이 더 널리 퍼졌다. 대학에서의 변화가 미국 사회 전체를 대표한다고 단정할 수는 없겠지만, 적어도 종교가 더 이상 뒷걸음질치고 있지는 않다는 점만큼은 분명했다. 예절과 도덕이 새로운 기반 위에서 안정세를 찾아가고 있었던 것처럼, 종교도 그러한 변화를 겪고 있었다. 다만, 이러한 변화가 일시적인 것인지 여부는 아직 확실하지 않았다.

대공황 이후에도 미국 대중은 여전히 유행fad들에 쉽게 휩쓸렸다. 1929년의 공황기 이후, 매일 저녁 7시가 되면 수백만 대의 라디오에서 프리먼 F. 고스든과 찰스 J. 코렐의 목소리가 울려 퍼졌다. 이들은 "에이모스 앤 앤디Amos 'n' Andy"로 더 잘 알려져 있었으며, "나는 넌더리가 난다I'se regusted"와 "확인하고 또 확인하라Check and double check" 같은 유행어들이 일상 언어로 자리 잡왔다. 앤디가 점심 식당과 마담 퀸과 겪는 갖가지 소동은 경제와 주식시장의 굴곡 못지않게 국민의 마음속에서 현실적인 문제로 여겨졌다.

1930년 9월, 미국 상무부는 최소한 하나의 긍정적인 경제 통계를 발표할 수 있었다. 전국적으로 미니어처 골프장 붐이 일어나 3만 개의 코스가 운영되고 있었고, 총 투자액은 1억 2,500만 달러에 달했다. 이 중 다수의 코스는 한 달에 300퍼센트의 수익률을 기록할 정도였다. 1930년 여름, 미국인들은 다른 것은 사지 않아도 적어도 그들은 골프공을 부순 목화씨와 주석 파이프 위로 굴릴 권리를 사고 있었다.*

그러나 1920년대에 전성기를 누렸던 밸리후ballyhoo의 기술은 어느 정도 힘을 잃어가고 있었다. 리처드 E. 버드 제독의 남극 비행은 그를 린드버그 이후 최고의 영웅으로 만들었지만, 대도시에서는 시큰둥한 반응이 나타났다. 그의 업적은 지나치게 홍보되었으며, 아무리 훌륭한 영웅적인 행위도 "과학적으로 관리" 되고 일일 보도자료로 배포되면서 그 자발적인 매력을 잃어가고 있었다. 버드가 남극에 도착한 지 몇 달 후, 코스트와 벨론테는 사상 최초로 대서양을 서쪽으로 논스톱 비행하는 데 성공했다. 그러나 1930년이 끝날 무렵, 이 두 사람의 이름을 기억하는 미국

---

* 미니어처 골프장에는 고급 잔디나 인조 잔디가 아닌, 싸구려 바닥재로 저렴한 농업 부산물인 부순 목화씨, 장애물이나 홀컵을 만드는 데는 값싸고 가공하기 쉬운 주석이 널리 활용되었다. 절망적인 시대임에도 불구하고 사람들이 작은 위안과 즐거움을 찾으려 열광했던 당대 사회의 단면이라 할 수 있을 것이다.

인은 1927년의 루스 엘더를 기억하는 사람보다도 적었다. 이제 하늘에서 벌어지는 영웅적인 행위는 너무 흔한 일이 되어 버렸다. 기록 경신을 위한 지구력 비행은 계속되었지만, 관중은 적었고 화제성과 수익도 줄어들었다.

1920년대의 대표적 인물인 깃대 위에 오르기flagpole sitter 챔피언이었던 '난파선 켈리Shipwreck Kelly'는 1930년 파라마운트 빌딩 꼭대기에서 내려왔다. 이유는 단 하나, 쳐다보는 사람이 아무도 없었기 때문이었다.

스포츠계에서도 한 시대가 저물고 있었다. 텍스 리카드는 과거 헤비급 복싱 경기에서 250만 달러 규모의 관중을 끌어모을 수 있었던 인물이었지만 이미 세상을 떠났고 복싱은 다시 불명예스러운 스포츠로 추락했다. 잭 뎀프시는 은퇴했고, 진 터니는 셰익스피어를 읽으며 조용히 살고 있었다. 베이브 루스는 여전히 홈런을 쏘아 올렸지만, 보비 존스와 빌 틸든은 프로로 전향했다. 미국 대학 미식축구 역사상 최고의 코치로 평가받았던 크누트 록니는 비행기 사고로 사망했으며, 미국 대통령조차 그의 죽음을 공식적으로 애도해야 할 만큼 큰 충격을 주었다. 뉴욕시의 영웅 환영식도 예전 같지 않았다. 1930년에는 브로드웨이 아래로 뿌려진 티커 테이프와 전화번호부 조각이 수년 만에 가장 적었다.

물론 이 모든 것이 경기 침체 탓일 수도 있었다. 하지만 그 이상도 있었다. 밸리후의 기술은 이제 더 이상 젊고 신선하지 않았다. 시대는 이미 변하고 있었다.

정치에 대한 냉소주의는 여전히 미국 사회를 지배했다. 1929년 가을, 램지 맥도널드가 우드로 윌슨의 이상주의적 연설을 떠올리게 하는 평화 메시지를 들고 미국을 방문했을 때, 그는 놀랄 만큼 열렬한 환영을 받았다. 당시에는 미국이 다시 한 번 이상주의에 눈을 뜨는 듯 보였다. 이러한 분위기는 1930년, 런던 해군 군축 조약London Treaty for Naval Limitation이 상원을 무난히 통과할 때까지 유지되었다. 이 조약은 허버트 후버 대통령과 국무장관 헨리 스팀슨의 중요한 업적으로 평가받았다. 그러나 전반적인 사회 분위기는 여전히 냉소적이고 희망이 없었다. 시카고는 악명 높은 시장 '빅 빌' 톰슨Big Bill Thompson을 쫓아냈지만, 뉴욕은 태머니 홀 부패 스캔들에 대해 약간의 분노를 표출했을 뿐이었다. 그러나 사람들의 대체적인 태도는 "이런 걸 고치려고 해봤자 무슨 소용이 있겠어?" 같았다. 그 와중에도 암흑가 갈취업자들은 여전히 번창하고 있었고, 밀주업자와 주류 밀매업자도 마찬가지였다. 금주법 문제 역시 해결될 기미가 보이지 않았다.

그러나 적어도 미국인들은 기업에 대한 완전한 자유방임주의laissez-faire를 이전만큼 쉽게 받아들이지 않았다. 1930~31년의 대공황과 비교하면, 과거의 경제 불황에서 대중의 태도는 상당히 달랐다. "빨갱이 공포" 당시 급진적 선동가들의 연설은 대중을 공포에 떨게 했었다. 그러나 1930년에 공산주의 선전은 거의 주목을 끌지 못했다. 그 이유는 여러 가지였다. 첫째, 많은 기업들이 임금을 가능한 한 유지하면서 근무 시간을 단축하는 등 선견지명이 있는 대처를 했다. 둘째, 1920년대 주식시장 붐 덕분에 많은 잠재적 급진주의자들이 "보수적 재정 교육"을 받은 것과 마찬가지였다. 그럼에도 불구하고 대중은 무언가가 잘못되었음을 인식하고 있었다. 개인주의적 자본주의individualistic capitalism는 더 이상 유지될 수 없었으며, 반드시 해결해야 할 문제였다. 수백만 가구가 빈곤과 굶주림에 내몰리고 있는 상황에서, 이 사실을 부정할 수 있는 사람은 아무도 없었다. 러시아 혁명의 실험에 대한 새로운 관심이 싹텄다. 그러나 그 관심에는 불안감이 뒤섞여 있었다. 1929년 주식시장 붕괴가 일어난 그달에 출간된 모리스 힌더스의 『뿌리 뽑힌 인류*Humanity Uprooted*』는 처음에는 거의 팔리지 않았으나, 1930년의 암울한 가을이 오자 베스트셀러가 되었다. 1929년 여름만 해도 러시아는 마치 중국처럼 미국과는 동떨어진 존재처럼 보였다. 그러나 1931년, 미국의 거리 곳곳에 길게 늘어선 무료 급식 줄이 등장하자, 러시아의 5개년 계획은 갑자기 미국 사회에서 긴장 어린 관심의 대상이 되었다. 산업이 마비된 채 계속 침체의 늪에서 빠져나오지 못할수록, 무능하거나 부패한 관료들에게 지나치게 권한을 넘기지 않으면서도 이 같은 경제적 참사를 막을 수 있는 어떤 형태의 경제 계획이 미국에도 필요하다는 요구가 더욱 절실해졌다.

경기가 완전히 회복되면 이런 요구도 약화될 것이 분명했다. 그러나 1920년대의 거침없는 경제적 성공으로 인해 한동안 중단되었던 집단주의적 경향은, 다시금 서서히 그러나 확실히 모습을 드러낼 가능성이 컸다. 미국 사회는 여전히 국가사회주의나 그와 유사한 개념에 대해 강한 거부감을 가지고 있었으나, 산업 구조가 지나치게 복잡해지고 기계 생산의 영향력이 너무 커진 탓에, 이제는 아무런 통제 없이 경제가 계속 운영될 수 없다는 사실을 부정할 수 없었다. 문제는 과연 누가 그러한 경제 체제를 효과적으로 통제할 만큼 지혜로운가 하는 점이었고, 또한 누가 이를 실행할 권한을 갖고 지속적으로 유지할 설득력을 가질 수 있을 것인가 하는 점이었다. 최근 몇 년간의 경험은 금융업자나 경제학자들이 경제 상황을 정확히 진단할 능력을 가지고 있다는 확신을 주지 못했다. 또한 대중이 경제적 위기에 적절히 대응할 수 있을 만큼 이성적이라는 증거도 없었다. 그러나 1931년이 흘러가는 중에도 경기 회복의 조짐이 보이지 않자, 미국인들은 더 이상 이 문제를 회피할 수 없었다. 1920년대 쿨리지 번영의 정점에서조차도 대부분의 미국인이 상상하지 못했던 이 경제적 난제가 이제는 국가적 차원에서 가장 시급하고 중요한 문제로 떠올랐다.

3

이런 변화의 조짐들 중 일부는 그 의미가 불확실했고, 어쩌면 단순한 착시 현상일 수도 있었다. 그러나 1931년의 미국은 전후 10년의 미국과는 확연히 다른 곳이 되었다는 사실만큼은 부정할 수 없었다. 하나의 시대가 저물고, 새로운 시대가 다가오고 있었다.

머지않아 시간의 안개가 1920년대의 모습을 부드럽게 감쌀 것이며, 사람들은 한 권의 책을 넘겨보며 그 시절을 떠올리며 미소 지을 것이다. 라디오가 신기한 발명품으로 여겨졌던 시절, 젊은 여성들이 단발머리에 무릎까지 오는 짧은 치마를 입고 거리를 활보하던 시절, 대서양 횡단 비행사가 하룻밤 사이에 신적인 존재가 되던 시절, 그리고 주식시장이 우리 모두를 풍요로운 유토피아로 이끌 것이라 믿었던 시절을 회상할 것이다. 그들은 전쟁이 끝난 후 좌절된 희망과 냉혹한 환멸, 타락한 정치적 스캔들, 정신적 무기력, 그리고 겉으로는 화려하면서도 그 이면에는 가혹한 현실이 자리했던 그 시대의 어두운 면은 잊어버릴지도 모른다. 대신 그들은 1920년대를 "좋았던 옛날"로 회상할 것이다……

그렇다면 1930년대에는 무엇이 기다리고 있을 것인가?

확실한 한 가지가 있다면, 그것은 반복이 아니라는 점이다. 시간의 흐름은 종종 제 길을 되돌아오는 듯하지만, 언제나 스스로 새로운 물길을 만들어낸다.

출처 및 참고 문헌

나는 이 연대기를 집필하면서 몇몇 작가들에게 커다란 빚을 졌다. 특히, 나는 로버트 S. 린드Robert S. Lynd와 헬렌 머렐 린드Helen Merrell Lynd가 집필한 『미들타운*Middletown*』에서 얻은 다양하고 정확한 정보를 광범위하게 활용했다. 이 뛰어난 사회학적 연구는 미국 한 도시의 생활상을 세밀하게 분석한 것으로, 전후戰後 10년을 연구하는 역사학자라면 누구도 이 자료를 소홀히 할 수 없을 것이다.

찰스 A. 비어드의 『미국 문명의 역사*The Rise of American Civilization*』의 마지막 장들은 워싱턴 회의Washington Conference와 그 전후 상황을 정리하는 데 특히 유용했다. 또한 윌리엄 앨런 화이트William Allen White의 전기 『우드로 윌슨*Woodrow Wilson*』 및 『가면들의 행렬*Masks in a Pageant*』에 실린 워런 G. 하딩과 캘빈 쿨리지에 대한 심도 깊은 초상화도 큰 도움이 되었다. 이들 책은 단순한 정보 제공을 넘어, 세 대통령에 대한 통찰력 있는 해석을 담고 있어 더욱 가치가 컸다.

찰스 머즈Charles Merz의 『금주법 시대The Dry Decade』는 금주법 시행 초기 10년에 대한 가장 공정한 분석을 담고 있어, 이 책의 금주법 실험에 관한 기술에서 중요한 자료로 활용되었다. 또한, 그의 저서 『그리고 포드가 왔다And Then Came Ford』 와 『위대한 미국의 악대차The Great American Bandwagon』도 여러 사실과 통찰을 제공했다. 이 외에도 『세계 연감World Almanac』에 실린 통계자료, 『뉴욕 타임스 색인New York Times Index』, 그리고 뉴욕 공공도서관New York Public Library에서 검토한 《뉴욕 타임스》 기사들이 본서의 주요 출처로 활용되었다. 특히 신문과 잡지는 단순한 뉴스 보도를 넘어, 그 시대의 광고와 사진 섹션을 통해 당시의 유행과 사상, 그리고 시대적 분위기를 이해할 수 있게 하는 중요한 역할을 했다.

라디오 방송의 시작(1장 및 4장 참조)에 관한 내용은 1928년 4월 21일, 하버드 경영대학원Harvard Business School의 강연에서 발표된 웨스팅하우스 사의 부사장 H. P. 데이비스의 연설에 기반하고 있다.

제2장 '정상성으로의 복귀'를 집필할 때, 레이 스태너드 베이커Ray Stannard Baker의 『우드로 윌슨과 세계 평화Woodrow Wilson and World Settlement』가 평화회담Peace Conference에서의 윌슨 대통령의 역할을 철저히 분석한 자료로서 매우 유용했다. 물론, 그의 연구 결과는 하우스 대령Colonel House, 국무장관 로버트 랜싱Robert Lansing 등의 기록과 비교 검토되었다. 또한, 상원의원 헨리 화이트Henry White에게 보낸 헨리 캐벗 로지Henry Cabot Lodge의

비밀 메모는 앨런 네빈스Allan Nevins의 헨리 화이트 전기에서 처음 공개된 것이며, 윌슨 대통령의 생애 마지막 날들에 대한 묘사는 1923년 11월, 그를 직접 방문했던 경험을 바탕으로 기술되었다.

제3장 '빨갱이 공포'에서는, "파머Palmer 단속"에 관한 사실을 제커라이어 채피Zechariah Chafee의 『표현의 자유Freedom of Speech』에 수록된 자료에서 얻었다. 상원의원 허스팅Husting이 1919년 탄광 파업 당시 했던 발언은 《뉴 리퍼블릭New Republic》표지에서 직접 인용한 것이다. 슈퍼-애국자들에 대한 설명은 시드니 하워드Sidney Howard가 1924년 《뉴 리퍼블릭》에 기고한 일련의 기사에서 비롯되었으며, 시카고 인종 폭동에 대한 기술은 찰스 존슨Charles S. Johnson의 『시카고의 흑인The Negro in Chicago』에 실린 세밀한 연구 결과를 참고했다. 월 스트리트 폭탄 사건에 대한 내용은 1930년 4월 26일자 《리버티Liberty》에 실린 시드니 서덜랜드Sidney Sutherland의 기사를 바탕으로 작성되었다.

제4장 '회복하는 미국'에서, 사코-반제티Sacco-Vanzetti 사건과 관련한 선전 활동에 대한 사실들은 《뉴욕 월드New York World》의 일련의 보도를 주된 자료로 삼았다.

제5장 '풍속과 도덕의 혁명'은 앞서 언급했던 『미들타운』을 비롯하여 폴 나이스트롬Paul H. Nystrom 교수의 『패션 경제학Economics of Fashion』, 월터 리프먼Walter Lippmann의 『도덕에 대한 서문A Preface to Morals』, 조지프 우드 크루치Joseph Wood Krutch의 『현대의 기질The Modern Temper』에서 많은 내용을 참고했다.

제6장 '하딩과 스캔들'을 집필하는 과정에서는 앞서 언급한 화이트의 『가면들의 행렬』과 비어드의 『미국 문명의 역사』를 많이

참고했으며, 1924년까지 진행된 유전 사건을 생동감 있게 서술한 래비지M. E. Ravage의 『티팟 돔 이야기*The Story of Teapot Dome*』와 《뉴 리퍼블릭》에 실린 브루스 블리븐Bruce Bliven의 '오하이오 갱Ohio Gang' 관련 연재 기사도 활용했다. 또한, 챕터 서두에 인용된 해리 도허티Harry M. Daugherty의 발언은 블리븐이 《뉴 리퍼블릭》 기사에서 편집 및 재구성한 형태로 인용되었다. 필라델피아 소재 몽고메리 & 매크라켄Montgomery & MacCracken 법률사무소의 조지 챈들러George G. Chandler는 유전 스캔들에 대한 내용을 정리하는 데 귀중한 도움을 주었다.

제7장 '쿨리지 번영'은 상당 부분 스튜어트 체이스Stuart Chase의 간결한 저서 『번영, 사실인가 신화인가*Prosperity, Fact or Myth*』에서 제시된 사실과 일반적인 논지를 바탕으로 했으며, 또한 『최근의 경제 변화*Recent Economic Changes*』에서 인용한 다양한 통계를 활용했다. 슈퍼세일즈맨들에 관한 부분과 종교와 비즈니스에 대한 내용은 《하퍼스 매거진》에 여러 차례 기고한 제시 레인스포드 스프라그Jesse Rainsford Sprague의 연구를 상당 부분 반영하고 있다. 서비스 클럽들service clubs에 관한 일부 정보는 찰스 퍼거슨Charles W. Ferguson이 『가입자들*The Joiners*』을 준비하며 수집한 자료에서 얻었으며, 대학 내 비즈니스 과정과 경영 기법에 대한 일부 정보는 에이브러햄 플렉스너Abraham Flexner의 『대학: 미국, 영국, 독일*Universities: American, English, German*』에서 참고했다.

제8장 '밸리후 시대'의 기본 개념은 사일러스 벤트Silas Bent의 아이디어이며, 그의 저서 『밸리후*Ballyhoo*』에서 많은 사실들을 가져왔다. 1920년대 종교의 상태에 관한 통계 자료는 루서 프라이

C. Luther Fry가 『대통령 사회 동향 연구 예비 보고서*Preliminary Report on Organized Religion for the President's Study of Social Trends*』에서 정리한 내용을 바탕으로 했으며, 로버트 린드Robert S. Lynd가 해당 자료를 제공해 주었다. 데이턴 재판에 대한 서술은 아서 가필드 헤이스Arthur Garfield Hays의 『자유의 종이여 울려라*Let Freedom Ring*』에 수록된 내용을 상당 부분 참고했다. 사이먼 & 슈스터 출판사 대표 리처드 사이먼Richard F. Simon은 크로스워드 퍼즐 열풍에 관한 풍부한 자료를 제공해 주었으며, 《루이빌 쿠리어-저널Louisville Courier-Journal》 출신의 밀러W. B. Miller는 플로이드 콜린스Floyd Collins 사건에 대한 1차 정보를 직접 전달해 주었다.

나는 1920년대의 환멸을 날카롭게 분석한 월터 리프먼의 『도덕에 대한 서문*A Preface to Morals*』과 조지프 우드 크러치의 『현대의 기질*The Modern Temper*』에 특별한 빚을 지고 있으며, 제9장 '지식인들의 반란'에서 다룬 환멸에 대한 논의는 크러치의 통찰력이 담긴 저서 없이는 결코 쓸 수 없었을 것이다.

제10장 '알코올과 알 카포네'는 네 가지 주요 출처를 특히 집중적으로 활용했다. 찰스 머즈의 『금주법 시대』, 『위커샴 보고서*Wickersham Report*』, 프레드 패슬리Fred D. Pasley의 흥미로운 저서 『알 카포네*Al Capone*』, 그리고 고든 호스테터Gordon L. Hostetter와 토머스 퀸 비즐리Thomas Quinn Beesley의 『이것은 범죄 사업이다*It's a Racket*』가 그것이다.

제11장 '즐거운 플로리다의 집'에 등장하는 여러 통계와 사건, 그리고 월터 힐Walter C. Hill의 인용문은 『토지 및 공공시설 경제학 저널*Journal of Land and Public Utility Economics*』 제3권에 실린

호머 밴더블루Homer B. Vanderblue의 두 편의 논문에서 가져왔다. 또한, 1926년 1월 《하퍼스 매거진》에 실린 거트루드 매튜스 셸비Gertrude Mathews Shelby의 '플로리다 열풍Florida Frenzy'은 특히 유용한 자료였다. 뉴욕시 사무실 임대료에 대한 정보는 대형 지역 금융 기관의 부동산 담당자가 제공해 주었다.

제13장 '폭락!'에서 나는 1929년 대공황 당시 뉴욕 증권거래소의 대응에 대해 리처드 휘트니Richard Whitney가 발표한 여러 사실들을 인용했다. 이 연설은 1930년 6월 10일, 보스턴 증권거래소 협회Boston Association of Stock Exchange Firms에서 행해진 《1929년 대공황에서 뉴욕 증권거래소의 역할The Work of the New York Stock Exchange in the Panic of 1929》이라는 제목의 강연이었다.

마지막 장 '여파'에 인용된 후버 행정부 지도자들의 낙관적인 발언들은, 제임스 트러슬로우 애덤스James Truslow Adams가 1930년 8월호 《하퍼스 매거진》에 기고한 '대통령의 번영Presidential Prosperity'이라는 기사에서 수집한 것이다.

이 책에서 활용한 자료는 이루 다 셀 수 없을 정도로 많다. 그러나 여기에서 특별히 몇 가지를 언급하는 이유는, 이들이 본문에서 직접 인용되지 않았거나, 이 자료들에 대한 나의 의존도가 특히 컸기 때문이다.

나는 또한 이 책을 집필하는 과정에서, 자료를 찾아주거나 원고를 읽고 비판해 준 많은 친구들에게 깊이 감사한다. 특히 뉴욕 공공도서관의 롤린 알저 소여Rollin Alger Sawyer, 아서 베스Arthur Besse, 존 매켄티John G. MacKenty, 얼 베일리Earle Bailie, 앨리슨 스컬리C. Alison Scully, 마이라 리처드슨Myra Richardson, 고든 에이

마르Gordon Aymar, 아그네스 로저스 하이드Agnes Rogers Hyde, 스튜어트 체이스Stuart Chase, 로버트 하스Robert K. Haas, 아서 홀든 Arthur C. Holden, 그리고 에밀리 리나드 콥Emily Linnard Cobb에게 특별한 감사를 표한다.

무엇보다도, 나는 찰스 머즈에게 깊이 감사하고 싶다. 그가 처음부터 이 연구를 시작하도록 나를 격려해 주었으며, 이 작업은 끝없이 매력적인 도전이 되었다.

그리고 마지막으로, 나의 아내, 도로시 펜로즈 앨런Dorothy Penrose Allen에게 특별한 감사를 바친다. 그녀는 세상을 떠날 때까지 이 책을 완성하는 데 이루 말할 수 없이 큰 도움을 주었다.

프레드릭 루이스 앨런

뉴욕 스카스데일
1931년 6월

옮긴이의 말

비유하자면 역사책은 시간을 되돌리는 태엽과도 같다. 멈춰 있는 과거라는 거대한 시계의 태엽을 한 번 감기 시작하면, 무심히 흘러간 줄만 알았던 그 시간이 다시 움직이고, 그 안에서 벌어졌던 어떤 찬란하고도 우스꽝스럽고, 숭고하면서도 어처구니없는 인간 군상의 움직임에 우리는 순간 넋을 잃고 빠져들게 된다. 하지만 그 많고 많은 태엽들 중에서도 특정한 한 시대를 마치 살아 있는 유기체처럼 숨 쉬고 맥박치게 만드는 역사책은 흔치 않다. 프레드릭 루이스 앨런의 『불과 어제』는 그런 예외적인 책이다.

이 책은 미국의 이른바 '광란의 1920년대Roaring Twneties'를 정밀하게 포착하고, 대중 역사서라는 장르의 서막을 연 기념비적 저작이다. 1931년, 대공황의 참상이 여전히 현재형이던 시절 출간된 이 책은 그해에만 수십만 부가 팔리며 역사책으로서는 이례적으로 베스트셀러에 올랐다. '불과 어제'의 일이었던 광란의 1920년대를 돌아보는 저자 앨런의 서술은 단순한 회고가 아니라 시대의 움직임과 감정을 꿰뚫는 지성의 기록이자, 저널리스트와 사관史官의 펜이 결합된 독특한 성취가 되었다.

자동차 시대의 본격적인 진입과 라디오라는 새로운 매체의 등장, 금주법과 알 카포네가 대도시의 밤을 지배하던 시대, 린드버그의 대서양 횡단, 할리우드의 융성과 베이브 루스를 비롯한 스포츠 스타들에 대한 열광, 대도시의 풍경을 바꾼 마천루의 등장, 대중 선전과 광고, 미국식 비즈니스의 융성과 언론의 대두, 그리고 우리에게는 널리 알려져 있지 않은 미국 최악의 대통령 하딩과 부패 스캔들, 풍속과 윤리의 붕괴, 플로리다 부동산 광풍, 빨갱이 사냥, 그리고 그 광란의 시대를 커다란 파열음과 함께 막을 내리게 한 대공황. 이 모든 것이 뒤엉킨 1920년대는 마치 조율되지 않은 오케스트라처럼 거슬리는 부조음으로 가득한 매혹적인 시대였다. 우리에게 익숙한 그 시대의 면모를 이해하는 데 결정적으로 현재까지도 영향을 끼치고 있고, 그 시대를 다룬 헐리우드의 수많은 영화들의 공통 감정의 지형도 역할을 한 것도 바로 이 책이었다. 그래서 이 책은 어떤 면에서는 일급 시나리오 작가의 잘 짜인 대본에 기반한 마치 한 편의 영화처럼 읽힌다.

저자 앨런은 '비공식 역사'라는 겸손한 부제를 달았지만 사실 이 책은 미국 역사 서술의 새로운 지형을 여는 데 결정적 전환점이 된 책으로 평가받는다. 그것은 역사를 고위 정치 엘리트의 무대에서 대중의 감정과 일상으로 끌어내린 결정적 실험이자 성취였다. 학술적 문법 대신, 유려한 문체와 재치 있는 비유, 그리고 삶과 밀착된 사건들로 채워진 이 책은 '감정의 역사'라는 새로운 문을 열었고, 이후 생활사·문화사의 확산에 커다란 영향을 끼쳤다. 『불과 어제』는 역사가 되기에는 너무 가까운 시기를 다뤘다는 점에서도 혁신적이었다. 이 책이 출간된 1931년은 대공황의 여파가 계속해서 이어지던 시기였다. 대도시의 급식소 앞에는 빈민들의 줄이 끝없이 이어지고 거리에는 절망이 넘쳐났다. 뉴욕 증권거래소의 다우존스 지수는 이 책이 집필되던 시점에서도 계속해서 추락해, 이 책이 출간된 이듬해 7월, 대공황 이전에 비해 무려 89퍼센트가 하락하는 최저점을 기록했다. 이는 역사는 반드시 일정한 시간적 거리를 두어야 객관성을 유지할 수 있다는 기존의 통념에 대한 정면 도전이었다.

《하퍼스 매거진》의 편집장으로 당대 최고의 저널리스트 중 한 명이었던 앨런의 글은 매우 유려하고 읽기 쉽다. 학술적 용어를 최소화하고, 문학적인 비유와 재치 있는 표현, 그리고 흥미로운 에피소드들을 적절히 활용하여 이 책은 독자들을 사로잡았다. 그리고 이는 후대 대중 역사서들의 기본적인 서술 스타일이 되었다. 당시 서평들은 이 책을 '종합 저널리즘synthetic journalism'이라고 평가했다. 그는 통계와 기사, 기록과 기억, 그리고 '그 시대를 살았던 사람들의 감정'까지도 조각처럼 모아 하나의 생생한 모자이크를 완성했다. 그는 그 시대를 살아낸 이들의 고개 끄덕임을 유도하는 데 성공했고, 그것은 단순한 정보 전달이 아닌 '기억의 공동체'를 만들어내는 일이었다.

『불과 어제』는 대중이 역사에 본격적으로 등장한 시기, 즉 대중민주주의와 대중 자본주의, 대중문화와 감정 정치의 원형이 만들어진 시기를 다룬다. 라디오와 신문, 광고와 잡지, 갱스터 영화와 스포츠 스타는 미국이라는 새로운 강대국의 자의식을 형성했고, 신생 제국은 비즈니스, 선전, 투기, 그리고 히스테리로 자신의 정체성을 구축해나갔다. 이 모든 현상은 정치와 윤리, 공동체 가치가 아니라 감정, 이익, 흥미 중심으로 대중이 움직이는 민주주의의 일면을 드러낸다. 그 격변의 시대에 대해, 사람들의 감정에 대해 저자는 거듭해서 묻는다. "도대체 왜?" 그 질문은 역사적 분석 이전에, 인간적인 당혹감의 표현이다.

이 책이 단순히 과거의 사건을 늘어놓는 연대기가 아닌 이유도 여기에 있다. 앨런은 사건들에 감정을 부여하고, 감정에서 그 시대의 성격을 추출한다. 그는 단지 '어떤 일이 있었는가'가 아니라, '그때 사람들은 어떤 감정이었는가'를 보여주고, 그것을 탁월한 문장으로 되살려낸다. 단지 사건의 나열이나 구조적 분석에 그치지 않고 그 시대 사람들의 '감정의 결'까지 이 책은 포착했다. 대중의 히스테리는 단지 현상이나 반응이 아니라 이 시대의 핵심 동력이다.

저자의 '도대체 왜?'라는 질문은 대중이라는 프레임 안에서 해석된다. 그리고 그것은 착잡함과 당혹스러움을 동반한다. '오래된 도덕의 장벽은 무너졌고 새로운 기준은 아직 세워지지 않았다. 그리고 그 틈을 타, 돼지들이 초원을 활보하고 있었다.' 다수가 항상 옳지는 않고 생각하는 소수는 입에 재갈이 물려진 채 어두운 서재로 도피할 수밖에 없다. 그리하여 이 책은 단순히 사건들에 대한 기술이 아니라, 감정과 시대와 제도의 공모, 혹은 혼란스러운 본격적인 대중민주주의 시대의 내적 분열에 대한 보고서가 된다. 저자 앨런은 이러한 대중의 전면 등장이 '단 하나의 기준이 살아남을 뿐이며, 그것은 항상 가장 낮은 수준의 기준이다'

라는 원칙의 확인이라고 생각한다.

 윌슨의 고결하지만 독단적인 이상주의와 세계연맹 구상에 대한 피로로 시작되어 대공황이라는 파국으로 마무리되는 이 시간은 정확하게 대하드라마의 기승전결의 구조를 갖고 있다. 여전히 흥미롭고 지금 우리와도 이어져 있는 온갖 히스테리와 물질주의의 근원인 대중의 욕망이 바로 이 시대의 드라마를 이끌어가는 원동력이 되고 있다. 저자 앨런이 본 당시의 미국은 강건한 근육에 어린아이의 말랑말랑한 뇌를 가진 거인이다. 비즈니스에 대한 전 국민의 열망, 대량생산 체제의 안착으로 자본주의의 황금기를 맞이한 미국은 거대한 내부 시장을 가지고 현대 자본주의의 가장 전형적인 무대가 되었지만, 동시에 그것은 미성숙한 이성과 제어되지 않은 열광에 휘둘리는 히스테리의 무대이기도 했다. 미국은 유럽이 1차 대전의 상처 속에서 힘이 빠져 있던 시절, 의도치 않게 제국의 지위에 올라섰고, 신생 제국은 선전과 광고와 저널리즘, 투기적인 금융으로 자신의 정체성을 만들어갔다. 대중의 욕망은 곧 비즈니스의 수요로 직결되었고, 미국식 자본주의는 곧 기존의 윤리를 대체해 자신들만의 윤리를 내세웠다. 기독교는 예수를 '현대 비즈니스의 창시자'로 재해석했고 모세는 '역사상 가장 위대한 영업사원이자 부동산 개발업자'다. 교회에서는 '하느님의 왕국 우선주' 투자 증서까지 발급했다. 단지 마르틴 루터만 없었을 뿐이다.

 대공황에 대한 이해에서도 이 책은 기본적인 교과서의 역할을 했다. 히틀러를 집권하게 만들고 일본 제국주의가 활로를 진주만 폭격에서밖에 찾을 수 없게 만든 대공황이라는 100년 전의 엄청난 재앙이 마르크스가 말한 자본주의 모순의 필연적 단계가 아니라 '미래의 가치뿐 아니라 내세의 가치까지 반영된' 주식 시세, 바로 인간의 무한한 탐욕과 자기기만적인 허위의 낙관주의에 기반했다는 사실은 지금 우리가 발 딛고 있는 현실을 냉철하게 성찰하고 언제든 다가올 수 있는 미래에 대한 건강한 경계심을 가지라고 요구한다. 앨런은 1929년 대공황의 원인을 단순히 경제적 요인에서만 찾지 않고, 1920년대 미국인들의 근거 없는 낙관주의, 물질적 탐욕, 그리고 현실을 직시하지 않으려는 심리적 경향에서 비롯되었음을 암시했다. 그는 대공황이 단순한 경제 현상이 아니라, 그 시대를 지배했던 미국인들의 정신적 기질의 필연적인 결과였음을 보여주었다. 이는 대공황이라는 사건을 경제사적 관점을 넘어 사회심리학적, 문화사적 관점으로 확장하는 데 크게 기여했다.

 100년이 지난 지금, 이 책은 우리에게 낯선 동시에 익숙한 거울이다. 앨런이 그려낸 그 감정의 궤적이 지금의 우리에게도 '친근하게' 느껴지는 것은 100년 전 미국이라는 나라에 살았던 사람들의 모습에서 마치 지금 우리의 모습을 보는 듯한 느낌이 들게 하기 때문이다. 정보가 아닌 가짜 뉴스가 범람하는 인터넷 환경, 100년 전과도 비할 수 없을 정도로 팽창한 금융 세력의 경제 석권, 소셜 미디어로 증폭되는 군중심리와 극단적 진영 갈등, 맹목적인 유행 추종, 단순하고 자극적인 메시지에 급발진하는 대중의 모습은 놀랍도록 1920년대의 그것과 닮아 있다. '미숙한 거인' 미국의 100년 전 초상을 통해, 21세기를 살아가는 우리 시대 민주주의와 대중의 취약성을 통렬하게 직시하게 한다.

역사는 반복되지 않는다고도 하고 다른 모습으로 반복된다고도 한다. 하지만 분명한 것은 인간의 감정과 반응은 패턴을 반복한다. 그 패턴에서 인간의 감정은 이 광란의 1920년대를 떠들썩하게 만들었던 진화론의 영향에서 벗어나 있다. 과거는 낡은 것이 아니라, 지금 현재도 반복되는 감정의 패턴을 품은 시간이다. 『불과 어제』는 100년 전의 미국을 이야기하지만, 결코 과거의 이야기가 아니다. 특히 바로 그 시대가 오늘날까지 이어지는 대중 사회의 모든 특징이 본격적으로 갖춰졌기 때문이다. 지금까지의 역사는 바로 그 시대의 특징을 인공지능으로 시뮬레이션해서 나온 결과처럼 보이기도 한다. 오히려 기술과 미디어 환경의 '발전'으로 그 현상은 더욱 가속화되고 있다. 이 책에서 우리는 오늘날 현대 사회가 직면한 병리적 현상들에 대한 놀라운 통찰과 경고를 읽어낼 수 있다. 기술 발전과 물질적 풍요와 상관없이 여전히 우리는 새로운 형태의 '히스테리'와 '광풍'을 경험하고 있다. 앨런의 『불과 어제』는 단순히 흥미로운 사건과 사람들로 가득한 과거의 이야기가 아니다. 그것은 여전히 현재진행형인 인간 본성의 불쾌한 측면과 대중 사회의 위험성을 경고하고 있다.

옮긴이 | 김석중

서울에서 태어나 연세대 철학과를 졸업했다. 출판계에서 번역과 편집을 하고 있다. 옮긴 책으로 『미국 문명의 역사』, 『사고의 기술』, 『야구 감독』, 『성서 시대사』, 『여자는 무엇을 욕망하는가』, 『마음을 들여다보면』, 『소년 시대』, 『미식 예찬』, 『교양 노트』, 『유모아 극장』, 『이야기가 있는 사랑수첩』 등이 있다.

불과 어제

초판 1쇄 발행 2025년 8월 20일

지 은 이 프레더릭 루이스 앨런
옮 긴 이 김석중

펴 낸 곳 서커스출판상회
주   소 경기도 파주시 광인사길 68 202-1호(문발동)
전화번호 031-946-1666
전자우편 rigolo@hanmail.net
출판등록 2015년 1월 2일(제2015-000002호)

ⓒ 서커스, 2025

ISBN 979-11-94598-09-1 03940